CRFPA

Le droit pénal et la procédure pénale

CRFPA

Le droit pénal et la procédure pénale

Jérémie Dilmi *est avocat spécialiste en droit pénal et en procédure pénale.*
Matthieu Hy *est avocat spécialiste en droit pénal et en droit des saisies pénales et confiscations. Il a été Secrétaire de la Conférence.*

2024

Lefebvre Dalloz

DALLOZ

DALLOZ

Tour Lefebvre Dalloz – 10, place des Vosges – CS 90358 – 92072 Paris La Défense Cedex

ISBN 978-2-247-22537-8

SOMMAIRE

LISTE DES ABRÉVIATIONS

AJ pénal	Actualité juridique pénal
BRDA	*Bulletin rapide de droit des affaires*
Bull. crim.	*Bulletin des arrêts de la chambre criminelle de la Cour de cassation*
C. assur.	Code des assurances
C. civ.	Code civil
C. consom.	Code de la consommation
C. mon. fin.	Code monétaire et financier
C. trav.	Code du travail
CJPM	Code de la justice pénale des mineurs
CE	Conseil d'État
CEDH	Cour européenne des droits de l'Homme
Civ.	Arrêt d'une chambre civile de la Cour de cassation
CJUE	Cour de justice de l'Union européenne
Com.	Chambre commerciale de la Cour de cassation
Cons. const.	Conseil constitutionnel
Conv. EDH	Convention européenne de sauvegarde des droits de l'homme et des libertés fondamentales
C. pén.	Code pénal
C. pr. pén.	Code de procédure pénale
Crim.	Arrêt de la chambre criminelle de la Cour de cassation
D.	*Recueil Dalloz*
Dr. Pénal	*Droit pénal*
Gaz. Pal.	*Gazette du Palais*
JCP	*Jurisclasseur périodique (Semaine juridique)*
JLD	Juge des libertés et de la détention
JO	*Journal officiel*
LPA	*Les petites affiches*
RJDA	*Revue de jurisprudence de droit des affaires*
RPDP	*Revue pénitentiaire et de droit pénal*
RSC	*Revue de sciences criminelles*

L'arrêté du 17 octobre 2016 fixant le programme et les modalités de l'examen d'accès au centre régional de formation professionnelle d'avocats, tel que modifié par l'arrêté du 2 octobre 2018, prévoit que les épreuves d'admissibilité comprennent « 3° Une épreuve destinée à vérifier l'aptitude à résoudre un ou plusieurs cas pratiques ou à rédiger une ou plusieurs consultations, d'une durée de trois heures, au choix du candidat, exprimé lors du dépôt de son dossier d'inscription dans l'une des matières suivantes : (en l'espèce) le droit pénal. La note est affectée d'un coefficient 2.
4° Une épreuve de procédure, destinée à vérifier l'aptitude à résoudre un ou plusieurs cas pratiques ou à rédiger une ou plusieurs consultations, d'une durée de deux heures, portant sur l'une des matières suivantes : (en l'espèce) la procédure pénale (candidats ayant choisi la matière droit pénal). La note est affectée d'un coefficient 2 ».

I • Les types de sujet : cas pratique ou consultation

A • Présentation de l'exercice

L'exercice peut consister alternativement en une épreuve de cas pratique ou de consultation même si ces quatre dernières années, depuis l'entrée en vigueur de la réforme, la Commission nationale de l'examen d'accès au CRFPA – déterminant et annonçant chaque année le type de sujet – privilégie la consultation.
Il faut dire que la consultation est l'exercice qui se rapproche le plus de la profession à laquelle se destinent les étudiants présentant l'examen d'accès au CRFPA. Pour autant, les étudiants ne doivent pas la redouter comme un exercice inconnu, puisqu'elle emprunte sa présentation au cas pratique. Loin du canon de la consultation, telle qu'elle se retrouve en cabinet d'avocats, il n'est pas attendu de l'étudiant qu'il s'adresse directement à la personne (client) qui le sollicite pour ses bons conseils.
La différence entre le cas pratique et la consultation tient essentiellement au positionnement qu'il s'agira d'adopter selon les intérêts de la personne à défendre. La consultation donne ainsi plus de latitude, voire d'inventivité, dans les solutions proposées, pour autant qu'elles obéissent à la rigueur du raisonnement juridique.
L'exercice peut consister en une question « ouverte » avec schématiquement, selon la formule consacrée, « *Quid juris* ? » ou « Qu'en pensez-vous ? » après l'énoncé des faits, en précisant le cas échéant le positionnement à adopter en fonction de la personne qui vous saisit, s'il s'agit d'une consultation.

Exemple : consultation droit pénal 2023

Après lecture de ces différents faits, il vous est demandé de préciser les qualifications susceptibles d'être retenues, les responsabilités pouvant être engagées et les peines encourues, tant s'agissant de l'accident survenu lors de l'effondrement de la toiture (**10 points**) que s'agissant des faits commis à l'occasion de la revente de téléphones « desimlockés » (**10 points**).

Exemple : consultation procédure pénale 2022

Vous venez de recevoir un dossier transmis par l'un de vos confrères. Son client, Jimmy Ledur, mis en examen pour production illicite de stupéfiants, lui a retiré sa confiance en raison du rejet, par la chambre de l'instruction, de la requête en annulation qu'il a présentée en son nom [...].
Votre (nouveau) client n'est pas d'accord. Il souhaite savoir s'il est possible de former un recours contre cet arrêt et s'il a des chances d'obtenir l'annulation des procès-verbaux relatifs aux images de vidéosurveillance le concernant (**6 points**).

Exemple : consultation droit pénal 2021

Quelles sont les infractions susceptibles d'être reprochées aux différents protagonistes et les peines qu'ils encourent ? (**14 points**)
Quelles sont les qualifications applicables au comportement de V. et P. et les peines auxquelles ils s'exposent ? (**6 points**)

Exemple : consultation procédure pénale 2020

I. Étienne Martin vient de vous choisir comme avocat. Il vous demande de lui dire :
1. si la procédure est régulière et, dans le cas contraire, comment il peut en obtenir l'annulation ;
[...]
II. La défense de Paul Muller a été confiée à l'un de vos amis avocat, qui, peu versé en droit pénal, vous demande conseil : la procédure suivie est-elle régulière ?

Exemple : consultation droit pénal 2019

Madame Jean, vous demande ce qu'elle encourt, tant pour les infractions sexuelles alléguées (**8 points**), que pour les faits relatifs aux marchés publics (**8 points**). Elle vous consulte également sur les actions qu'elle pourrait engager contre Monsieur Théodore (**4 points**).

Bien que des orientations soient données, le sujet n'est guère circonscrit ainsi qu'en témoigne la ventilation des points en des masses importantes, ce qui atteste s'il en était besoin que la question posée en recoupe bien d'autres. La difficulté consistera notamment à les identifier.
L'exercice peut aussi consister en des questions « fermées », auquel cas elles devraient trouver à se démultiplier en fonction du degré de précision que la Commission nationale souhaitera leur donner. Si l'exercice peut paraître plus confortable pour l'étudiant, puisqu'il retire une difficulté (identification des problèmes posés), c'est souvent pour en soustraire une autre en termes de précisions et de développement dans la réponse attendue.

LE DROIT PÉNAL

Fiches de droit pénal général

Fiches de révision 4

L'application de la loi pénale dans le temps

Les règles relatives à l'application de la loi pénale dans le temps sont logées aux articles 112-1 et suivants du Code pénal. S'agissant d'une déclinaison du principe de légalité, il est logique que les dispositions propres à la légalité criminelle mentionnent la façon dont il convient de traiter la chronologie en droit pénal. Ainsi, l'article 111-3, alinéa 1er, du Code pénal, prévoit que « nul ne peut être puni pour un crime ou pour un délit dont les éléments ne sont pas définis par la loi, ou pour une contravention dont les éléments ne sont pas définis par le règlement ». L'alinéa 2 du même article dispose que « nul ne peut être puni d'une peine qui n'est pas prévue par la loi, si l'infraction est un crime ou un délit, ou par le règlement, si l'infraction est une contravention ». Il s'évince de ces textes que la disposition qui réprime le comportement doit être antérieure audit comportement et que la peine qui y est attachée doit également l'être. L'article 8 de la Déclaration des droits de l'homme et du citoyen de 1789 l'énonce encore plus explicitement : « la loi ne doit établir que des peines strictement et évidemment nécessaires, et nul ne peut être puni qu'en vertu d'une loi établie et promulguée antérieurement au délit, et légalement appliquée ». Il en va de même de l'article 7 de la Convention européenne des droits de l'homme : « Nul ne peut être condamné pour une action ou une omission qui, au moment où elle a été commise, ne constituait pas une infraction d'après le droit national ou international ».

Toutefois, traiter la question de l'application de la loi pénale dans le temps ne consiste pas seulement à envisager la date d'entrée en vigueur du texte d'une part et la date de l'acte commis d'autre part. Il s'agit aussi de déterminer la version à retenir de la disposition applicable lorsque des lois se succèdent. La question se résume alors à un conflit de lois dont les termes (I) doivent être explicités avant d'envisager ses modes de résolution (II).

I • Les termes du conflit de lois pénales dans le temps

Le recours aux règles d'application de la loi pénale dans le temps exige, à titre préalable, la détermination des termes du conflit, qu'il s'agisse d'un conflit de lois pénales de fond (A) ou d'un conflit de lois pénales de forme (B).

A • Le conflit de lois pénales de fond

L'article 112-1 du Code pénal mentionne « les faits constitutifs d'une infraction » et « les peines » de sorte qu'il peut être constaté que les lois pénales de fond sont les lois dites d'incrimination qui déterminent les éléments constitutifs des infractions et les lois dites de pénalités qui prévoient les sanctions pénales attachées au comportement prohibé. Il est possible d'y ajouter les lois relatives à la responsabilité pénale, comme celles créant ou modifiant le champ d'application d'une cause d'irresponsabilité.

L'existence d'un conflit résulte de ce que la loi applicable au jour du jugement n'est pas celle qui était en vigueur au jour de la commission de l'infraction, ce qui doit conduire à s'intéresser à ces deux dates.
En premier lieu, le conflit ne peut résulter de l'entrée en vigueur d'une loi nouvelle postérieurement au jugement définitif. Ce principe est explicité à propos de la rétroactivité de la loi pénale plus douce dès lors que l'article 112-1, alinéa 3, du Code pénal précise que la rétroactivité *in mitius* ne peut s'appliquer qu'à des infractions « n'ayant pas donné lieu à une condamnation passée en force de chose jugée ». La loi nouvelle plus clémente ne profitera donc pas à une personne définitivement condamnée au moment de son entrée en vigueur, sauf en cas de dépénalisation du comportement réprimé. L'article 112-4, alinéa 4, du Code pénal prévoit en effet que « la peine cesse de recevoir exécution quand elle a été prononcée pour un fait qui, en vertu d'une loi postérieure au jugement, n'a plus le caractère d'une infraction pénale », étant précisé que la dépénalisation peut être la conséquence d'une décision d'abrogation du Conseil constitutionnel (Crim. 9 nov. 2021, n° 20-87.078) ou d'une déclaration d'inconventionnalité (Crim. 8 déc. 2021, n° 20-84.201). L'instance doit toujours être en cours mais elle peut avoir déjà débuté. Tel est le cas lorsqu'une loi nouvelle plus douce entre en vigueur entre la première instance et l'appel (Crim. 28 juin 1995, n° 94-84.811), ou en cours d'instance devant la Cour de cassation (Crim. 28 févr. 2017, n° 14-87.729).
En second lieu, le jour de commission de l'infraction peut poser une difficulté selon la nature de l'infraction en cause. L'infraction instantanée peut être horodatée dès lors qu'il sera aisé de déterminer quelle était la loi applicable au jour de l'infraction et si cette loi est différemment formulée au jour du jugement. Si l'infraction est continue, telle que le recel ou la séquestration, le fait qu'elle ait débuté sous l'empire d'une ancienne loi est indifférent dès lors qu'il suffit que l'infraction se soit poursuivie sous l'empire de la loi nouvelle, c'est-à-dire après son entrée en vigueur, pour qu'elle soit applicable à l'auteur des faits, peu important qu'elle soit plus sévère que l'ancienne loi. Il en va de même de l'acte qui caractérise la répétition en matière d'infraction d'habitude (Crim. 11 déc. 2019, n° 19-80.825).

B • Le conflit de lois pénales de forme

La liste des lois pénales de forme est fixée par les articles 112-2 et 112-3 du Code pénal. Il s'agit des lois de compétence et d'organisation judiciaire (C. pén., art. 112-2, 1°), des lois fixant les modalités des poursuites et les formes de la procédure (C. pén., art. 112-2, 2°), des lois relatives au régime d'exécution et d'application des peines (C. pén., art. 112-2, 3°), des lois relatives à la prescription de l'action publique et à la prescription des peines (C. pén., art. 112-2, 1°). Il faut y ajouter les lois relatives à la nature et aux cas d'ouverture des voies de recours ainsi qu'aux délais dans lesquels elles doivent être exercées et à la qualité des personnes admises à se pourvoir (C. pén. art. 112-3).
La diversité des lois pénales de forme conduit à une variété de potentiels conflits de lois dans le temps. S'agissant des lois de compétence et d'organisation judiciaire ou des lois fixant les modalités des poursuites et les formes de la procédure, le conflit peut résulter du fait que la loi connaît une modification en cours de procédure. Les lois de prescription peuvent faire naître un conflit lorsqu'une nouvelle loi allonge le délai de prescription alors que les faits commis étaient en train de se prescrire sous l'empire d'une ancienne loi. Les règles relatives au régime d'exécution et d'application des peines conduiront à s'intéresser aux dispositions applicables au jour de la commission des faits d'une part, et au jour où la peine doit être exécutée d'autre part.
Une fois identifiée la nature de la loi pénale en cause, à savoir une loi pénale de fond ou une loi pénale de forme, et, dans ce dernier cas, la catégorie de loi pénale de forme concernée, ainsi que les lois qui, se succédant, créent un conflit, les articles 112-1 et suivants du Code pénal fournissent les modes de résolution dudit conflit.

II • Les modes de résolution du conflit de lois dans le temps

Les conflits de lois dans le temps répondent essentiellement à trois principes (A), auxquels il est dérogé dans un nombre significatif de situations (B).

A • Les principes applicables aux lois pénales de forme et à celle de fond

Les lois pénales de forme suivent le principe, parfois atténué, de l'application immédiate tandis que les lois pénales de fond sont soumises à celui de la non-rétroactivité *in pejus* d'une part et de la rétroactivité *in mitius* d'autre part, qu'il est possible de réunir sous la dénomination de principe de l'application de la loi pénale de fond la plus favorable.

Le principe de non-rétroactivité de la loi pénale de fond plus sévère est exposé aux alinéas 1er et 2 de l'article 112-1 du Code pénal qui prévoient respectivement que « sont seuls punissables les faits constitutifs d'une infraction à la date à laquelle ils ont été commis » et que « peuvent seules être prononcées les peines légalement applicables à la même date ». L'exception est formulée à l'alinéa 3 de la même disposition qui prévoit que « les dispositions nouvelles s'appliquent aux infractions commises avant leur entrée en vigueur [...] lorsqu'elles sont moins sévères que les dispositions anciennes ». La Cour de cassation a eu l'occasion de synthétiser les deux principes en un principe d'« application de la loi pénale la plus favorable » dans des hypothèses de succession de trois lois (Crim. 14 juin 2017, n° 16-81.926). La détermination de la loi applicable dépend donc de la réponse à la question de savoir si la loi nouvelle est plus sévère ou plus douce que la loi ancienne. Sont par exemple plus sévères les lois qui étendent le champ d'application d'une incrimination, réduisent celui d'une cause d'irresponsabilité ou d'une immunité (Crim. 18 janv. 2017, n° 16-80.178), augmentent le quantum de la peine, rendent une peine obligatoire (Crim. 9 mars 2022, n° 21-81.506). *A contrario*, sont notamment plus douces les lois qui diminuent le quantum de la peine encourue ou créent une cause d'irresponsabilité (Crim. 17 oct. 2018, n° 17-80.485). Lorsqu'une loi nouvelle contient des dispositions à la fois plus sévères et plus douces, deux hypothèses sont possibles. Si les dispositions sont considérées comme divisibles, il conviendra d'en faire une application distributive. Si les dispositions sont indivisibles, la loi devra être analysée dans sa globalité et par référence à sa disposition principale pour déterminer si elle est plus sévère ou plus douce (Crim. 11 mai 2021, n° 20-85.576).

Le principe auquel obéissent les lois pénales de forme paraît simple, à savoir l'application immédiate de la loi qui rend en quelque sorte indifférent le contenu de la loi ancienne, notamment son caractère plus « sévère » ou non, dès lors qu'il ne peut être question d'appliquer la loi ancienne, sous réserve de quelques précisions. L'application immédiate n'a par ailleurs pas d'effet sur la validité des actes qui avaient été accomplis conformément à la loi ancienne (C. pén., art. 112-4, al. 1er).

Pour les lois relatives aux voies de recours mentionnées à l'article 112-3 du Code pénal, l'application immédiate signifie, d'une part, que des lois s'appliquent « aux recours formés contre les décisions prononcées après leur entrée en vigueur », ce qui renvoie à la loi applicable au jour où la décision a été prononcée, et d'autre part que les recours « sont soumis aux règles de forme en vigueur au jour où ils sont exercés », ce qui renvoie à la loi applicable au jour du recours.

Les lois de compétence et d'organisation judiciaire s'appliquent au jour de leur entrée en vigueur « tant qu'un jugement au fond n'a pas été rendu en première instance » (C. pén., art. 112-2, 1°).

Logiquement, les lois relatives à la prescription peuvent avoir pour effet d'allonger la durée du délai mais elles ne peuvent faire revivre un délai déjà expiré. L'article 112-2, 4° du Code pénal précise en effet que ces lois s'appliquent immédiatement « lorsque les prescriptions ne sont pas acquises ». À titre d'illustration, la loi n° 2017-242 du 27 février 2017, entrée en vigueur le 1er mars 2014, a fait passer la durée de prescription de l'action publique des délits de 3 à 6 ans. Ainsi, cette loi a prolongé d'autant les faits commis depuis le 1er mars 2014 mais n'a pas affecté les faits antérieurs au 1er mars 2014, déjà prescrits au moment de l'entrée en vigueur de la modification législative.
Enfin, bien que constituant des lois pénales de forme, les lois relatives au régime d'exécution et d'application n'obéissent que partiellement au principe d'application immédiate dès lors que « ces lois, lorsqu'elles auraient pour résultat de rendre plus sévères les peines prononcées par la décision de condamnation, ne sont applicables qu'aux condamnations prononcées pour des faits commis postérieurement à leur entrée en vigueur » (C. pén., art. 121-3, 4°). Il a ainsi été jugé que ne s'appliquait pas aux faits antérieurs à son entrée en vigueur la loi n° 2019-222 du 23 mars 2019 supprimant la possibilité d'aménager une peine d'emprisonnement comprise entre une et deux années (Crim. 20 oct. 2020, n° 19-84.754).

B • Les solutions spécifiques

Plusieurs solutions spécifiques dégagées par la loi ou la jurisprudence font échec au principe de rétroactivité *in mitius* et de non-rétroactivité *in pejus.*
Il est ainsi évident que la « codification à droit constant ne modifie ni la teneur des dispositions transférées, ni leur portée » (Crim. 4 mai 1995, n° 94-83.077) de sorte qu'il est exclu de se prévaloir de l'abrogation d'une loi pénale de fond lorsqu'elle ne résulte que de la codification de ses dispositions. Les dispositions légales transitoires suivent le même régime (Crim. 5 juin 2019, n° 18-82.504), de même que celles qui répondent à la notion de continuité qui correspond à la situation où bien qu'une nouvelle loi détermine différemment les éléments constitutifs d'une infraction, les faits commis sont infractionnels tant sous l'empire de la nouvelle loi que de l'ancienne (Crim. 11 avr. 2018, n° 17-83.681). Il est possible d'y associer le cas des lois dites équivalentes pour lesquelles une nouvelle rédaction est considérée comme équivalente à l'ancienne, ce qui ne donne donc lieu à aucun conflit de lois (Crim. 5 avr. 2023, n° 21-87.217).
Échappent encore au principe de non-rétroactivité *in pejus* les lois interprétatives dans la mesure où elles sont considérées comme faisant corps avec les lois qu'elles interprètent (Crim. 15 nov. 2016, n° 17-85.272). Il en va de même des lois déclaratives, dont un exemple est fourni par la circonstance qualifiante d'inceste qui, auparavant, n'aggravait pas les peines encourues (Crim. 14 nov. 2018, n° 17-86.423).
Les mesures de sûreté ordonnées en cas de déclaration d'irresponsabilité pénale, contrairement aux peines, s'appliquent à des faits commis antérieurement à la loi qui les institue (Crim. 16 déc. 2009, n° 09-85.153). En revanche, il a été jugé que la rétention de sûreté ne pouvait s'appliquer « à des personnes condamnées avant la publication de la loi ou faisant l'objet d'une condamnation postérieure pour des faits commis antérieurement » (Cons. const. 21 févr. 2008, n° 2008-562 DC).
Le principe de rétroactivité *in mitius* peut être écarté par le législateur au nom des objectifs de l'Union européenne (Crim. 12 déc. 2017, n° 16-87.230). Une telle dérogation se rencontre aussi parfois en matière de lois relatives à la réglementation économique, fiscale ou douanière. Il s'agit de lois de circonstances.
La question de la non-rétroactivité des revirements de jurisprudence a pu apparaître incongrue dans un système juridique comme le nôtre. La Cour européenne des droits de l'Homme a considéré qu'une

sanction pénale prononcée en raison d'un revirement de jurisprudence imprévisible violait le principe de non-rétroactivité de la loi pénale plus sévère posée à l'article 7 de la Convention (CEDH 10 oct. 2006, n° 40403/02, *Pessino c/ France*). Pendant longtemps, cette jurisprudence semble n'avoir eu que peu d'écho en droit interne, jusqu'à un arrêt du 25 novembre 2020 (n° 18-86.955) par lequel la chambre criminelle de la Cour de cassation a considéré qu'une interprétation nouvelle devait être soumise au principe de non-rétroactivité. En l'espèce, elle a donc affirmé que l'interprétation jurisprudentielle selon laquelle la société absorbante peut être condamnée pénalement pour des faits commis par la société absorbée ne pouvait s'appliquer qu'aux opérations de fusion conclues après le prononcé de l'arrêt.

Outils de travail

Texte essentiel

C. pén., art. 112-1 s.

Jurisprudences essentielles

Crim. 25 mai 1994, n° 93-83.820 : aux termes de C. pén., art. 112-1, al. 3, les dispositions nouvelles s'appliquent aux infractions commises avant leur entrée en vigueur et n'ayant pas donné lieu à une condamnation passée en force de chose jugée, lorsqu'elles sont moins sévères que les dispositions anciennes.

Crim. 29 juin 1960, *Bull. crim.* n° 348 : une loi portant aggravation des peines prévues par les dispositions législatives antérieures ne saurait avoir d'effet rétroactif.

Crim. 12 janv. 2000, n° 99-80.534 : une loi est dite interprétative lorsqu'elle a pour seul objet de préciser le sens ou la portée d'une loi antérieure, sans en modifier le contenu. Ces lois nouvelles sont d'application rétroactive.

Crim. 17 mars 2021, n° 20-86.318 : C. pén., art. 222-22-1, al. 3, issu de la loi du 3 août 2018, est une disposition interprétative qui rétroagit.

Pour aller plus loin

E. Fortis, « Application de la loi pénale dans le temps », *RSC* 2011.87

G. Mathieu, « L'application de la loi pénale dans le temps », *RSC* 1995.257

P. Conte, « Application de la loi pénale dans le temps : banal conflit de lois ou singulier conflit de mots ? », *D.* 1997.615

L'application de la loi pénale dans l'espace

En matière pénale, le principe de solidarité des compétences juridictionnelle et législative a pour conséquence que le juge pénal français applique nécessairement le droit pénal français et que lorsque le droit pénal français est applicable, le juge pénal français est compétent. L'article 689 du Code de procédure pénale le rappelle en exposant que « les auteurs ou complices d'infractions commises hors du territoire de la République peuvent être poursuivis et jugés par les juridictions françaises [...] lorsque [...] la loi française est applicable ». Dans de nombreux cas, notamment ceux où l'infraction n'est pas *stricto sensu* commise sur le territoire français, un système répressif étranger pourra s'appliquer. Néanmoins, les articles 113-1 et suivants du Code pénal ignorent presque totalement cette problématique et ne se concentrent que sur les règles conduisant à rendre la loi pénale française applicable.

Le chapitre III du livre Ier du Code pénal se subdivise en deux sections. La première concerne les infractions commises ou réputées commises sur le territoire français. Il s'agit là du principe de territorialité dont le périmètre est bien plus vaste qu'il n'y paraît (I). La seconde traite des infractions commises hors du territoire de la République. Elle comprend une pluralité de chefs de compétence subsidiaires qui n'ont vocation à recevoir application qu'à la condition que le principe de territorialité soit insuffisant à rendre les juridictions françaises répressives compétentes (II).

I • L'étendue particulièrement vaste du principe de territorialité

À lui seul, le principe de territorialité suffit à rendre la loi pénale française applicable à un vaste nombre de cas pour au moins deux raisons. D'une part, la notion de territoire de la République se révèle extensive (A). D'autre part, le principe de territorialité s'applique également aux infractions réputées commises sur le territoire français (B).

A • Le caractère extensif de la notion de territoire de la République

Aux termes de l'alinéa 1er de l'article 113-2 du Code pénal, « la loi pénale française est applicable aux infractions commises sur le territoire de la République ». Force est de constater que le texte n'opère aucune distinction selon la nature de l'infraction et ne pose aucune autre condition que la localisation sur le territoire français. Le territoire français se compose du territoire métropolitain ainsi que de l'ensemble des territoires situés outre-mer, quel que soit leur statut. Les ambassades et consulats étrangers situés en France sont soumis au principe de territorialité (Crim. 30 janv. 1979, n° 78-93.782) tandis

que les ambassades et consulats français situés à l'étranger ne sont pas considérés comme une partie du territoire de la République (Crim. 15 mars 2006, n° 05-83.556), sans préjudice des règles relatives à l'inviolabilité de ces locaux.
L'article 113-1 du Code pénal précise que « le territoire de la République inclut les espaces maritimes et aériens qui lui sont liés ». L'espace maritime recouvre la mer territoriale, qui constitue une bande d'une largeur de douze miles marins, qui est la distance maximale fixée par le Convention de Montego en date du 10 décembre 1982, depuis la côte française. L'article 113-12 du Code pénal prévoit que « la loi pénale française est applicable aux infractions commises au-delà de la mer territoriale, dès lors que les conventions internationales et la loi le prévoient ». Toutefois, cette disposition est placée dans la section du Code pénal relative aux infractions commises hors du territoire de la République, de sorte qu'en tout état de cause, les espaces concernés ne constituent pas l'espace maritime français. L'espace aérien comprend quant à lui l'espace se situant au-dessus des espaces terrestres et maritimes français dans la limite de l'espace atmosphérique.
La loi pénale française est également applicable aux infractions commises à bord des navires battant pavillon français, ce qui ne comprend pas les bateaux de navigation fluviale (Crim. 18 sept. 2007, n° 07-82.504) et des aéronefs immatriculés en France, à leur encontre ou à l'encontre des personnes se trouvant à bord, en quelque lieu qu'ils se trouvent (C. pén., art. 113-3 et 113-4). Le système répressif français dispose d'une compétence exclusive lorsqu'il s'agit d'un navire de la marine nationale ou d'un aéronef militaire français (C. pén., art. 113-3 et 113-4).
Le principe de territorialité rend la juridiction française compétente pour juger l'auteur de l'infraction, y compris si celui-ci a déjà fait l'objet d'un jugement définitif à l'étranger pour les mêmes faits (Crim. 17 mars 1999, n° 98-80.413).

B • L'assimilation des infractions réputées commises sur le territoire français

Si la détermination du territoire de la République conduit à constater l'applicabilité déjà étendue de la loi pénale française, l'extension se poursuit de manière spectaculaire en permettant de recourir au principe de territorialité pour des infractions « réputées » commises sur le territoire de la République. Le terme est employé à deux reprises par les dispositions du Code pénal relatives à l'application de la loi pénale dans l'espace.
En premier lieu, « l'infraction est réputée commise sur le territoire de la République dès lors qu'un de ses faits constitutifs a eu lieu sur ce territoire » (C. pén., art. 113-2, al. 2). Il doit être souligné que l'expression « fait constitutif » ne signifie pas « élément constitutif », ce qui, en tout état de cause, n'aurait que peu de sens pour les infractions dépourvues de condition préalable dès lors que si l'élément matériel est localisé en France, l'infraction est purement et simplement commise sur le territoire français. Il est toutefois exact que la localisation de la seule condition préalable en France, rend le droit pénal français applicable, ainsi que cela a été jugé à propos du blanchiment de fraude fiscale (Crim. 21 oct. 2020, n° 19-87.076), de l'abus de confiance (Crim. 2 déc. 2009, n° 09-83.271) ou du détournement de bien confisqué (Crim. 15 sept. 2021, n° 20-85.840). Par ailleurs, la théorie de l'ubiquité permet de décomposer l'élément matériel et de conclure que l'infraction est réputée commise sur le territoire français au seul motif que l'une de ses composantes est réalisée sur ce territoire. Ainsi, la commission en France des seules manœuvres frauduleuses d'une escroquerie suffit à rendre la loi pénale française applicable (Crim. 19 avr. 1983, n° 82-90.345). De même, les ordres donnés en France pour réaliser des opérations à l'étranger caractérisant un délit d'initié donnent lieu à l'application du droit français (Crim. 3 nov. 1992, n° 92-84.745). Les projets de crimes en France suffisent

à considérer que l'association de malfaiteurs est réputée commise sur le territoire de la République (Crim. 20 févr. 1990, n° 89-86.610). À propos du délit de corruption d'agent étranger, la chambre criminelle de la Cour de cassation a admis la compétence française dès lors que la corruption avait été décidée et organisée sur le territoire national où avait été versé le montant de la rémunération due à ce titre (Crim. 14 mars 2018, n° 16-82.117. Cet arrêt démontre le caractère particulièrement compréhensif de la jurisprudence dès lors qu'aucun des faits décrits ne constitue à proprement parler un fait constitutif de l'infraction.

La nature de l'infraction peut conduire à une solution plus simple que les apparences ne le laissent penser. Par exemple, un recel qui aurait débuté en Espagne, se serait poursuivi en France avant de se terminer en Belgique donnera lieu à l'application du droit pénal français, non pas en application du second alinéa de l'article 113-2 du Code pénal relatif aux infractions réputées commises en France mais en application du premier alinéa du même texte. En effet, l'infraction n'a pas été en partie commise en France : elle l'a été en totalité, de même, ce qui est indifférent, qu'elle l'a été en totalité en Espagne et en Belgique compte tenu de son caractère continu.

En second lieu, la notion de cyberespace est prévue par l'article 113-2-1 du Code pénal qui dispose que « tout crime ou tout délit réalisé au moyen d'un réseau de communication électronique, lorsqu'il est tenté ou commis au préjudice d'une personne physique résidant sur le territoire de la République ou d'une personne morale dont le siège se situe sur le territoire de la République, est réputé commis sur le territoire de la République ». Les contraventions sont donc exclues de son champ d'application et la règle paraît inspirée à la fois de la notion d'indivisibilité et de la compétence personnelle passive en ce que la localisation de la victime déclenche l'application du droit pénal français.

Deux autres causes légale et jurisprudentielle d'extension achèvent de démontrer le caractère englobant du principe de territorialité.

L'article 113-5 du Code pénal prévoit deux cas d'extension relatifs à la complicité qui ne s'appliquent qu'à condition que l'auteur du fait principal ne puisse être jugé par les juridictions françaises (Crim. 20 févr. 1990, n° 89-86.610). En premier lieu, la loi pénale française est applicable à celui qui s'est rendu complice, sur le territoire de la République, d'un crime ou d'un délit commis à l'étranger à deux conditions (C. pén., art. 113-5, al. 1er). D'une part, doit être vérifiée par la juridiction de jugement (Crim. 25 nov. 2015, n° 14-84.985) la condition de réciprocité, ce qui signifie que le crime ou le délit puni par la loi française doit aussi l'être par la loi étrangère du lieu où l'infraction a été commise. D'autre part, le crime ou le délit doit avoir été constaté par la juridiction étrangère. En second lieu, les actes de complicité par instigation (C. pén., art. 121-7, al. 2) commis sur le territoire de la République relèvent également de la loi française lorsqu'ils concernent des crimes d'atteintes aux personnes (Livre II) commis à l'étranger.

La notion jurisprudentielle d'indivisibilité repousse encore les frontières du principe de territorialité. L'infraction considérée a bien été commise à l'étranger mais l'application de la territorialité est rendue possible par le lien entre cette infraction et une infraction commise en France. L'indivisibilité concerne des faits qui « sont rattachés entre eux par un lien tel que l'existence des uns ne se comprendrait pas sans l'existence des autres » (Crim. 31 mai 2016, n° 15-85.920 ; Crim. 4 nov. 2020, n° 20-82.114 ; Crim. 11 juin 2008, n° 07-83.024 ; Crim. 12 avr. 2022, n° 22-80.632). En revanche, la seule connexité ne suffit pas à rendre compétente la juridiction française pour une infraction commise à l'étranger par un étranger sur une victime étrangère (Crim. 31 mai 2016, préc.).

II • Une pluralité de chefs de compétences subsidiaires

Lorsque le principe de territorialité ne permet pas de rendre la loi pénale française applicable, le recours à des chefs de compétences subsidiaires peut permettre d'y parvenir. Ceux-ci peuvent tenir aux personnes (A) ou à l'implication de l'État français (B).

A • La compétence résultant des personnes en cause

La compétence personnelle active consiste à s'intéresser à la nationalité de l'auteur de l'infraction tandis que la compétence personne passive conduit à prendre en compte la nationalité de la victime.
L'article 113-6 du Code pénal dispose que la loi pénale française est applicable aux crimes et aux délits commis par un Français hors du territoire de la République. Contrairement aux crimes, les délits sont soumis à la condition de réciprocité. L'alinéa 3 du même texte ajoute que la loi pénale française « est applicable aux infractions aux dispositions du règlement (CE) n° 561/2006 du Parlement européen et du Conseil du 15 mars 2006 relatif à l'harmonisation de certaines dispositions de la législation sociale dans le domaine des transports par route, commises dans un autre État membre de l'Union européenne et constatées en France ». La disposition ajoute deux réserves : le principe *non bis in idem* (C. pr. pén., art. 692) ; la justification d'une sanction administrative déjà exécutée ou ne pouvant plus l'être. La compétence personnelle active nécessite donc que l'auteur ait la nationalité française mais il importe peu qu'il l'ait acquise après avoir commis le fait qui lui est imputé (C. pén., art. 113-6, al. 4).
La compétence personnelle passive s'applique à tout crime ou délit puni d'emprisonnement commis hors du territoire français à l'encontre d'une victime française (C. pén., art. 113-7). À la différence de la compétence personnelle active, la victime doit disposer de la nationalité française au moment de l'infraction.
Aux conditions de fond qui viennent d'être exposées s'ajoutent des conditions procédurales communes aux deux types de compétence personnelle. Pour les délits, la poursuite ne peut être exercée qu'à la requête du ministère public d'une part, et doit être précédée d'une plainte de la victime ou de ses ayants droit ou d'une dénonciation officielle de l'autorité du pays où le fait a été commis d'autre part (C. pén., art. 113-8). L'article 113-8-1 du Code pénal supprime la seconde de ces conditions « lorsque la poursuite est exercée devant une juridiction pénale disposant, en application des dispositions du Code de procédure pénale, d'une compétence territoriale concurrente et spécialisée s'étendant sur le ressort de plusieurs tribunaux judiciaires ou sur l'ensemble du territoire ». L'article 113-14 du Code pénal prévoit la même exclusion, ainsi que celle de la condition de réciprocité de l'article 113-6 du Code pénal, pour les infractions listées lorsqu'elles sont commises à l'étranger par un Français ou une personne résidant habituellement ou exerçant son activité sur le territoire français dès lors que ces infractions « portent atteinte aux recettes perçues, aux dépenses exposées ou aux avoirs qui relèvent du budget de l'Union européenne, des budgets des institutions, organes et organismes de l'Union européenne ou des budgets gérés et contrôlés directement par eux ». Des dispositions de droit pénal spécial prévoient les mêmes exclusions. Il en va ainsi de l'article 222-22, alinéa 3, du Code pénal, pour les agressions sexuelles sur mineur commis par un Français ou par une personne résidant habituellement sur le territoire français. Des règles comparables existent par exemple en matière de proxénétisme (C. pén., art. 225-11-2).
Enfin, il peut être relevé que, selon l'article 113-11 du Code pénal, la nationalité française de l'auteur ou de la victime rend la loi française applicable aux crimes et délits commis à bord ou à l'encontre des aéronefs non immatriculés en France ou des personnes se trouvant à bord. Les considérations susmentionnées

quant au moment où la personne doit avoir acquis la nationalité française sont applicables à cette hypothèse (C. pén., art. 113-11, al. 2). Cette même disposition prévoit l'application du droit pénal français « lorsque l'aéronef a été donné en location sans équipage à une personne qui a le siège principal de son exploitation ou, à défaut, sa résidence permanente sur le territoire de la République » et, ce qui constitue un mécanisme plus original, lorsque l'appareil atterrit en France après le crime ou le délit.

B • Les chefs de compétence impliquant les intérêts de la France

La compétence de la juridiction répressive française peut également résulter soit des intérêts en cause, qui sont ceux de la France, soit des engagements internationaux de la France. Ont déjà été évoquées des dispositions rendant la loi pénale française applicable à raison de l'atteinte portée aux intérêts de l'Union européenne (C. pén., art. 113-6, al. 3 et 113-14).

La compétence dite réelle est principalement prévue par l'article 113-10 du Code pénal qui contient une série d'infractions, commises hors du territoire de la République, qu'il est coutume de présenter comme des crimes et délits où la victime est la France. En premier lieu, est visé l'ensemble des crimes et délits prévus et réprimés au Titre I du Livre IV du Code pénal intitulé « Des atteintes aux intérêts fondamentaux de la nation ». En deuxième lieu, sont énumérées les infractions suivantes : la falsification et la contrefaçon du sceau de l'État, de pièces de monnaie, de billets de banque ou d'effets publics (C. pén., art. 442-1, 442-2, 442-5, 442-15, 443-1 et 444-1). En troisième lieu, la loi pénale française est applicable aux crimes et délits commis contre les agents ou les locaux diplomatiques ou consulaires français.

L'article 113-13 du Code pénal présente une coloration de compétence réelle tout en s'appliquant aux seuls Français ou personnes résidant habituellement en France. Cette disposition concerne les crimes et délits qualifiés d'actes de terrorisme par le titre II du livre IV du Code pénal.

La compétence dite universelle trouve une illustration à l'article 113-12 du Code pénal pour les infractions commises au-delà de la mer territoriale lorsque les conventions internationales et la loi donnent compétence à la France. Toutefois, les dispositions relatives à ce chef de compétence se trouvent essentiellement dans le Code de procédure pénale. L'article 689 de ce Code rappelle la possibilité qu'une convention internationale donne compétence aux juridictions françaises pour connaître d'infractions commises hors du territoire de la République. L'article 689-1 énonce la règle générale, selon laquelle la compétence est déclenchée par le seul fait que l'auteur de l'infraction, ou de la tentative lorsqu'elle est punissable, se trouve en France. Elle s'applique à tous les cas prévus par les conventions internationales visées aux articles 689-2 du Code de procédure pénale. Il n'est donc question ni de nationalité, ni de résidence mais d'une simple présence. Les articles 689-2 et suivants du Code de procédure pénale traite successivement notamment de la torture, du terrorisme, des crimes contre l'humanité ou encore des disparitions forcées, prévoyant parfois des conditions particulières. Ainsi, l'article 689-11 du même code pose la condition de résidence habituelle en France pour les crimes contre l'humanité et les crimes et délits de guerre. Elle pose également celle de réciprocité (Crim. 24 nov. 2021, n° 21-81.344), sauf pour le génocide. La poursuite est enfin subordonnée avec des conditions procédurales. Elle ne peut être exercée qu'à la requête du procureur de la République antiterroriste et si aucune juridiction internationale ou nationale ne demande la remise ou l'extradition de la personne.

Il est enfin possible de mentionner le chef particulier de compétence que constitue le refus de remise ou d'extradition. La loi pénale française est applicable à tout crime ou délit puni d'au moins cinq ans d'emprisonnement commis à l'étranger par un étranger dont l'extradition ou la remise est refusée à l'État requérant pour l'un des motifs énumérés à l'article 113-8-2 du Code pénal. Dans ce cas, la poursuite ne peut être exercée qu'à la requête du ministère public.

Outils de travail

Texte essentiel

C. pén., art. 113-2 s.

Jurisprudences essentielles

Crim. 29 mars 2000, n° 97-80.916 : la loi française, étant d'application territoriale, s'applique à toute infraction commise sur le territoire nationale, même par un étranger non-résidant en France.

Crim. 23 avr. 1981, n° 79-90.346 : La juridiction française est compétente pour connaître des faits commis à l'étranger par un étranger dès lors que ces faits apparaissent comme formant un tout indivisible avec les infractions également imputées en France à cet étranger et dont elle est légalement saisie.

Pour aller plus loin

D. Brach-Thiel, « Et toujours pas de vraie compétence universelle en matière de crimes contre l'humanité ! », *AJ pénal* 2019.195

A. Giudicelli, « Extension du champ de la complicité punissable », *RSC* 2021.541

R. Mesa, « Le droit pénal à l'épreuve de l'infraction digitalisée », *D.* 2022.125

M. Lena, « La compétence universelle n'attend plus », *AJ pénal* 2022.449 ; « La compétence universelle à tout prix », *AJ pénal* 2022.272

La tentative

La question centrale à laquelle le législateur répond sans ambiguïté à propos de la tentative est celle de la pertinence d'engager la responsabilité pénale d'un individu qui n'a, en définitive, pas commis l'infraction projetée. Faute d'atteinte effective à l'intérêt protégé par le droit pénal, il aurait pu être envisagé de ne pas réprimer l'auteur d'une simple tentative. Toutefois, dans la mesure où l'échec de l'infraction ne résulte pas de la volonté de son auteur, l'auteur d'une tentative ne révèle pas une dangerosité moindre que l'auteur d'une infraction consommée. En outre, force est de constater que le commencement d'exécution constitue une notion qui se place à un stade très avancé de l'*iter criminis*, le chemin du crime. Il en constitue l'avant-dernière étape en ce qu'il est postérieur à la pensée criminelle, à la résolution criminelle et à l'acte préparatoire et antérieure à la consommation de l'infraction. Le choix d'une répression sévère s'évince de la lecture de l'article 121-4, 2° du Code pénal qui fixe néanmoins des limites à son champ d'application.

En effet, selon cette disposition, « est auteur de l'infraction la personne qui : 2° Tente de commettre un crime ou, dans les cas prévus par la loi, un délit ». Prenant pour référence la classification tripartite des infractions exposée à l'article 111-1 du Code pénal, la tentative est toujours punissable s'agissant des crimes, ne l'est jamais s'agissant des contraventions, et l'est uniquement lorsqu'un texte le prévoit s'agissant des délits. Ainsi, les infractions non intentionnelles telles que l'homicide involontaire (C. pén., art. 221-6 s.) ou les blessures involontaires de nature délictueuse (C. pén., art. 222-19 s.) ne peuvent logiquement faire l'objet d'une tentative. Il en va de même des violences volontaires (C. pén., art. 222-7 s.) étant précisé que l'association de malfaiteurs en vue de commettre de telles violences ou des destructions ou dégradations de biens est punissable (C. pén., art. 222-14-2), ce qui signifie que les actes préparatoires aux violences peuvent être réprimés, sous certaines conditions, alors qu'un commencement d'exécution ne le sera pas. Il arrive que la tentative soit réprimée par une intégration directe de cette notion dans le texte d'incrimination. Ainsi, l'article 227-22 du Code pénal réprime « le fait de favoriser ou de tenter de favoriser la corruption d'un mineur ». De même, l'entreprise terroriste individuelle, prévue et réprimée par l'article 421-2-6, I, du Code pénal, peut être caractérisée par le fait « de se procurer ou de tenter de se procurer ou de fabriquer des objets ou des substances de nature à créer un danger pour autrui ». La chambre criminelle de la Cour de cassation a eu l'occasion de préciser que lorsque la tentative est intégrée à la définition de l'infraction, elle doit se comprendre comme exigeant la réunion des deux conditions prévues à l'article 121-5 du Code pénal (Crim. 13 sept. 2022, n° 22-83.859).

Est fixé un seuil à partir duquel la tentative est réprimée (I), ce qui conduit à l'application d'un régime unifié de répression (II).

I • La fixation du seuil de répression

L'article 121-5 du Code pénal pose deux conditions cumulatives à la caractérisation de la tentative. L'une, positive, consiste dans le commencement d'exécution (A). L'autre, négative, réside dans l'absence de désistement volontaire (B).

A • L'exigence d'un commencement d'exécution

Il résulte de l'article 121-5 du Code pénal que la tentative est constituée dès lors qu'elle est « manifestée par un commencement d'exécution », le texte ne donnant pas de définition plus précise. Il est certain que le commencement d'exécution se situe entre l'acte préparatoire, qui ne donne lieu à aucune répression, à l'exception du recours à des infractions autonomes telle que l'association de malfaiteurs (C. pén., art. 450-1), et l'infraction consommée. À ce titre, la distinction entre le commencement d'exécution et l'infraction consommée est plus aisée à réaliser pour les infractions matérielles que pour les infractions formelles. En effet, par exemple, le meurtre (C. pén., art. 221-1) ne peut être consommé tant que le résultat, à savoir la mort de la victime, n'est pas atteint tandis qu'un empoisonnement (C. pén., art. 221-5) exige « l'emploi ou l'administration de substance de nature à entraîner la mort » de sorte que le crime peut être consommé alors même que la victime n'est pas décédée. À ce titre, la situation d'*aberratio ictus*, qui consiste pour l'auteur à avoir atteint une personne différente de celle visée n'entre pas dans le cadre de la tentative dans la mesure où l'identité de la victime ne fait pas partie des éléments constitutifs de l'infraction. Dans ces conditions, l'infraction sera considérée comme consommée et non seulement tentée. Il a par exemple été jugé que le fait d'avoir blessé grièvement des personnes par l'envoi d'un colis contenant une charge explosive doit être qualifié de tentative d'assassinat sur ces personnes, alors même que l'auteur aurait eu l'intention d'atteindre un autre individu (Crim. 4 janv. 1978, n° 77-90.947).

Plusieurs définitions jurisprudentielles du commencement d'exécution cohabitent. Il « n'est caractérisé que par des actes devant avoir pour conséquence directe et immédiate de consommer le crime, celui-ci étant ainsi entré dans sa période d'exécution » (Crim. 25 oct. 1962, *Bull. crim.* n° 292 et 293). Une autre définition renvoie *aux* « actes qui tendent directement au crime ou au délit avec intention de le commettre » (Crim. 5 juill. 1951, n° 78-93.914). Cette dernière définition combine la conception objective résultant de la lecture même de l'article 121-5 du Code pénal qui exige une « manifestation » afin de matérialiser le commencement d'exécution et la conception subjective qui impose de relever une intention irrévocable de l'agent. Ainsi serait-il inexact de prétendre que le commencement d'exécution correspond en quelque sorte à l'élément matériel de la tentative tandis que l'absence de désistement volontaire en constituerait l'élément moral. L'intention est incluse dans la caractérisation du commencement d'exécution. L'intention sera parfois déterminante pour distinguer l'infraction consommée de la tentative. Il peut en aller ainsi par exemple de la distinction entre une agression sexuelle et une tentative de viol ou encore de celle entre des violences volontaires et une tentative de meurtre (Crim. 17 déc. 2019, n° 19-86.422).

La condition posée est donc celle d'une proximité entre l'acte de l'agent et l'infraction consommée. À défaut, l'acte pourra être qualifié de préparatoire, en ce qu'il est trop éloigné de la consommation de l'infraction et en ce qu'il est trop équivoque pour permettre d'une part de s'assurer de l'infraction précise projetée, et d'autre part de la volonté ferme de l'auteur. À titre d'illustration, la destruction volontaire de son propre bien n'est qu'un acte préparatoire et ne caractérise pas une tentative d'escroquerie, contrairement à la déclaration de sinistre faite à l'assureur (Crim. 17 déc. 2008, n° 08-82.085). En revanche, constitue un commencement d'exécution le fait pour un individu de provoquer l'ouverture des portes d'une banque et d'y pénétrer dans le but de faciliter l'entrée de deux complices armés en vue de commettre un vol (Crim. 7 sept. 1993, n° 93-82.904). Si la proximité causale s'accompagne souvent d'une proximité temporelle et spatiale, la jurisprudence fournit des exemples où l'éloignement ne fait pas obstacle à la caractérisation du commencement d'exécution (s'agissant de malfaiteurs qui ne sont jamais arrivés sur les lieux du vol : Crim. 9 mai 2019, n° 18-82.885).

Les actes retenus peuvent se révéler anodins en eux-mêmes mais démontrer un commencement d'exécution, dans ses composantes objective et subjective, du fait du contexte ou d'aveux. Ainsi, a pu être considéré comme le commencement d'exécution d'un vol le fait de frapper à la porte d'une habitation après l'avoir choisie, du fait de son apparence isolée et inoccupée, afin d'y commettre un vol (Crim. 27 mars 2019, n° 18-82.484). Dans cette même espèce, il est à noter que l'absence de désistement volontaire résultait de la présence de la propriétaire qui avait allumé la lumière et s'était penchée à l'extérieur.

B • La possibilité d'échapper à la répression par le désistement volontaire

Au stade du commencement d'exécution, la répression n'est pas encore certaine, le législateur ayant offert à l'agent la possibilité d'éviter d'engager sa responsabilité pénale à condition qu'il se désiste volontairement. L'article 121-5 du Code pénal exige en effet que la tentative n'ait été suspendue ou n'ait manqué son effet « qu'en raison de circonstances indépendantes de la volonté de son auteur ».
Se pose alors la question de ce qui a fait échouer l'infraction et donc de la distinction entre le désistement volontaire et les circonstances extérieures.
Il ne fait aucun doute qu'il n'y a pas de désistement volontaire lorsque l'infraction a été manquée ou interrompue en raison de l'intervention d'un tiers comme la police (Crim. 5 févr. 2020, n° 19-87.486), de la résistance de la victime (Crim. 26 avr. 2000, n° 00-80.694), d'un obstacle technique comme le déclenchement d'une alarme ou l'incapacité de l'auteur à ouvrir un coffre-fort.
Une défaillance physique de l'auteur lui-même, comme une absence d'érection (Crim. 10 janv. 1996, n° 95-85.284) est considérée comme une circonstance indépendante de la volonté de l'auteur.
À l'opposé, un désistement libre assure l'impunité à l'auteur du commencement d'exécution. Bien que le mobile soit indifférent, il peut démontrer que l'échec ne résulte pas d'une circonstance indépendante de la volonté de l'auteur. La jurisprudence se révèle assez pauvre mais il est certain qu'un renoncement qui ne s'expliquerait que par la crainte de la répression, le remords ou la pitié, ferait échec à la caractérisation de la seconde condition de la tentative. Dans l'immense majorité des cas, l'ambiguïté sur la cause du désistement conduira à la répression. Un arrêt penche néanmoins en faveur de l'impunité à la suite d'un désistement résultant de conseils d'un ami à l'auteur (Crim. 20 mars 1974, n° 73-92.699), ce qui ne signifie pas que la dissuasion d'un tiers sera toujours assimilée à un désistement volontaire.
Le désistement volontaire contient également une composante temporelle. Il ne peut intervenir qu'avant la consommation de l'infraction. Il est ainsi souvent rappelé que le fait de fournir l'antidote à une personne à qui l'on a fait ingérer une substance mortifère ne constitue pas un désistement volontaire mais un repentir actif. Pour les infractions de résultat, un désistement volontaire est en théorie possible tant que le résultat n'est pas atteint.
Si le repentir actif est étranger à la caractérisation de la tentative et ne fait pas échec à l'engagement de la responsabilité pénale de l'auteur, il peut néanmoins avoir des conséquences sur la répression, notamment en permettant à celui-ci, sous certaines conditions, d'être dispensé de peine (C. pén., art. 132-59) ou de bénéficier d'une exemption ou d'une atténuation de peine par le biais du statut de repenti (C. pén., art. 132-78).

II • Le régime unifié de répression de la tentative

Avant d'exposer les modalités de la répression de l'auteur de la tentative (A), il convient de souligner que la notion de tentative s'applique à des situations diverses ayant conduit à l'échec de la consommation de l'infraction (B).

A • L'indifférence de la cause de l'échec

La répression inhérente à la tentative s'applique quelle que soit la cause de l'échec de l'infraction, à l'exception de l'hypothèse susmentionnée du désistement volontaire. À ce titre, l'article 121-5 du Code pénal mentionne tant la tentative suspendue que la tentative manquée. Dans le premier cas, l'action a été interrompue. En d'autres termes, l'auteur n'a pas réussi à aller jusqu'au bout de son action. Dans le second cas, il n'a exécuté l'action mais n'a pas atteint le résultat souhaité. Les deux hypothèses traduisent l'échec de l'auteur à réaliser l'infraction projetée.

Le traitement de la tentative suspendue et celui de la tentative manquée sont identiques alors même que les conditions de l'article 121-5 du Code pénal s'analysent nécessairement différemment. En matière d'infraction manquée, l'auteur a accompli l'acte exigé par la loi au titre de l'élément matériel et son intention est assurément irrévocable puisqu'il est allé au bout de l'action. L'exécution est totale, seul le résultat faisant défaut, de sorte que la notion de commencement d'exécution ne peut être conçue de manière strictement identique à celle applicable en matière de tentative interrompue. Dans ce dernier cas, l'auteur n'a, au plus effectué, qu'une partie des actes d'exécution exigés au titre de l'élément matériel. Il n'est même pas nécessaire que le commencement d'exécution constitue l'une des composantes de l'élément matériel de l'infraction. En outre, la tentative manquée ne semble plus laisser la moindre place à un éventuel désistement volontaire. Un arrêt inédit de la chambre criminelle de la Cour de cassation paraît illustrer ce constat. En effet, pour casser une requalification de tentative de meurtre en violences volontaires, la Haute juridiction a retenu que « le fait de projeter à plusieurs reprises un produit inflammable sur le corps de la victime et d'y mettre le feu délibérément est de nature à caractériser une intention homicide, d'autre part, la circonstance que la personne mise en examen ait aidé la victime à enlever son vêtement en flamme relève davantage du repentir actif que du désistement volontaire » (Crim. 27 mars 2019, n° 18-82.484).

Lorsque la tentative est manquée, l'absence de résultat peut être due à l'impossibilité matérielle de commettre l'infraction. On parle alors d'infraction impossible. L'impossibilité peut résulter soit de l'inefficacité des moyens employés, comme l'administration d'une substance que l'agent croyait, à tort, mortifère, soit de l'inexistence de l'objet de l'infraction. Cette seconde hypothèse est souvent illustrée par le fait, pour un pickpocket, de glisser sa main dans la poche vide de la victime, ne pouvant donc commettre un vol faute pour la poche de contenir le moindre objet. Une autre illustration fameuse réside dans le fait pour un individu d'exercer sur une victime des violences dans l'intention de lui donner la mort alors que la victime était déjà décédée, ce que l'auteur ignorait (Crim. 16 janv. 1986, n° 85-95.461). Malgré les réticences d'une partie de la doctrine et le constat par certains auteurs de quelques exceptions jurisprudentielles, le principe est celui de l'assimilation de l'infraction impossible à la tentative. Il est ainsi démontré que cette cause originale d'échec de l'infraction n'échappe pas au régime de la tentative. Au demeurant, cette assimilation paraît logique. En effet, en plongeant sa main dans une poche vide, le pickpocket a incontestablement réalisé un commencement d'exécution, ce qui caractérise la première condition de la tentative, dans sa dimension aussi bien objective que subjective. En outre, force est de constater que le vol a échoué en raison d'une circonstance parfaitement indépendante de la volonté du pickpocket.

En revanche, les infractions dites surnaturelles ne sauraient permettre le recours à la notion de tentative. En effet, aucun commencement d'exécution n'est caractérisé. Ainsi, le fait de planter des aiguilles dans une effigie représentant la « victime » pour provoquer sa mort ne constitue pas le commencement d'exécution d'un meurtre, dans la mesure où cet acte n'a pas pour conséquence directe et immédiate de consommer ce crime.

B • L'assimilation à l'auteur d'une infraction consommée

À l'opposé des théories militant en faveur de l'impunité des auteurs de tentatives, l'article 121-4, 2° du Code pénal assimile l'auteur d'une tentative à l'auteur de l'infraction consommée, sans que cela ne constitue une cause d'atténuation de la responsabilité.

Ce principe d'identité des peines encourues ne trouve de limite que dans le champ d'application de la tentative, dont il a été exposé qu'il excluait les contraventions d'une part, et les délits pour lesquels aucun texte ne prévoit la répression de la tentative d'autre part (C. pén., art. 121-4, 2°).

Il impose d'avoir déterminé avec précision l'infraction projetée et les circonstances aggravantes applicables.

Outils de travail

Texte essentiel

C. pén., art. 121-4 et 121-5

Jurisprudences essentielles

Crim. 25 oct. 1962 *Bull. crim* n° 262 : le commencement d'exécution est caractérisé par « des actes qui tendent directement au crime avec intention irrévocable de le commettre » ou par tout acte ayant « pour conséquence directe et immédiate de consommer le crime, celui-ci étant ainsi entré dans la période d'exécution. »

Crim. 5 juill. 1951, n° 78-93.914 : caractérisent le commencement d'exécution les actes qui tendent directement au crime ou au délit avec intention de le commettre.

Pour aller plus loin

P. Beauvais, « Tentative punissable : l'approche pragmatique et subjective de la Cour de cassation », *RSC* 2021.607

S. Keyman, « Le résultat pénal », *RSC 1968. 781*

L. Rozes, « L'infraction consommée », *RSC* 1975. 603

La complicité

Au même titre que la tentative, le recours à la notion de complicité résulte de l'impossibilité de caractériser l'élément matériel de l'infraction. En matière de tentative, cette impossibilité est la conséquence d'une interruption ou du caractère infructueux de la commission de l'infraction. En matière de complicité, elle constitue la conséquence du fait que la personne, tout en ayant participé à l'infraction, n'a pas accompli les actes prévus par le texte d'incrimination. À ce titre, la distinction entre complice et coauteur apparaît en théorie évidente. Elle se révèle plus complexe à l'examen de la jurisprudence, notamment du fait de l'existence de la théorie de la complicité corespective qui permet de considérer chacun des auteurs comme complice des autres.

Le domaine de la complicité est particulièrement étendu. En effet, l'alinéa 1er de l'article 121-7 du Code pénal dispose qu'« est complice d'un crime ou d'un délit la personne qui sciemment, par aide ou assistance, en a facilité la préparation ou la consommation ». Suivant la répartition tripartite des infractions de l'article 111-1 du Code pénal, il doit être constaté que ce premier cas de complicité n'exclut de son champ d'application que les contraventions, étant précisé que certaines dispositions de droit pénal spécial permettent de réprimer ce mode de complicité en matière contraventionnelle. Ainsi, « le fait de faciliter sciemment, par aide ou assistance, la préparation ou la consommation » de la contravention de violences volontaires sans incapacité totale de travail ou ayant entraîné une incapacité totale de travail inférieure ou égale à huit jours est puni des peines prévues pour ces deux contraventions (C. pén., art. R. 624-1, dernier al. ; art. R. 625-1, av.-dern. al.). Le second alinéa de l'article 121-7 du Code pénal prévoit qu'« est également complice la personne qui par don, promesse, menace, ordre, abus d'autorité ou de pouvoir aura provoqué à une infraction ou donné des instructions pour la commettre ». L'utilisation du terme d'infraction permet de conclure que la complicité par instigation s'applique aussi bien aux crimes qu'aux délits ou encore aux contraventions. L'article R. 610-2, alinéa 2, du Code pénal confirme que « le complice d'une contravention au sens du second alinéa de l'article 121-7 est puni conformément à l'article 121-6 ».

Structurée comme une infraction autonome (I), la complicité est soumise à une répression à la fois sévère et relativement indépendante de l'auteur principal (II).

I • La complicité structurée comme une infraction autonome

Une fois constatée l'absence de caractérisation de l'élément matériel en la personne du protagoniste considéré, sa participation à l'infraction conduit à s'interroger sur l'application des éléments constitutifs de la complicité qui, à l'instar d'une infraction, se composent d'une condition préalable (A), d'un élément matériel (B) et d'un élément moral (C).

A • L'exigence d'un fait principal punissable à titre de condition préalable

Suivant la théorie de la criminalité d'emprunt, est exigée, à titre de condition préalable, l'existence d'un fait principal punissable. Son défaut ne permet pas le recours à la complicité et explique l'éventuelle création d'infractions spécifiques. Ainsi en va-t-il lorsque le fait principal ne revêt pas de caractère infractionnel. Dès lors que le suicide n'est pas qualifiable pénalement, un acte d'aide ou d'assistance ou un acte d'instigation ne saurait être qualifié d'acte de complicité. D'autres qualifications sont néanmoins envisageables telles que la provocation au suicide (C. pén., art. 223-13). De même les infractions dites de mandat criminel pallient l'absence de fait principal punissable. Par exemple, l'article 221-5-1 du Code pénal réprime « le fait de faire à une personne des offres ou des promesses ou de lui proposer des dons, présents ou avantages quelconques afin qu'elle commette, y compris hors du territoire national, un assassinat ou un empoisonnement », à la condition que ce crime n'ait « été ni commis ni tenté » (pour une disposition similaire en matière de viol, C. pén., art. 222-26-1 ; en matière de tortures et actes de barbarie, C. pén., art. 222-6-4). Cette hypothèse renvoie à la tentative de complicité. L'agent avait l'intention de se rendre complice d'assassinat ou d'empoisonnement. Néanmoins, faute pour celui qui aurait dû en être l'auteur d'avoir commis ou même tenté de le commettre, l'agent n'est ni complice d'une infraction consommée, ni complice de sa tentative. L'article 222-22-2 du Code pénal permet de qualifier d'auteur une personne qui n'a pas matériellement commis une agression sexuelle mais qui ne pourrait être réprimée comme complice faute de fait principal punissable. Cette disposition expose que « constitue également une agression sexuelle le fait d'imposer à une personne, par violence, contrainte, menace ou surprise, le fait de subir une atteinte sexuelle de la part d'un tiers ou de procéder sur elle-même à une telle atteinte ».

Le fait principal peut avoir perdu son caractère punissable en raison d'une prescription de l'action publique ou d'une amnistie réelle.

Pour le reste, il est indifférent que l'auteur principal n'ait pas été poursuivi, notamment parce qu'il est resté inconnu, dès lors que les juges sont en mesure de relever l'existence d'un fait principal punissable (Crim. 3 mars 1959, n° 92-58.358 ; Crim. 28 mai 1990, n° 89-83.826). L'absence de poursuites peut également résulter du décès de l'auteur principal ou de l'application du principe d'opportunité des poursuites par le ministère public.

La relaxe ou l'acquittement de la personne poursuivie en qualité d'auteur principal a des effets variables sur la situation du complice. Elle conduira notamment à accueillir la requête en révision de ce dernier lorsque la relaxe de l'auteur principal exclut la culpabilité de celui qui a été condamné comme complice (Crim. 20 juin 1994, n° 93-85.665). La chambre criminelle a pu en revanche estimer que la relaxe de l'auteur principal pour défaut d'élément moral ne remettait pas en cause l'existence d'un fait principal punissable, et donc l'éventuelle culpabilité du complice (Crim. 8 janv. 2003, n° 01-88.065).

B • Les composantes de l'élément matériel de l'infraction

Les deux modes de complicité prévus par l'article 121-7 du Code pénal fournissent la liste exhaustive des comportements susceptibles de matérialiser la complicité. D'une part, la complicité par aide ou assistance peut se traduire par la fourniture de moyens matériels ou de services, antérieurement ou concomitamment à la commission du crime ou du délit. L'instigation de l'alinéa 2 de la disposition précitée renvoie soit à la provocation, selon l'un des moyens énumérés (don, promesse, menace, ordre, abus d'autorité ou de pouvoir), soit les instructions données pour commettre l'infraction, étant précisé que les instructions seules caractérisent la complicité, sans qu'il s'agisse nécessairement d'une provocation.

Dans tous les cas, l'acte matériel de complicité doit être un acte positif, antérieur ou concomitant au fait principal et causal.
L'exigence d'un acte positif signifie d'une part que la simple connaissance de la commission de l'infraction ne peut être qualifiée de complicité (Crim. 14 avr. 2021, n° 20-83.021). D'autre part, une abstention ou une omission ne peut caractériser la complicité. Des infractions autonomes permettent de réprimer certaines abstentions, telles que l'omission d'empêcher un crime ou un délit contre l'intégrité corporelle (C. pén., art. 223-6, al. 1er). Néanmoins, l'abstention est assimilée à un acte positif lorsque la qualité ou la fonction de la personne lui imposait une obligation d'agir. La jurisprudence a pu qualifier de complice de tapage le propriétaire qui n'a pas usé de son autorité pour le faire cesser (Crim. 26 févr. 2020, n° 19-80.641). De même, l'article 213-4-1 du Code pénal fait du chef militaire qui n'a pas empêché ses subordonnées de commettre un crime contre l'humanité un complice de ce crime.
L'acte de complicité est nécessairement antérieur ou concomitant à l'infraction. Cette exigence résulte clairement tant du premier alinéa de l'article 121-7 du Code pénal qui évoque le fait d'aider ou d'assister la préparation du crime ou du délit ou sa consommation, que de l'alinéa 2 qui mentionne le fait de provoquer à une infraction ou de donner des instructions pour la commettre. L'intervention postérieure de l'agent ne peut donc en faire un complice, mais peut le rendre coupable d'infractions autonomes au rang desquelles figure le recel (C. pén., art. 321-1), le recel de criminel (C. pén., art. 434-6) ou le recel de cadavre (C. pén., art. 434-7). Est toutefois assimilé un acte antérieur ou concomitant l'acte postérieur mais résultant d'un accord antérieur à la commission de l'infraction (Crim. 2 févr. 2022, n° 20-85.337).
L'acte de complicité doit enfin être causal. Ce caractère s'évince aisément de la lecture de l'article 121-7 du Code pénal qui établit un lien entre l'acte de complicité et l'infraction commise, sans exiger que la participation du complice ait été déterminante ou ait été une condition *sine qua non* à la commission de l'infraction. L'article 222-33-3 du Code pénal assimile à un complice celui qui enregistre des images de violences volontaires (C. pén., art. 222-1 à 222-14-1), d'agressions sexuelles (C. pén., art. 222-23 à 222-31) ou de harcèlement sexuel (C. pén., art. 222-33). Cette précision textuelle visant à réprimer une pratique dénommée « *happy slapping* » évite la difficulté à caractériser le lien causal entre ce comportement et l'infraction principale commise. La chambre criminelle a pu démontrer sa conception parfois compréhensive de la condition de causalité en admettant que soit qualifiée de complice une personne qui avait assuré, en lien avec les auteurs d'une intrusion dans une centrale nucléaire, la couverture médiatique de l'événement (Crim. 15 juin 2021, n° 20-83.749). Le lien entre l'acte de complicité et l'infraction n'est pas nécessairement direct, de sorte qu'il est possible de réprimer la complicité de complicité (Crim. 5 juin 2019, n° 18-80.783).

C • L'intention requise en matière de complicité

La complicité ne peut qu'être intentionnelle, condition explicitement rappelée s'agissant de la complicité par aide ou assistance dès lors que l'article 121-7, alinéa 1er, emploie l'adverbe « sciemment ». Une négligence ne suffit pas à caractériser l'élément moral de la complicité (Crim. 6 déc. 1989, n° 88-84.873). Pour autant, les infractions non intentionnelles ne sont nullement exclues de son champ d'application (Crim. 14 déc. 2010, n° 10-81.189 ; Crim. 13 sept. 2016, n° 15-85.046 ; Crim. 27 nov. 2018, n° 17-82.773). Cette solution s'explique par le fait que l'intention requise au titre de la complicité n'est pas celle requise au titre de l'infraction commise. Dans ces conditions, la complicité reste envisageable pour un homicide involontaire puisqu'il n'est nullement exigé que le complice ait voulu le résultat, à savoir la mort de la victime. Il doit toutefois être précisé que la notion de complicité a grandement perdu de son utilité avec l'instauration du mécanisme visant à distinguer l'auteur direct de

l'auteur indirect pour les infractions non intentionnelles (C. pén., art. 121-3, al. 3 et 4). En la matière, le recours à la notion de complicité n'est toutefois pas prohibé (Crim. 13 sept. 2016, n° 15-85.046).
L'élément moral de la complicité peut classiquement être décrit comme un dol général, à savoir la volonté d'accomplir l'acte de complicité tout en ayant conscience de son lien avec le fait principal punissable. La singularité de l'intention requise par rapport à celle exigée pour caractériser celle de l'auteur principal ressort sans ambiguïté d'un arrêt de la chambre criminelle dans lequel elle énonce qu'il suffit, pour qu'une personne se rende coupable de complicité de crime contre l'humanité, d'avoir connaissance de ce que les auteurs principaux commettent ou vont commettre un tel crime et que par son aide ou assistance, elle en facilite la préparation ou la consommation (Crim. 7 sept. 2021, n° 19-87.367). Ainsi, le complice d'un crime contre l'humanité n'adhère pas nécessairement au plan concerté. Il est vrai néanmoins que la distinction est subtile pour la plupart des infractions. En effet, par exemple, la distinction entre vouloir participer, en tant que complice, à la commission d'un meurtre, et vouloir la mort de la victime, apparaît ténue.
Cette dernière observation conduit à s'interroger sur les conséquences d'une différence entre l'infraction à laquelle le complice a voulu participer et l'infraction finalement commise. L'examen de la jurisprudence ne fait pas apparaître clairement de critères, la doctrine y trouvant celui de la gravité de l'infraction commise par rapport à celle projetée ou encore l'intérêt auquel il est finalement porté atteinte par rapport à celui auquel l'infraction projetée devait porter atteinte. Il apparaît que si la nature de l'infraction commise diffère totalement de celle à laquelle le complice avait entendu s'associer, sa culpabilité ne pourra pas être retenue. Tel n'est pas le cas lorsque seuls les moyens employés diffèrent (Crim. 31 janv. 1974, *Bull. crim.* n° 50).

II • Une répression sévère et relativement indépendante de l'auteur principal

La répression du complice, telle que prévue par l'article 121-6 du Code pénal, se révèle particulièrement sévère (A). Les causes d'aggravation ou d'atténuation de la responsabilité de l'auteur principal se communiqueront au complice s'il s'agit de circonstances réelles (B) tandis qu'on observe une autonomie des circonstances personnelles (C).

A • La sévérité de la répression du complice

L'article 121-6 du Code pénal dispose que « sera puni comme auteur le complice de l'infraction ». D'une part, il est notable que le complice, bien que n'ayant pas lui-même commit l'acte matériellement prévu par le texte répressif, ne se voit pas accorder de traitement de faveur, consistant par exemple à lui faire encourir une peine réduite par rapport celle prévue pour l'infraction dont il s'est rendu complice. D'autre part, le principe n'est pas de punir le complice comme l'auteur de l'infraction mais de faire comme s'il avait été lui-même auteur de l'infraction. Ainsi, le complice d'un vol n'encourt pas les mêmes peines que le voleur, il encourt les mêmes peines, tant principales que complémentaires, que s'il avait été lui-même l'auteur du vol. Lorsque le complice et l'auteur sont tous deux poursuivis, cette règle peut avoir comme conséquence que le complice encourt des peines plus lourdes que l'auteur

principal. Par exemple, si le complice d'un vol simple se trouve en état de récidive légale, il encourra six ans d'emprisonnement là où l'auteur du vol primodélinquant encourra trois ans.
Néanmoins, punir le complice comme s'il avait été lui-même auteur de l'infraction pose une difficulté lorsque le complice ne dispose pas de la qualité qui lui aurait permis d'être auteur principal de l'infraction. Ainsi s'est posée la question de savoir si la réclusion criminelle encourue par un notaire auteur d'un faux en écritures authentiques commis dans l'exercice de ses fonctions était également encourue par son complice qui ne disposait pas de la qualité de notaire. S'il avait lui-même été l'auteur de l'infraction, comme l'énonce la règle de l'article 121-6 du Code pénal, il n'aurait pas commis un faux de nature criminelle faute de disposer de la qualité requise. Pourtant, la chambre criminelle de la Cour de cassation a estimé qu'il encourait la peine criminelle (Crim. 7 sept. 2005, n° 04-84.235).
Il doit être précisé que les personnes condamnées pour un même crime, un même délit ou une même contravention de la 5e classe sont tenues solidairement des restitutions et des dommages-intérêts (C. pr. pén., art. 375-2, al. 1er, art. 480-1, al. 1er, art. 543). Dans ces hypothèses, la juridiction de jugement peut même ordonner que le prévenu qui s'est entouré de coauteurs ou de complices insolvables soit tenu solidairement des amendes prononcées (C. pr. pén., art. 375-2, al. 2, art. 480-1, al. 2, art. 543).

B • L'application au complice des circonstances réelles ou matérielles

Avant même de déterminer dans quelles conditions certaines causes d'aggravation ou d'exclusion de la responsabilité peuvent se communiquer de l'auteur ou complice, il convient de remarquer que la seule existence du complice peut caractériser une circonstance aggravante. À ce titre, la circonstance aggravante de réunion est définie par l'article 311-4 du Code pénal comme l'infraction commise « par plusieurs personnes agissant en qualité d'auteur ou de complice, sans qu'elles constituent une bande organisée ».
Les circonstances qui se communiquent au complice sont dites réelles ou matérielles par opposition aux circonstances personnelles qui se rattachent à la personne de l'auteur ou du complice et non aux faits eux-mêmes. Il en va ainsi de l'effraction, de la violence ou encore de l'usage d'une arme ou la bande organisée. Selon la Cour de cassation, « le complice encourt la responsabilité de toutes les circonstances qui qualifient l'acte poursuivi sans qu'il soit nécessaire que celles-ci aient été connues de lui » (Crim. 21 mai 1996, n° 95-84.252).
S'agissant des causes d'irresponsabilité, bien que la jurisprudence demeure pauvre, il est probable que les faits justificatifs dont peut se prévaloir l'auteur bénéficient au complice. Néanmoins, il est envisageable, par exemple, que la légitime défense constitue une cause d'irresponsabilité propre à l'auteur principal. Tel serait le cas si le complice ignorait que l'auteur qu'il a voulu aider ne faisait que se défendre d'une agression injuste.

C • L'autonomie des circonstances personnelles

L'illustration la plus limpide de ce que constituent les circonstances personnelles est l'état de récidive légale. Si l'auteur d'un délit ne se trouve pas en état de récidive tandis que le complice en remplit les conditions, ce dernier encourt le double des peines encourues par l'auteur principal, sans préjudice d'autres circonstances personnelles.

De même, il est évident que les causes d'irresponsabilité ou d'atténuation de la responsabilité demeurent propres à l'auteur ou au complice quand elles sont purement personnelles. Tel est nécessairement le cas de l'altération ou de l'abolition du discernement (C. pén., art. 122-1). Il en va de même des causes d'exemption ou de diminution de peines bénéficiant au repenti (C. pén., art. 132-78).
La circonstance aggravante de préméditation, qui tient à la fois à la personne de l'auteur et à l'acte, parfois qualifiée de circonstance mixte, suit le régime des circonstances aggravantes personnelles (Crim. 30 oct. 1996, n° 96-80.541).

Outils de travail

Texte essentiel

C. pén., art. 121-7

Jurisprudences essentielles

Crim. 2 juill. 1958, n° 90-74.457 : l'acte poursuivi au titre de la complicité doit se référer à une infraction principale, elle-même punissable.
Crim. 23 juill. 1927 : la complicité par aide ou assistance ne peut résulter que de faits antérieurs ou concomitants à la perpétration du délit.
Crim. 8 mars 1951, *Bull. crim. n° 76* : les actes antérieurs ou concomitants au crime constatés doivent être des actes positifs.
Crim. 21 oct. 1948, *Bull. crim. n° 242* : ne peut être déclaré coupable de complicité celui qui a facilité un crime ou un délit, non par un fait positif mais par une simple inaction ou abstention.
Crim. 29 janv. 2020, n° 19-82.942 et Crim. 26 févr. 2020, n° 19-80.641 : complicité par abstention retenue.

Pour aller plus loin

P. Conte, « Complicité par abstention », *Dr. pénal* 2020. Comm. 94
S. Fournier, « Complicité », *Rep. pén.*, sept. 2019
P. Gulphe, « La distinction entre coauteurs et complices », *RSC* 1948. 665

Les faits justificatifs

Les faits justificatifs ont vocation à rétablir un équilibre dans le cas où il existe un conflit entre les différentes valeurs sociales protégées. Il n'en demeure pas moins que cet équilibre demeure précaire, raison pour laquelle certains de ces faits justificatifs peuvent se trouver vivement critiqués. C'est notamment le cas de l'état de nécessité, dont le caractère injuste pour la victime de l'infraction justifiée a pu être soulevé en doctrine, dans la mesure où la reconnaissance de l'état de nécessité exclut en principe la caractérisation d'une faute de l'auteur des faits, venant ainsi considérablement restreindre les fondements juridiques qui pourront être invoqués par la victime afin d'obtenir réparation de son préjudice.
Les faits justificatifs relèvent de la catégorie des causes objectives d'irresponsabilité. En d'autres termes, il s'agit de circonstances dans lesquelles l'infraction a été commise et qui font disparaître le caractère illicite de l'acte. Les faits justificatifs opèrent *in rem*, c'est-à-dire qu'ils ont pour effet d'ôter tout caractère illicite au fait infractionnel. Ils bénéficient en cela à l'auteur de l'infraction, mais également aux complices et aux coauteurs.
Deux catégories de faits justificatifs peuvent être distinguées. Il existe d'abord des faits justificatifs que l'on peut qualifier de *traditionnels* (I), relativement anciens et dont les contours sont, par conséquent, assez bien connus. Il s'agit de l'ordre de la loi, du commandement de l'autorité légitime, de la légitime défense et de l'état de nécessité, qui sont régis par les dispositions des articles 122-4 à 122-7 du Code pénal. À ces faits justificatifs dits *traditionnels*, doivent être ajoutées de nouvelles formes de faits justificatifs (II) bien plus récentes et dont les contours sont plus incertains. Il s'agit du lanceur d'alerte, dont la protection a été codifiée à l'article 122-9 du Code pénal ainsi que du cas de l'exercice des droits de la défense par le salarié, fait justificatif d'origine jurisprudentielle.

I • Les faits justificatifs traditionnels

La commission d'une infraction peut se justifier par une autorisation donnée par la loi ou le règlement (A), mais aussi par l'état de nécessité dans lequel se trouve l'auteur des faits (B).

A • Justification de l'infraction par une autorisation

La loi prévoit deux cas de justification de l'infraction par une autorisation : l'ordre de la loi (1) et le commandement de l'autorité légitime (2), tous deux prévus par l'article 122-4 du Code pénal.

1 • L'ordre de la loi

Aux termes de l'article 122-4 alinéa 1er du Code pénal, celui qui accomplit un acte prescrit par la loi, ou seulement autorisé par des dispositions législatives ou réglementaires, n'est pas pénalement responsable. Ainsi, à la loi proprement dite, l'article 122-4 du Code pénal assimile le règlement. Est en revanche exclue l'autorisation ou la tolérance de l'administration à l'égard de certains faits (Crim.

26 avr. 1983, *Gaz. Pal.* 1984. 1. Somm. 2) de même que la coutume. Ainsi, l'excision, quand bien même elle peut constituer une coutume largement pratiquée dans le monde, caractérise bien un acte de violence aggravé (Crim. 20 août 1983, *Bull. crim.*, n° 229). Le Code de procédure pénale, bien qu'il n'en soit pas la seule source, regorge d'illustrations en la matière. C'est notamment le cas de l'article 73 du Code de procédure pénale aux termes duquel toute personne a qualité pour appréhender l'auteur présumé d'une infraction flagrante et le conduire devant l'officier de police judiciaire le plus proche, en faisant usage de la force le cas échéant. Cette autorisation ne constitue cependant pas un blanc-seing dont disposerait tout citoyen. Il appartiendra donc au juge, devant lequel un tel fait justificatif est invoqué, d'effectuer un contrôle de proportionnalité en mesurant les intérêts en présence. Aussi, dans le cas de l'autorisation donnée par l'article 73 du Code de procédure pénale, l'usage de la force, afin de conduire l'auteur présumé de l'infraction devant un officier de police judiciaire, doit être nécessaire et proportionné aux conditions de l'arrestation (Crim. 28 mars 2006, *Bull. crim.* n° 88).

2 • Le commandement de l'autorité légitime

Aux actes prescrits par la loi, l'alinéa 2 de l'article 122-4 du Code pénal ajoute ceux qui ont été accomplis en vertu du commandement d'une autorité légitime. Pour pouvoir être valablement invoqué, l'ordre doit d'abord émaner d'une autorité légitime, qui peut être une autorité publique de nature civile ou militaire. En revanche, le commandement d'une autorité privée, tel qu'un employeur ou un parent, ne saurait constituer un fait justificatif (Crim. 12 janv. 1977, *Bull. crim.* n° 18). Puis, le commandement ne doit pas être manifestement illégal (Crim. 13 oct. 2004, *Bull. crim.* n° 243). Le juge devra donc tenir compte des circonstances de l'affaire pour apprécier si ce fait justificatif a vocation à s'appliquer au cas d'espèce. C'est ainsi que la Cour de cassation a validé l'analyse d'une cour d'appel qui, pour écarter le fait justificatif du commandement de l'autorité légitime, a relevé que le prévenu, un colonel de gendarmerie, n'avait pu se méprendre sur le caractère manifestement illégal de l'ordre donné par le préfet de région, qui était certes une autorité légitime au sens de l'article 122-4 du Code pénal, dans la mesure où les destructions ordonnées devaient se faire de manière clandestine, en utilisant un moyen dangereux sans requérir la force publique pour assurer la sécurité des personnes et des biens, et en laissant sur les lieux des tracts diffamatoires destinés à égarer les enquêteurs sur l'identité des auteurs des faits (Crim. 13 oct. 2004, *D.* 2005. Pan. 1526). Il est par ailleurs de jurisprudence constante que l'illégalité d'un ordre portant sur la commission de crimes contre l'humanité est toujours manifeste (Crim. 23 janv. 1997, *D.* 1997. 147).

B • Justification de l'infraction par la nécessité

Aux cas de justification de l'infraction par une autorisation, s'ajoutent deux cas de justification par la nécessité, à savoir : la légitime défense (1) et l'état de nécessité (2), prévus aux articles 122-5 et suivants du Code pénal.

1 • La légitime défense

La légitime défense fait l'objet des articles 122-5 et 122-6 du Code pénal. Pour être considérée comme légitime, la défense doit remplir un certain nombre de conditions tenant à l'agression d'une part, et à l'acte de défense d'autre part. L'agression, qui peut concerner une personne (C. pén., art. 122-5, al. 1er) ou un bien (C. pén., art. 122-5, al. 2), doit d'abord être actuelle ou imminente (Crim. 27 juin 1927, *S.* 1929. 1. 356). Elle doit ensuite être injuste, l'article 122-5 du Code pénal n'autorisant pas à se défendre ou à défendre autrui ou un bien contre un acte conforme au droit. Ainsi, à titre d'illustration, la légitime défense ne pourra être légitimement invoquée en réponse à l'interruption volontaire de grossesse, celle-ci ne pouvant en aucun cas être assimilée à une « atteinte injustifiée envers autrui » dès lors qu'elle est pratiquée dans les conditions et formes de la loi (T. corr. Le Puy-en-Velay, 14 mars 1995, *Gaz. Pal.* 1995. 2. Somm. 327). Si l'agression doit être injuste, elle n'a en revanche pas à constituer en elle-même une infraction pénale, à l'exception notable de la défense en cas d'atteinte aux biens qui n'est admise que « pour interrompre l'exécution du crime ou du délit » (C. pén., art. 122-5, al. 2). L'agression doit enfin être réelle. La jurisprudence se montre toutefois assez souple sur ce dernier point, puisqu'elle admet que n'est pas seule concernée la « nécessité éclatante, absolue, indiscutable, mais encore le cas où celui qui se défend peut raisonnablement croire qu'il se trouve en péril » (Chambéry 6 févr. 1907, *Dr. pénal* 1907. 5. 19). Il peut notamment s'agir du cas de la personne menacée par l'usage d'une arme factice dont elle a raisonnablement pu croire que celle-ci était réelle. La riposte, quant à elle, doit être nécessaire, voire « strictement nécessaire » concernant l'atteinte aux biens, et proportionnée. Elle doit être concomitante à l'attaque (à cet égard, voir l'affaire Jacqueline Sauvage, ayant invoqué sans succès la légitime défense différée, avant d'être finalement graciée par le président de la République). L'acte de défense doit être volontaire. Partant, la personne qui a involontairement blessé son agresseur ne pourra valablement invoquer la légitime défense (Crim. 16 févr. 1967, *Cousinet*, *Bull. crim.* n° 70). C'est à la personne qui invoque le bénéfice de ce fait justificatif de prouver que les conditions susmentionnées sont réunies. Cette preuve se trouve toutefois simplifiée si la personne était placée dans l'une des deux situations prévues par l'article 122-6 du Code pénal et à l'égard desquelles le législateur a prévu une présomption de légitime défense. Il s'agit cependant d'une présomption simple qui pourra être renversée par la preuve contraire (Crim. 19 févr. 1959, *Reminiac*, *D.* 1959. 161).

2 • L'état de nécessité

Au sens de l'article 122-7 du Code pénal, n'est pas pénalement responsable la personne qui commet un acte, normalement répréhensible, dans la mesure où cet acte a été accompli pour écarter un danger. Là encore, un certain nombre de conditions doivent être réunies afin d'invoquer utilement ce fait justificatif. Le danger doit d'abord être actuel ou imminent (C. pén., art. 122-7). Ainsi, ne justifie pas la commission d'une infraction la simple crainte (Crim. 27 déc. 1961, n° 90-89.461). L'auteur de l'infraction justifiée doit se trouver devant un danger immédiat et certain et non hypothétique ou futur (T. corr. Nantes, 12 nov. 1956, *D.* 1957. 30). Le danger doit également être réel et injuste (Crim. 19 nov. 2002, *D.* 2003. 1315). Aussi, le comportement qui place son auteur dans la nécessité de commettre une infraction fait obstacle à la caractérisation de l'état de nécessité. C'est ainsi que dans la célèbre affaire de l'ours Cannelle des Pyrénées, les juges du fond ont refusé de reconnaître le bénéfice de l'état de nécessité au chasseur ayant tué le dernier spécimen local femelle d'ours brun, et ce quand bien même celui-ci le menaçait, dans la mesure où il ressortait des faits d'espèce que le chasseur s'était lui-même placé dans cette situation de danger (Crim. 1er juin 2010, *D.* 2010. Actu. 1792). Enfin, l'acte accompli doit être nécessaire et proportionné. Ainsi, si le « bon juge Magnaud » avait pu voir un état de nécessité dans le fait pour une jeune femme de voler du pain alors qu'elle-même, sa mère et son fils n'avaient pas mangé depuis 36 heures, ne se trouve, en revanche, pas en état de nécessité la mère de deux enfants, prévenue de trois vols portant sur des quantités importantes de viande ou de charcuterie, qui a déclaré avoir voulu « améliorer l'ordinaire » de ses enfants (Poitiers 11 avr. 1997, *D.* 1997. 512). En d'autres termes, au sens de la jurisprudence, l'acte accompli doit être le seul acte nécessaire à la sauvegarde de la personne menacée (*ibid.*). Le bien sacrifié doit, en outre, revêtir une valeur inférieure à celle du bien ou de l'intérêt sauvegardé (T. corr. Bobigny, 22 nov. 1972, *Gaz. Pal.* 1972. 2. 890).

II • Les nouvelles formes de faits justificatifs

Deux nouvelles formes de faits justificatifs sont apparues plus récemment. Il s'agit du cas du lanceur d'alerte (A) ainsi que de l'exercice des droits de la défense (B).

A • Le lanceur d'alerte

La loi n° 2016-1691 du 9 décembre 2016 *relative à la transparence, à la lutte contre la corruption et à la modernisation de la vie économique*, aussi appelée loi « Sapin II », a créé un nouvel article 122-9 du Code pénal. Cet article, partiellement modifié et complété par la loi n° 2022-401 du 21 mars 2022, permet à la personne répondant à la définition du lanceur d'alerte :

– de porter atteinte à un secret protégé par la loi et/ou ;

– de soustraire, détourner ou receler le support contenant le secret qu'il signale ou divulgue.

Plusieurs conditions doivent cependant être réunies pour que l'auteur des faits litigieux échappe à toute condamnation pénale. La divulgation doit d'abord être nécessaire et proportionnée à la sauvegarde des intérêts en cause. Il appartiendra donc au juge, devant lequel un tel fondement est invoqué, de procéder à un contrôle de proportionnalité en tenant compte des différents intérêts en présence. La divulgation doit également intervenir dans le respect des conditions de signalement prévues par la loi, lesquelles ont été substantiellement allégées par la loi du 21 mars 2022. Désormais, la divulgation publique peut intervenir :

– après avoir effectué un signalement auprès d'autorités externes limitativement énumérées et lorsqu'aucune mesure appropriée n'a été prise suite à ce signalement ;

– immédiatement en cas de danger grave et imminent ;

– immédiatement lorsque le signalement externe ferait encourir à son auteur un risque de représailles ou qu'il ne serait pas suffisamment efficace.

Le signalement externe peut, en outre, être précédé d'un signalement interne dans le cas où le lanceur d'alerte a eu connaissance des informations litigieuses dans le cadre de son activité professionnelle (loi du 9 déc. 2016, art. 8). Il s'agit toutefois d'une simple option offerte au lanceur d'alerte qui n'en a plus l'obligation, depuis l'entrée en vigueur des dispositions de la loi du 21 mars 2022. L'auteur de la divulgation doit par ailleurs répondre à la définition du lanceur d'alerte prévue à l'article 6 de la loi du 9 décembre 2016, tel que modifié par la loi du 21 mars 2022. Le lanceur d'alerte doit d'abord être une personne physique. Les syndicats et les associations sont donc exclus. Il ne doit pas avoir perçu de contrepartie financière directe à sa divulgation et être de bonne foi. Il est donc tout à fait possible de révéler une information qui s'avérera finalement fausse et de bénéficier malgré tout de la protection offerte par l'article 122-9 du Code pénal, dans la mesure où la personne qui a effectué la dénonciation a sincèrement cru qu'elle était vraie (Soc. 8 juill. 2020, *D.* 2020. Actu. 1468). Les faits objets de la divulgation sont également strictement encadrés par l'article 6 de la loi du 9 décembre 2016. Ainsi, la divulgation peut uniquement porter sur « un crime, un délit, une menace ou un préjudice pour l'intérêt général, une violation ou une tentative de dissimulation d'une violation d'un engagement international régulièrement ratifié ou approuvé par la France, d'un acte unilatéral d'une organisation internationale pris sur le fondement d'un tel engagement, du droit de l'Union européenne, de la loi ou du règlement ». À ce titre, il a été jugé que l'inexécution, même délibérée, de prestations contractuelles ne constitue ni un crime ou un délit, ni une menace ou un préjudice grave pour l'intérêt général. Aussi, le salarié d'une société de distribution de prospectus, qui contacte les clients de manière anonyme pour les informer de distributions prétendument non réalisées, n'est pas fondé à se prévaloir du statut de lanceur d'alerte

(Riom 19 janv. 2021, nº 19/00218). Sont également exclues les informations dont la divulgation est interdite par les dispositions relatives au secret de la défense nationale, au secret médical, au secret des délibérations judiciaires, au secret de l'enquête ou de l'instruction judiciaires ou au secret professionnel de l'avocat (loi du 9 déc. 2016, art. 6 II°). À l'exception notable, introduite par la loi du 21 mars 2022, de l'information recueillie dans un contexte professionnel, le lanceur d'alerte doit avoir eu personnellement connaissance du secret qu'il divulgue (loi du 9 déc. 2016, art. 6 I°). Le lanceur d'alerte doit par ailleurs avoir eu connaissance, de manière licite, de l'information dont il a soustrait, détourné, ou recelé le support (C. pén., art. 122-9, al. 2). Il convient enfin de noter que ce nouveau fait justificatif s'applique rétroactivement aux faits n'ayant pas donné lieu à une condamnation passée en force de chose jugée (Crim. 17 oct. 2018, *D. actu.* 7 nov. 2018).

B • Les droits de la défense

Par deux arrêts du 11 mai 2004 la Cour de cassation a admis l'existence d'un nouveau fait justificatif autonome, au visa du « principe du respect des droits de la défense » (Crim. 11 mai 2004, *D.* 2004. 2326). Ce faisant, la Cour de cassation a manifestement fait fi du principe de légalité interdisant au juge d'admettre des cas d'excuse en dehors de ceux qui ont été déterminés par la loi (Crim. 17 févr. 1888, *DP* 1888. 1. 141). Cette jurisprudence peut toutefois être saluée en ce qu'elle a mis fin à la position ambivalente dans laquelle se trouvait jusqu'alors le salarié qui produisait dans le cadre d'une instance prud'homale des documents appartenant à son employeur. En effet, avant cette date, une telle preuve était jugée recevable par la chambre sociale de la Cour de cassation (Soc. 2 déc. 1998, *D.* 1999. 431), mais le salarié s'exposait à des poursuites pénales pour avoir appréhendé ou reproduit les documents litigieux, poursuites qui se trouvaient validées par la chambre criminelle de la Cour de cassation. Deux conditions doivent toutefois être remplies afin d'invoquer utilement ce nouveau fait justificatif. Le salarié doit d'abord avoir eu connaissance desdits documents à l'occasion de ses fonctions, lesquels documents doivent, en outre, être strictement nécessaires à l'exercice des droits de la défense du salarié dans le litige l'opposant à son employeur (Crim. 16 juin 2011, *D. actu.* 6 juill. 2011). De manière assez surprenante, l'emploi d'un tel fait justificatif semble devoir être circonscrit aux seuls litiges prud'homaux. C'est ainsi que la Cour de cassation a pu juger que caractérise l'infraction de vol l'arrêt retenant que le prévenu a remis les photocopies qu'il avait soustraites à son employeur, non pour assurer sa défense dans un litige prud'homal, mais lors de son audition sur la plainte déposée contre lui par ce même employeur, afin de prouver la vérité des faits diffamatoires qu'il avait dénoncés (Crim. 9 juin 2009, *D.* 2009. Pan. 1721).

Interrogations sur la question du consentement de la victime

S'il n'est pas rare que le consentement de la victime soit présenté comme un fait justificatif, une telle affirmation est en réalité totalement erronée. La jurisprudence est constante et très claire sur ce point : le consentement de la victime ne saurait constituer, en matière pénale, une cause légale d'excuse ou de justification (Crim. 23 juin 1838, *S.* 1838. 1. 626). Ce que certains considèrent à tort comme un nouveau cas de fait justificatif correspond en réalité bien souvent à la situation dans laquelle le consentement de la victime est un élément constitutif de l'infraction. Or, dans un tel cas, l'infraction n'est pas effacée *a posteriori* par un fait justificatif, mais elle disparaît *ab initio* car il manque un des éléments constitutifs de l'infraction, à savoir l'absence de consentement de la victime.

Outils de travail

Textes essentiels

C. pén., art. 122-4 : ordre/permission de la loi (al. 1) et commandement de l'autorité légitime (al. 2).
C. pén., art. 122-5 et 122-6 : légitime défense.
C. pén., art. 122-7 : état de nécessité.
C. pén., art. 122-9 : lanceur d'alerte.
Loi n° 2016-1691 du 9 déc. 2016, art. 6 : définition du lanceur d'alerte.
Loi n° 2016-1691 du 9 déc. 2016, art. 8 : conditions de signalement par le lanceur d'alerte.

Jurisprudences essentielles

Crim. 28 mars 2006, *Bull. crim.* n° 88 : la réalisation de l'acte autorisé par la loi doit être nécessaire et proportionnée.
Crim. 13 oct. 2004, *D.* 2005. Pan. 1526 : le commandement de l'autorité légitime ne doit pas être manifestement illégal.
Crim. 19 févr. 1959, *Reminiac*, *D.* 1959. 161 : la présomption de légitime défense posée à l'article 122-6 est une présomption simple qui peut être renversée par la preuve contraire.
Crim. 1er juin 2010, *D.* 2010. Actu. 1792 : le comportement qui place son auteur dans la nécessité de commettre une infraction fait obstacle à la caractérisation de l'état de nécessité.

Pour aller plus loin

J-M. Brigant, « Protection des lanceurs d'alerte : les principales dispositions pénales de la loi du 21 mars 2022 », *JCP* 2022. 507
Y. Mayaud, « Les droits de la défense, cause d'irresponsabilité pénale », *Mél. R. Gassin*, PUAM, 2007, p. 293
P. Salvage, « Le consentement en droit pénal », *RSC* 1991. 699
G. Chetard, « Décrocheurs de portraits, état de nécessité et contrôle de proportionnalité : la chambre criminelle recadre le débat », *AJ pénal* 2021.533

Le lanceur d'alerte

La protection du lanceur d'alerte fait figure de dernier né des causes d'irresponsabilité prévues par les articles 122-1 et suivants du Code pénal. Elle appartient à la catégorie des faits justificatifs, à savoir les causes objectives d'irresponsabilité, et en emprunte le mécanisme. En effet, tout comme l'ordre ou l'autorisation de la loi ou du règlement (C. pén., art. 122-4, al. 1), le commandement de l'autorité légitime (C. pén., art. 122-4, al. 2), la légitime défense (C. pén., art. 122-6) ou l'état de nécessité (C. pén., art. 122-7), le fait justificatif propre au lanceur d'alerte procède à une mise en balance aboutissant à privilégier un intérêt considéré comme supérieur et à sacrifier un intérêt considéré comme inférieur. Ainsi, l'atteinte à un secret protégé se trouve justifiée par la protection de l'intérêt général.
Méritent d'être examiné d'une part le champ d'application de ce fait justificatif (I) et d'autre part les conditions qui lui sont applicables (II).

I • Le champ d'application du fait justificatif propre au lanceur d'alerte

Avant même d'examiner les conditions dans lesquelles une personne peut bénéficier du fait justificatif propre au lanceur d'alerte, il convient d'envisager le champ d'application de cette cause d'irresponsabilité, et en conséquence à la personne même du lanceur d'alerte (A) et à l'objet des informations divulguées (B).

A • La personne du lanceur d'alerte

À titre de condition préalable, le fait justificatif ne peut s'appliquer qu'à une personne correspondant à la définition du lanceur d'alerte. Cette définition ne se trouve pas directement à l'article 122-9 du Code pénal qui prévoit seulement que la personne doit répondre « aux critères de définition du lanceur d'alerte prévus à l'article 6 de la loi nº 2016-1691 du 9 décembre 2016 relative à la transparence, à la lutte contre la corruption et à la modernisation de la vie économique ». La disposition visée définit le lanceur d'alerte comme « une personne physique qui signale ou divulgue, sans contrepartie financière directe et de bonne foi, des informations » ayant un objet qui sera examiné plus loin.
En premier lieu, il résulte de cette définition que le lanceur d'alerte ne peut être une personne morale. Toutefois, le bénéfice de l'irresponsabilité pénale peut être octroyé à une personne morale de deux façons différentes. D'une part, l'alinéa 3 de l'article 122-9 du Code pénal affirme que le dispositif est également applicable au complice des infractions commises, sans opérer de distinction entre les personnes physiques et personnes morales. D'autre part, l'article 6-1 de la loi du 9 décembre 2016 étend la protection du lanceur d'alerte à une série de personnes physiques ou morales, notamment les « facilitateurs, entendus comme toute personne physique ou toute personne morale de droit privé à but non lucratif qui aide un lanceur d'alerte à effectuer un signalement ou une divulgation » et les « entités

juridiques contrôlées, au sens de l'article L. 233-3 du Code de commerce, par un lanceur d'alerte [...], pour lesquelles il travaille ou avec lesquelles il est en lien dans un contexte professionnel ».
En second lieu, le lanceur d'alerte doit disposer de deux qualités : agir sans contrepartie financière directe et de bonne foi. La référence à l'absence de « contrepartie financière directe » implique que l'action du lanceur d'alerte peut ne pas être totalement désintéressée. Il est en revanche certain qu'il ne peut être rémunéré pour procéder au signalement ou à la divulgation. Quant à la bonne foi, elle dénote que l'intention du lanceur d'alerte ne doit naturellement pas être de nuire. La bonne foi s'oppose aussi certainement à un comportement empreint de témérité ou de légèreté. En revanche, le lanceur d'alerte peut s'être trompé tout en demeurant de bonne foi.
Par ailleurs, l'article 6 de la loi du 9 décembre 2016 traite de la manière dont le lanceur d'alerte doit avoir eu connaissance des informations divulguées. Quand celles-ci n'ont pas été obtenues dans le cadre d'activités professionnelles, « le lanceur d'alerte doit en avoir eu personnellement connaissance ». Cette condition supplémentaire ne s'applique donc pas au lanceur d'alerte ayant eu connaissance des informations dans le cadre professionnel.

B • L'objet des informations divulguées

L'objet de la divulgation est, selon l'article 122-9, alinéa 1er, du Code pénal, un secret protégé par la loi. Il s'agit généralement d'un secret pénalement protégé dès lors que l'objet même du mécanisme est d'éviter que le lanceur d'alerte n'engage sa responsabilité pénale. Aux termes de l'article 6, I, de la loi du 9 décembre 2016, les informations divulguées concernent « un crime, un délit, une menace ou un préjudice pour l'intérêt général, une violation ou une tentative de dissimulation d'une violation d'un engagement international régulièrement ratifié ou approuvé par la France, d'un acte unilatéral d'une organisation internationale pris sur le fondement d'un tel engagement, du droit de l'Union européenne, de la loi ou du règlement ». La liste est donc particulièrement étendue. Semblent tout juste exclues les contraventions, sauf à ce que certaines d'entre elles entrent dans la catégorie des menaces ou préjudices pour l'intérêt général.
Toutefois, des limites importantes sont prévues par les textes dès lors que l'article 6, II, de la loi du 9 décembre 2016 précise que « les faits, informations et documents, quelle que soit leur forme ou leur support, dont la révélation est interdite par les dispositions relatives au secret de la défense nationale, au secret médical, au secret des délibérations judiciaires, au secret de l'enquête ou de l'instruction judiciaires ou au secret professionnel de l'avocat sont exclus du régime de l'alerte ».

II • Les conditions du fait justificatif du lanceur d'alerte

Aux conditions préalables relatives à la personne du lanceur d'alerte et à l'objet des informations divulguées s'ajoutent des conditions de fond (A) et des conditions plus formelles de signalement (B) pour bénéficier du fait justificatif.

A • Les conditions de fond

L'article 122-9 du Code pénal exige, pour bénéficier du régime de l'alerte, que la divulgation soit nécessaire et proportionnée. Les conditions de nécessité et de proportionnalité sont classiques en matière de faits justificatifs. Elles sont également mentionnées par les articles 122-5 et 122-7 du Code pénal respectivement consacrés à la légitime défense et à l'état de nécessité. Elles ne sont pas définies par la loi. La nécessité renvoie au caractère impérieux, indispensable de la révélation, à l'absence d'alternative. La proportionnalité renvoie à la question de la juste mesure, à la mise en balance entre l'intérêt de la divulgation et les dommages que celle-ci pourrait causer.

Les comportements couverts par le régime de l'alerte sont assez divers. Si, au premier chef, le fait permettant de bénéficier de l'irresponsabilité pénale est un fait de divulgation d'informations, l'alinéa 2 de l'article 122-9 du Code pénal ajoute que « n'est pas non plus responsable le lanceur d'alerte qui soustrait, détourne ou recèle les documents ou tout autre support contenant les informations dont il a eu connaissance de manière licite et qu'il signale ou divulgue » dans le respect des procédures de signalement. Ainsi, cette cause d'irresponsabilité ne concerne pas uniquement d'éventuelles infractions de violation du secret mais des comportements qui pourraient être pénalement qualifiés de vol, d'abus de confiance ou de recel. Cette précision était indispensable dès lors qu'il serait vain de protéger le lanceur d'alerte de la responsabilité pénale potentiellement encourue par l'acte de divulgation, s'il était possible pour l'entité « victime » de cette révélation de le faire condamner pour la simple détention de documents qui prouvent ses allégations.

De même, l'alinéa 3 de l'article 122-9 du Code pénal expose que le fait justificatif « est également applicable au complice de ces infractions ». La généralité de la formulation paraît permettre de conclure que les deux formes de complicité de l'article 121-6 du Code pénal sont concernées.

B • Les conditions de signalement

Le nécessaire respect de procédures particulières constitue l'originalité du régime de l'alerte. L'article 8 de la loi du 9 décembre 2016 prévoit en effet trois canaux de signalement, à savoir le signalement interne, le signalement externe et la divulgation publique.

En premier lieu, le signalement par la voie interne constitue une faculté – et non un préalable obligatoire à l'utilisation d'un des deux autres canaux – offerte à l'une des catégories de personnes suivantes ayant obtenu les informations dans le cadre de leurs activités professionnelles, « notamment lorsqu'elles estiment qu'il est possible de remédier efficacement à la violation par cette voie et qu'elles n'exposent pas à un risque de représailles » : les « membres du personnel, [les] personnes dont la relation de travail s'est terminée, lorsque les informations ont été obtenues dans le cadre de cette relation, et [les] personnes qui se sont portées candidates à un emploi au sein de l'entité concernée, lorsque les informations ont été obtenues dans le cadre de cette candidature ; [les] actionnaires, [les] associés et [les] titulaires de droits de vote au sein de l'assemblée générale de l'entité ; [les] membres de l'organe d'administration, de direction ou de surveillance ; [les] collaborateurs extérieurs et occasionnels ; [les] cocontractants de l'entité concernée, [leurs] sous-traitants ou, lorsqu'il s'agit de personnes morales, [les] membres de l'organe d'administration, de direction ou de surveillance de ces cocontractants et sous-traitants ainsi [que les] membres de leur personnel » (L. n° 2016-1691 du 9 déc. 2016, art. 8, I-A). À défaut de procédure interne de recueil et de traitement des signalements au sein de l'entité, ces personnes « peuvent signaler les informations concernées à leur supérieur hiérarchique direct ou indirect, à l'employeur ou à un référent désigné par celui-ci » (L. n° 2016-1691 du 9 déc. 2016, art. 8, I-B).

En deuxième lieu, ainsi qu'il l'a été mentionné, le signalement externe peut intervenir après un signalement interne ou non. Le signalement externe consiste à signaler les informations à l'une des quatre catégories suivantes : une autorité compétente parmi des autorités administratives, des autorités publiques indépendantes, des autorités administratives indépendantes, des ordres professionnels et des personnes morales chargées d'une mission de service public désigné par décret en Conseil d'État ; le défenseur des droits, qui oriente alors le lanceur d'alerte « vers la ou les autorités les mieux à même d'en connaître » ; l'autorité judiciaire ; une institution, un organe ou un « organisme de l'Union européenne compétent pour recueillir des informations sur des violations relevant du champ d'application de la directive (UE) 2019/1937 du Parlement européen et du Conseil du 23 octobre 2019 » (L. n° 2016-1691 du 9 déc. 2016, art. 8, II).

En troisième lieu, la divulgation publique est prévue par l'article 8, III, de la loi du 9 décembre 2016. Elle est possible dans trois hypothèses. La première est celle de l'inertie des autorités auxquelles le signalement a été fait. Le lanceur d'alerte peut en effet procéder à une divulgation publique lorsqu'il a « effectué un signalement externe, précédé ou non d'un signalement interne, sans qu'aucune mesure appropriée ait été prise en réponse à ce signalement à l'expiration » d'un délai raisonnable ne pouvant, sauf exceptions, excéder trois mois (Décr. n° 2022-1284 du 3 oct. 2022, art. 10). La deuxième hypothèse conditionne la divulgation publique au cas du « danger grave et imminent ». La troisième et la dernière correspond à celle où le signalement externe à l'une des autorités compétentes « ferait encourir à son auteur un risque de représailles ou qu'elle ne permettrait pas de remédier efficacement à l'objet de la divulgation, en raison des circonstances particulières de l'affaire, notamment si des preuves peuvent être dissimulées ou détruites ou si l'auteur du signalement a des motifs sérieux de penser que l'autorité peut être en conflit d'intérêts, en collusion avec l'auteur des faits ou impliquée dans ces faits » (L. n° 2016-1691 du 9 déc. 2016, art. 8, III).

Outils de travail

Textes essentiels

C. pén., art. 122-1 s.

Loi n° 2016-1691 du 9 déc. 2016 *relative à la transparence, à la lutte contre la corruption et à la modernisation de la vie économique*.

Doctrine

C. Froger, « Un policier lanceur d'alerte ne peut être sanctionné pour avoir désobéi aux instructions de sa hiérarchie relatives à la forme du signalement », *AJFP* 2023. 628.

« Se proclamer lanceur d'alerte ne permet pas tout » note ss. CE 8 déc 2023, n° 435266, *AJDA* 2023. n° 43, 2313.

N. Lancou, « La liberté d'expression au service de l'élargissement de la protection des lanceurs d'alerte », *Rev. trav.* 2023. 701.

L'infraction légitime commise par les forces de l'ordre

La notion d'« infraction légitime » peut paraître paradoxale, mais la violation d'une norme pénale peut se trouver justifiée dans certains cas. La philosophie qui sous-tend cette irresponsabilité pénale rejoint celle de la finalité même du droit pénal. C'est parce que l'infraction justifiée est considérée comme étant conforme aux intérêts de la société qu'elle n'est pas réprimée. L'irresponsabilité pénale – mais également civile – se justifie ainsi par l'utilité sociale de l'infraction commise.
Des faits justificatifs dits « généraux », correspondant à des causes objectives d'irresponsabilité liées à des circonstances étrangères à l'auteur de l'infraction, sont prévus aux articles 122-4 à 122-7 du Code pénal. Il s'agit de l'ordre de la loi, du commandement de l'autorité légitime, de la légitime défense et de l'état de nécessité. Existent par ailleurs des faits justificatifs « spéciaux », propres à certaines infractions. Les forces de l'ordre doivent-elles bénéficier, de ce point de vue, d'un traitement particulier supplémentaire, sachant qu'elles sont amenées à réagir à certaines agressions en vue de protéger la sécurité des personnes ? Afin de renforcer l'efficacité de leur mobilisation, il est apparu nécessaire au législateur de prévoir des dispositions leur permettant d'être juridiquement plus assurées lorsqu'elles ont à faire usage de leurs armes. La loi n° 2016-731 du 3 juin 2016 avait créé une nouvelle cause objective d'irresponsabilité pénale spécifique aux policiers, miliaires et agents des douanes, à l'article 122-4-1 du Code pénal. Ce texte a déjà été abrogé par la loi n° 2017-258 du 28 février 2017 *relative à la sécurité publique*, mais repris pour l'ensemble de ces fonctionnaires dans le Code de la sécurité intérieure, y compris pour les policiers qui, en tant que civils, étaient auparavant exclus du champ de ce régime et traités comme les autres citoyens. C'est dans ces conditions que des faits justificatifs spéciaux (II) s'ajoutent aux faits justificatifs généraux (I), dont les forces de l'ordre peuvent bénéficier.

I • Des faits justificatifs généraux, applicables aux forces de l'ordre

Si les faits justificatifs prévus dans le premier livre du Code pénal sont applicables quelle que soit la qualité de l'auteur de l'infraction, y compris aux agents de la force publique (A), ils sont strictement encadrés (B).

A • Les mécanismes légitimant la commission d'une infraction

Les faits justificatifs généraux, présents dans le Livre Ier du Code pénal, sont applicables indifféremment de la qualité de l'auteur de l'infraction. Un membre des forces de l'ordre peut donc accomplir un acte justifié, car prescrit par des dispositions législatives ou réglementaires ou commandé par l'autorité légitime (C. pén., art. 122-4). Il peut se retrouver dans le champ de l'article 122-5 du Code pénal,

en situation de légitime défense (de lui-même ou d'autrui). Les conditions ont trait à l'actualité de la menace, à la concomitance, à la nécessité et à la proportionnalité de la riposte. À cet égard, il est utile de rappeler que si la jurisprudence a déjà admis la légitime défense putative, dans le sens où il est permis au juge d'envisager subjectivement, pour retenir la réalité de l'agression, à côté de la situation réelle, celle qui pouvait se présenter à l'esprit de l'auteur de la riposte (Crim. 7 juin 1968, *Bull. crim.* n° 186 ; Crim. 18 oct. 1972, *Bull. crim.* n° 293). Le dépositaire de l'autorité publique ayant fait usage de la force pourrait donc, même en l'absence de danger réel, invoquer ce fait justificatif s'il a, de bonne foi, cru devoir se défendre contre une attaque.
L'état de nécessité est plus rarement admis par la jurisprudence pour justifier l'usage des armes. D'une part, le danger doit être actuel ou imminent (Crim. 9 nov. 2004, *Bull. crim.* n° 273). Une menace simplement éventuelle ne suffit pas (Crim. 1er juin 2005, *Bull. crim.* n° 168). D'autre part, pour être retenu, l'état de nécessité suppose que les juges du fond démontrent :
– que l'infraction réalisée par le prévenu pouvait seule permettre d'éviter l'événement qu'il redoutait, à l'exclusion de tout autre moyen moins périlleux pour les tiers ;
– que le risque hypothétique de dommage, à défaut de l'infraction commise, était de nature à entraîner des conséquences plus redoutables que le péril certain et très grave auquel, par son action, le prévenu a exposé les tiers ;
– et enfin, que ce dernier n'a pas créé lui-même ce prétendu état de nécessité (Crim. 25 juin 1958, *D.* 1958. 693).

B • Les conditions encadrant la légitimation d'une infraction

Les faits justificatifs sont d'application exceptionnelle, et les juges doivent, pour les retenir, s'en expliquer. S'agissant du fait justificatif tenant à l'autorisation de la loi ou au commandement de l'autorité légitime, la Cour de cassation est venue récemment entériner sur le fondement de l'article 122-4 du Code pénal le non-lieu prononcé à l'endroit d'un gradé de gendarmerie qui avait, sur instructions de sa hiérarchie réalisé un jet de grenade en direction de manifestants, occasionnant le décès de l'un d'eux (Crim. 23 mars 2021, n° 20-82.416). Pour s'assurer du respect des conditions tirées de l'article 122-4, la Cour de cassation a analysé avec une certaine rigueur le caractère nécessaire et proportionné d'une telle riposte ainsi que la conformité de l'emploi d'une grenade OF F1 eu égard à la disposition des lieux. C'est sur la base de ces mêmes conditions que la Cour de cassation a rejeté le fait justificatif tiré de l'article 122-4 et a confirmé le renvoi devant la cour d'assises – pour violences avec arme ayant entraîné une mutilation ou une infirmité permanente – d'un policier qui avait fait usage d'un flash-ball sur une personne en fuite non armée qui n'apparaissait pas comme étant impliquée dans les infractions ayant motivé la consigne d'interpeller les individus troublant l'ordre public (Crim. 6 oct. 2021, n° 21-84.295).
S'agissant de la légitime défense, les conditions sont aussi appréciées très strictement. Le plus grand obstacle réside probablement dans l'appréciation du caractère actuel de l'agression. La légitime défense cesse en principe dès que l'agression cesse elle-même (Crim. 27 juin 1927, *S.* 1929. I. 359). Ainsi, l'application de ce fait justificatif peut-elle se heurter à de graves difficultés pour les membres des forces de l'ordre, notamment « en cas de fuite de l'agresseur et d'évolution de l'agression dans un espace de temps trop bref » (Rapp. n° 491, Sénat, 23 mars 2016, par M. Mercier, p. 185). La nécessité de la défense et la proportionnalité entre la gravité de la menace et l'intensité de la riposte sont également entendues de manière très étroite. Le bénéfice de ce fait justificatif doit être refusé lorsque le caractère disproportionné des moyens de défense employés, face à une agression initiale, est établi (Crim. 8 mai 1974, *Bull. crim.* n° 168 ; Crim. 23 mars 1987, *Bull. crim.* n° 134). Cependant, lorsqu'une

atteinte injustifiée est constatée et qu'il n'existe pas de disproportion entre l'agression et les moyens de défense employés, peu important à cet égard le résultat de l'action (Crim. 17 janv. 2017, nº 15-86.481). En l'espèce suite à un accident sur le périphérique parisien, un conducteur est sorti de son véhicule pour donner des coups au second automobiliste impliqué. Ce dernier a lancé sa main en avant pour se défendre, sans même qu'il ait pu être rapporté qu'il ait touché son agresseur, ce dernier est tombé et resté tétraplégique.

La chambre criminelle a pu approuver les juges du fond d'avoir jugé que n'était pas en état de légitime défense l'individu qui tire deux coups de feu dans la cuisse d'un agresseur sans arme qui ne s'était pas laissé impressionner par un premier tir d'avertissement (Crim. 26 juin 2012, nº 11-86.809). Il en va autrement lorsque le gendarme « a été contraint d'accomplir un acte nécessaire à la protection de sa collègue […] en danger de mort », de telle sorte « qu'il n'existait aucune disproportion entre la gravité de l'atteinte commise par l'agresseur et les moyens de défense employés pour l'interrompre, l'empêcher ou y mettre fin » (Crim. 9 janv. 2018, nº 16-86.552).

Il est en outre acquis en jurisprudence que « le fait justificatif de légitime défense est incompatible avec le caractère involontaire de l'infraction » (Crim. 16 févr. 1967, *Cousinet, Bull. crim.* nº 70). Cette interprétation jurisprudentielle, qui se comprend au regard de l'idée selon laquelle on ne peut se défendre qu'intentionnellement, n'est pas nécessairement fondée sur le plan répressif, et constitue une raison supplémentaire à la prévision de textes spéciaux pour les forces de l'ordre.

II • Des faits justificatifs spéciaux, applicables aux forces de l'ordre

Le recours à la force est depuis peu encadré pour les gendarmes comme pour les agents de la police nationale (A), avec une prévision particulière correspondant à l'hypothèse du « périple meurtrier », notamment éprouvée lors des attentats du 13 novembre 2015 (B).

A • L'encadrement du recours à la force en cas de nécessité

L'analyse de droit comparé révèle que les législations pénales étrangères ne contiennent pas nécessairement de dispositions propres aux membres des forces de l'ordre, adoptant au contraire un régime unique de justification (J. Pradel, *Droit pénal comparé*, 4ᵉ éd., Dalloz, coll. « Précis », 2016, nº 102 s.). Ce choix n'a pas été celui du législateur français. La loi a même récemment unifié les règles d'usage des armes applicables aux services de police et à la gendarmerie nationale, en prenant pour modèle le régime juridique auquel les gendarmes étaient jusqu'ici seuls soumis. Le texte de référence est désormais l'article L. 435-1 du Code de la sécurité intérieure. L'article L. 2338-3 du Code de la défense y renvoie pour les gendarmes, l'article 56 du Code des douanes pour les douaniers, et l'article 12 de la loi pénitentiaire du 24 novembre 2009 pour les agents de l'administration pénitentiaire. Il est prévu que ces agents puissent « faire usage de leurs armes en cas d'absolue nécessité et de manière strictement proportionnée », ces conditions renvoyant aux exigences découlant de la Convention européenne des droits de l'Homme, telles qu'interprétées de manière constante par la Cour européenne des droits de l'Homme.

Le recours de policiers à la force meurtrière peut être justifié dans certaines circonstances au regard de l'article 2, mais cette disposition ne donne pas carte blanche et les opérations de police doivent être autorisées et suffisamment réglementées par le droit national. L'usage des armes doit être dûment réglementé et le maniement des armes à feu être assorti de toutes les précautions requises dans une société démocratique (CEDH 27 sept. 1995, *Mac Cann, Farell et Savage c/ Royaume-Uni*, n° 18984/91). Sur le terrain de l'article 3, la Cour européenne sanctionne tout usage excessif de la force (v. dernièrement dans le cadre d'une opération de police insuffisamment planifiée : CEDH 30 avr. 2020, *Castellani c/ France*, n° 43207/16).

Outre cette incise générale incorporant les principes européens, cinq hypothèses particulières sont prévues à l'article L. 435-1 du Code de la sécurité intérieure. L'objectif du législateur a été d'apporter des réponses relativement précises à des situations auxquelles les membres des forces de l'ordre font fréquemment face. Quatre d'entre elles seront décrites dans un premier temps :

– lorsque des atteintes à la vie ou à l'intégrité physique sont portées contre eux ou contre autrui ou lorsque des personnes armées menacent leur vie ou leur intégrité physique ou celles d'autrui ;

– lorsque, après deux sommations faites à haute voix, ils ne peuvent défendre autrement les lieux qu'ils occupent ou les personnes qui leur sont confiées ;

– lorsque, immédiatement après deux sommations adressées à haute voix, ils ne peuvent contraindre à s'arrêter, autrement que par l'usage des armes, des personnes qui cherchent à échapper à leur garde ou à leurs investigations et qui sont susceptibles de perpétrer, dans leur fuite, des atteintes à leur vie ou à leur intégrité physique ou à celles d'autrui ;

– lorsqu'ils ne peuvent immobiliser, autrement que par l'usage des armes, des véhicules, embarcations ou autres moyens de transport, dont les conducteurs n'obtempèrent pas à l'ordre d'arrêt et dont les occupants sont susceptibles de perpétrer, dans leur fuite, des atteintes à leur vie ou à leur intégrité physique ou à celles d'autrui.

Dans ces différentes hypothèses, il existe bien une menace actuelle à l'encontre des valeurs que sont la vie et l'intégrité physique de la personne, mais il faut reconnaître que l'encadrement légal n'est pas si précis qu'il en a l'air. La Commission nationale consultative des droits de l'Homme a dénoncé cette imprécision, rappelant que l'obligation positive dégagée par la jurisprudence de la Cour de Strasbourg consiste à exiger que les opérations de police, en plus d'être autorisées par le droit national, soient suffisamment délimitées par ce droit, dans le cadre d'un système de garanties adéquates et effectives contre l'arbitraire, l'abus de la force et les accidents évitables (CEDH 20 déc. 2004, *Makaratzis c/ Grèce*, n° 50385/99, § 58). Précisément, dans cet arrêt, la Cour européenne a insisté sur la nécessité que les policiers ne soient pas laissés dans le flou lorsqu'ils exercent leurs fonctions, que ce soit dans le contexte d'une opération préparée ou dans celui de la prise en chasse spontanée d'une personne perçue comme dangereuse (§ 59). Dans le même sens, à l'occasion de l'examen de la loi du 3 juin 2016, le Conseil d'État a déploré l'existence d'une trop grande « marge d'appréciation laissée pour chacune des situations susceptibles de se produire », menaçant la sécurité juridique.

B • La création d'un nouveau fait justificatif propre aux forces de l'ordre

La loi du 3 juin 2016 a créé une cause objective d'irresponsabilité spécifique pour les policiers, militaires et agents des douanes. L'article 122-4-1 du Code pénal prévoyait que « n'est pas pénalement responsable le fonctionnaire de la police nationale, le militaire de la gendarmerie nationale, le militaire déployé sur le territoire national dans le cadre des réquisitions prévues à l'article L. 1321-1 du Code de la défense ou l'agent des douanes qui fait un usage absolument nécessaire et strictement proportionné de son arme dans le but exclusif d'empêcher la réitération, dans un temps rapproché, d'un ou plusieurs meurtres ou tentatives de meurtre venant d'être commis, lorsque l'agent a des raisons réelles et objectives d'estimer que cette réitération est probable au regard des informations dont il dispose au moment où il fait usage de son arme ».

L'objectif du Gouvernement était, selon l'exposé des motifs, de préciser « le cadre légal de l'usage des armes par les policiers, les gendarmes, les douaniers et les militaires déployés sur le territoire national en renfort des forces de sécurité intérieure, en dehors des cas de légitime défense, dans le cas d'un périple meurtrier durant lequel la légitime défense, y compris pour autrui, ne pourrait être invoquée, mais qui relève en réalité de l'état de nécessité ».

À la différence des autres faits justificatifs, il créait une cause spéciale d'irresponsabilité, puisqu'il ne visait que certains crimes (meurtres et tentatives de meurtre) et ne concernant que certains auteurs. Ce texte s'apparentait davantage à un cas d'autorisation de la loi qu'à un cas de légitime défense, dès lors qu'il n'existait plus de condition tenant à la simultanéité, qu'il visait à empêcher la réitération probable d'une infraction et non à se défendre contre une agression en train de se commettre. Il a déjà été abrogé, par la loi n° 2017-258, du Code de la sécurité intérieure pour être incorporé à l'article L. 435-1 du Code de la sécurité intérieure, et plus précisément en son 5°. L'originalité de cette nouvelle cause d'irresponsabilité pénale est qu'elle autorise l'usage absolument nécessaire et strictement proportionné de leur arme par les agents dépositaires de la force publique, dans le seul but d'empêcher la réitération du crime.

En n'autorisant plus simplement une riposte « dans le même temps » (légitime défense) ou face à « un danger actuel ou imminent » (état de nécessité) mais l'usage d'une arme « dans un temps rapproché » de l'infraction commise et au regard de la probabilité – et non plus de l'imminence – de la réitération, la loi se détache des conditions temporelles posées pour la légitime défense et l'état de nécessité pour admettre une réaction différée, une anticipation de l'agression.

Mais c'est seulement en présence d'un contexte très grave (meurtre ou tentative de meurtre). Le texte est rédigé de manière particulièrement précise, de sorte qu'il est probablement abusif de dénoncer la délivrance d'un « permis de tuer ». Néanmoins, il est à craindre que les deux conditions essentielles de ce texte se confondent, et qu'un meurtre ou une tentative de meurtre déjà commis légitime de fait l'existence de raisons réelles et objectives de penser qu'une réitération de l'infraction est probable, ce qui justifierait assez systématiquement l'usage de son arme par le policier ou le gendarme. La jurisprudence permettra d'éclairer cette nouvelle disposition, et de dire s'il était nécessaire de l'ajouter aux faits justificatifs classiques contenus dans le Code pénal.

Outils de travail

Textes essentiels

C. pén., art. 122-4 : ordre/permission de la loi (al. 1) et commandement de l'autorité légitime (al. 2).
C. pén., art. 122-5 : légitime défense.
C. pén., art. 122-7 : état de nécessité.
CSI, art. L. 435-1 : usage légitime des armes par les forces de l'ordre.
C. défense, art. L. 2338-3 : renvoi à l'article L. 435-1 du CSI pour l'usage légitime de l'arme par les gendarmes.
C. douanes, art. 56 : renvoi à l'article L. 435-1 du CSI pour l'usage légitime de l'arme par les douaniers.

Jurisprudences essentielles

Crim. 16 févr. 1967, *Bull. crim.* n° 70 : le fait justificatif de légitime défense est incompatible avec le caractère involontaire de l'infraction.
Crim. 18 févr. 2003, n° 02-80.095 : dans une espèce concernant un gendarme renvoyé des fins de la poursuite du chef d'homicide involontaire, au motif qu'il était autorisé par l'article 174 du décret du 20 mai 1903 à faire usage de son arme de service, la chambre criminelle a rappelé que même dans ce cas, il convenait de rechercher si cet usage était absolument nécessaire en l'état des circonstances de l'espèce.
CEDH 27 sept. 1995, *Mac Cann, Farell et Savage c/ Royaume-Uni*, n° 18984/91 : l'article 2 n'admet des exceptions au droit à la vie que si le recours à la force est rendu « absolument nécessaire », ces termes indiquant qu'il faut appliquer un critère de nécessité plus strict et impérieux que celui normalement employé pour déterminer si l'intervention de l'État est « nécessaire dans une société démocratique ».

Pour aller plus loin

C. Lazerges, H. Henrion-Stoffel, « Le déclin du droit pénal : l'émergence d'une politique criminelle de l'ennemi », *RSC* 2016. 649.
O. Décima, « Terreur et métamorphose, À propos de la loi n° 2016-731 du 3 juin 2016 sur la lutte contre le terrorisme », *D.* 2016. 1826.
O. Décima, « Légitime réforme ? », *D.* 2016. 2527.
M. Léna, « L'arme des policiers », *AJ pénal* 2016. 285.
R. Parizot, « Loi du 3 juin 2016 : aspects obscurs de droit pénal général », *RSC* 2016. 378.

Les causes de non-imputabilité

Les causes de non-imputabilité visent à répondre à un impératif essentiel, que la Cour de cassation a érigé en principe général du droit, à savoir que : « toute infraction, même non intentionnelle, suppose [...] que son auteur ait agi avec intelligence et volonté » (Crim. 13 déc. 1956, *Laboube*, *Bull. crim.*, n° 840, *D.* 1957. 349). La responsabilité pénale n'a donc vocation à s'appliquer qu'à des êtres conscients de l'usage qu'ils font de leur liberté.
Les causes de non-imputabilité relèvent ainsi des causes subjectives d'irresponsabilité. Il s'agit de circonstances propres à la personne poursuivie qui font disparaître l'élément psychologique de l'infraction. Les causes de non-imputabilité opèrent *in personam.* Elles n'ont donc pas vocation à s'appliquer aux complices et aux coauteurs, mais seulement à la personne poursuivie. Elles n'ont pas non plus d'incidence sur la responsabilité civile (Crim. 5 févr. 2014, n° 12-80.154).
Deux catégories de causes de non-imputabilité peuvent être distinguées. Il existe d'abord des causes d'irresponsabilité relatives au libre arbitre (I). Il s'agit de la contrainte et de l'erreur de droit qui sont régies par les dispositions des articles 122-2 et 122-3 du Code pénal. Puis, à ces premières causes de non-imputabilité, doivent être ajoutés les causes d'irresponsabilité ou d'atténuation de la responsabilité tenant au discernement (II). Il s'agit de la question des troubles psychiques et de la notion de minorité régies par les articles 122-1 et 122-8 du Code pénal.

I • Les causes d'irresponsabilité relatives au libre arbitre

Est irresponsable pénalement la personne qui a agi sous l'empire d'une force ou d'une contrainte (A), mais aussi celle qui a commis une erreur de droit (B).

A • La contrainte, source d'irresponsabilité

L'article 122-2 du Code pénal déclare irresponsable la personne qui a agi sous l'empire d'une force ou d'une contrainte à laquelle elle n'a pu résister. La contrainte peut être physique ou morale. La contrainte physique ou force majeure vise l'hypothèse d'une force physique qui détruit la liberté d'action de l'individu. Cette contrainte peut aussi bien être interne qu'externe. Dans le premier cas, il peut s'agir d'un malaise « brutal et imprévisible » faisant perdre à un automobiliste le contrôle de son véhicule (Crim. 15 nov. 2005, *D.* 2006. 1583). Le second cas peut concerner une catastrophe naturelle, par exemple. La contrainte morale s'exerce, quant à elle, sur le libre arbitre de l'auteur de l'infraction. La contrainte morale interne est exclue par les juges qui considèrent qu'il est de la responsabilité de chaque individu de résister à ses pulsions (Rennes 29 sept. 2017, n° 38/2017). La passion sous le coup de laquelle l'auteur a agi pourra toutefois être prise en compte par les juges dans l'appréciation de la sanction à prononcer. De manière générale, la contrainte n'est que très rarement admise en jurisprudence, celle-ci ne pouvant résulter que d'un évènement « imprévisible et insurmontable qui place l'auteur d'une infraction dans l'impossibilité absolue de se conformer à la loi » (Crim. 15 nov. 2006, *D.* 2007. Pan. 2636). La contrainte résultant d'une faute antérieure commise par l'auteur ne saurait donc être retenue. Aussi, l'impossibilité pour un marin poursuivi pour désertion de se rendre à bord de son navire, causée par sa détention au poste de police pour ivresse, ne constitue pas un événement qu'il n'ait pu éviter (Crim. 29 janv. 1921, *S.* 1922. 1. 185). De même, des difficultés, même considérables, contre lesquelles l'auteur de l'infraction a dû lutter ne sauraient constituer un cas de force majeure (Crim. 13 mars 1891, *DP* 1891. 5. 259).

À ne pas confondre

La notion de contrainte doit être distinguée des faits justificatifs que constituent la légitime défense et l'état de nécessité. En présence d'une contrainte, la pression irrésistible à laquelle la personne est soumise ne lui laisse aucun choix, raison pour laquelle elle n'est pas tenue à une exigence de proportionnalité.

B • L'erreur de droit, source d'irresponsabilité

L'article 122-3 du Code pénal vient atténuer la rigueur de l'adage bien connu selon lequel « nul n'est censé ignorer la loi ». Ainsi, n'est pas responsable pénalement la personne qui a cru légitimement pouvoir accomplir l'acte litigieux. Mais cette cause de non-imputabilité, pour être retenue, doit répondre à une condition particulièrement stricte : l'erreur doit être invincible (Crim. 15 nov. 1995, n° 94-85.414). On distingue ici l'erreur passive consistant pour la personne à ne pas s'être interrogée sur la légitimité de son comportement, de l'erreur active, seule admise. Le prévenu devra donc rapporter la preuve de diligences particulières. Ces dernières peuvent, par exemple, consister à saisir le juge aux fins d'interprétation d'une décision judiciaire (Crim. 11 oct. 1995, *Bull. crim.* n° 301) ou à consulter un inspecteur de travail pour interpréter un texte relatif à la durée du temps de travail (Crim. 5 mars 1997, n° 95-83.492, *Bull. crim.* n° 84). Une information ambiguë donnée par l'administration ne correspond pas à une erreur de droit invincible (Crim. 23 mai 2000, n° 98-82.926), de même qu'une autorisation périmée de celle-ci (Crim. 5 janv. 2000, n° 98-88.011). En revanche, caractérise une erreur de droit, au sens de l'article 122-3 du Code pénal, l'attestation remise au prévenu par un agent de police judiciaire selon laquelle la situation administrative du prévenu est parfaitement régulière malgré l'annulation de son permis de conduire français (Crim. 11 mai 2006, n° 05-87.099).

À ne pas confondre

Il convient de distinguer l'erreur de droit de l'erreur de fait qui ne constitue pas une cause de non-imputabilité, mais qui peut parfois faire disparaître l'intention. Ainsi, en présence d'une infraction intentionnelle, l'erreur de fait, si elle porte sur un élément essentiel de l'infraction, exclut la responsabilité. C'est le cas, par exemple, de l'erreur sur l'âge de la personne détournée (Crim. 6 nov. 1963, n° 90-66.463). En revanche, l'erreur de fait est indifférente en présence d'une infraction non intentionnelle.

II • Les causes d'irresponsabilité ou d'atténuation de la responsabilité tenant au discernement

Le discernement est une notion centrale en matière de responsabilité pénale (A). Elle est d'une importance toute particulière concernant les mineurs délinquants, dont le régime applicable a fait l'objet de changements récents (B).

A • La question du discernement

Les troubles du discernement constituent une cause d'irresponsabilité ou d'atténuation de la responsabilité. Une distinction doit être opérée selon que le discernement est aboli ou simplement altéré. Ainsi, n'est pas pénalement responsable la personne dont le discernement est aboli (C. pén., art. 122-1, al. 1er). La jurisprudence est particulièrement stricte en la matière. Une abolition totale du discernement est nécessaire afin d'échapper au prononcé d'une peine. Les décisions en ce sens sont donc particulièrement rares. Certaines particularités procédurales doivent également être soulignées en la matière. La personne jugée irresponsable pénalement pour cause de trouble mental ne pourra obtenir la réparation de la détention provisoire effectuée (C. pr. pén., art. 149). L'inscription au fichier judiciaire automatisé des auteurs d'infractions sexuelles (C. pr. pén., art. 706-53-2), au fichier national des empreintes génétiques (C. pr. pén., art. 706-54) ou au fichier judiciaire national automatisé des auteurs d'infractions terroristes (C. pr. pén., art. 706-25-4) reste possible. La déclaration d'irresponsabilité pour trouble mental est inscrite au bulletin n° 1 du casier judiciaire. L'article 706-135 du Code de procédure pénale prévoit, en outre, que lorsque la chambre de l'instruction ou une juridiction de jugement prononce un arrêt ou un jugement de déclaration d'irresponsabilité pénale pour cause de trouble mental, elle peut ordonner, par décision motivée et sous conditions, l'admission en soins psychiatriques de la personne. L'article 706-136 du Code de procédure pénale autorise, quant à lui, le prononcé de mesures de sûreté. Lorsque le discernement est seulement altéré, la responsabilité pénale demeure. La juridiction doit néanmoins en tenir compte lors du prononcé de la peine (C. pén., art. 122-1, al. 2). La « loi Taubira » du 15 août 2014 est venue préciser cette affirmation, la rédaction antérieure de l'article 122-1 du Code pénal ne permettant pas d'en saisir les implications. Le texte prévoit désormais l'altération du discernement comme une cause légale de réduction de la peine encourue, dont il fixe précisément les modalités. En matière correctionnelle, le juge peut néanmoins décider d'écarter cette réduction légale, par une décision spécialement motivée (C. pén., art. 122-1, *in fine*).

Cause de non-imputabilité et charge de la preuve

En l'absence de mesure de protection, la personne majeure est présumée répondre aux conditions d'intelligence et de volonté exigées pour la mise en jeu de sa responsabilité pénale. C'est donc au prévenu qu'il revient de soulever une éventuelle cause de non-imputabilité car ni le ministère public, ni la juridiction n'ont à la relever d'office (Crim. 11 mai 2004, n° 03-85.925, *Bull. crim.* n° 115).

Lorsque l'auteur des faits bénéficie d'une mesure de protection, il devra obligatoirement être soumis à une expertise médicale avant tout jugement au fond (C. pr. pén., art. 706-115). L'expertise médicale ne lie pas le juge qui reste libre de décider en sens contraire, ce qui est néanmoins très rare en pratique. Du point de vue de la responsabilité pénale, seul le trouble ayant aboli ou altéré le discernement du prévenu, au moment des faits, compte. Le trouble postérieur peut néanmoins avoir des conséquences sur le déroulement de la procédure pénale. La Cour de cassation juge en effet, au visa de la Convention européenne des droits de l'Homme, que « lorsque l'altération des facultés d'une personne mise en examen est telle que celle-ci se trouve dans l'impossibilité absolue d'assurer effectivement sa défense, il doit être sursis à son renvoi devant la juridiction de jugement ». Cette solution vaut également en présence d'une impossibilité définitive d'assurer sa défense. La juridiction doit alors surseoir à statuer, et non relaxer l'intéressé (Crim. 5 sept. 2018, n° 17-84.402).

Point sur la consommation de substances psychoactives

La Cour de cassation a toujours refusé d'adopter une position de principe concernant l'aliénation mentale consécutive à la consommation de substances psychoactives, telle que l'alcool. Pour la Cour de cassation, il s'agit là d'une simple question de fait, souverainement appréciée par la juridiction de jugement (Crim. 5 févr. 1957, *Bull. crim.* n° 112). C'est le législateur, en réaction à l'affaire *Halimi* (Crim. 14 avr. 2020, n° 20-80.135), qui s'est finalement emparé de cette question, en introduisant deux articles au sein du Code pénal :
— un article 122-1-1 : « Le premier alinéa de l'article 122-1 n'est pas applicable si l'abolition temporaire du discernement de la personne ou du contrôle de ses actes au moment de la commission d'un crime ou d'un délit résulte de ce que, dans un temps très voisin de l'action, la personne a volontairement consommé des substances psychoactives dans le dessein de commettre l'infraction ou une infraction de même nature ou d'en faciliter la commission » ;
— un article 122-1-2 : « La diminution de peine prévue au second alinéa de l'article 122-1 n'est pas applicable en cas d'altération temporaire du discernement de la personne ou du contrôle de ses actes au moment de la commission d'un crime ou d'un délit lorsque cette altération résulte d'une consommation volontaire, de façon illicite ou manifestement excessive, de substances psychoactives ».

B • Le cas spécifique de la minorité

L'article 122-8 du Code pénal opère un rappel des deux grands principes régissant le droit pénal des mineurs :
– (seuls) les mineurs capables de discernement sont pénalement responsables ;
– les mineurs capables de discernement bénéficient d'une atténuation de responsabilité, déterminée en raison de leur âge.
Pour le reste, l'article opère un renvoi aux dispositions du Code de la justice pénale des mineurs (CJPM) détaillant les règles applicables en la matière.

Entrée en vigueur du CJPM

Les nouvelles dispositions relatives à la justice pénale des mineurs issues de l'ordonnance n° 2019-950 du 11 septembre 2019 sont entrées en vigueur le 30 septembre 2021, après deux reports consécutifs. Les dispositions procédurales nouvelles sont donc applicables aux poursuites engagées à compter de cette date. Les poursuites engagées sous l'empire de l'ordonnance de 1945 se poursuivent, quant à elle, sur cette base. Sur le fond, le principe de la rétroactivité de la loi pénale plus douce doit être appliqué.

La grande nouveauté, introduite par l'ordonnance du 11 septembre 2019, réside dans la présomption d'absence de discernement du mineur de moins de 13 ans (CJPM, art. L. 11-1). S'agissant d'une disposition favorable, cette présomption va rétroagir pour les mineurs de moins de 13 ans poursuivis sous l'empire de l'ordonnance de 1945. Il s'agit néanmoins d'une présomption simple, que le parquet peut renverser. Le CJPM ne prévoit, en revanche, pas de grande nouveauté quant à la notion de discernement, dont le législateur s'est contenté de reprendre la définition jurisprudentielle consacrée dès 1956 dans un célèbre arrêt *Laboube* (Crim. 13 déc. 1956, *Laboube*, *Bull. crim.* n° 840, *D.* 1957. 349). Ainsi, aux termes de l'article L. 11-1 du CJPM est considéré comme « capable de discernement le mineur qui a compris et voulu son acte et qui est apte à comprendre le sens de la procédure pénale dont il fait l'objet ». Le mineur capable de discernement poursuivi pénalement bénéficie, quant à lui, d'une excuse de minorité, dont les règles sont régies par les articles L. 121-5 et suivants du CJPM. Ainsi, il ne peut être prononcé contre un mineur une peine supérieure à la moitié de la peine encourue (CJPM, art. L. 121-5 et L. 121-6). Si une peine de réclusion criminelle ou de détention criminelle à perpétuité est encourue, le mineur ne peut se voir appliquer une peine privative de liberté supérieure à 20 ans. La peine d'amende prononcée ne peut excéder la somme de 7 500 euros. L'article L. 121-7 du CJPM prévoit une exception à l'application de ces règles d'atténuation des peines. Ainsi, si le mineur est âgé de plus de 16 ans le juge pourra, à titre exceptionnel, appliquer une peine non réduite en tenant compte des circonstances de l'espèce, de la personnalité du mineur et de sa situation. En revanche, si une peine de réclusion ou détention criminelle à perpétuité est encourue, le mineur ne peut se voir prononcer une peine privative de liberté excédant 30 ans. Il s'agit toutefois de noter que ces peines n'ont vocation à être prononcées qu'à titre subsidiaire, en vertu du principe à valeur constitutionnelle de primauté de l'action éducative que le législateur a repris à l'article L. 11-3 du CJPM. Les mesures éducatives doivent être privilégiées par les juges. Il en existe deux types :

- l'avertissement judiciaire ;
- la mesure éducative judiciaire (CJPM, art. L. 111-1).

Cette dernière peut intégrer un ou plusieurs modules afin d'orienter la mesure vers un ou plusieurs objectifs déterminés, ainsi que diverses interdictions ou obligations (CJPM, art. L. 112-2). L'ordonnance du 11 septembre 2019 a également mis en place une nouvelle procédure de droit commun de jugement d'un mineur. Il s'agit de la procédure dite de mise à l'épreuve éducative (CJPM, art. L. 521-1). Cette procédure se déroule en trois étapes :

- une audience d'examen de la culpabilité du mineur ;
- une période de mise à l'épreuve éducative, dont la durée varie entre 6 et 9 mois ;
- une audience de prononcé de la sanction.

Une exception à cette procédure de droit commun est prévue à l'article L. 521-26 du CJPM : lorsque certaines conditions sont remplies, le juge des enfants ou le tribunal pour enfants a la possibilité de statuer lors d'une audience unique sur la culpabilité et la sanction. Lors de la période de mise à l'épreuve éducative le mineur peut être soumis à différentes mesures listées à l'article L. 521-14 du CJPM :

- une expertise médicale ou psychologique ;
- une mesure judiciaire d'investigation éducative ;
- une mesure éducative judiciaire provisoire ;
- un contrôle judiciaire ou une assignation à résidence avec surveillance électronique.

La victime du mineur délinquant peut obtenir réparation de son préjudice, à condition que la déclaration de partie civile ait été faite avant les réquisitions du ministère public sur la sanction (CJPM, art. L. 512-1). Une indemnisation pourra être accordée à la victime, y compris si le mineur n'est pas pénalement responsable compte tenu de son absence de capacité de discernement (CJPM, art. D. 512-1).

Outils de travail

Textes essentiels

C. pén., art. 122-2 : contrainte.
C. pén., art. 122-3 : erreur de droit.
C. pén., art. 122-1 : troubles psychiques.
C. pén., art. 122-8 : minorité.
CJPM : règles régissant le droit pénal des mineurs.

Jurisprudences essentielles

Crim. 13 déc. 1956, Laboube, *Bull. crim.*, n° 840, *D.* 1957. 349 : « toute infraction, même non intentionnelle, suppose [...] que son auteur ait agi avec intelligence et volonté ».
Crim. 11 mai 2004, n 03-85.925, *Bull. crim.* n° 115 : c'est au prévenu qu'il revient de soulever une éventuelle cause de non-imputabilité.
Crim. 15 nov. 2006, *D.* 2007. Pan. 2636 : la contrainte ne peut résulter que d'un évènement « imprévisible et insurmontable qui place l'auteur d'une infraction dans l'impossibilité absolue de se conformer à la loi ».
Crim. 15 nov. 1995, n° 94-85.414 : l'erreur de droit doit être invincible (condition stricte).

Pour aller plus loin

C. Lazerges, H. Henrion-Stoffel, « Le déclin du droit pénal : l'émergence d'une politique criminelle de l'ennemi », *RSC* 2016. 649
S. Jacopin, *Un Code de la justice pénale des mineurs, quelle(s) spécificité(s) ?*, Dalloz, 2021
P. Conte, « Imputabilité : abolition du discernement en raison d'un trouble psychique ou neuropsychique », *Dr. pénal* 2021. Comm.103

La responsabilité pénale des mineurs

La responsabilité pénale des mineurs a longtemps été régie par l'ordonnance n° 45-174 du 2 février 1945 relative à l'enfance délinquante. Le 30 septembre 2021, est entré en vigueur le Code de la justice pénale des mineurs qui constitue à la fois une intégration législative des dispositions de l'ordonnance précitée mais un toilettage des règles en vigueur dont l'objectif a été de clarifier les principes régissant la responsabilité des mineurs sur le plan pénal.

L'article 388, alinéa 1er, du Code civil dispose que « le mineur est l'individu de l'un ou l'autre sexe qui n'a point encore l'âge de dix-huit ans accomplis ». La chambre criminelle de la Cour de cassation a eu l'occasion d'affirmer que l'âge est déterminé par le temps écoulé depuis sa naissance, calculé d'heure en heure (Crim. 3 sept. 1985, n° 85-93.591).

Avant de s'intéresser aux mesures ou sanctions dont peut faire l'objet le mineur reconnu coupable d'une infraction (II), force est de constater que l'engagement de sa responsabilité dépend de son discernement (I).

I • La notion de discernement au cœur de la responsabilité pénale des mineurs

Le discernement constitue une condition habituelle d'engagement de la responsabilité pénale des individus mais revêt une importance toute particulière s'agissant des mineurs (A). Le Code de la justice pénale des mineurs prévoit des présomptions en fonction de l'âge du mineur (B).

A • L'importance de la notion de discernement du mineur

Les dispositions du Titre II du Livre 1er du Code pénal, intitulé « De la responsabilité pénale », démontrent que la condition de discernement est inhérente à l'engagement de la responsabilité pénale. L'élément moral de l'article 121-3 du Code pénal détermine l'imputabilité de l'infraction. La première des causes d'irresponsabilité pénale est l'abolition du discernement. L'article 122-1, alinéa 1er, du Code pénal dispose ainsi que « n'est pas pénalement responsabilité la personne qui était atteinte, au moment des faits, d'un trouble psychique ou neuropsychique ayant aboli son discernement ». La condition de discernement concerne donc aussi bien les majeurs que les mineurs mais ne se pose pas de la même façon. La capacité de vouloir et de comprendre d'un majeur ne fait pas débat *a priori* de sorte qu'elle n'a pas à être examinée spécifiquement par le juge. Ainsi, l'analyse de la caractérisation de l'élément moral n'a pas à être précédée d'une réflexion spécifique sur le discernement, sauf si se pose la question d'une éventuelle abolition du discernement. Contrairement à tous les articles du chapitre consacré aux causes d'irresponsabilité pénale, qui débutent par la même expression (« n'est pas pénalement responsable la personne qui »), l'article 122-8 du Code pénal dispose que « les mineurs capables de discernement sont pénalement responsables des crimes, délits ou contraventions dont ils ont été reconnus coupables, en tenant compte de l'atténuation de responsabilité dont ils bénéficient en raison de leur âge, dans les conditions fixées par le code de la justice pénale des mineurs ». Ainsi, d'une part, formulée comme une condition explicite, le discernement constitue un passage obligé de la réflexion autour de l'engagement de la responsabilité pénale d'un mineur. D'autre part, est posé le principe de l'absence de responsabilité pénale des mineurs dénués de discernement en même temps que la responsabilité des mineurs doués d'un tel discernement.

L'article L. 11-1, alinéa 1er, du Code de la justice pénale des mineurs réaffirme cette condition en prévoyant que « lorsqu'ils sont capables de discernement, les mineurs, au sens de l'article 388 du Code civil, sont pénalement responsables des crimes, délits ou contraventions dont ils sont reconnus coupables ». L'alinéa 3 de cette même disposition définit le discernement de la façon suivante : « est capable de discernement le mineur qui a compris et voulu son acte et qui est apte à comprendre le sens de la procédure pénale dont il fait l'objet ». Le discernement présente donc une double acception. La première rappelle l'arrêt *Laboube* (Crim. 13 déc. 1956, n° 55-05.772) dans lequel la chambre criminelle de la Cour de cassation avait affirmé que pour qu'un acte engage la responsabilité pénale du mineur, il fallait que celui-ci « ait compris et voulu cet acte », ajoutant que « toute infraction même non intentionnelle, suppose, en effet, que son auteur ait agi avec intelligence et volonté ». À la condition de discernement au moment où les faits ont été commis s'ajoute une aptitude à comprendre le sens de la procédure à laquelle le mineur est soumis.

B • Les présomptions applicables au discernement

Alors que l'âge du mineur a toujours déterminé les mesures ou sanctions encourues une fois qu'il était déclaré coupable, la notion de seuil d'âge a longtemps été ignorée en matière de discernement. Ainsi le discernement du mineur dépendait de sa maturité, liée à l'âge sans en être le seul paramètre, et des circonstances de faits, certaines infractions révélant plus ou moins l'absence ou la présence d'un discernement.

Le Code de la justice pénale des mineurs a instauré un seuil d'âge en dessous duquel le mineur est présumé dénué de discernement et au-delà duquel il est supposé être doué de discernement. L'article L. 11-1, alinéa 2, de ce code dispose en premier lieu que « les mineurs de moins de treize ans sont présumés ne pas être capables de discernement » et en second lieu que « les mineurs âgés d'au moins treize ans sont présumés être capables de discernement ».

La présomption est réfragable. En pratique, il en résulte que faute d'élément contraire plaidant en faveur d'un discernement, un mineur de treize ans, ce qui signifie un mineur âgé de moins de treize ans, ne pourra voir engagée sa responsabilité pénale. À l'inverse, si des éléments spécifiques au mineur de plus de treize ans ne permettent pas de remettre en cause son discernement, la condition de discernement n'aura pas a être examinée.

II • Les mesures et sanctions attachées à la responsabilité pénale des mineurs

Le principe de l'atténuation de la responsabilité pénale des mineurs doués de discernement implique d'une part la possibilité de prononcer des mesures éducatives propres à cette population (A), et d'autre part l'adaptation des sanctions pénales de droit commun (B).

A • Les mesures éducatives applicables aux mineurs

Des trois catégories de mesures ou peines existant sous l'empire de l'ordonnance du 2 février 1945, celle des sanctions éducatives a disparu de sorte que l'article L. 11-3 du Code de la justice pénale des mineurs dispose que « les mineurs déclarés coupables d'une infraction pénale peuvent faire l'objet de mesures éducatives et, si les circonstances et leur personnalité l'exigent, de peines ». La formulation de cette disposition illustre le principe de la primauté de l'éducatif sur le répressif qui se trouve également à l'article L. 11-2 du Code de procédure pénale aux termes duquel « les décisions prises à l'égard des mineurs tendent à leur relèvement éducatif et moral ainsi qu'à la prévention de la récidive et à la protection de l'intérêt des victimes ».

Dès lors qu'un mineur est considéré comme discernant et engage donc sa responsabilité pénale, il peut faire l'objet de mesures éducatives. Il s'agit même de l'unique réponse possible pour les mineurs de treize ans jugés responsables dès lors que l'article L. 11-4 du Code de la justice pénale des mineurs dispose qu'« aucune peine ne peut être prononcée à l'encontre d'un mineur de moins de treize ans ».

Il résulte de l'article L. 111-1 du Code de la justice pénale des mineurs que « les mesures éducatives encourues par un enfant ou un adolescent à titre de sanction sont : 1° L'avertissement judiciaire ; 2° La mesure éducative judiciaire ».

Les mesures éducatives judiciaires visent « la protection du mineur, son assistance, son éducation, son insertion et son accès aux soins » (CJPM, art. L.112-1), consistent en « un accompagnement individualisé du mineur construit à partir d'une évaluation de sa situation personnelle, familiale, sanitaire et sociale » (CJPM, art. L. 112-2) et se déclinent essentiellement en quatre modules pouvant, avec d'autres mesures, être prononcés alternativement ou cumulativement (CJPM, art. L. 112-2 et L. 112-3). Elles sont prononcées pour cinq années au maximum et prennent fin au plus tard lorsque l'intéressé devenu majeur atteint l'âge de vingt-et-un ans (CJPM, art. L. 112-4).

L'article L. 112-5 du Code de la justice pénale des mineurs définit le module d'insertion comme « une orientation du mineur vers une prise en charge scolaire ou visant à son insertion sociale, scolaire ou professionnelle, adaptée à ses besoins ». Le module de réparation peut consister, selon l'article L. 112-8 du même Code, en « une activité d'aide ou de réparation à l'égard de la victime ou dans l'intérêt de la collectivité » ou « une médiation entre le mineur et la victime ». Le module de santé peut quant à lui consister en « une orientation du mineur vers une prise en charge sanitaire adaptée à ses besoins » ou « un placement » soit « dans un établissement de santé, à l'exclusion des services de psychiatrie », soit « dans un établissement médico-social » (CJPM, art. L. 112-11). Enfin, le module de placement consiste à confier le mineur délinquant « à un membre de sa famille ou une personne digne de confiance », « à un établissement du secteur public de la protection judiciaire de la jeunesse », à l'exclusion des centres éducatifs fermés ou « à une institution ou un établissement éducatif privé habilité », à l'exclusion de ces mêmes centres (CJPM, art. L. 112-14).

Le module de réparation de la mesure éducative judiciaire peut être prononcé cumulativement avec un avertissement judiciaire (CJPM, art. L. 111-2). Le tribunal de police ne peut prononcer qu'un avertissement judiciaire (CJPM, art. L. 111-2).

Aux termes de l'article L. 111-4 du Code de la justice pénale des mineurs, « les décisions prononçant une mesure éducative sont exécutoires par provision ».

Aux mêmes conditions que la dispense de peine, une dispense de mesure éducative peut être prononcée en matière contraventionnelle ou correctionnelle (CJPM, art. L. 111-6).

B • Les sanctions pénales applicables aux mineurs

À compter de treize ans, le mineur reconnu pénalement responsable peut faire l'objet de sanctions pénales à deux réserves près. D'une part, certaines sanctions pénales ne sont pas applicables aux mineurs. D'autre part, l'article 122-8 du Code pénal rappelle l'atténuation de sa responsabilité pénale ce qui implique, comme le prévoit explicitement l'article L. 11-5 du Code de la justice pénale des mineurs, une diminution des peines encourues. En outre, la peine peut être prononcée cumulativement avec une mesure éducative pour les contraventions de la cinquième classe, les délits et les crimes (CJPM, art. L. 111-3).

Certaines sanctions pénales sont purement et simplement exclues en cas de condamnation d'un mineur : la peine d'interdiction du territoire français ; la peine de jours-amende ; les peines d'interdiction des droits civiques, civils et de famille, d'interdiction d'exercer une fonction publique ou une activité professionnelle ou sociale, d'interdiction de séjour, de fermeture d'établissement, d'exclusion des marchés publics ; les peines d'affichage ou de diffusion de la condamnation (CJPM, art. L. 121-1). L'ajournement de peine est exclu, sauf pour les procédures jugées devant le tribunal de police (CJPM, art. L. 121-2). Cette juridiction ne peut par ailleurs prononcer à l'encontre d'un mineur qu'une dispense de peine, une amende ou une des peines complémentaires de l'article 131-16 du Code pénal (CJPM, art. L. 121-3). L'article L. 121-4 du Code de la justice pénale des mineurs ne permet au juge des enfants, statuant en chambre du conseil sur réquisitions du procureur de la République, de condamner le mineur qu'aux peines suivantes, si les circonstances et la personnalité du mineur le justifient : la confiscation de l'instruction de l'infraction ; le stage ; le travail d'intérêt général. Pour cette dernière peine, le mineur doit toutefois être âgé d'au moins seize ans au moment du prononcé de la peine.

Le mécanisme de l'excuse atténuante de minorité conduit à diminuer les peines privatives de liberté et d'amende encourues par les mineurs. S'agissant des peines privatives de liberté, « le tribunal pour enfants et la cour d'assises des mineurs ne peuvent prononcer une peine privative de liberté supérieure à la moitié de la peine encourue », selon l'article L. 121-5 du Code de la justice pénale des mineurs. La même disposition ajoute que la peine encourue par le mineur est de vingt ans de réclusion criminelle lorsque celle prévue par le texte est la réclusion criminelle à perpétuité. Par ailleurs, la diminution de moitié s'applique également aux peines planchers prévues en matière criminelle à l'article 132-18 du Code pénal et « les dispositions de l'article 132-23 du Code pénal relatives à la période de sûreté ne sont pas applicables aux mineurs ». Le même mécanisme de diminution de moitié est prévu pour les peines d'amende à l'article L. 121-6 du Code de la justice pénale des mineurs. Il aura néanmoins peu vocation à s'appliquer dans la mesure où le même article prévoit que la peine d'amende ne peut en tout état de cause excéder 7 500 euros. Les excuses atténuantes de minorité susmentionnées peuvent être écartées par décision spécialement motivée, à titre exceptionnel et compte tenu des circonstances de l'espèce et de la personnalité du mineur, âgé de plus de seize ans, ainsi que de sa situation (CJPM, art. L. 121-7). Lorsque l'excuse de minorité est écartée pour un crime faisant encourir la réclusion ou la détention criminelle à perpétuité, la peine maximale est de trente ans de réclusion criminelle.

Outils de travail

Textes essentiels

C. pén. art. 122-1.
C. pén., art. 122-8.
CJPM, art. L.11-1 s.
CJPM, art. L111-1 s.

Jurisprudences essentielles

Crim. 13 déc. 1956, n° 55-05.772.
Crim. 3 sept. 1985, n° 85-93.591.

Pour aller plus loin

E. Gallardo, « Variations sur le discernement des mineurs délinquants », *AJ pénal* 2022. 359 ; « Un an après sa promulgation, les premières réformes du CJPM », *RSC* 2022, p. 577.

La responsabilité des personnes morales de droit privé

La possibilité d'engager la responsabilité pénale des personnes morales n'a été introduite que tardivement en droit français, à l'occasion de l'entrée en vigueur du Code pénal de 1994. Jusqu'alors, les personnes morales n'encouraient qu'une responsabilité civile et dans certains cas, disciplinaire ou administrative. Désormais, leur responsabilité pénale peut également être engagée. D'abord limitée dans sa portée par le principe de spécialité voulant que leur responsabilité pénale ne puisse être engagée que « dans les cas prévus par la loi ou le règlement », la responsabilité pénale des personnes morales a été étendue, par la loi du 9 mars 2004, à l'ensemble des infractions, sauf rares exceptions. Cette consécration tardive s'explique principalement par une difficulté conceptuelle qu'il a fallu dépasser, celle consistant à considérer que les personnes morales étaient des êtres fictifs, qui, faute de pouvoir agir indépendamment de leurs membres, ne pouvaient être tenues pénalement responsables. Le principe de la responsabilité pénale du fait personnel interdit en effet que la responsabilité pénale d'une personne soit engagée à raison d'une infraction commise par une autre. Pour surmonter cette difficulté, tout en respectant ce principe, le législateur a consacré une responsabilité pénale par représentation (I), qui repose sur la distinction entre les actes accomplis par le représentant dans son intérêt personnel et ceux qu'il accomplit pour le compte de la personne morale qu'il représente. Mais la Cour de cassation, franchissant une étape, vient d'admettre, sous certaines conditions, l'existence d'une responsabilité pénale par continuation économique en cas de fusion-absorption (II), rendue possible par une nouvelle interprétation du principe de la responsabilité pénale du fait personnel.

I • La consécration légale d'une responsabilité pénale des personnes morales par représentation

Pour reconnaître la responsabilité pénale des personnes morales, tout en respectant le principe de la responsabilité pénale du fait personnel, le législateur a surmonté l'obstacle de la fiction (A) en instaurant une responsabilité pénale par représentation (B).

A • La fiction, obstacle à la responsabilité pénale des personnes morales

Pendant longtemps, il a été considéré que les personnes morales étaient des entités juridiques fictives dépourvues de conscience et de volonté propres, ne pouvant agir indépendamment des membres qui la composent. Cette théorie de la fiction constituait un obstacle dirimant à la responsabilité pénale des personnes morales, puisqu'elle impliquait qu'aucun fait ne pouvait leur être personnellement imputé.

Par ailleurs, le principe de la responsabilité pénale du fait personnel interdisait de leur imputer des infractions commises par d'autres personnes juridiques, notamment celles commises par leurs membres. En effet, en vertu de ce principe à valeur constitutionnelle (DDHC de 1789, art. 8 et 9) et légale (C. pén., art. 121-1), « nul n'est responsable pénalement de son propre fait ». Dis autrement, une personne ne peut être déclarée coupable et pénalement sanctionnée pour une infraction commise par un tiers.
La théorie de la fiction aboutissait ainsi à consacrer une irresponsabilité pénale des personnes morales. Cette théorie avait d'ailleurs trouvé un écho en jurisprudence, la Cour de cassation jugeant que « l'amende est une peine et toute peine est personnelle, sauf les exceptions prévues par la loi ; elle ne peut donc être prononcée contre un être moral, lequel ne peut encourir qu'une responsabilité civile » (Crim. 8 mars 1883 ; Crim. 27 févr. 1968, *Bull. crim.* n° 69).
Pour consacrer la responsabilité pénale des personnes morales, il était donc nécessaire de dépasser cette fiction. Un des arguments forts, évoqué lors du débat doctrinal ayant précédé l'introduction de la responsabilité pénale des personnes morales dans le Code pénal de 1994, résidait dans le fait qu'en droit civil, la théorie de la fiction avait d'ores et déjà été abandonnée au profit de la théorie de la réalité et qu'il n'y avait aucune raison de la maintenir en droit pénal. Par un célèbre arrêt du 28 janvier 1954, la deuxième chambre civile avait en effet jugé que « la personnalité civile n'est pas une création de la loi ; elle appartient, en principe, à tout groupement pourvu d'une possibilité d'expression collective pour la défense d'intérêts licites, dignes, par suite, d'être juridiquement protégés » (Civ. 2e, 28 janv. 1954, *D.* 1954. 217). C'était ainsi reconnaître qu'un groupement pouvait exprimer une volonté propre et qu'il pouvait donc être personnellement responsable des actes qui en étaient la manifestation.
Cette volonté ne peut toutefois être exprimée qu'à travers les personnes physiques membres du groupement. Pour respecter le principe de la responsabilité personnelle, il était donc nécessaire que le législateur encadre strictement les conditions de la mise en œuvre de leur responsabilité pénale, en fixant des critères permettant de distinguer les actes imputables aux seules personnes physiques de ceux susceptibles d'être reprochés à la personne morale.

B • La représentation, condition de la responsabilité pénale des personnes morales

Les conditions requises pour engager la responsabilité pénale des personnes morales sont prévues par l'article 121-2 du Code pénal, texte dont il ressort que les personnes morales de droit privé sont responsables des « infractions commises, pour leur compte, par leurs organes ou représentants » (al. 1er). L'imputabilité des faits infractionnels à la personne morale est ainsi subordonnée à une double condition.
Il est d'abord nécessaire qu'une infraction, quelle qu'elle soit, ait été commise par un organe ou un représentant. Ces notions sont interprétées largement. En effet, il peut s'agir d'un organe ou représentant de droit, dont l'identification est possible à la lecture des textes de loi relatifs à la structure en cause, mais aussi d'un dirigeant de fait (Crim. 9 nov. 1999, n° 98-81.746). L'essentiel est qu'il dispose d'un pouvoir de direction ou de gestion de la personne morale. Un simple salarié ou préposé peut représenter la personne morale (Crim. 14 déc. 1999, n° 99-80.104), dès lors qu'il est titulaire d'une délégation de pouvoir, étant précisé qu'il n'est pas nécessaire que cette délégation soit explicite. Une délégation de fait, c'est-à-dire qui se déduit des circonstances et de la situation juridique de l'intéressé au sein de la personne morale, est suffisante (Crim. 28 févr. 2017, n° 15-87.378). Les délégations peuvent même procéder d'une chaîne de subdélégations successives (Crim. 26 juin 2001, n° 00-83.466). En définitive, « ont la qualité de représentants, au sens de l'article 121-2 du Code pénal, les personnes pourvues de la

compétence, de l'autorité et des moyens nécessaires, ayant reçu une délégation de pouvoirs de la part des organes de la personne morale ou une subdélégation des pouvoirs d'une personne ainsi déléguée » (Crim. 26 juin 2001, préc. ; Crim. 17 oct. 2017, n° 16-80.821). La détention d'un pouvoir de direction ou de gestion est donc une condition de la représentation.

Une décision récente de la Cour de cassation opère toutefois un revirement de la jurisprudence en écartant la question de la délégation de pouvoirs dès lors que les faits commis par les salariés constituent « l'expression d'une politique du groupe, déterminée par la société par la mise en place d'une organisation complexe laquelle [...] n'avait d'autre but que de diluer les responsabilités, chacun des intervenants ayant une responsabilité déterminée. » Reste à savoir si cette décision perdurera dans le temps et, le cas échéant, si elle restera cantonnée aux faits commis dans le cadre d'un groupe de sociétés. En outre, cette décision adopte une approche extensive du concept d'organe de la personne morale en retenant que le comité d'évaluation des risques (***Risk** Assessment Committee*) constitue un organe de la personne morale au sens de l'article 121-2 du Code pénal. (Crim. 16 juin 2021, n° 20-83.098).

Aussi, est-il essentiel d'identifier la personne par l'intermédiaire de laquelle l'infraction est commise. Il est vrai que la Cour de cassation s'est affranchie, un temps, de cette exigence. En effet, elle admettait que la responsabilité pénale de la personne morale soit engagée sans que l'identité de l'auteur des manquements du délit soit précisée, dès lors que l'infraction ne pouvait avoir été commise, pour son compte, que par ses organes ou représentants (Crim. 20 juin 2006, n° 05-85.255). Mais elle est désormais revenue à une plus stricte orthodoxie juridique, exigeant que l'organe ou représentant par l'intermédiaire duquel l'infraction a été commise pour son compte soit explicitement identifié (Crim. 1er avril 2014, n° 12-86.501 ; Crim. 17 nov. 2020, n° 19-87.904).

Pour que la responsabilité pénale d'une personne morale puisse être engagée, il n'est pas suffisant qu'une infraction ait été commise par l'un de ses organes ou représentants. Il faut, en outre, que celui-ci ait agi « pour son compte », c'est-à-dire en son nom ou pour son intérêt. En effet, bien qu'ayant la qualité de représentant de la personne morale, un dirigeant ne la représente pas nécessairement au moment de la commission des faits : il peut également commettre une infraction en son nom et dans son propre intérêt. Dans ce cas, l'infraction reste son simple fait et la responsabilité pénale de la personne morale ne peut être engagée à ce titre, conformément au principe de la responsabilité du fait personnel. Ainsi, seule l'infraction commise dans l'intérêt de la personne morale peut être reprochée à celle-ci (Crim. 1er avr. 2008, n° 07-84.839). L'intérêt s'entend largement. Il peut être économique (espérance d'obtenir un gain ou profit financier, volonté de réaliser une économie ou d'éviter une perte) ou juridique (politique et stratégie d'entreprise, par exemple lorsqu'est en cause un défaut de surveillance, de prudence ou de sécurité). Il peut être direct, indirect, matériel ou intellectuel. De manière générale, il est considéré que le dirigeant agit pour le compte de la personne morale dès lors qu'il n'agit pas dans son intérêt personnel. Mais le fait qu'il ait agi dans son propre intérêt n'est pas de nature à exclure qu'il l'ait fait également pour le compte de la personne morale (Crim. 29 janv. 2020, n° 17-83.577).

La responsabilité pénale du dirigeant et celle de la personne morale, par nature personnelles, sont concurrentes et indépendantes. L'article 121-2, alinéa 3, du Code pénal précise en effet que la responsabilité pénale des personnes morales n'exclut pas celle des personnes physiques auteurs ou complices des mêmes faits. Il s'ensuit qu'elle n'est pas un facteur d'impunité pour le dirigeant (Crim. 29 juin 2016, n° 15-83.523). Réciproquement, elle peut être engagée y compris lorsque le dirigeant a été relaxé, dès lors qu'un fait punissable subsiste (Crim. 8 sept. 2004, n° 03-85.826).

Ainsi, c'est en instaurant une responsabilité pénale par représentation que le législateur a pu dépasser l'obstacle de la fiction tout en respectant le principe de la responsabilité du fait personnel (Crim. 27 avr. 2011, n° 11-90.013). Mais à cette responsabilité pénale par représentation vient s'ajouter, depuis peu, une responsabilité pénale par continuation économique.

II • L'admission jurisprudentielle d'une responsabilité pénale des personnes morales par continuation

Jusqu'à très récemment, les personnes morales étaient assimilées aux personnes physiques. C'est ainsi que la dissolution d'une société équivalait au décès de celle-ci. Mais cette conception anthropomorphique vient d'être abandonnée par la Cour de cassation, qui admet désormais, sous certaines conditions, que la responsabilité pénale de la société absorbée – et donc dissoute – soit transférée à la société absorbante (A). Cette solution, fondée sur une nouvelle interprétation du principe de la responsabilité du fait personnel, a été justifiée par des raisons juridiques et économiques (B).

A • La consécration de l'abandon de la conception anthropomorphique

Par un arrêt du 25 novembre 2020 (n° 18-86.955), la Cour de cassation a opéré un revirement de jurisprudence d'importance sur la question du transfert de la responsabilité pénale d'une personne morale en cas de fusion-absorption d'une société par une autre.

Jusqu'alors, elle jugeait de manière constante que le principe de la responsabilité pénale du fait personnel s'opposait à ce que la société absorbante soit poursuivie pour des faits commis par la société absorbée avant l'opération de fusion (Crim. 20 juin 2000, n° 99-86.742 ; Crim. 18 févr. 2014, n° 12-85.807). Cette jurisprudence, encore récemment réaffirmée (Crim. 25 oct. 2016, n° 16-80.366), se fondait sur une assimilation de la situation de la personne morale absorbée à celle d'une personne physique décédée. Ainsi, dans la mesure où la dissolution de la société absorbée, qui résulte de l'opération de fusion, lui faisait perdre son existence juridique, elle devait être assimilée au décès d'une personne physique et entraînait, par conséquence, l'extinction de l'action publique (C. pr. pén., art. 6). La société absorbante, personne morale distincte, ne pouvait donc être poursuivie pour les faits commis par la société absorbée.

Par son arrêt du 25 novembre 2020, la Cour de cassation a abandonné cette conception anthropomorphique en autorisant, à certaines conditions, le transfert de la responsabilité pénale de la société absorbée à la société absorbante. Elle distingue deux hypothèses, selon que la fusion-absorption procède d'une fraude à la loi ou non.

En l'absence de fraude dans la fusion-absorption, le transfert de responsabilité pénale est doublement limité dans sa portée. D'une part, il n'opère qu'en cas de fusion de sociétés anonymes ou de sociétés par actions simplifiées (§ 35). Cette limite s'explique par le fait que ces sociétés sont les seules à entrer dans le champ de la directive 78/855/CEE du Conseil du 9 octobre 1978 relative à la fusion des sociétés anonymes, dont l'interprétation par la Cour de justice de l'Union européenne a conduit la Cour de cassation à opérer son revirement. D'autre part, la société absorbante ne peut être condamnée pénalement qu'à une peine d'amende ou de confiscation pour des faits constitutifs d'une infraction commise par la société absorbée avant l'opération (§ 35). Cette solution se justifie par le fondement du transfert de responsabilité pénale, qui découle de la transmission universelle du patrimoine de la société absorbée à la société absorbante. Cette logique patrimoniale conduit à exclure les autres peines prévues par l'article 131-39 du Code pénal.

Par ailleurs, il est précisé que « la personne morale absorbée étant continuée par la société absorbante, cette dernière, qui bénéficie des mêmes droits que la société absorbée, peut se prévaloir de tout moyen de défense que celle-ci aurait pu invoquer » (§ 36). La société absorbante devrait donc être recevable à soulever toute exception de nullité, y compris celles pour lesquelles seule la société absorbée avait qualité pour agir. S'agissant de l'application dans le temps du principe de transfert de responsabilité, qui résulte d'une « interprétation nouvelle » des textes internes, la Cour de cassation a décidé qu'il ne s'appliquerait qu'aux opérations de fusion conclues postérieurement au 25 novembre 2020 (§ 39). Ce report est justifié par le principe de prévisibilité juridique découlant de l'article 7 de la Convention européenne des droits de l'Homme, dont il résulte que tout justiciable doit pouvoir savoir, à partir du libellé de la disposition pertinente, au besoin à l'aide de l'interprétation qui en est donnée par les tribunaux et le cas échéant après avoir recouru à des conseils éclairés, quels actes et omissions engagent sa responsabilité pénale et quelle peine il encourt de ce chef (§ 38). Mais ces principes ne valent qu'en l'absence de fraude.

En cas de fraude dans la fusion-absorption, la portée du transfert de la responsabilité pénale de la société absorbée à la société absorbante ne connaît aucune limite. En effet, selon la Cour de cassation, « l'existence d'une fraude à la loi permet au juge de prononcer une sanction pénale à l'encontre de la société absorbante lorsque l'opération de fusion-absorption a eu pour objectif de faire échapper la société absorbée à sa responsabilité pénale. Cette possibilité est indépendante de la mise en œuvre de la directive du 9 octobre 1978, précitée » (§ 41). Ce principe, qui, selon elle, ne constitue pas un revirement et n'était pas imprévisible au regard de sa doctrine, s'applique immédiatement, y compris aux fusions conclues antérieurement au 25 novembre 2020 (§ 42). Ainsi, en cas de fraude, le transfert de responsabilité pénale opère quelle que soit la forme des sociétés et quelle que soit la date à laquelle est conclue l'opération de fusion. En outre, toute peine encourue par la société absorbée peut être prononcée à l'encontre de la société absorbante, et non les seules peines d'amende ou de confiscation. Par ailleurs, la société absorbante conserve la possibilité d'invoquer tout moyen de défense que la société absorbée aurait pu invoquer.

	Fusion antérieure au 25 novembre 2020		**Fusion postérieure au 25 novembre 2020**	
	En cas de fraude à la loi	*En l'absence de fraude à la loi*	*En cas de fraude à la loi*	*En l'absence de fraude à la loi*
Possibilité de poursuivre et condamner la société absorbante	Dans tous les cas	Non	Dans tous les cas	Dans le champ des dispositions de la directive 2017/1132 relatives à la fusion des sociétés anonymes
Peines susceptibles d'être prononcées	Responsabilité pénale pleine et entière (toutes peines encourues)	Non	Responsabilité pénale pleine et entière (toutes peines encourues)	Responsabilité pénale aux fins de prononcé éventuel d'une amende et/ou d'une confiscation

B • Les justifications de l'abandon de la conception anthropomorphique

Pour justifier ce revirement, la Cour de cassation explique que cette approche « doit être remise en cause car, d'une part, elle ne tient pas compte de la spécificité de la personne morale, qui peut changer de forme sans pour autant être liquidée, d'autre part, elle est sans rapport avec la réalité économique »

(§ 21). Cette affirmation repose sur le constat que la fusion-absorption, si elle emporte la dissolution de la société absorbée, n'entraîne pas sa liquidation, que le patrimoine de la société absorbée est universellement transmis à la société absorbante, que les actionnaires de la première deviennent actionnaires de la seconde et que tous les contrats de travail en cours au jour de l'opération se poursuivent entre la société absorbante et le personnel de l'entreprise. Il en résulte que « l'activité économique exercée dans le cadre de la société absorbée, qui constitue la réalisation de son objet social, se poursuit dans le cadre de la société qui a bénéficié de cette opération » (§ 23). Autant d'arguments en défaveur de l'assimilation de la dissolution de la société absorbée au décès d'une personne physique.

Mais ces arguments, qui reposent sur des textes légaux internes, n'étaient pas suffisants pour permettre à la Cour de cassation de retenir une autre interprétation du principe de la responsabilité personnelle. En effet, comme elle le rappelle, l'interprétation de ce principe « doit respecter l'article 6 de la Convention européenne des droits de l'Homme », qui a une valeur supra-légale. Or, sur le fondement du second paragraphe de ce texte, la Cour européenne avait affirmé que le principe selon lequel la responsabilité pénale ne survit pas à l'auteur de l'acte délictueux était une règle fondamentale du droit pénal et en avait déduit que la condamnation des héritiers à une amende constituait une violation de ce texte (CEDH 29 août 1997, *E.L. et a. c/ Suisse*, n° 20919/92). Selon la Cour de cassation, cette interprétation conventionnelle l'empêchait de faire évoluer sa jurisprudence pour se conformer à celle de la Cour de justice de l'Union européenne, qui a jugé que les dispositions de l'article 19 § 1 de la directive 78/855/CEE du Conseil du 9 octobre 1978 relative à la fusion des sociétés anonymes doivent être interprétées en ce sens qu'une fusion par absorption entraîne la transmission à la société absorbante de l'obligation de payer une amende infligée après cette fusion pour des infractions au Code du travail commises par la société absorbée avant la fusion (CJUE 5 mars 2015, *Modelo Continente Hipermercados SA c/ Autoridade para as Condições de Trabalho*, aff. C-343/13). En effet, contrairement à la Convention européenne, qui est d'effet direct, une directive ne peut produire un effet direct à l'encontre d'un particulier. C'est la raison pour laquelle, malgré cet arrêt du 5 mars 2015, la Cour de cassation avait confirmé sa jurisprudence antérieure par un arrêt du 25 octobre 2016 (n° 16-80.366).

Il était donc nécessaire que la Cour européenne fasse évoluer sa jurisprudence pour que la Cour de cassation puisse faire évoluer son interprétation. Or, précisément, par un arrêt récent, « la Cour européenne, se fondant sur la continuité économique existant entre la société absorbée et la société absorbante, en déduit que la société absorbée n'est pas véritablement "autrui" à l'égard de la société absorbante » et juge en conséquence que le prononcé d'une amende civile, à laquelle est applicable le volet pénal de l'article 6 de la Convention européenne des droits de l'Homme, à l'encontre d'une société absorbante, pour des actes restrictifs de concurrence commis avant la fusion par la société absorbée, ne porte pas atteinte au principe de personnalité des peines (CEDH 24 oct. 2019, *Carrefour France c/ France*, n° 37858/14, § 24). Ainsi, « la continuité économique et fonctionnelle de la personne morale conduit à ne pas considérer la société absorbante comme étant distincte de la société absorbée, de sorte que l'article 6 de la Convention européenne des droits de l'Homme ne s'oppose pas à ce que l'article 121-1 du Code pénal soit désormais interprété comme permettant que la première soit condamnée pénalement pour des faits constitutifs d'une infraction commise par la seconde avant l'opération de fusion-absorption » (§ 25). La continuité économique, qui renvoie à une réalité pratique, permet de dépasser la « fiction » consistant à voir dans la société absorbée et la société absorbante deux personnes juridiques distinctes. Le principe de la responsabilité personnelle ne fait dès lors plus obstacle à ce que la société absorbante soit tenue pénalement responsable d'une infraction commise par la société absorbée.

Mais encore fallait-il, pour admettre le transfert de responsabilité, que le caractère punissable des faits commis par la société absorbée subsiste malgré l'opération de fusion. Rompant avec sa jurisprudence antérieure, la Cour de cassation juge à cet égard que « l'article 6 du Code de procédure pénale, qui

ne prévoit pas expressément l'extinction de l'action publique lors de l'absorption d'une société, ne s'oppose pas non plus à cette interprétation » (§ 26).
Dans la mesure où il est désormais possible d'interpréter l'article 121-1 du Code pénal comme autorisant le transfert de responsabilité pénale entre la société absorbée et la société absorbante, cette interprétation devient nécessaire en ce qu'elle est la seule à même, en l'état du droit interne, de permettre de tirer les conséquences de l'arrêt de la Cour de justice du 5 mars 2015 (§ 34). Outre le cas de la fraude, le transfert de responsabilité pénale est ainsi consacré pour les sociétés entrant dans le champ de cette directive, c'est-à-dire les SA et les SAS.
En définitive, la responsabilité pénale de la société absorbante n'est pas une responsabilité par représentation, puisque l'infraction dont elle a à répondre n'a pas été commise par ses organes ou ses représentants pour son compte, mais par ceux de la société absorbée pour le compte de celle-ci. Elle s'apparente davantage à une responsabilité pénale par continuation économique, dont la consécration n'a été rendue possible que par une nouvelle interprétation du principe de la responsabilité personnelle, détachée de l'approche anthropomorphique de l'opération de fusion-absorption.

Outils de travail

Texte essentiel

C. pén., art. 121-2

Jurisprudences essentielles

Crim. 10 déc. 2019, n° 18-84.737 : nécessité d'identifier l'organe ou le représentant défaillant.

Crim. 25 nov. 2020, n° 18-86.955 : revirement de jurisprudence (qui ne peut s'appliquer qu'aux fusions postérieures à la décision) : une société absorbante peut voir sa responsabilité pénale engagée pour une infraction commise par la société absorbée antérieurement à l'opération de fusion-absorption si cette opération entre dans le champ d'application de la directive du 9 octobre 1978. L'existence d'une fraude à la loi permet au juge de prononcer une sanction pénale à l'encontre de la société absorbante lorsque l'opération de fusion-absorption a eu pour objectif de faire échapper la société absorbée à sa responsabilité pénale et ce, indépendamment de la mise en œuvre de la directive du 9 octobre 1978.

Crim. 13 avr. 2022, n° 21-80.653 : lorsqu'une société absorbée paraît avoir commis une infraction il doit être systématiquement vérifié, soit d'office soit à la demande d'une partie qui l'invoque, si son absorption résulte d'une fraude y compris si l'opération de fusion-absorption est très ancienne (comme en l'espèce).

Crim. 21 juin 2022, n° 20-86.857 : le juge pénal doit identifier précisément l'organe ou le représentant de la personne morale pour le compte de qui l'infraction a été commise, qui peut être lui-même une personne morale, sans nécessité d'identifier la ou les personnes qui la dirigent.

Pour aller plus loin

S. Palmer, A. Dunoyer de Segonzac et C-H. Boeringer, « Transfert de responsabilité d'une personne morale à une autre en cas de fusion-absorption », *Dr. pénal* 2021. Étude 7.

P. Conte, « Responsabilité pénale des personnes morales : preuve du caractère frauduleux d'une opération de fusion-absorption » *Dr. pénal* 2021. Comm.204.

E. Mercinier-Pantalacci, « Le point sur la responsabilité pénale des personnes morales », *AJ pénal* 2021.413.

P. Beauvais, « Vers une nouvelle conception de la personne morale en droit pénal ? », *RSC* 2021.69.

D. Zerouki-Cottin, « Revirement de jurisprudence et responsabilité des personnes morales : quand l'arbre (de la société absorbante) cache la forêt (de la reconnaissance du pouvoir normatif de la jurisprudence pénale) », *RSC* 2021.52.

A. Dulcire et C. Ascione le Dreau, « Responsabilité des personnes morales : nouvel élargissement de la notion d'organe au sens de l'article 121-2 », *AJ pénal* 2022.426.

Les circonstances aggravantes de l'infraction

Alors que la notion de circonstances atténuantes a disparu du droit pénal français, la lecture du Code pénal permet de constater la multitude et la variété des circonstances aggravantes, aussi bien dans le Livre I consacré au droit pénal général que dans les livres suivants relatifs au droit pénal spécial. Leur nature légale les distingue des circonstances de fait qui vont conduire le juge, dans son appréciation du comportement infractionnel, à prononcer une peine. En effet, l'article 132-1, alinéa 3, du Code pénal dispose que « dans les limites fixées par la loi, la juridiction détermine la nature, le quantum et le régime des peines prononcées en fonction des circonstances de l'infraction » notamment. Précisément, les circonstances aggravantes vont déterminer les limites légales de la répression dès lors qu'elles influent, non sur les peines prononcées directement, mais sur les peines encourues.

La caractérisation d'une infraction constitue naturellement un préalable indispensable à celle de la circonstance aggravante. Tout comme l'infraction, mais de manière sans doute parfois moins rigoureuse, une circonstance aggravante peut se caractériser par la réunion d'un élément matériel et d'un élément moral.

Certaines circonstances aggravantes constituent aussi des infractions autonomes. Il en va naturellement ainsi des violences qui sont à la fois un délit ou un crime tout comme elles peuvent être la circonstance aggravante d'une autre infraction, notamment le vol. Certaines dispositions combinent deux infractions autonomes en faisant en quelque sorte de l'une la circonstance aggravante de l'autre selon un mécanisme plus original. Ainsi, l'article 221-2, alinéa 1er, du Code pénal prévoit que « le meurtre qui précède, accompagne ou suit un autre crime est puni de la réclusion criminelle à perpétuité ». L'alinéa 2 de la même disposition punit de la même peine « le meurtre qui a pour objet soit de préparer ou de faciliter un délit, soit de favoriser la fuite ou d'assurer l'impunité de l'auteur ou du complice d'un délit ». Tous les cas où une infraction autonome peut être érigée en circonstance aggravante présentent l'avantage d'éluder un éventuel conflit de qualifications en transformant deux qualifications en une seule.

Après avoir examiné les classifications relatives aux circonstances aggravantes (I), les effets de celles-ci seront logiquement examinés (II).

I • Les classifications relatives aux circonstances aggravantes

Les principales classifications, essentiellement doctrinales, relatives aux circonstances aggravantes concernent d'une part la distinction entre les circonstances aggravantes générales et les circonstances aggravantes spéciales (A) et d'autre part celle entre les circonstances aggravantes matérielles, personnelles et mixtes (B).

A • Les circonstances aggravantes générales et les circonstances aggravantes spéciales

Les circonstances aggravantes sont dites générales lorsqu'elles sont susceptibles de s'appliquer à toute infraction sans qu'un texte spécifique en dispose ainsi. Les circonstances aggravantes sont dites spéciales lorsqu'elles nécessitent l'existence d'un texte spécifique pour s'appliquer à l'infraction considérée. Parmi les circonstances aggravantes générales, la plus évidente est probablement la récidive, dont les règles sont prévues aux articles 132-8 et suivants du Code pénal. Dans les cas les plus graves, la récidive est dite générale en ce que le second terme peut être tout crime ou délit puni d'une peine de dix ans d'emprisonnement (pour les personnes physiques : C. pén., art. 132-8 et 132-9, al. 1er). La récidive est dite spéciale lorsqu'elle ne peut être caractérisée que par la commission d'une nouvelle infraction identique ou assimilée à la première (pour les personnes physiques : C. pén., art. 132-9, al. 2, 132-10, 132-11). Toutefois, même lorsqu'il s'agit de récidive spéciale, aucun texte spécifique n'est requis pour que la récidive de telle ou telle infraction précise soit réprimée. Il suffit que les conditions posées par les articles 132-8 et suivants du Code pénal soient remplies. Alors qu'elle était précédemment une circonstance aggravante spéciale, la circonstance de racisme est devenue une circonstance aggravante générale de sorte qu'elle peut désormais s'appliquer à n'importe quel type d'infractions. Si elle est plus concevable en matière de violences par exemple, il n'est pas interdit d'envisager une escroquerie ou un faux commis avec cette circonstance. Elle est définie de la façon suivante par l'article 132-76, alinéa 1er, du Code pénal : « lorsqu'un crime ou un délit est précédé, accompagné ou suivi de propos, écrits, images, objets ou actes de toute nature qui soit portent atteinte à l'honneur ou à la considération de la victime ou d'un groupe de personnes dont fait partie la victime à raison de son appartenance ou de sa non-appartenance, vraie ou supposée, à une prétendue race, une ethnie, une nation ou une religion déterminée, soit établissent que les faits ont été commis contre la victime pour l'une de ces raisons, le maximum de la peine privative de liberté encourue est relevé ainsi qu'il suit ». Cette circonstance aggravante a ainsi été abrogée des dispositions de droit pénal spécial tel que l'article 222-12, 5°*bis* du Code pénal en matière de violences volontaire ayant entraîné une incapacité totale de travail pendant plus de huit jours. Il doit être noté qu'elle se trouve toujours à l'article 222-13. L'article 132-77, alinéa 1er, du Code pénal prévoit la circonstance aggravante générale lorsque les faits sont commis à raison du sexe, de l'orientation sexuelle ou identité de genre vraie ou supposée. L'article 132-79, alinéa 1er, du Code pénal prévoit le même mécanisme « lorsqu'un moyen de cryptologie au sens de l'article 29 de la loi n° 2004-757 du 21 juin 2004 pour la confiance dans l'économie numérique a été utilisé pour préparer ou commettre un crime ou un délit, ou pour en faciliter la préparation ou la commission ».

Les circonstances aggravantes spéciales concernent une infraction ou une série d'infractions. Leur nombre et leur nature sont particulièrement variables. Ainsi, les circonstances aggravantes de l'infraction de violences volontaires sans incapacité totale de travail ou avec une incapacité totale de travail inférieure ou égale à huit jours sont si nombreuses (C. pén., art. 222-13) qu'il est rare que cette infraction demeure de nature contraventionnelle (C. pén., art. R. 624-1 et R. 625-1). Le faux de l'article 441-1 du Code pénal ne supporte quant à lui aucune circonstance aggravante, même si les dispositions qui suivent, tout en constituant des infractions autonomes, ressemblent à l'infraction aggravée par certaines circonstances (C. pén., art. 441-2 s.). La circonstance aggravante de préméditation et celle de guet-apens ont quant à elles la particularité de modifier la dénomination de la qualification de meurtre qui devient alors un meurtre (C. pén., art. 221-3, al. 1er). Au titre des particularités, il peut aussi être mentionné que l'escroquerie peut être aggravée par la circonstance de bande organisée tandis que l'escroquerie en réunion n'existe pas en droit positif. Pour le reste, l'examen de la distinction entre circonstances aggravantes matérielles, personnelles et mixtes fournira des illustrations de la catégorie des circonstances aggravantes spéciales.

B • Les circonstances aggravantes matérielles, personnelles et mixtes

Les circonstances aggravantes sont qualifiées de matérielles, objectives ou réelles lorsqu'elles sont indépendantes de l'auteur et concernent l'aspect matériel de la situation. Il en va ainsi de l'usage d'une arme, de la réunion, de la bande organisée, de l'effraction, de l'escalade ou encore du guet-apens. À ce titre, il convient de rappeler que des dispositions du Livre I du Code pénal définissent certaines de ces circonstances aggravantes qui demeurent néanmoins spéciales. Aux termes de l'article 132-71 du Code pénal, « constitue une bande organisée au sens de la loi tout groupement formé ou toute entente établie en vue de la préparation, caractérisée par un ou plusieurs faits matériels, d'une ou de plusieurs infractions ». L'article 132-71-1 du Code pénal définit le guet-apens comme « le fait d'attendre un certain temps une ou plusieurs personnes dans un lieu déterminée pour commettre à leur encontre une ou plusieurs infractions ». L'effraction se définit comme « le forcement, la dégradation ou la destruction de tout dispositif de fermeture ou de toute espèce de clôture ». La même disposition y assimile « l'usage de fausses clefs, de clefs indûment obtenues ou de tout instrument pouvant être frauduleusement employé pour actionner un dispositif de fermeture sans le forcer ni le dégrader » (C. pén., art. 132-73). L'escalade est quant à elle « le fait de s'introduire dans un lieu quelconque, soit par-dessus un élément de clôture, soit par toute ouverture non destinée à servir d'entrée » (C. pén., art. 132-74). Enfin, il peut être relevé que l'arme se définit comme « tout objet conçu pour tuer ou blesser », y compris factice (C. pén., art. 132-75, al. 1 et 3). Y est assimilé tout objet susceptible de présenter un danger pour les personnes « dès lors qu'il est utilisé pour tuer, blesser ou menacer ou qu'il est destiné, par celui qui en est porteur, à tuer, blesser ou menacer » (C. pén., art. 132-75, al. 2). En outre, « l'utilisation d'un animal pour tuer, blesser ou menacer est assimilée à l'usage d'une arme » (C. pén., art. 132-75, al. 4).

Les circonstances aggravantes sont dites personnelles lorsqu'elles sont attachées à la personne de l'auteur. Ainsi en va-t-il de la circonstance de récidive. De même, sont en générale personnelles les circonstances tenant au lieu entre l'auteur et la victime ou à la psychologie de l'auteur comme le motif raciste ou sexiste de son acte.

Enfin, les circonstances aggravantes mixtes empruntent à la fois aux caractéristiques des circonstances aggravantes personnelles et aux circonstances réelles. Tel est le cas de la préméditation qui comporte une dimension matérielle et une dimension psychologique. L'article 132-72 du Code pénal la définit comme « le dessein formé avant l'action de commettre un crime ou un délit déterminé ».

II • L'effet des circonstances aggravantes

Si le principal des circonstances aggravantes est naturellement une sévérité accrue par l'aggravation des peines principales encourues (A), d'autres effets peuvent y être attachés (B)

A • L'aggravation des peines principales encourues

Le point commun à toutes les circonstances aggravantes est d'augmenter le quantum des peines principales encourues ou de l'une d'entre elles. L'aggravation consiste généralement à augmenter d'un cran la répression, sans qu'il ne s'agisse d'une règle absolue.

L'article 132-76 du Code pénal illustre le passage à la peine immédiatement supérieure en cas de caractérisation de la circonstance aggravante de racisme. Il est en effet précisé que cette circonstance conduit à relever la peine encourue à perpétuité si trente ans de réclusion criminelle était encourue, à trente ans si vingt ans étaient encourus, à vingt ans si quinze ans étaient encourus, à quinze ans de réclusion criminelle si dix ans d'emprisonnement étaient encourus, à dix ans si sept ans étaient encourus et à sept ans si cinq ans étaient encourus. Lorsque l'infraction est punie de trois ans au plus, le peine est doublée. De ce point de vue, la circonstance de terrorisme se comporte en tous points comme une circonstance aggravante dès lors que le mécanisme prévu à l'article 421-3 du Code pénal est strictement identique à celui qui vient d'être décrit lorsque les infractions visées à l'article 421-1 du Code pénal « sont intentionnellement en relation avec une entreprise individuelle ou collective ayant pour but de troubler gravement l'ordre public par l'intimidation ou la terreur ».

En matière de récidive, l'effet n'est pas la simple aggravation d'un cran mais est principalement le doublement du maximum des peines de réclusion ou d'emprisonnement et d'amende (not. C. pén., art. 132-9 et 132-10). Tel n'est néanmoins pas le cas lorsque la peine encourue était initialement de vingt années de réclusion criminelle dès lors que lors que la récidive conduit à faire encourir la perpétuité dans la mesure où la peine de quarante années de réclusion est absente de l'échelle des peines (C. pén., art. 132-8).

Certaines circonstances aggravantes provoquent une répression immédiatement plus sévère. Ainsi, en matière de vol, les peines encourues pour l'infraction simple sont de trois ans d'emprisonnement et 45 000 euros d'amende (C. pén. art. 311-3). Si certaines circonstances aggravantes conduisent à faire encourir à l'auteur d'un vol les peines de cinq ans d'emprisonnement et de 75 000 euros d'amende (C. pén., art. 311-4), la seule circonstance de bande organisée fait encourir la peine de quinze ans d'emprisonnement et 150 000 euros d'amende.

Lorsque plusieurs circonstances aggravantes sont caractérisées pour une même infraction, cela peut n'avoir aucun effet ou augmenter les peines encourues. Les deux hypothèses sont illustrées par l'article 222-13 du Code pénal relatif à la répression des violences n'ayant pas entrainé d'incapacité totale de travail ou ayant entraîné une incapacité totale de travail inférieure ou égale à huit jours. En effet, cette disposition prévoit *in fine* que les peines de trois ans d'emprisonnement et de 45 000 euros d'amende sont « portées à cinq ans d'emprisonnement et 75 000 euros d'amende lorsque cette infraction, ayant entraîné une incapacité totale de travail inférieure ou égale à huit jours est commise dans des circonstances prévues aux 1° et suivants » de l'article 222-13. Le même alinéa ajoute que « les peines sont portées à sept ans d'emprisonnement et 100 000 euros d'amende lorsqu'elle est commise dans trois de ces circonstances ». Il en résulte que si la pluralité de circonstances aggravantes provoque une augmentation des peines encourues en cas de violences volontaires ayant entraîné une incapacité totale de travail inférieure ou égale à huit jours, elle n'a aucun effet supplémentaire en l'absence d'une telle incapacité.

B • Les autres effets des circonstances aggravantes

Ainsi qu'il l'a été indiqué, l'augmentation des peines encourues provoquée par la caractérisation d'une circonstance aggravante ne concerne que les peines principales ou l'une d'entre elles, à l'exception notamment des peines complémentaires.

Toutefois, la caractérisation de la circonstance aggravante peut conduire à faire encourir une peine complémentaire qui n'aurait pas été encourue en son absence. Ainsi, l'article 222-48-3 du Code pénal prévoit-il que certaines infractions, parmi lesquelles les atteintes volontaires à l'intégrité de la personne, font encourir à leur auteur la peine complémentaire d'interdiction de percevoir la pension due au conjoint survivant ou divorcé en application des dispositions du Code de la sécurité sociale ou du Code rural et de la pêche maritime « lorsque celles-ci ont été commises à l'encontre de leur époux assuré ». De même, en modifiant la peine encourue, la circonstance aggravante peut exposer l'auteur de l'infraction à une peine complémentaire initialement exclue. À titre d'illustration, l'article 131-21, alinéa 5 du Code pénal prévoit que la peine de confiscation porte sur tous les biens dont le condamné est propriétaire ou dont il a la libre disposition « s'il s'agit d'un crime ou d'un délit puni d'au moins cinq ans d'emprisonnement et ayant procuré un profit direct ou indirect ». Ce type de confiscation, reposant sur la présomption d'illicéité, n'est pas encourue pour un vol simple mais l'est pour un vol aggravé. Par ailleurs, les dispositions de l'article 132-23 relatif à la période de sûreté peuvent devenir applicables en raison de la caractérisation d'une circonstance aggravante. Tel est le cas lorsque le viol a entraîné la mort de la victime (C. pén., art. 222-25).

Outils de travail

Texte essentiel

C. pén., art. 132-8 s.

Jurisprudences essentielles

Crim. 22 sept. 2010, n° 10-80.041.
Crim. 6 sept. 2023, n° 22-86.045.
Crim. 4 avr. 2023, n° 22-82.585.

Pour aller plus loin

D. Zerouki, « Requalification et juridiction de jugement : la circonstance aggravante de bande organisée est-elle vraiment une circonstance si accessoire ? », *Gaz. Pal.*, n° 37, p. 19, 14 nov. 2023.
M. Slimani, « Le suicide de la victime constitue une circonstance aggravante de la séquestration », *D. actu.*, 20 avr. 2023.
D. Goetz, « Circonstance aggravante de ruse : comment la définir ? », D. actu., 18 sept. 2023.
M. Recotillet, « Constitution de partie civile d'une association de lutte contre le racisme en l'absence de circonstance aggravante », *AJ pénal*, 2023. 290.

Le concours d'infraction

La notion de concours d'infractions renvoie à deux questions distinctes. La première consiste à déterminer la solution à donner à une situation où un fait unique est susceptible de recevoir plusieurs qualifications pénales différentes. On parle parfois de conflit de qualifications ou de concours idéal de qualifications. La seconde intéresse les peines encourues lorsqu'une personne a commis plusieurs infractions qui ne sont pas séparées entre elles d'une condamnation définitive. Il s'agit du concours réel d'infractions.

Ces questions constituent des étapes différentes de la résolution d'un cas pratique.

En effet, le recours aux règles régissant le conflit de qualifications intervient très tôt, au moment où un fait unique conduit pourtant à envisager plusieurs qualifications. Aucun texte de droit pénal général n'est consacré au conflit de qualifications. Seul le principe jurisprudentiel *non bis in idem* est applicable. Toutefois, quelques dispositions de droit pénal spécial règlent de tels conflits. Ainsi, l'article 225-16-1 du Code pénal, qui prévoit et réprime le bizutage, débute de la façon suivante : « hors les cas de violences, de menaces ou d'atteintes sexuelles ». Il est donc expressément prévu que lorsqu'un comportement peut être qualifié de bizutage, cette qualification doit être écartée au profit de celle de violences, de menaces ou d'atteintes sexuelles lorsque l'une de ces qualifications est également caractérisée.

Le concours réel d'infractions constitue quant à lui l'ultime étape de la résolution du cas pratique. Les règles qui lui sont applicables sont prévues aux articles 132-2 et suivants du Code pénal. L'article 132-2 dispose qu'« il y a concours d'infractions lorsqu'une infraction est commise par une personne sans que celle-ci ait été définitivement condamnée pour une autre infraction ». Cette définition illustre le lien existant entre concours réel d'infractions et récidive. En effet, si une personne commet une infraction après avoir été définitivement condamnée pour une autre infraction, se pose la question de la récidive, ou à défaut de la réitération, dont les règles sont prévues aux articles 132-8 et suivants du Code pénal.

Le concours réel d'infractions naît de la pluralité d'infractions imputables à un même protagoniste, qu'elle fasse ou non suite à un conflit de qualifications. Lorsqu'un individu commet une escroquerie puis des dégradations, les règles du concours réel s'appliqueront sans qu'aucun conflit de qualification ne l'ait précédé.

Il convient donc de respecter la chronologie de la résolution du cas pratique en examinant le principe *non bis in idem* applicable au conflit de qualifications (I) puis les règles régissant le concours réel d'infractions (II).

I • Le principe *non bis in idem* applicable au conflit de qualifications

La jurisprudence a connu une évolution particulièrement notable au point qu'au principe initial de l'unité de qualification (A) s'est substitué un principe de pluralité de qualifications (B).

A • Le principe initial de l'unité de qualifications

À l'origine, la jurisprudence considérait que par principe un fait unique devait recevoir une qualification unique. Par exception, il était parfois admis qu'un fait unique soit poursuivi sous des qualifications distinctes. Le principe sous-jacent, *non bis in idem*, est prévu par l'article 4 du protocole n° 7 de la Convention européenne des droits de l'Homme, selon lequel « nul ne peut être poursuivi ou puni pénalement par les juridictions du même État en raison d'une infraction pour laquelle il a été acquitté ou condamné ».

Il doit être noté que cette disposition ne correspond pas tout à fait à la problématique examinée dès lors qu'elle ne traite pas de la possibilité de poursuivre un même fait sous des qualifications distinctes. Cela explique pourquoi la chambre criminelle de la Cour de cassation ne vise pas la Convention européenne lorsqu'elle rend un arrêt fondé sur le principe *non bis in idem*.

Le principe initial implique qu'à un fait doit correspondre une qualification unique. Se sont, depuis, multipliées les solutions destinées à atteindre cet objectif. La doctrine a tenté, de manière insatisfaisante, de mettre de l'ordre dans le chaos des solutions parfois contradictoires. Ont ainsi été opposés les conflits dits apparents au véritable conflit. Les qualifications alternatives sont celles qui ne posent de difficulté véritable dès lors qu'en raison d'éléments constitutifs incompatibles, elles ne peuvent être caractérisées simultanément. S'il est envisageable d'hésiter, dans certaines situations, entre la qualification d'homicide volontaire et celle d'homicide involontaire, il est exclu de parvenir à qualifier simultanément les deux infractions pour un même fait (v. note explicative de la chambre criminelle relative aux arrêts n° 1387 et 1390 du 15 déc. 2021). De même, le recel et son infraction d'origine ont toujours été considérés comme incompatibles (Crim. 6 juin 1979, *Bull. crim.* n° 193). Des auteurs ont développé les notions de qualifications absorbantes, redondantes ou superposées. Ont été appliqués des principes tels que « le spécial déroge au général », le fait de préférer la qualification large à la qualification partielle (par ex. en matière de rébellion et de violences, v. Crim. 21 févr. 2006, n° 05-81.561) ou encore le fait de retenir la plus haute acception pénale dont le fait est susceptible (Crim. 20 nov. 1978, n° 77-92.508). Des exceptions sont apparues pour permettre de retenir plusieurs infractions alors même que le fait était unique. Tel est l'objet de la jurisprudence *Ben Haddadi* (Crim. 3 mars 1960) où la violation de plusieurs valeurs sociales protégées justifie qu'un même fait soit poursuivi sous plusieurs qualifications distinctes. De même, la pluralité de victimes peut par exemple conduire à qu'un même comportement donne lieu à des poursuites pour homicide involontaire et blessures involontaires.

La jurisprudence a elle aussi tenté de synthétiser le principe *non bis in idem* par une formulation en apparence limpide qui s'est révélée peu efficace en pratique : « des faits qui procèdent de manière indissociable d'une action unique caractérisée par une seule intention coupable ne peuvent donner lieu, contre le même prévenu, à deux déclarations de culpabilité de nature pénale, fussent-elles concomitantes » (Crim. 26 oct. 2016, n° 15-84.552). D'une part, cette formulation n'a jamais été explicitement présentée comme remplaçant l'arsenal de règles antérieur. D'autre part, elle a immédiatement dû subir des tempéraments lorsque seul le cumul de deux chefs de poursuites permettait « d'appréhender l'action délictueuse dans toutes ses dimensions » (Crim. 16 avr. 2019, n° 18-84.073).

B • Le principe actuel de pluralité de qualifications

Il n'est pas exagéré d'affirmer que la chambre criminelle de la Cour de cassation a, dans son arrêt du 15 décembre 2021 (Crim. 15 déc. 2021, n° 21-81.864), inversé le principe et l'exception. Désormais, un même fait peut conduire à retenir plusieurs qualifications à trois exceptions près. La chambre criminelle a modifié sa jurisprudence dans la mesure où les règles antérieures pouvaient conduire à écarter artificiellement certaines qualifications et ainsi, à rendre certaines parties civiles injustement irrecevables, à empêcher le prononcé de peines exclusivement attachées à l'infraction écartée et à s'interdire d'appréhender l'action délictueuse dans toutes ses dimensions.

Lorsqu'un fait unique est susceptible de caractériser plusieurs infractions, celles-ci peuvent désormais toujours se cumuler, sauf dans trois hypothèses. La première est celle des infractions incompatibles. Elle correspond à la situation dans laquelle la caractérisation des éléments constitutifs d'une infraction exclut nécessairement la caractérisation des éléments constitutifs de l'autre. Tel est le cas de l'exemple précité de l'homicide volontaire et de l'homicide involontaire. Contrairement aux deux hypothèses suivantes, cette première exception ne renvoie pas tout à fait au principe *non bis in idem* dans la mesure où il sera impossible de caractériser les deux infractions simultanément. Les qualifications exclusives telles que le recel et l'infraction d'origine ont été rattachées à cette première hypothèse (Crim. 13 avr. 2022, n° 19-84.831). La deuxième hypothèse d'exclusion de cumul de qualifications, appelée qualifications inclusives, se subdivise en deux sous-hypothèses. D'une part, il ne saurait y avoir cumul lorsqu'une qualification correspond à l'élément constitutif d'une autre qualification. Tel est le cas lorsque le viol est réalisé par violence, la violence constituant une des composantes de l'élément matériel du viol. En revanche, l'usage de faux n'est pas une composante de l'escroquerie, peu important que la manœuvre frauduleuse soit en l'espèce un usage de faux. Les deux qualifications sont donc cumulables. D'autre part, le cumul est exclu lorsqu'une qualification correspond à une circonstance aggravante d'une autre qualification. Il est évidemment impossible de condamner un individu ayant commis un vol accompagné de violences à la fois pour vol avec violences et pour violences volontaires. En revanche, la bande organisée n'est pas l'association de malfaiteurs érigée en circonstance aggravante, de sorte qu'une infraction commise en bande organisée et l'association de malfaiteurs peuvent se cumuler, y compris lorsque les faits caractérisant l'association de malfaiteurs sont identiques à ceux retenus pour caractériser la bande organisée (Crim. 9 juin 2022, n° 21-80.237). Enfin, la troisième hypothèse d'exclusion du cumul renvoie au principe selon lequel le spécial déroge au général. Il s'agit du cas dans lequel l'une des qualifications, dite spéciale, incrimine une modalité particulière de l'action répréhensible sanctionnée par une autre infraction, dite générale. Ainsi en va-t-il de l'assassinat et de l'empoisonnement qui ne sauraient être retenus simultanément.

La chambre criminelle de la Cour de cassation a justifié de plusieurs façons cette nouvelle jurisprudence. En premier lieu, elle souligne qu'elle ne heurte pas la jurisprudence européenne. En second lieu, les nouvelles solutions sont respectueuses de la volonté du législateur. Par exemple, si le législateur a entendu incriminer spécifiquement l'usage de faux, c'est qu'il a voulu opérer une distinction entre des manœuvres frauduleuses non réprimées en tant que tel mais répréhensibles dans le cadre d'une escroquerie et ce type particulier de manœuvres frauduleuses. En troisième lieu, la chambre criminelle souligne l'effet modérateur du concours d'infractions et des exigences de motivation de peines principales et complémentaires. Ainsi, l'inflation mécanique du nombre de qualifications sous lesquelles une personne pourra être poursuivie n'aura pas nécessairement pour effet une répression disproportionnée.

II • Les règles régissant le concours réel d'infractions

Le concours réel d'infractions est régi par des règles parfois abusivement résumées comme un principe de non-cumul des peines. En réalité, le principe diffère selon que les infractions retenues font l'objet d'une procédure unique ou de procédures séparées (A) et supporte de nombreuses exceptions (B).

A • Les principes relatifs à la procédure unique ou aux procédures séparées

Lorsqu'une personne commet une nouvelle infraction avant d'avoir été définitivement jugée pour une autre infraction, ce qui constitue la définition du concours réel d'infractions (C. pén., art. 132-2), deux hypothèses sont envisageables et le choix relève grandement du ministère public.

En premier lieu, les infractions peuvent faire l'objet d'une procédure unique. Ainsi, y compris le cas où deux infractions sont de nature différente et ne présentent pas de lien factuel entre elles, une même juridiction pourra en connaître la procédure. Dans ce cas, l'article 132-3 du Code pénal dispose que « chacune des peines encourues peut être prononcée ». Néanmoins, la véritable règle est contenue dans la phrase suivante : « lorsque plusieurs peines de même nature sont encourues, il ne peut être prononcée qu'une seule peine de cette nature dans la limite du maximum légal le plus élevée ». Ainsi, lorsqu'un individu est reconnu coupable de vol et d'escroquerie à l'occasion d'une procédure unique, le tribunal correctionnel ne pourra le condamner à deux peines d'emprisonnement et à deux peines d'amende. Il n'aura la faculté que de prononcer une seule peine d'emprisonnement et une seule peine d'amende, dans la limite du maximum légal le plus élevé. Dans la mesure où le vol simple fait encourir trois ans d'emprisonnement et 45 000 euros d'amende (C. pén., art. 311-3) et où l'escroquerie fait encourir cinq ans d'emprisonnement et 375 000 euros d'amende (C. pén., art. 313-1), la juridiction correctionnelle pourra prononcer une peine d'emprisonnement d'au plus cinq ans et une peine d'amende d'au plus 375 000 euros. L'article 132-5, alinéa 1er, du Code pénal précise que « les peines privatives de libertés sont de même nature », de sorte qu'une juridiction criminelle déclarant un accusé coupable de vol et de viol ne pourra prononcer qu'une peine privative de liberté dans la limite de quinze années de réclusion criminelle, peine encourue pour le viol (C. pén., art. 222-23). L'alinéa 2 de la même disposition précise qu'« il est tenu compte, s'il y a lieu, de l'état de récidive » tandis que l'alinéa 4 dispose que « le maximum légal du montant et de la durée de la peine de jours-amendes et celui de la peine de travail d'intérêt général sont fixés respectivement par les articles 131-5 et 131-8 ».

En second lieu, pour de multiples raisons, plusieurs infractions, pourtant en concours, peuvent faire l'objet de procédures séparées. Dans l'exemple précité, un premier tribunal correctionnel jugera l'individu pour vol tandis qu'un second le jugera pour escroquerie. Aucune des deux juridictions n'a une quelconque obligation de tenir compte de ce qui a été ou sera jugé par l'autre. Ainsi, le tribunal correctionnel jugeant le prévenu pour escroquerie est libre de le condamner à une peine de quatre ans d'emprisonnement et de 370 000 euros d'amende quand bien même saurait-il que celui-ci a été précédemment condamné pour vol à la peine de deux ans d'emprisonnement et de 20 000 euros d'amende et qu'en conséquence, le cumul de ces peines dépassera les maxima encourus. Néanmoins, l'article 132-4 du Code pénal pose le principe du cumul plafonné : « les peines prononcées s'exécutent cumulativement dans la limite du maximum légal le plus élevé ». Ainsi, la peine de quatre ans prononcée pour escroquerie et celle de deux ans prononcée pour vol conduiront à l'exécution d'une peine de cinq années, maximum légal le plus élevé compte-tenu des qualifications envisagées. De même, la peine d'amende sera limitée à 375 000 euros alors même que l'exemple envisagé aurait dû conduire à une peine de 390 000 euros. La deuxième phrase de l'article 132-4 du Code pénal prévoit qu'au-delà du principe de la confusion obligatoire, « la confusion totale ou partielle des peines de même nature peut être ordonnée soit par la dernière juridiction appelée à statuer, soit dans les conditions prévues par le Code de procédure pénale ». Il s'agit là de la confusion facultative. Aux termes de l'article 132-5, alinéa 3 du Code pénal, lorsque la réclusion criminelle à perpétuité, encourue pour l'une des infractions en concours, n'a pas été prononcée, le maximum légal est alors fixé à trente ans.

B • Les exceptions aux principes de non-cumul des peines de même nature et de cumul plafonné

Plusieurs exceptions aux règles posées par les articles 132-3 et 132-5 conduisent à un cumul des peines de même nature d'infractions pourtant en concours.

Aux termes de l'article 132-7, « les peines d'amende pour contraventions se cumulent entre elles et avec celles encourues ou prononcées pour des crimes ou délits en concours ». Cette exception est elle-même assortie d'une exception dans la mesure où il est de jurisprudence constante qu'une faute pénale unique ne peut être sanctionnée que par une seule peine (Crim. 16 mai 1984, n° 84-90.052 ; Crim. 8 mars 1972, n° 71-90.058).

Des dispositions de droit pénal spécial prévoient également des dérogations aux principes de non-cumul des peines de même nature et de cumul plafonné. En matière de rébellion, l'article 433-9 du Code pénal prévoit que lorsque l'auteur est détenu, les peines prononcées se cumulent, « sans possibilité de confusion, avec celles que l'intéressé subissait ou celles prononcées pour l'infraction à raison de laquelle il était détenu ». Il en va de même pour l'infraction d'évasion. En effet, l'article 434-31 du Code pénal prévoit que les peines prononcées pour évasion se cumulent avec celles que l'évadé subissait. Un dernier exemple mérite d'être mentionné car la dérogation aux règles des articles 132-2 et suivants du Code pénal est alors facultative. En matière d'organisation frauduleuse d'insolvabilité, aux termes de l'article 314-8, alinéa 2 du Code pénal, « lorsque la condamnation de nature patrimoniale a été prononcée par une juridiction répressive, le tribunal peut décider que la peine qu'il prononce ne se confondra pas avec celle qui a été précédemment prononcée ».

Outils de travail

Texte essentiel

C. pén., art. 132-2 s.

Jurisprudences essentielles

Crim. 26 oct. 2016, n° 15-84.552
Crim. 16 avr. 2019, n° 18-84.073
Crim. 15 déc. 2021, n° 21-81.864

Pour aller plus loin

C. Ballot-Squirawski, « Du concours idéal de qualifications, Pour l'éviction de *non bis in idem* au profit d'un principe autonome d'unicité de qualification », *RSC* 2022, p. 797.

X. Pin, « Concours de qualifications : *bis in idem* ! », *RSC* 2022, p. 811.

LE DROIT PÉNAL

Fiches de droit pénal spécial

Fiches de révision 78

Les atteintes volontaires à la vie et à l'intégrité physique

Les atteintes volontaires à la vie et à l'intégrité physique occupent une part importante du Livre II du Code pénal consacré aux crimes et délits contre les personnes. Elles se répartissent néanmoins dans toute la classification tripartite des infractions dès lors que certaines d'entre elles sont de nature contraventionnelle.
Le contenu de la notion d'atteinte volontaire à la vie et à l'intégrité physique peut être discuté et se révéler particulièrement vaste dans la mesure où le viol ou l'agression sexuelle pourraient entrer dans cette catégorie.
Toutefois le propos se limitera à l'homicide volontaire et ses déclinaisons, que sont l'assassinat et l'empoisonnement, s'agissant des atteintes à la vie, et aux violences volontaires et à l'administration de substances nuisibles s'agissant des atteintes à l'intégrité physique. Les violences volontaires constituent d'ailleurs ce qu'il convient d'appeler une infraction-refuge à laquelle il faudra avoir recours faute d'une qualification plus spécifique, comme le harcèlement, les menaces ou encore l'enlèvement et la séquestration.
Il convient d'examiner la question de la caractérisation des atteintes volontaires à la vie et à l'intégrité physique (I) avant d'envisager celle de la répression de cette catégorie d'infractions (II).

I • La caractérisation des atteintes volontaires à la vie et à l'intégrité physique

De manière surprenante, l'homogénéité des infractions volontaires à la vie et à l'intégrité n'est qu'apparente, tant les éléments matériel (A) et moral (B) diffèrent d'une infraction à l'autre.

A • Un élément matériel à géométrie variable

La caractérisation de la plupart des infractions d'atteintes à la vie et à l'intégrité physique exige, au titre de l'élément matériel, trois composantes : un acte positif, un résultat et un lien de causalité entre l'acte positif et le résultat.
Il s'agit d'infractions de commission, qui ne peuvent se réaliser par une abstention. Laisser une personne mettre fin à ses jours ne peut caractériser un meurtre mais doit conduire à s'interroger sur la caractérisation de l'infraction d'omission que constitue la non-assistance à personne en péril.
L'infraction de violences volontaires est par nature une infraction de résultat. Ce résultat doit être constaté par le juge (Crim. 27 oct. 1999, n° 98-86.017), y compris s'il ne se quantifie pas en nombre de jours d'incapacité totale de travail. En effet, ainsi qu'il le sera développé, la répression des violences dépend du nombre de jours d'incapacité totale de travail. Or, les violences légères de l'article R. 624-1

du Code pénal n'entraînent aucune incapacité totale de travail tout en demeurant une infraction de résultat. L'homicide volontaire, l'assassinat et les coups mortels ont pour résultat la mort de la victime. À ce titre, la présentation des éléments constitutifs du meurtre conduit parfois à rappeler l'exigence d'une triple condition préalable tenant à la victime : il doit s'agir d'un être humain, né et vivant, et qui est une tierce personne. À défaut, peuvent exister des qualifications appropriées comme l'atteinte à l'intégrité d'un cadavre (C. pén., art. 225-17).

Enfin, le lien de causalité doit être relevé entre l'acte positif de l'auteur et le résultat (en ce sens, Crim. 22 août 2022, n° 17-87.190), ce qui ne revient pas à exiger un contact entre l'auteur et la victime.

Contrairement au meurtre (C. pén., art. 221-1), l'empoisonnement (C. pén., art. 221-5) constitue une infraction formelle. La mort n'est qu'un résultat redouté et ne constitue pas l'une des composantes de l'élément matériel, faisant disparaître par la même occasion l'exigence d'un lien de causalité. L'élément matériel se résume donc à l'acte d'emploi ou d'administration de substances mortifères. Compte-tenu de la particularité de cet élément matériel, l'administration de substances nuisibles n'est pas à l'empoisonnement ce que les violences sont au meurtre. En effet, le délit d'administration de substances nuisibles est une infraction de résultat au même titre que les violences.

B • Les différents éléments moraux

Les différentes infractions d'atteintes volontaires à la vie et à l'intégrité physique sont caractérisées par des éléments moraux distincts, bien qu'elles relèvent toutes de l'alinéa 1er de l'article 121-3 du Code pénal qui dispose qu'« il n'y a point de crime ou de délit sans intention de le commettre ». S'agissant des violences volontaires de nature contraventionnelle, leur caractérisation nécessite également la démonstration d'une intention, faute de quoi elles ne pourraient être distinguées des blessures involontaires de même nature.

Traditionnellement, l'élément moral de l'homicide volontaire se décompose entre un dol général et un dol spécial. Tandis que le dol général se définit comme la conscience et la volonté d'accomplir l'acte matériel, en l'espèce un acte positif de violences apte à donner la mort, le dol spécial est le plus souvent défini comme la volonté d'atteindre un résultat. En tout état de cause, il n'est pas discutable que le dol spécial renvoie à une volonté plus précise que celle du dol général. En matière de meurtre, le dol spécial est la volonté de tuer autrui (Crim. 6 juin 2012, n° 12-82.037), l'*animus necandi*. Cette distinction apparaît comme relativement artificielle dans la mesure où si deux dols coexistent, il doit être possible de caractériser l'un sans que l'autre ne le soit. Or, il semble délicat d'envisager qu'un agent ait la volonté de commettre un acte susceptible de donner la mort sans avoir l'intention de tuer. À tout le moins, la distinction demeure assez théorique. Par ailleurs, l'analyse de la jurisprudence démontre que l'intention de tuer résulte des considérations factuelles multiples, comprenant par exemple l'usage ou non d'une arme, le type d'arme employé, le nombre de coups, ou leur localisation (Crim. 15 mars 2017, n° 16-87.694 ; Crim. 22 mai 2019, n° 19-81.904 ; Crim. 17 déc. 2019, n° 19-86.422).

Toutefois, l'intérêt de ces deux composantes de l'élément moral du meurtre réside dans la possibilité de distinguer l'homicide volontaire des violences volontaires ayant entraîné la mort sans intention de la donner (C. pén., art. 222-7). Comme sa dénomination le suggère, cette dernière infraction n'implique pas d'intention de tuer mais exige la caractérisation du dol général. Plus spécifiquement, ce type de dol est qualifié de dol dépassé car la valeur sociale atteinte, à savoir la vie, est différente de celle à laquelle l'auteur a voulu porter atteinte, à savoir l'intégrité physique.

Dès lors que la mort ne figure pas au titre des composantes de l'élément matériel de l'empoisonnement, l'élément moral exigé devrait se limiter à la volonté d'employer ou d'administrer une substance dont l'auteur a conscience qu'elle est mortifère. Cependant, la jurisprudence a pu exiger la démonstration d'une intention de tuer (Crim. 18 juin 2003, n° 02-85.199).

L'élément moral des violences est limité à la volonté d'accomplir l'acte positif constitutif de violences. Il s'agit donc d'un dol général qui est aussi fréquemment qualifié de dol indéterminé. Cette dernière expression signifie que l'élément moral est caractérisé sans avoir à démontrer que l'agent a eu l'intention d'atteindre le résultat. Il serait absurde d'exiger, pour condamner une personne pour violences volontaires ayant entraîné une incapacité totale de travail supérieure (ITT) à huit jours, de démontrer qu'elle a eu l'intention de causer plus de huit jours d'ITT. L'auteur ne pourra donc se défendre, en tout cas au regard de la caractérisation de l'infraction, en prétendant que le résultat atteint est plus grave que le résultat souhaité. À ce titre, l'infraction précitée de violences volontaires ayant entraîné la mort sans intention de la donner est caractéristique. En effet, il sera inutile pour l'auteur d'affirmer qu'il n'a pas voulu tuer la victime dès lors que l'infraction suppose précisément cette absence d'intention homicide.

II • La répression des atteintes volontaires à la vie et à l'intégrité physique

Les atteintes volontaires à la vie et à l'intégrité physique couvrent presque l'intégralité du spectre de la répression tant en matière criminelle, qu'en matière correctionnelle ou contraventionnelle (A). Une multitude de circonstances sont susceptibles d'aggraver les peines encourues (B).

A • Les peines encourues

Il résulte de l'article 221-1 du Code pénal que l'homicide volontaire fait encourir la peine de trente ans de réclusion criminelle. Il en va de même de l'empoisonnement (C. pén., art. 221-5).

Les violences volontaires font l'objet d'une répression graduée en fonction du résultat d'une part, et ainsi qu'il le sera examiné plus loin, de l'existence et du nombre de circonstances aggravantes. Alors que l'homicide et les blessures involontaires sont réprimés en fonction de quatre paliers (absence d'ITT, ITT inférieure ou égale à trois mois, ITT supérieur à trois mois, mort), la gradation de la répression des violences volontaires en comporte cinq.

Dans leur forme simple, les violences volontaires sans ITT (C. pén., art. R. 624-1) et celles avec une ITT inférieure ou égale à huit jours (C. pén., art. R. 625-1) sont respectivement punies de l'amende prévue pour les contraventions de 4e et 5e classe, soit 750 euros et 1 500 euros (C. pén., art. 131-13). Lorsque l'ITT est supérieure à huit jours, l'infraction est un délit puni de trois ans d'emprisonnement et de 45 000 euros d'amende (C. pén., art. 222-11). Constituent également un délit, les violences volontaires ayant entraîné une mutilation ou une infirmité permanente. Elles sont punies de dix ans d'emprisonnement et de 150 000 euros d'amende (C. pén., art. 222-9). Y compris en l'absence de circonstance aggravante, les violences volontaires ayant entraîné la mort constituent un crime. Dans leur forme simple, elles sont punies de quinze années de réclusion criminelle.

L'article 222-15, alinéa 1er du Code pénal, dispose que « l'administration de substances nuisibles ayant porté atteinte à l'intégrité physique ou psychique d'autrui est punie des peines mentionnées aux articles 222-7 à 222-14-1 suivant les distinctions prévues par ces articles ». Il en résulte que la répression de l'administration de substances nuisibles est calquée sur celle des violences volontaires et dépend donc à la fois du résultat et des circonstances aggravantes applicables. Dès lors qu'elle ne mentionne pas les articles de nature règlementaire, la disposition exclut de ce mécanisme l'administration de substances nuisibles n'ayant pas entraîné d'ITT ou ayant entraîné une ITT inférieure ou égale à huit jours lorsque l'infraction n'est assortie d'aucune circonstance aggravante. Toutefois, cette hypothèse se révèle assez théorique dans la mesure où l'infraction est le plus souvent préméditée de sorte que même sans ITT, l'article 222-13 du Code pénal aura vocation à s'appliquer.

B • L'aggravation des peines

Les mécanismes d'aggravation des peines encourues en matière d'atteintes volontaires à la vie et à l'intégrité physique méritent une attention particulière tant ils sont nombreux et parfois originaux.

En matière d'homicide volontaire, l'article 221-4 du Code pénal prévoit classiquement une série de circonstances aggravantes conduisant la peine encourue à passer de trente années de réclusion à la réclusion criminelle à perpétuité. Deux autres circonstances aggravantes, la préméditation, définie à l'article 132-72 du Code pénal, et le guet-apens, défini à l'article 132-71-1 du même Code, sont prévues à l'article 221-3 du Code pénal. Elles ont pour effet de modifier la qualification du meurtre qui prend alors la dénomination d'assassinat. L'article 221-2 du Code pénal prévoit deux mécanismes originaux se comportant comme une circonstance aggravante dans la mesure où ils ont pour effet de porter la peine à la réclusion criminelle à perpétuité. Il s'agit d'une part de la concomitance avec un autre crime. En effet, l'alinéa 1er de cette disposition aggrave le meurtre qui précède, accompagne ou suit un autre crime. Cette disposition règle donc de manière spécifique le cas du concours réel d'infractions entre le meurtre et un autre crime. L'alinéa 2 de ce même article 221-2 du Code pénal renvoie à la notion de corrélation. Il aggrave la répression lorsque le meurtre a pour objet soit de préparer ou de faciliter un délit, soit de favoriser la fuite ou d'assurer l'impunité de l'auteur ou du complice d'un délit. Il résulte de l'article 221-5, alinéa 3, du Code pénal que les causes d'aggravation susmentionnées des articles 221-2, 221-3 et 221-4 du Code pénal sont applicables à l'empoisonnement. En tout état de cause, l'empoisonnement sera rarement réprimé d'une peine de trente ans de réclusion criminelle dans la mesure où il est le plus souvent prémédité, ce qui portera directement la peine encourue à la réclusion criminelle à perpétuité, y compris, rappelons-le, en l'absence de décès de la victime.

En matière de violences n'ayant pas entraîné d'ITT ou entraîné une ITT inférieure ou égale à huit jours, l'existence d'au moins une circonstance aggravante a pour effet de correctionnaliser le comportement. La liste des circonstances aggravantes de l'article 222-13 du Code pénal est tellement fournie qu'il sera en définitive assez rare que ce type d'infractions ne constitue qu'une contravention. La peine est portée à trois ans d'emprisonnement et 45 000 euros d'amende en présence d'au moins une circonstance aggravante. Si la pluralité de circonstances aggravantes n'a pas d'effet aggravant lorsqu'il n'y a pas d'ITT, la peine est portée à cinq ans d'emprisonnement et 75 000 euros d'amende lorsque l'ITT est inférieure ou égale à huit jours et que deux circonstances aggravantes sont constituées. La caractérisation d'une troisième circonstance aggravante a pour effet de porter la peine d'emprisonnement à sept années et la peine d'amende à 100 000 euros. L'article 222-12 du Code pénal prévoit le même mécanisme pour les violences ayant entraîné une ITT supérieure à 8 jours, la répression passant de trois à cinq ans et de 45 000 euros à 75 000 euros en présence d'une circonstance aggravante pour atteindre sept ans et 100 000 euros en présence de deux puis dix ans et 150 000 euros en présence de trois. L'aggravation ne varie pas en fonction du nombre de circonstances aggravantes en cas de mutilation ou infirmité permanente (C. pén., art. 222-10) ou de mort causée par les violences volontaires (C. pén., art. 222-8).

À côté de ce qui précède, qui pourrait être qualifié de droit commun de la répression des violences, le Code pénal prévoit une répression particulière dans certains cas. Ainsi, l'article 222-13 du Code pénal prévoit une aggravation des peines en les portant à cinq ans d'emprisonnement et 75 000 euros d'amende, y compris en l'absence d'ITT, dans deux situations : lorsque les violences sont commises

« sur un mineur de quinze ans par un ascendant légitime, naturel ou adoptif ou par toute autre personne ayant autorité sur le mineur » ; « alors qu'un mineur assiste aux faits et que ceux-ci sont commis par le conjoint ou le concubin de la victime ou le partenaire lié à la victime par un pacte civil de solidarité ou, si la victime est mineure, par un ascendant légitime, naturel ou adoptif ou par toute autre personne ayant autorité sur le mineur victime ». L'article 222-14 du Code pénal réprime les violences habituelles sur un mineur de quinze ans ou sur une personne vulnérable, dérogeant aux règles du concours réel et aggravant les peines beaucoup plus sévèrement que si ces deux circonstances (l'habitude et la minorité ou la vulnérabilité de la victime) étaient traitées dans le cadre précité de droit commun. Il en va de même des infractions des articles 222-14-1 et 222-14-5 du Code pénal qui répriment des violences notamment aggravées par la qualité de la victime.

Répression des violences volontaires (droit commun)

	0 circonstance aggravante	1 circonstance aggravante	2 circonstances aggravantes	3 circonstances aggravantes ou plus
Absence d'incapacité totale de travail (ITT)	Art. R.624-1 du Code pénal Contravention de la 4e classe (750 euros d'amende)	Art. 222-13 du Code pénal 3 ans d'emprisonnement et 45 000 euros d'amende		
ITT inférieure ou égale à huit jours	Art. R.625-1 du Code pénal Contravention de la 5e classe (1 500 euros d'amende)	Art. 222-13 du Code pénal 3 ans d'emprisonnement et 45 000 euros d'amende	Art. 222-13 du Code pénal 5 ans d'emprisonnement et 75 000 euros d'amende	Art. 222-13 du Code pénal 7 ans d'emprisonnement et 100 000 euros d'amende
ITT supérieure à huit jours	Art. 222-11 du Code pénal 3 ans d'emprisonnement et 45 000 euros d'amende	Art. 222-12 du Code pénal 5 ans d'emprisonnement et 75 000 euros d'amende	Art. 222-12 du Code pénal 7 ans d'emprisonnement et 100 000 euros d'amende	Art. 222-12 du Code pénal 10 ans d'emprisonnement et 150 000 euros d'amende
Mutilation ou infirmité permanente	Art. 222-9 du Code pénal 10 ans d'emprisonnement et 150 000 euros d'amende	Art. 222-10 15 ans de réclusion criminelle		
Mort (sans intention de la donner)	Art. 222-7 du Code pénal 15 ans de réclusion criminelle	Art. 222-8 du Code pénal 20 ans de réclusion criminelle		

Outils de travail

Textes essentiels

C. pén., art. 221-1 s.
C. pén., art. 221-5 s.
C. pén., art. 222-7 s.
C. pén. art. 222-15.
C. pén., art. R. 624-1.
C. pén., art. R. 625-1.

Jurisprudences essentielles

Crim. 15 mars 2017, n° 16-87.694.
Crim. 2 sept. 2005, n° 04-87.046.
Poitiers 20 nov. 1901.

Pour aller plus loin

C. Ascione Le Dréau, « Partage de responsabilité en cas de faute de la victime d'une infraction pénale : un domaine d'application en expansion », *AJ pénal* 2023, p. 443.

G. Barbe, A.-S. Laguens, « Pratiques : La lutte contre les violences économiques dans le couple – Des outils judiciaires insuffisants », *AJ fam*. 2023, p. 563.

Les infractions non intentionnelles

L'article 121-3, alinéa 1er, du Code pénal dispose qu'« il n'y a point de crime ou de délit sans intention de le commettre ». Ainsi, par principe, les crimes et délits ne sont caractérisés qu'en présence d'une faute intentionnelle de l'auteur des faits. L'alinéa 2 de la même disposition pose immédiatement une exception en précisant que « lorsque la loi le prévoit, il y a délit de mise en danger délibérée de la personne d'autrui » tandis que l'alinéa 3 décrit la faute non intentionnelle applicable à un nombre limité de délits. En effet, la grande majorité des infractions intentionnelles ne trouve pas d'équivalent non intentionnel. Ainsi, celui qui, par mégarde, s'emparerait d'un bien qu'il croirait, à tort, lui appartenir ne commet aucune infraction pénale. Le Code pénal ne prévoit pas « vol » involontaire. En revanche, celui qui cause la mort d'autrui par maladresse peut voir sa responsabilité pénale engagée pour homicide involontaire, infraction qui est le pendant non intentionnel de l'homicide volontaire. L'homicide involontaire, de même que les blessures involontaires ou encore la destruction, la dégradation ou la détérioration involontaire, constituent des délits comparables aux infractions intentionnelles en ce que leur caractérisation exige également la réunion d'un élément matériel et d'un élément moral. Causer la mort sans intention n'est pas pénalement réprimé en l'absence de toute faute. Néanmoins, contrairement aux infractions intentionnelles, l'élément moral, compte-tenu de sa définition, a longtemps été particulièrement aisé à caractériser. La loi n° 2000-647 du 10 juillet 2000, dite « Loi Fauchon », a créé un régime spécifique de responsabilité pénale destiné aux auteurs indirects, constituant l'alinéa 4 de l'article 121-3 du Code pénal. Pour ces derniers, une faute simple ne suffit plus à engager la responsabilité. Seule une faute qualifiée, c'est-à-dire soit délibérée, soit caractérisée, le permet.
L'élément moral recherché (II) dépend donc de la nature du lien de causalité, qui relève de l'élément matériel de l'infraction (I).

I • La caractérisation de l'élément matériel des infractions non intentionnelles

Si les composantes de l'élément matériel des infractions non intentionnelles se révèlent relativement classiques (A), l'examen de la nature du lien de causalité en constitue l'une des principales originalités (B).

A • Les composantes classiques de l'élément matériel

À titre de condition préalable, les infractions d'homicide et de blessures involontaires ont pour victime « autrui », être humain vivant. L'interprétation stricte de la loi pénale (C. pén., art. 111-4) a conduit l'Assemblée plénière de la Cour de cassation à dénier cette qualité à l'enfant à naître tout en précisant que des dispositions spécifiques concernaient l'embryon ou le fœtus (Cass., ass. plén., 29 juin 2001, n° 99-85.973). La chambre criminelle ne s'est par la suite pas départie de cette solution (Crim. 25 juin 2002, n° 00-81.359 ; Crim. 12 juin 2018, n° 17-86.661). À l'inverse, l'enfant né vivant est protégé pénalement, quand bien même son décès serait-il dû à des blessures subies *in utero* (Crim. 2 déc. 2003, n° 03-82.344).

Dès lors que l'homicide et les blessures involontaires constituent des infractions de résultat, les composantes de l'élément matériel sont classiquement, le résultat, le comportement de l'auteur et l'existence d'un lien de causalité entre le comportement et le résultat.

Le résultat se traduit généralement par l'octroi d'un nombre de jours d'incapacité totale de travail (ITT) ou par la mort mais les blessures peuvent également n'avoir causé aucune incapacité totale de travail, ce qui n'équivaut pas à une absence de résultat et ne dispense nullement d'avoir à en apporter la preuve. Contrairement aux violences volontaires, la gradation dans la gravité du résultat ignore la notion de mutilation ou infirmité permanente et fixe le palier à trois mois d'ITT et non huit jours. Le résultat permet de déterminer les dispositions applicables du Code pénal : art. R. 622-1 (ou art. R. 625-3 en cas de faute délibérée) en l'absence d'ITT, art. R. 625-2 (ou art. 222-20 en cas de faute délibérée) lorsque l'ITT est inférieure ou égale à trois mois, art. 222-19, alinéa 1er (alinéa 2 en cas de faute délibérée) lorsque l'ITT est supérieure à trois mois, art. 221-6, alinéa 1er (alinéa 2 en cas de faute délibérée) en cas de mort.

Il convient de relever que la qualité de l'auteur peut conduire à l'application de dispositions spécifiques. Ainsi en va-t-il du conducteur du véhicule terrestre à moteur (ITT inférieure ou égale à trois mois : C. pén., art. 222-20-1 ; ITT supérieure à trois mois : C. pén., art. 222-19-1 ; mort : C. pén., art. 221-6-1) et du propriétaire ou détenteur d'un chien en cas d'agression canine (ITT inférieure ou égale à trois mois : C. pén., art. 222-20-2 ; ITT supérieure à trois mois : C. pén., art. 222-19-2 ; mort : C. pén., art. 221-6-2).

Contrairement au meurtre ou aux violences volontaires, les infractions non intentionnelles ne constituent pas uniquement des infractions de commission. Ainsi, le comportement de l'auteur peut consister aussi bien en une abstention qu'en un acte positif, comme le démontre la formulation des fautes susceptibles d'engager sa responsabilité, ainsi qu'il le sera développé au stade de l'élément moral.

Enfin, il doit naturellement exister un lien de causalité, qui n'a pas à être exclusif, entre le comportement relevé et le résultat constaté. Cette condition est indépendante et préalable à celle de la nature du lien de causalité. En effet, que la causalité soit par la suite qualifiée de directe ou indirecte, elle doit être certaine. Avant l'entrée en vigueur de la loi Fauchon, la chambre criminelle rappelait parfois qu'il suffisait « que l'existence d'un lien de causalité soit certaine » (Crim. 14 févr. 1996, n° 95-81.765). La faute de la victime ne peut exonérer le prévenu qu'à condition qu'elle soit la cause exclusive de l'accident (Crim. 25 oct. 1972, n° 71-91.673 ; Crim. 27 févr. 2018, n° 16-87.147). Il en va de même du fait d'un tiers (Crim. 29 janv. 1976, n° 74-90.315). Plutôt qu'une cause d'exonération, la faute de la victime ou du tiers qui serait la cause exclusive de l'accident a pour effet d'empêcher l'établissement d'un quelconque lien de causalité entre le comportement de l'auteur et le résultat.

Les prédispositions de la victime sont indifférentes dès lors qu'elles n'avaient pas eu de conséquences préjudiciables au moment où s'est produit le fait dommageable (Crim. 30 janv. 2007, n° 05-87.617). Là encore, cet élément est indifférent tant qu'il n'a pas pour effet de rompre ou de rendre incertain le lien de causalité entre le comportement de l'auteur et le résultat dommageable.

À ce stade, il importe de relever que la caractérisation des infractions non intentionnelles diffère peu de la caractérisation des infractions intentionnelles.

B • L'examen de la nature du lien de causalité

Alors que l'élément moral recherché demeure invariable pour toute infraction intentionnelle, la nature du lien de causalité va déterminer, s'agissant des infractions non intentionnelles, la nature de la faute susceptible d'engager la responsabilité pénale de son auteur. En effet, si une faute simple suffira pour

établir la culpabilité de l'auteur des faits tandis qu'une faute qualifiée, soit délibérée, soit caractérisée, sera nécessaire pour engager la responsabilité de l'auteur indirect.
Reste à déterminer ce que recouvre les notions de causalité directe et causalité indirecte, le choix relevant *in fine* de l'appréciation souveraine des juges du fond (Crim. 17 déc. 2019, n° 18-86.800).
La définition de la causalité indirecte est prévue par l'article 121-3, alinéa 4 du Code pénal. Il s'agit des « personnes physiques qui n'ont pas causé directement le dommage, mais qui ont créé ou contribué à créer la situation qui a permis la réalisation du dommage ou qui n'ont pas pris les mesures permettant de l'éviter ». En premier lieu, seules les personnes physiques bénéficient de ce régime favorable en ce qu'il évite l'engagement de la responsabilité pénale sur la base d'une faute simple. Les personnes morales peuvent donc voir leur responsabilité engagée à raison d'une faute simple commise par un organe ou un représentant ayant causé indirectement le dommage. L'article 121-2, alinéa 3, du Code pénal, le rappellent en disposant que « la responsabilité pénale des personnes morales n'exclut pas celle des personnes physiques auteurs ou complices des mêmes faits, sous réserve des dispositions du quatrième alinéa de l'article 121-3 ». En second lieu, après avoir donné une définition négative en forme de lapalissade (personnes « qui n'ont pas causé directement le dommage »), l'article 121-3, alinéa 4, du Code pénal expose les deux modalités de la causalité indirecte. La première, qui consiste à avoir « créé ou contribué à créer la situation qui a permis la réalisation du dommage », correspond plutôt à un acte positif de l'auteur et illustre son intervention périphérique. La seconde, qui consiste à ne pas avoir « pris les mesures permettant de l'éviter », à savoir d'éviter le dommage (Crim. 12 sept. 2006, n° 05-86.700), renvoie plutôt à une abstention. Il apparaît que la notion de causalité indirecte a vocation à s'appliquer aux décideurs, qu'ils soient publics ou privés.
L'article 121-3 du Code pénal ne fournit aucune définition de la causalité directe et il n'est pas satisfaisant de ne la déterminer que par opposition à la causalité indirecte. La circulaire d'application de la loi Fauchon affirmait qu'« il n'y aura causalité directe que lorsque la personne en cause aura, soit elle-même frappé ou heurté la victime, soit initié ou contrôlé le mouvement d'un objet qui aura heurté ou frappé la victime ». Ce critère exclusif du contact n'a jamais été retenu par la jurisprudence qui a immédiatement développé la notion plus large de « paramètre déterminant » (Crim. 25 sept. 2001, n° 01-80.100) ou faute « essentielle et déterminante » (Crim. 5 avr. 2005, n° 04-85.503).

II • La gradation des fautes caractérisant l'élément moral des infractions non intentionnelles

Une fois déterminée la nature du lien de causalité, il est possible de connaître la nature de la faute susceptible d'engager la responsabilité pénale de l'auteur. Alors que l'existence d'une faute simple suffira pour les auteurs directs (A), une faute qualifiée sera nécessaire pour les auteurs indirects (B).

A • Les différentes modalités de commission de la faute simple

Alors que l'article 121-3 du Code pénal constitue la disposition générale relative à l'élément moral de l'infraction, la liste des types de fautes simples qu'elle fournit est moins complète que celle des dispositions de droit pénal spécial. En effet, l'alinéa 3 de ce texte mentionne la faute « d'imprudence, de négligence ou de manquement à une obligation de prudence ou sécurité prévue par la loi ou le règlement » tandis que l'article 221-6 du Code pénal réprime le fait de causer la mort « par maladresse, imprudence, inattention, négligence ou manquement à une obligation de prudence ou de sécurité imposée par la loi ou le règlement », portant à cinq le nombre de types de fautes simples. Les dispositions relatives aux blessures involontaires propre la même liste. De manière notable, seule l'une de ces cinq fautes simples est susceptible d'engager la responsabilité pénale de l'auteur direct en matière de destruction, dégradation ou détérioration involontaire. L'article 322-5, alinéa 1er, du Code pénal prévoit que, pour être punissable, l'atteinte à « un bien appartenant à autrui par l'effet d'une explosion ou d'un incendie » doit avoir été provoqué « par manquement à une obligation de prudence ou de sécurité imposée par la loi ou le règlement ».

L'article 121-3, alinéa 3, du Code pénal propose une méthode d'appréciation de la faute de l'auteur. Est fautif celui qui « n'a pas accompli les diligences normales compte tenu, le cas échéant, de la nature de ses missions ou de ses fonctions, de ses compétences ainsi que pouvoir et des moyens dont il disposait ». Les juges doivent donc comparer le comportement du prévenu à un standard de comportement, sans devoir néanmoins préciser les diligences qu'aurait dû réaliser le prévenu (Crim. 6 sept. 2022, n° 21-86.511).

Une fois démontrée l'existence d'une faute, même légère, commise par l'auteur direct des faits, sa responsabilité pénale est engagée. Le raisonnement n'est toutefois pas achevé dès lors que, comme pour toute infraction imputable à son auteur, il convient de s'interroger sur l'existence d'une ou plusieurs circonstances aggravantes. Or, l'unique circonstance aggravante applicable à l'homicide et aux blessures involontaires de droit commun est la faute délibérée. Par exemple, tandis que l'alinéa 1er de l'article 221-6 du Code pénal réprime l'homicide involontaire simple, l'alinéa 2 aggrave les peines encourue « en cas de violation manifestement délibérée d'une obligation particulière de prudence ou de sécurité imposée par la loi ou le règlement » qui est, ainsi qu'il le sera exposé plus loin la définition de la faute délibérée. Dans ces conditions, le fait de pouvoir qualifier de faute simple la faute commise par l'auteur direct est suffisant pour que sa responsabilité pénale soit engagée mais ne dispense pas de s'interroger sur le point de savoir si cet auteur direct n'a pas commis une faute délibérée susceptible d'aggraver sa responsabilité pénale.

B • La distinction entre faute délibérée et faute caractérisée

Deux types de fautes qualifiées sont susceptibles d'engager la responsabilité pénale de l'auteur indirect des faits, à savoir, selon l'article 121-3, alinéa 4, du Code pénal, la faute délibérée et la faute caractérisée. La faute délibérée implique l'identification d'une obligation particulière de prudence ou de sécurité prévue par la loi ou le règlement. La faute de l'auteur se trouve plus précisément dans la « violation manifestement délibérée » de cette obligation, expression qui a vocation à insister, d'une part, sur la gravité accrue de la faute en comparaison de la faute simple et, d'autre part, sur le caractère volontaire du comportement (et non du résultat) sans toutefois quitter le domaine de la non-intention.

La faute caractérisée revêt elle aussi les caractéristiques d'une faute évidente, grossière, tout en demeurant non intentionnelle. Elle implique l'exposition d'« autrui à un risque d'une particulière gravité » que l'auteur ne pouvait ignorer. Peut par exemple constituer une faute caractérisée une succession de fautes simples (Crim. 17 déc. 2019, n° 17-87.465). En premier lieu, la faute caractérisée se distingue de la faute délibérée en ce qu'elle ne nécessite pas de support textuel. En second lieu, la faute caractérisée ne constitue pas une circonstance aggravante comme la faute délibérée. Elle a pour seul effet de provoquer l'engagement de la responsabilité pénale de l'auteur indirect de sorte qu'elle est parfois présentée comme l'équivalent de la faute simple pour les auteurs directs.

Dispositions du Code pénal applicables à l'homicide et aux blessures involontaires de droit commun

	Faute simple (ou caractérisée pour les auteurs indirects)	Faute délibérée
Absence d'incapacité totale de travail (ITT)	Art. R. 622-1	Art. R. 625-3
ITT inférieure ou égale à trois mois	Art. R. 625-2	Art. 222-20
ITT supérieure à trois mois	Art. 222-19, al. 1er	Art. 222-19, al. 2
Décès	Art. 221-6, al. 1er	Art. 221-6, al. 2

Dispositions du Code pénal applicables à l'homicide et aux blessures involontaires par le conducteur d'un véhicule terrestre à moteur

	Conducteur d'un véhicule terrestre à moteur	Faute délibérée ou toute autre circonstance aggravante	Pluralité de circonstances aggravantes
ITT inférieure ou égale à trois mois Art. 222-20-1	Al. 1er	Al. 2	Dernier al.
ITT supérieure à trois mois Art. 222-19-1	Al. 1er	Al. 2	Dernier al.
Décès Art. 221-6-1	Al. 1er	Al. 2	Dernier al.

Dispositions du Code pénal applicables à l'homicide et aux blessures involontaires par le propriétaire ou le détenteur d'un chien

	Propriétaire ou détenteur d'un chien	Faute délibérée ou toute autre circonstance aggravante	Pluralité de circonstances aggravantes
ITT inférieure ou égale à trois mois (par faute délibérée) Art. 222-20-2	Al. 1er	Al. 2	Dernier al.
ITT supérieure à trois mois Art. 222-19-2	Al. 1er	Al. 2	Dernier al.
Décès Art. 221-6-2	Al. 1er	Al. 2	Dernier al.

Outils de travail

Textes essentiels

C. pén., art. 121-3.

C. pén., art. 221-6.

Jurisprudences essentielles

Crim. 3 déc. 2019, n° 19-82.492 : l'inattention d'un conducteur constitue un manquement à une obligation de prudence ou de sécurité prévue par le Code de la route.

Crim. 3 déc. 2019, n° 18-84.227 : le juge doit se fonder, pour caractériser une faute d'imprudence, sur des considérations spécifiques au lieu et non pas sur des considérations générales.

Pour aller plus loin

P. Conte, « Caractérisation de la faute », *Dr. pénal* 2020. Comm.26.

P. Conte, « Atteinte involontaire à l'intégrité de la personne : notion d'obligation particulière de prudence ou de sécurité », *Dr. pénal* 2020. Comm.26.

S. Jouniot, « Le phénomène « mise en danger d'autrui », retour sur une infraction pas si discrète », *AJ pénal* 2021.246.

Les infractions sexuelles

Les infractions sexuelles ne forment pas une catégorie homogène ou précisément définie par le Code pénal. Elles correspondent à une multitude de qualifications destinées à protéger la liberté sexuelle des individus. Certaines concernent uniquement les mineurs.
Certaines infractions qui pourraient être qualifiées de sexuelles ne seront pas traitées dans la présente fiche. Ainsi, les crimes contre l'humanité peuvent revêtir une dimension sexuelle (par ex. C. pén., art. 212-1). Il en va de même de la traite des êtres humains (C. pén., art. 225-4-1), des infractions de proxénétisme (C. pén., art. 225-5 s.) ou de recours à la prostitution (C. pén., art. 225-12-1 s.) qui sont toutefois réunies dans un chapitre consacré aux atteintes à la dignité de la personne et non aux atteintes à son intégrité physique ou psychique. Ce chapitre inclut également les examens en vue d'attester la virginité (C. pén., art. 225-4-11 s.), les pratiques visant à modifier l'orientation sexuelle (C. pén., art. 225-4-13) ou encore le bizutage (C. pén., art. 225-16-1 s.).
Les principales infractions sexuelles examinées peuvent être distinguées entre celles qui impliquent un contact physique (I) et celles qui sont caractérisées sans un tel contact physique (II).

I • Les infractions sexuelles avec contact physique

Les éléments constitutifs des infractions sexuelles avec contact physique (A) ainsi que leur répression (B) permettent logiquement d'apprécier leurs périmètres respectifs.

A • Les éléments constitutifs

La création d'infractions spécifiques de viol ou d'agression sexuelle ne nécessitant plus la démonstration d'un élément de violence, contrainte, menace ou surprise a brouillé la distinction entre viol et agression sexuelle d'une part, et atteinte sexuelle sur mineur d'autre part. L'article 222-22, alinéa 1er, du Code pénal prévoit en effet que « constitue une agression sexuelle toute atteinte sexuelle commise avec violence, contrainte, menace ou surprise ou, dans les cas prévus par la loi, commise sur un mineur par un majeur ».
Le viol et l'agression sexuelle de droit commun comportent des éléments constitutifs comparables.
Au titre de l'élément matériel, doivent être caractérisés l'acte sexuel, l'élément de violence, contrainte, menace ou surprise et le lien de causalité entre la première et la seconde composante. L'article 222-23, alinéa 1er du Code pénal définit l'acte comme « tout acte de pénétration sexuelle, de quelque nature qu'il soit, ou tout acte bucco-génital commis sur la personne d'autrui ou sur la personne de l'auteur ». Cette définition inclut donc la pénétration pénienne ou digitale, l'introduction d'objet dans un organe sexuel, le cunnilingus ou la fellation, y compris lorsque la personne pénétrée est l'auteur et non la victime. L'acte de nature sexuelle requis pour l'agression sexuelle implique un contact sexuel (Crim. 10 avr. 2019, n° 18-80.928), qui a pu être apprécié de manière compréhensive par la chambre criminelle de la Cour de cassation (Crim. 3 mars 2021, n° 20-82.399). Outre l'acte sexuel, il y a lieu de relever de manière alternative la violence, la contrainte, la menace ou la surprise. La contrainte « peut être

physique ou morale » (C. pén., art. 222-22-1, al. 1er). À l'égard d'une victime mineure, la contrainte morale ou la surprise peuvent « résulter de la différence d'âge existant entre la victime et l'auteur des faits et de l'autorité de droit ou de fait que celui-ci a sur la victime, cette autorité de fait pouvant être caractérisée par une différence d'âge significative entre la victime mineure et l'auteur majeur » (C. pén., art. 222-22-1, al. 2). Il est même prévu à l'égard d'une victime mineure de quinze ans que la contrainte morale ou la surprise puisse être caractérisée « par l'abus de la vulnérabilité de la victime ne disposant pas du discernement nécessaire pour ces actes ». Enfin, la troisième composante constitue le lien de causalité entre les deux premières. Ainsi, les relations sadomasochistes ne peuvent en principe caractériser les infractions sexuelles susmentionnées dès lors que s'il existe un acte sexuel d'une part et un élément de violence d'autre part, l'acte sexuel n'a pas été rendu possible par la violence. Autrement dit, le lien de causalité est la démonstration matérielle de l'absence de consentement, bien que cette dernière notion n'entre pas directement dans les composantes de l'élément matériel de l'infraction.

L'élément moral du viol et de l'agression sexuelle se résume à un dol général, à savoir la volonté d'accomplir l'acte sexuel en ayant conscience de devoir avoir recours à la violence, la menace, la contrainte ou la surprise. Il n'est pas requis de dol spécial comme l'intention sexuelle ou l'intention de jouissance sexuelle. Certains cas d'espèce ont pu faire douter de l'absence de nécessité d'un contexte sexuel. Toutefois, si des introductions d'objets dans l'anus ont pu être qualifiées d'actes de torture plutôt que de viol (Crim. 26 févr. 2020, n° 19-87.496), cela résulte d'un choix de la juridiction de jugement en faveur de la qualification la plus appropriée, qui par ailleurs ne modifie pas les peines encourues s'agissant des actes de torture et de barbarie. Ces arrêts ne traduisent pas la volonté d'ajouter un dol spécial au dol requis en matière de viol.

À ces viols et agressions sexuelles de droit commun, se sont ajoutés des viols et agressions sexuelles spécifiques destinés à mettre un terme, sous certaines conditions, au débat relatif à l'existence de l'élément de violence, contrainte, menace ou surprise. L'article 222-23-1 du Code pénal permet de qualifier de viol le comportement décrit à l'article 222-23 du même Code sans avoir à caractériser la deuxième (violence, contrainte, menace ou surprise) ni la troisième composante (lien de causalité) lorsque les trois conditions préalables suivantes sont remplies : la victime est un mineur de quinze ans ; l'auteur est majeur ; il existe une différence d'âge d'au moins cinq ans entre la victime et l'auteur. Cette troisième condition préalable n'est pas applicable « si les faits sont commis en échange d'une rémunération, d'une promesse de rémunération, de la fourniture d'un avantage en nature ou de la promesse d'un tel avantage » (C. pén., art. 222-23-1, al. 2). L'article 222-23-2 du Code pénal prévoit le même mécanisme de réduction de l'élément matériel à sa première composante lorsque les trois conditions préalables sont remplies : la victime est mineure ; l'auteur, majeur, est « un ascendant ou toute autre personne mentionnée à l'article 222-22-3 ayant sur le mineur une autorité de droit ou de fait ». Des mécanismes identiques ont été créés en matière d'agression sexuelle sur mineur de quinze ans et d'agression sexuelle incestueuse (C. pén., art. 222-29-2 et 222-29-3).

Alors que l'absence de violence, contrainte, menace ou surprise caractérisait auparavant l'infraction d'atteinte sexuelle (C. pén., art. 227-25), celle-ci continue néanmoins d'exister pour les cas où les viols et agressions sexuelles spécifiques ne seraient pas applicables, par exemple en raison de l'âge de la victime (entre quinze et dix-huit ans, l'article 227-27 du Code pénal est susceptible de s'appliquer) ou de la différence d'âge (inférieure à celle de cinq ans prévues aux articles 222-23-1 et 222-29-2 du Code pénal).

B • La répression

Le viol de droit commun (C. pén., art. 222-23) est puni de quinze années de réclusion criminelle. Les peines sont portées à vingt ans lorsqu'au moins une des nombreuses circonstances de l'article 222-24

du Code pénal est caractérisée. Il peut être relevé que l'article 222-24, 10° du Code pénal prévoit une telle peine lorsque le viol « est commis en concours avec un ou plusieurs autres viols commis sur d'autres victimes ». Le caractère sériel de l'infraction constitue donc une circonstance aggravante et augmente la répression par rapport à l'application classique des règles du concours d'infractions. Lorsque le viol a entraîné la mort de la victime, la peine est portée à trente ans de réclusion criminelle. Cette situation est distincte de celle du viol suivi de meurtre, puni de la réclusion criminelle à perpétuité (C. pén., art. 221-2, al. 1er). Précédé, accompagné ou suivi de tortures ou d'actes de barbarie, le viol est puni de la réclusion criminelle à perpétuité.
Si, conformément au droit pénal général, la tentative de complicité de viol n'est pas répréhensible, le mandat criminel est réprimé en matière de viol par l'article 222-26-1 du Code pénal. En outre, l'article 222-22-2, alinéa 1er du Code pénal, permet de surmonter l'obstacle d'une complicité impossible de viol ou d'agression sexuelle dans deux cas de figure en assimilant l'agent à l'auteur : « constitue également une agression sexuelle le fait d'imposer à une personne, par violence, contrainte, menace ou surprise, le fait de subir une atteinte sexuelle de la part d'un tiers ou de procéder sur elle-même à une telle atteinte ». Cette disposition tient donc compte du fait que la personne visée ne pourrait être complice dès lors que, soit l'auteur n'a pas lui-même recours, ni conscience d'un recours à la violence, la contrainte, la menace ou la surprise, soit l'« auteur » de l'acte matériel est la victime elle-même.
L'article 222-26-2 du Code pénal réprime l'infraction d'intoxication volontaire commise par l'auteur d'un viol qui a « consommé volontairement, de façon illicite ou manifestement excessive, des substances psychoactives en ayant connaissance du fait que cette consommation est susceptible de la conduire à mettre délibérément autrui en danger, lorsque cette consommation a entraîné un trouble psychique ou neuropsychique temporaire » qui a conduit à une abolition du discernement.
Les viols sur mineur de quinze ans et incestueux prévus aux articles 222-23-1 et 222-23-2 du Code pénal sont punis de vingt ans de réclusion criminelle (C. pén., art. 222-23-3).
Les agressions sont punies de cinq ans d'emprisonnement et de 75 000 euros d'amende (C. pén., art. 222-27). Les peines sont portées à sept ans d'emprisonnement et 100 000 euros d'amende lorsque l'une des circonstances aggravantes de l'article 222-28 du Code pénal ou lorsque l'état de vulnérabilité de la victime (C. pén., art. 222-29) est caractérisé. L'agression sexuelle sur personne vulnérable peut être aggravée par une série de circonstances aggravantes prévues à l'article 222-30 et portant les peines à dix ans d'emprisonnement et 150 000 euros d'amende. La minorité de quinze ans de la victime conduit à faire encourir à l'auteur dix ans d'emprisonnement et 150 000 euros d'amende (C. pén., art. 222-29-1). Les mêmes peines sont encourues par les auteurs des agressions spécifiques des articles 222-29-2 et 222-29-3 du Code pénal.

II • Les infractions sexuelles sans contact physique

Une multitude d'infractions sexuelles sans contact physique sont contenues dans le Livre II du Code pénal (A). Certaines d'entre elles sont propres aux mineurs (B).

A • Les infractions sexuelles de droit commun

L'exhibition sexuelle imposée à la vue d'autrui dans un lieu accessible aux regards du public est prévue et réprimée par l'article 222-32 du Code pénal. L'acte matériel d'exhibition peut résulter de « la commission explicite d'un acte sexuel, réel ou simulé », y compris « en l'absence d'exposition d'une partie dénudée du corps » (C. pén., art. 222-32, al. 2). Cette précision met fin à la jurisprudence selon laquelle ne pouvait être qualifié d'exhibition sexuelle le fait pour l'auteur de prendre son sexe entre ses mains à travers son short (Crim. 4 janv. 2006, *Bull. crim.* n° 3). Le fait matériel ne peut consister en une image, un dessin ou une photographie. Dans ce cas, il pourra s'agir de la contravention de diffusion de messages contraires à la décence (C. pén., art. R. 624-2). L'élément moral réside dans la volonté d'accomplir l'acte obscène mais n'exige aucunement la démonstration d'une volonté de s'exhiber au sens où le ferait un exhibitionniste. L'exhibition sexuelle est punie d'un an d'emprisonnement et de 15 000 euros d'amende (C. pén., art. 222-32, al. 1er). Les peines sont doublées lorsque les faits sont commis au préjudice d'un mineur de quinze ans (C. pén., art. 222-32, al. 3).

L'article 222-33 du Code pénal incrimine deux types de harcèlement sexuel, l'un dénommé harcèlement-climat (C. pén., art. 222-33, I) et l'autre qualifié de harcèlement-chantage (C. pén., art. 222-33, II). Le harcèlement-climat est défini comme « le fait d'imposer à une personne, de façon répétée, des propos ou comportements à connotation sexuelle ou sexiste qui soit portent atteinte à sa dignité en raison de leur caractère dégradant ou humiliant, soit créent à son encontre une situation intimidante, hostile ou offensante ». La répétition exigée au titre de l'élément matériel de l'infraction peut être le fait d'un seul et même auteur ou de plusieurs auteurs. Dans ce dernier cas, chaque auteur pourra donc n'avoir tenu qu'un seul propos ou adopté un comportement unique dès lors que ces propos ou comportements sont imposés à une même victime par plusieurs personnes soit « de manière concertée ou à l'instigation de l'une d'elles » soit « successivement, par plusieurs personnes qui, même en l'absence de concertation, savent que ces propos ou comportements caractérisent une répétition » (C. pén., art. 222-33-I, 1° et 2°). Le harcèlement-chantage se définit plus simplement comme « le fait, même non répété, d'user de toute forme de pression grave dans le but réel ou apparent d'obtenir un acte de nature sexuelle, que celui-ci soit recherché au profit de l'auteur des faits ou au profit d'un tiers ». Les deux types de harcèlement sont punis de deux ans d'emprisonnement et de 30 000 euros d'amende (C. pén., art. 222-33-III). Une série de circonstances aggravantes les porte à trois ans d'emprisonnement et 45 000 euros d'amende.

L'outrage sexiste ou sexuel, applicable hors les cas de violences volontaires, d'exhibition sexuelle, de harcèlement sexuel, de harcèlement moral, de harcèlement scolaire, consiste dans le fait « d'imposer à une personne tout propos ou comportement à connotation sexuelle ou sexiste qui soit porte atteinte à sa dignité en raison de son caractère dégradant ou humiliant, soit créé à son encontre une situation intimidante, hostile ou offensante ». Si l'infraction constitue une contravention de la 5e classe (C. pén., art. R. 625-8-3), elle devient un délit puni de 3 750 euros d'amende lorsqu'elle est commise dans l'un des circonstances visées à l'article 222-33-1-1, I, du Code pénal.

B • Les infractions sexuelles propres aux mineurs

De nombreuses qualifications visent à protéger les mineurs de toute exposition à la sexualité indépendamment des infractions exigeant un contact sexuel comme le viol, l'agression sexuelle ou l'atteinte sexuelle. À ce titre, l'article 227-21-1 du Code pénal rappelle que l'ensemble des infractions sexuelles propres aux mineurs s'appliquent sans préjudice des infractions de droit commun pouvant également être commises au préjudice de mineurs.

L'article 227-22 du Code pénal réprime « le fait de favoriser ou de tenter de favoriser la corruption d'un mineur ». Il doit être noté qu'au titre de l'élément moral, le délit suppose « l'intention de pervertir le mineur » (Crim. 8 févr. 2017, n° 16-80.102). La même disposition assimile à la corruption de mineurs le « fait, commis par un majeur, d'organiser des réunions comportant des exhibitions sexuelles ou des relations sexuelles auxquelles un mineur assiste ou participe ou d'assister en connaissance de cause à de telles réunions » (C. pén., art. 227-22, al. 2). Des circonstances aggravantes portent les peines de cinq ans d'emprisonnement et 75 000 euros à un cran supérieur, jusqu'à dix ans d'emprisonnement et un million d'euros d'amende lorsque les faits ont été commis en bande organisée.

L'exploitation d'images pédopornographiques est réprimée par une série de qualifications prévues à l'article 227-23 du Code pénal. L'alinéa 1er de cette disposition réprime « le fait, en vue de sa diffusion, de fixer, d'enregistrer ou de transmettre l'image ou la représentation d'un mineur lorsque cette image ou cette représentation présente un caractère pornographique ». Le même alinéa précise que les faits sont punis « même s'ils n'ont pas été commis en vue de la diffusion de cette image ou représentation » lorsque celle-ci concerne un mineur de quinze ans. Cela signifie donc qu'un dol spécial (« en vue de sa diffusion ») est exigé lorsque le mineur est âgé de quinze ans révolus. De nombreux comportements sont réprimés par l'alinéa 2 de l'article 227-23 : offrir, rendre disponible, diffuser, importer, exporter, faire importer, faire exporter une telle image. L'alinéa 4 réprime une forme de recel, à savoir l'acquisition ou la détention d'une telle image. Il punit également la consultation habituelle ou en contrepartie du paiement d'un service de communication au public en ligne mettant à disposition l'image ou la représentation. Ainsi, soit l'infraction constitue une infraction d'habitude, soit il s'agit d'une infraction simple lorsqu'un paiement intervient. Les peines prévues pour ces différentes infractions vont de cinq ans d'emprisonnement et 75 000 euros d'amende à dix ans d'emprisonnement et 500 000 euros d'amende lorsque la circonstance de bande organisée est caractérisée.

D'autres infractions plus spécifiques ont été créées pour réprimer des hypothèses particulières. Sont ainsi réprimées : les propositions sexuelles à un mineur par un moyen de communication électronique (C. pén., art. 227-22-1), l'incitation d'un mineur sur Internet à commettre un acte sexuel (C. pén., art. 227-22-2), la sollicitation auprès d'un mineur d'une image à caractère pornographique de celui-ci (C. pén., art. 222-23-1), la diffusion d'un message à caractère pornographique susceptible d'être vu par un mineur (C. pén., art. 227-24), l'incitation d'un mineur à se soumettre à une mutilation sexuelle (C. pén. art. 227-24-1).

Outils de travail

Textes essentiels

C. pén., art. 222-22 s.
C. pén., art. 222-32.
C. pén., art. 222-33 s.
C. pén., art. 227-25.

Jurisprudences essentielles

Crim. 20 juin 2001, n° 00-88.258.
Crim. 24 juin 1987, n° 86-96.712.
Soc. 14 nov. 2007, n° 06-45.263.

Pour aller plus loin

Y. Mayaud, « De la correctionnalisation d'un viol en simple agression sexuelle, ou de la logique de l'illogisme », *RSC* 2023, p. 307.

E. Dreyer, « Punir un viol sans avoir besoin d'établir qu'il y a eu agression n'est pas contraire à la Constitution », *D.* 2023, p. 1624.

Les atteintes générales à la propriété

Moins fourni que le Livre II consacré aux crimes et délits contre les personnes, le Livre III du Code pénal, intitulé « Des crimes et délits contre les biens » contient une multitude d'infractions principalement destinées à protéger le droit de propriété. Il est divisé en deux titres, à savoir les « appropriations frauduleuses » (I) d'une part et « les autres atteintes aux biens » (II) d'autre part.
Les infractions d'atteintes à la propriété se répartissent dans la classification tripartite des infractions. Elles constituent généralement des délits mais peuvent être de nature contraventionnelle, notamment lorsque le dommage est léger, ou de nature criminelle, notamment lorsque s'ajoute une atteinte aux personnes à l'atteinte à la propriété.

I • Les principales appropriations frauduleuses

Les principales appropriations frauduleuses constituent un ensemble dont la cohérence apparaît tant à l'examen des éléments constitutifs des infractions, dont la remise constitue un élément central (A), qu'à l'analyse de la répression de ces infractions (B).

A • L'importance de la notion de remise en matière d'appropriation frauduleuse

La remise du bien faisant l'objet de l'appropriation frauduleuse n'est naturellement pas une condition préalable aux infractions de vol (C. pén., art. 311-1), d'extorsion, de chantage et d'escroquerie (C. pén., art. 313-1). Néanmoins, si en théorie les éléments constitutifs sont clairement distincts d'une infraction à l'autre, il est souvent permis d'hésiter, en pratique, sur l'opportunité de recours à telle infraction plutôt qu'à telle autre. Par exemple, le vol avec violences ne saurait se confondre, du point de vue des éléments matériel et moral, avec l'extorsion alors qu'un juriste témoin de tels faits pourrait hésiter. Le choix de la qualification idoine dépendrait de l'existence ou non d'une remise. En effet, en l'absence de remise, comme dans le cas d'un téléphone portable arraché des mains de son détenteur, l'infraction de vol trouvera à s'appliquer. En présence d'une remise contrainte, par une menace de violences, la personne qui récupère le portable des mains de la victime est l'auteur d'une extorsion. L'escroquerie constitue une remise qui, si elle est en apparence consentie, est en réalité le résultat d'une tromperie. Dans l'abus de confiance, la remise est consentie mais sera suivie d'un détournement. Le chantage constitue un type particulier d'extorsion en ce que la contrainte qui pèse sur la victime est morale et d'une nature particulière : il s'agit d'une menace « de révéler ou d'imputer des faits de nature à porter atteinte à l'honneur ou à la considération ».
La caractérisation du vol exige, à titre de condition préalable, l'existence d'une chose appropriable appartenant à autrui. La chose appropriable peut être mobilière, corporelle, licite ou illicite. La question du vol d'énergie a été réglée par l'article 311-2 du Code pénal qui assimile au vol la soustraction frauduleuse d'énergie. Une question plus délicate, celle du vol d'informations, a donné lieu à une jurisprudence ambigüe où le vol de contenu informationnel était répréhensible au titre de l'article 311-1 du Code pénal

mais dans des hypothèses où il existait un support au moins temporairement soustrait. À ce propos, la jurisprudence s'est également montrée opportuniste en admettant le vol par tout moyen de reproduction d'informations contenues dans un réseau informatique (Crim. 20 mai 2015, n° 14-81.336 ; Crim. 28 juin 2017, n° 16-81.113). Cette jurisprudence date d'une époque où les atteintes aux systèmes de traitement automatisé de données étaient réprimées de manière incomplète. La condition d'appartenance à autrui exclut les choses appartenant au suspect lui-même, les choses n'appartenant à personne (*res nullius*) et les choses abandonnées (*res derelictae*). L'élément matériel du vol réside dans la soustraction, consistant à prendre, enlever, ravir la chose. Classiquement, l'élément moral se résume à un dol général qui réside dans la volonté de soustraire un bien dont l'agent a conscience qu'il appartient à autrui. Il arrive que certains auteurs ajoutent un dol spécial consistant en la volonté de se comporter en propriétaire mais ce dol est difficile à distinguer du dol général déjà requis.

Au titre de l'élément matériel, quatre composantes sont nécessaires à la caractérisation de l'escroquerie. En premier lieu, doit être constaté l'un des quatre procédés de tromperie suivants : le faux nom, la fausse qualité, l'abus de qualité vraie ou les manœuvres frauduleuses. Un mensonge, même écrit, ne constitue pas une manœuvre frauduleuse (Crim. 19 mai 2021, n° 20-81.464). En second lieu, doit être démontrée la remise de fonds, valeurs ou bien quelconques, la fourniture d'un service ou le consentement à un acte opérant obligation ou décharge. En troisième lieu, un lien de causalité doit exister entre les deux premières composantes : la tromperie doit avoir été déterminante de la remise (Crim. 6 janv. 2021, n° 19-84.668). En quatrième lieu, l'existence d'un préjudice est requise par le texte mais il est nécessairement établi dès lors que la remise n'a pas été librement consentie. L'élément moral se limite à un dol général et ne présente donc pas de particularité.

S'agissant de l'abus de confiance, il nécessite la démonstration d'une condition préalable consistant en un bien remis d'une part et d'une remise volontaire et précaire d'autre part. La précarité est illustrée à l'article 314-1 du Code pénal par les trois finalités citées : rendre les fonds, les valeurs ou le bien ; les représenter ; en faire un usage déterminé. Les avances consenties sur un prix de vente ne sont pas remises à titre précaire (Crim. 8 mars 2023, n° 22-83.068). Au titre de l'élément matériel, l'infraction se caractérise par un détournement qui peut par exemple revêtir la forme d'un usage abusif ou d'une restitution tardive. Comme en matière d'escroquerie, le préjudice est par ailleurs exigé mais il est inclus dans la constatation du détournement (Crim. 13 janv. 2010, n° 08-83.216). Le dol général caractérisant l'élément moral achève de constituer l'infraction.

L'extorsion et le chantage présentent un objet commun. Il s'agit, pour l'agent, d'obtenir une signature, un engagement, une renonciation, la révélation d'un secret, la remise de fonds, de valeurs ou un d'un bien quelconque. L'élément matériel varie néanmoins au stade des moyens employés. Si l'extorsion vise la violence, la menace de violence ou la contrainte, le chantage renvoie à la menace de révéler ou d'imputer des faits de nature à porter atteinte à l'honneur ou à la considération. Dès lors que la contrainte de l'extorsion peut être morale, le chantage apparaît comme une modalité particulière d'extorsion. La troisième composante de l'élément matériel est le lien de causalité entre la remise et la contrainte. Au titre de l'élément moral, est exigé un dol général. Sans surprise, l'agent doit donc avoir la volonté d'obtenir quelque chose par un des moyens décrits, donc en étant conscient qu'il n'aurait pu l'obtenir de manière consentie.

B • La répression des appropriations frauduleuses

La proximité entre les différentes infractions est illustrée par l'article 132-16 du Code pénal qui, en matière de récidive, fait du vol, de l'extorsion, de l'escroquerie et de l'abus de confiance des infractions assimilées, allant jusqu'à les considérer « comme une même infraction ».

Pour autant, chacune fait l'objet d'une répression spécifique.

Le vol est réprimé par un panel de peines principales particulièrement étendu. En effet, le vol simple est puni de trois ans d'emprisonnement et de 45 000 euros d'amende (C. pén., art. 311-3), l'infraction pouvant même faire l'objet d'une amende forfaitaire d'un montant de 300 euros lorsque la chose volée a une valeur inférieure ou égale à ce montant (C. pén., art. 311-3-1). Le vol précédé, accompagné ou suivi de violences ayant entraîné la mort, de tortures ou d'actes de barbarie est quant à lui puni de la réclusion criminelle à perpétuité et de 150 000 euros d'amende (C. pén., art. 311-10). Entre ces deux extrêmes, une multitude de circonstances peut faire encourir, au titre de la peine privative de liberté, cinq ans, sept ans, dix ans d'emprisonnement, quinze ans, vingt ans ou trente ans de réclusion criminelle. L'article 311-12 du Code pénal prévoit le mécanisme de l'immunité familiale qui fait obstacle aux poursuites lorsque le vol est commis au préjudice de son ascendant, de son descendant ou de son conjoint, sauf lorsque les époux sont séparés de corps ou autorisés à résider séparément. L'immunité familiale est néanmoins exclue lorsque le vol porte sur des objets ou des documents indispensables à la vie quotidienne de la victime ou lorsque l'auteur est « le tuteur, le curateur, le mandataire spéciale désigné dans le cadre d'une sauvegarde de justice, la personne habilitée dans le cadre d'une habilitation familiale ou le mandataire exécutant un mandat de protection future de la victime » (C. pén., art. 311-12). Enfin, il convient de noter que la tentative des délits de vol est réprimée (C. pén., art. 311-13).

Dans sa forme simple, l'extorsion est punie de sept ans d'emprisonnement et de 100 000 euros d'amende (C. pén., art. 312-1). Comme en matière de vol, les peines encourues augmentent en fonction d'une série de circonstances aggravantes pour atteinte la réclusion criminelle à perpétuité lorsque l'extorsion est précédée, accompagnée ou suivie soit de la mort, soit d'actes de tortures ou de barbarie (C. pén., art. 312-7). Les dispositions relatives au repenti s'appliquent à la tentative d'extorsion en bande organisée (C. pén., art. 312-6-1). La tentative est réprimée et l'immunité familiale s'applique, tant en matière d'extorsion (C. pén., art. 312-9) que de chantage (C. pén., art. 312-12). Dans sa forme simple, le chantage est puni de cinq ans d'emprisonnement et de 75 000 euros d'amende (C. pén., art. 312-10). La peine est portée à sept ans d'emprisonnement et à 100 000 euros d'amende lorsque l'auteur du chantage a mis sa menace à exécution (C. pén., art. 312-11).

Comme le chantage, et contrairement au vol et à l'extorsion, l'escroquerie et l'abus de confiance ne peuvent constituer des qualifications de nature criminelle, sauf par l'effet des circonstances aggravantes générales des articles 132-76, 132-77 et 132-79 du Code pénal. En effet, l'escroquerie, punie dans sa forme simple à cinq ans d'emprisonnement et à 375 000 euros d'amende (C. pén., art. 313-1), atteint au maximum dix ans d'emprisonnement et un million d'euros d'amende lorsqu'elle est commise en bande organisée (C. pén., art. 313-2, dern. al.). L'immunité familiale s'applique et la tentative est réprimée (C. pén., art. 313-3). Dans sa forme simple, l'abus de confiance est puni de cinq ans d'emprisonnement et de 375 000 euros d'amende (C. pén., art. 314-1). Dans sa forme la plus grave, à savoir lorsqu'elle est réalisée par un mandataire de justice ou par officier public ou ministériel soit dans l'exercice de ses fonctions, soit en raison de sa qualité, l'abus de confiance est puni de dix ans d'emprisonnement et de 1 500 000 euros d'amende (C. pén., art. 314-3). La tentative est réprimée (C. pén., art. 314-4).

II • Les autres atteintes aux biens

Les « autres atteintes aux biens » constituent l'intitulé du Titre II du Livre II du Code pénal, qui regroupe les infractions de conséquence que sont le recel et le blanchiment (A) et les infractions d'atteinte à l'intégrité des biens que sont les destructions, dégradations et détériorations ainsi que les atteintes aux systèmes de traitement automatisé de données (B).

A • Les infractions de conséquence

Le recel et le blanchiment ont pour point commun d'être considérés comme des infractions de conséquence, intervenant après une infraction d'origine, ce qui explique l'importance pour chacune d'elle de la condition préalable dans la caractérisation de l'infraction. En revanche, recel et blanchiment divergent sur un point essentiel. Alors qu'il n'est pas possible d'imputer un recel à l'auteur de l'infraction d'origine (Crim. 13 avr. 2022, n° 19-84.831), rien ne l'interdit en matière de blanchiment, alors qualifié d'auto-blanchiment (Crim. 14 juin 2017, n° 16-84.921).

Puni de cinq ans d'emprisonnement et de 375 000 euros dans sa forme simple, le recel revêt deux modalités. L'article 321-1 du Code pénal définit le recel-détention dans son premier alinéa et le recel-profit dans son deuxième. À titre de condition préalable, le recel-détention exige d'identifier une chose provenant d'un crime ou d'un délit. L'élément matériel consiste à dissimuler, détenir ou transmettre cette chose ou faire office d'intermédiaire afin de la transmettre. L'élément moral consiste en la volonté d'accomplir l'acte matériel tout en ayant connaissance de l'origine frauduleuse de la chose. Le recel-profit nécessite la caractérisation, à titre de condition préalable, du produit d'un crime ou d'un délit. Au titre de l'élément matériel, est visé le fait de bénéficier de ce produit. L'élément moral consiste classiquement à vouloir bénéficier de ce que l'on sait être le produit d'un crime ou d'un délit. Les peines encourues sont de dix ans d'emprisonnement et de 750 000 euros d'amende lorsque l'une des circonstances aggravantes de l'article 321-2 du Code pénal est remplie. L'amende peut dépasser les montants susmentionnés car l'article 321-3 du Code pénal permet de l'élever jusqu'à la moitié de la valeur des biens recelés. La peine privative de liberté encourue peut également être d'une durée supérieure aux peines susmentionnées dès lors que l'auteur du recel peut se voir infliger la peine attachée à l'infraction d'origine dont il a eu connaissance et aux circonstances aggravantes dont il a eu connaissance (C. pén., art. 321-4). Le recel peut donc être une infraction de nature criminelle. Enfin, au regard de la récidive, le recel est assimilé à l'infraction dont provient le bien recelé (C. pén., art. 321-5).

Également puni de cinq ans d'emprisonnement et de 375 000 euros d'amende, le blanchiment peut aussi revêtir deux formes. L'article 324-1, alinéa 1er, du Code pénal, définit le blanchiment du patrimoine du criminel tandis que le deuxième alinéa du même article définit le blanchiment du patrimoine criminel. Dans sa première forme, le blanchiment porte sur les biens ou les revenus de l'auteur d'un crime ou d'un délit ayant procuré à celui-ci un profit direct ou indirect. Une fois cette condition préalable remplie, il convient de relever que l'élément matériel est la facilitation de la justification mensongère de ces biens ou revenus, qui peut par exemple consister à fournir une couverture qui justifierait la perception d'espèces. Dans sa deuxième forme, le blanchiment porte sur le produit direct ou indirect d'un crime ou d'un délit. L'élément matériel réside dans « le fait d'apporter un concours à une opération de placement, de dissimulation ou de conversion » de ce produit. Dans les deux formes de blanchiment, l'élément moral se borne à un dol général, à savoir la volonté d'accomplir l'un des actes matériels susmentionnés tout en ayant conscience de la condition préalable. L'article 324-1-1 du Code pénal expose un mécanisme de présomption d'illicéité consistant à présumer que les biens ou revenus sont le produit d'un crime ou d'un délit lorsque « les conditions matérielles, juridiques ou financières de l'opération de placement, de dissimulation ou de conversion ne peuvent avoir d'autre justification que de dissimuler l'origine ou le bénéficiaire effectif de ces biens ou revenus ». Le mécanisme de peines variables décrit à propos du recel ainsi que les conditions d'application de la récidive existent également en matière de blanchiment (C. pén., art. 324-3, 324-4 et 324-5). La tentative de blanchiment est réprimée (C. pén., art. 324-6) et le statut de repenti est applicable (C. pén., art. 324-7).

B • Les infractions d'atteintes à l'intégrité des biens

Les destructions, dégradations et détériorations renvoient à de multiples incriminations, tantôt intentionnelles, tantôt non intentionnelles, présentant ou non un danger pour les personnes. Ni le Code pénal, ni la jurisprudence ne définissent ni ne distinguent les termes destructions, dégradations et détériorations qui forment donc un tout. En l'absence de danger pour les personnes, l'infraction n'est réprimée que lorsqu'elle est intentionnelle. La répression varie en fonction de l'importance du dommage. En cas de dommage léger, la destruction, la dégradation ou la détérioration constitue une contravention punie de 1 500 euros d'amende (C. pén., art. R. 635-1). Si le dommage n'est pas seulement léger, l'article 322-1, I, du Code pénal puni le délit de deux ans d'emprisonnement. Par exception, constitue également un délit « le fait de tracer des inscriptions, des signes ou des dessins, sans autorisation préalable, sur les façades, les véhicules, les voies publiques ou le mobilier urbain » lorsqu'il n'en a résulté qu'un dommage léger. Il est puni de 3 750 euros d'amende et d'une peine de travail d'intérêt général (C. pén., art. 322-1, II). Les délits de l'article 322-1 du Code pénal peuvent être aggravés et leur tentative est punissable. En présence d'un danger pour les personnes, l'article 322-5 du Code pénal réprime les destructions, dégradations et détériorations non intentionnelles tandis que l'article 322-6 du même Code réprime celles qui sont intentionnelles. Aux termes de l'article 322-5, alinéa 1er du Code pénal, « la destruction, la dégradation ou la détérioration involontaire d'un bien appartenant à autrui par l'effet d'une explosion ou d'un incendie provoqués par manquement à une obligation de prudence ou de sécurité imposée par la loi ou le règlement est punie d'un an d'emprisonnement et de 15 000 euros d'amende ». Ce délit occupe une place à part dans la catégorie des infractions non intentionnelles. La faute simple exigée ne peut être qu'une des cinq modalités de fautes simples prévues par la loi. En revanche, la faute délibérée a, de manière classique, un effet aggravant. La même disposition prévoit une répression spécifique aggravée d'une part en cas d'incendie de bois, forêts, landes, maquis, plantations ou reboisements d'autrui, d'autre part lorsque l'incendie a provoqué une incapacité totale de travail pendant au moins huit jours ou la mort d'une ou plusieurs victimes. L'article 322-6 du Code pénal réprime quant à lui la destruction, dégradation ou détérioration intentionnelle du bien d'autrui par l'effet d'une substance explosive, d'un incendie ou de tout autre moyen de nature à créer un danger pour les personnes. Dans sa forme simple, la répression la plus importante envisageable en matière correctionnelle s'agissant de la peine d'emprisonnement est de dix ans. La peine d'amende encourue est de 150 000 euros. La répression la plus forte est la réclusion criminelle à perpétuité et une peine d'amende de 150 000 euros d'amende lorsque l'incendie a entraîné la mort d'autrui.

Le champ d'application des atteintes aux systèmes de traitement automatisé de données (STAD) dépasse de loin ce qu'il est convenu d'appeler le piratage informatique. Par exemple, l'accès à la messagerie d'un collègue de travail sans code ni fraude caractérise l'infraction de l'article 323-1 du Code pénal (Crim. 27 mars 2018, n° 17-81.989). Des réformes législatives successives ont complété l'arsenal faisant des atteintes aux STAD un ensemble particulièrement complet d'infractions. L'article 323-1 du Code pénal réprime le fait d'accéder ou de se maintenir frauduleusement dans tout ou partie d'un tel système. L'article 323-2 du même code réprime le fait d'entraver ou de fausser son fonctionnement. L'article 323-3 fournit une longue liste de comportements infractionnels : introduire frauduleusement des données dans un système, les extraire, les détenir, les reproduire, les transmettre, les supprimer ou les modifier frauduleusement. Est également réprimée l'importation, la détention, l'offre, la cession ou la mise à disposition d'un outil conçu ou spécialement adapté pour commettre l'une des infractions susmentionnées (C. pén., art. 323-3-1). Deux autres infractions d'atteintes aux STAD méritent d'être mentionnées. D'une part, une association de malfaiteurs spéciale existe en la matière (C. pén., art. 323-4). D'autre part, l'article 323-4-2 du Code pénal constitue une déclinaison des infractions de mise en danger de la vie d'autrui et d'obstacle aux secours.

Outils de travail

Textes essentiels

C. pén. art. 311-1 s.
C. pén. art. 312-1 s.
C. pén. art. 313-1 s.
C. pén. art. 314-1 s.
C. pén. art. 321-1 s.
C. pén. art. 323-1 s.
C. pén. art. 324-1 s.

Jurisprudences essentielles

Crim. 8 janv. 1979, n° 77-93.038
Crim. 16 juin 2011, n° 10-85.079
Crim. 20 mai 2015, n° 14-81.336
Crim. 11 mai 1971, n° 70-92.741
Crim. 20 févr. 2008, n° 07-82.977
Crim. 10 oct. 2001, n° 00-87.605
Crim. 13 avr. 2022, n° 19-84.831

Pour aller plus loin

L. Saenko, « Abus de confiance et violation d'une obligation contractuelle : maintien de la "nouvelle" jurisprudence », *RTD com*. 2023. 237 ; « Escroquerie : le mensonge (seul) est (toujours) permis », *RTD com*. 2023. 239.

H. Matsopoulou, « Extorsion : la caractérisation de la contrainte morale », *RSC* 2023. 803.

S. Brimbeuf et E. Bornstein, « La présomption de blanchiment d'argent. Une solution miracle pour prendre les délinquants économiques à leur propre jeu ? », *D*. 2023. 1371.

La dématérialisation des infractions contre les biens

Certaines branches du droit sont, davantage que d'autres, mises à l'épreuve par les fulgurantes évolutions technologiques et scientifiques de ces dernières décennies. Si la procédure pénale se trouve constamment enrichie par de nouveaux moyens d'investigation, le droit pénal de fond est sans cesse appelé à s'adapter à des formes de criminalité jusqu'alors inconnues. De manière générale, ce mouvement se manifeste par le développement de catégories d'infractions inédites, telles que les infractions en matière informatique ou les infractions bioéthiques, ainsi que par l'ajout ponctuel d'infractions spécifiques, venant en répression d'un comportement précis, tel le « *happy slapping* » ajouté à l'article 222-33-3 du Code pénal par la loi du 5 mars 2007. Les atteintes aux biens, classées dans le Livre III du Code pénal, sont le siège d'évolutions inéluctables, dès lors que leur objet est en proie à une évolution rapide, et notamment à un phénomène de dématérialisation. L'objectif de protection subsiste malgré l'absence de corpus matériel. L'important semble être moins la nature du bien que le fait qu'il puisse être l'objet de droits de la part d'un individu, ait une valeur économique, ou même une quelconque utilité. D'où une réaction compréhensible du juge comme du législateur face à de nouveaux comportements. Cette adaptation passe par une interprétation large des infractions classiques, parfois au détriment de l'interprétation stricte imposée par le principe de légalité, mais également par la création de qualifications spécifiques.

I • Le recours à des qualifications classiques

Sans toujours parvenir à éviter l'écueil de l'interprétation extensive ou de la dénaturation, le juge pénal interprète de plus en plus largement la condition préalable tenant à l'existence d'un bien. L'élément matériel de ces infractions se montre tout aussi évolutif.

A • L'extension du champ des biens protégés

Alors que le vol et le recel portent sur une « chose » (C. pén., art. 311-1 et 321-1), l'escroquerie et l'abus de confiance peuvent concerner des « fonds, des valeurs ou un bien quelconque » (C. pén., art. 313-1 et 314-1). Cette différence textuelle explique bien souvent la tolérance à géométrie variable de la doctrine s'agissant de l'extension de ces différentes infractions.

La notion de « bien quelconque » provient de la réforme du Code pénal de 1994, et si tant est que le législateur ait effectivement entendu élargir ces infractions à des biens dépourvus de toute matérialité, la Cour de cassation s'est pleinement investie dans ce mouvement depuis quelques années, sur le terrain de l'abus de confiance. Ainsi la chambre criminelle a-t-elle fait entrer dans le champ de l'abus de confiance l'utilisation illicite du numéro de carte bancaire d'un tiers (Crim. 14 nov. 2000, *Bull. crim.* n° 338). À l'occasion de cet arrêt, elle a expressément affirmé, sous la forme d'un principe, que les dispositions du texte s'appliquent à un bien quelconque et non pas seulement à un bien corporel. Une telle affirmation annonçait clairement l'intention de la chambre criminelle d'étendre allègrement les contours de la notion de bien. Elle a par la suite jugé que commet un abus de confiance le chef de projet qui détourne un projet industriel (Crim. 22 sept. 2004, *Bull. crim.* n° 218).

En 2011 est apparue en jurisprudence l'expression de « bien susceptible d'appropriation », la Cour de cassation ayant considéré dans un arrêt très remarqué qu'entraient dans cette catégorie des informations relatives à la clientèle (Crim. 16 nov. 2011, *Bull. crim.* n° 233). Elle s'est attachée à distinguer les informations relatives à la clientèle de la clientèle elle-même, excluant un détournement de celle-ci alors même qu'elle a été reconnue comme étant cessible par la Cour de cassation (Civ. 1re, 7 nov. 2000, *Bull.* I n° 283). Poursuivant cet élargissement, elle a encore jugé que l'utilisation, par un salarié, de son temps de travail, à des fins autres que celles pour lesquelles il perçoit une rémunération de son employeur, constitue un abus de confiance (Crim. 19 juin 2013, *Bull. crim.* n° 145). Récemment confrontée à l'arrêt d'une cour d'appel qui, rebondissant sur la notion d'appropriation posée quelques années plus tôt, avait considéré que l'enregistrement d'une interview non protégée par un droit d'auteur n'était pas susceptible de faire l'objet d'un droit de propriété, la chambre criminelle a prononcé une cassation en rappelant ce principe et en faisant entrer dans cette catégorie « un enregistrement d'images et de sons » (Crim. 16 déc. 2015, n° 14-83.140). Ainsi l'autonomie de la matière pénale est-elle utilisée par la chambre criminelle pour s'affranchir des contraintes des règles civilistes.

S'agissant du vol, la Haute juridiction n'a jamais procédé par voie d'affirmation de principe comme elle l'a fait pour l'abus de confiance. Néanmoins, sa jurisprudence démontre que la « chose » n'a pas entièrement résisté à cette transformation. On ne peut manquer de rappeler, et bien que l'immatérialité soit dans un tel cas sujette à discussion, que dès 1912, la Cour de cassation avait reconnu la possibilité d'un vol d'électricité (Crim. 3 août 1912, *DP* 1913, 1, p. 439). Puis, par une série d'arrêts ambigus, la chambre criminelle a appréhendé les informations *via* leur support matériel, par exemple, s'agissant d'un vol de données comptables et commerciales figurant sur des documents (Crim. 1er mars 1989, *Bull. crim.* n° 100). Mais par un arrêt publié du 20 mai 2015, la Cour de cassation semble s'être réellement affranchie de cette considération (Crim. 20 mai 2015, n° 14-81.336). Elle a approuvé une cour d'appel d'avoir retenu le délit à l'encontre d'un individu qui s'était infiltré sur le site extranet d'une agence nationale à la suite d'une défaillance technique et avait téléchargé des fichiers. La chambre criminelle affirme dans cette décision que le prévenu « a soustrait des données qu'il a utilisées sans le consentement de leur propriétaire ». Elle a par la suite confirmé sa conception large en approuvant le raisonnement d'une cour d'appel qui avait condamné pour vol une personne pour avoir téléchargé et dupliqué des documents édités par une autre personne travaillant dans la même entreprise, et ce à son insu, contre son gré, et à des fins étrangères au fonctionnement de l'entreprise (Crim. 28 juin 2017, n° 16-81.113). Une telle position constitue assurément une évolution importante de la jurisprudence rendue en la matière.

Et la mutation ne semble plus réservée au Titre Ier du Livre III, relatif aux « appropriations frauduleuses ». Elle pourrait bien gagner le Titre II qui concerne les « autres atteintes aux biens ». Car, dans l'arrêt précité du 16 décembre 2015, mettant en cause l'appréhension d'un enregistrement de sons et d'images non protégé par un droit d'auteur, la chambre criminelle a retenu, outre l'abus de confiance, le délit prévu par l'article 322-1 du Code pénal qui incrimine « la destruction, la dégradation ou la détérioration d'un bien appartenant à autrui ». Les éléments de l'infraction tels que décrits par le texte renvoient pourtant manifestement à une atteinte matérielle, mais la Cour de cassation semble décidément prête à repousser certaines limites. De telles solutions ne peuvent évidemment manquer d'interroger au regard du principe d'interprétation stricte de la loi pénale, corollaire du principe de légalité.

B • L'adaptation de la physionomie de l'infraction

Le mouvement d'élargissement des biens susceptibles d'être atteints par les comportements incriminés dans le Livre III du Code pénal s'est inévitablement accompagné d'une remise en question de la structure constitutive de ces infractions. Ainsi par exemple, la soustraction pour le vol ou la remise et le détournement pour l'abus de confiance, ont-ils pris des tournures plus abstraites. Force est de constater que, dans la plupart des cas, le caractère général des termes d'incrimination permet une adaptation assez aisée aux biens immatériels.

En matière de vol, la notion de « soustraction juridique » est très vite apparue aux côtés de la soustraction prise dans un sens strictement matériel, dans des hypothèses voisines de l'abus de confiance où la personne détenait préalablement la chose. La chambre criminelle a affirmé que « la détention purement matérielle, non accompagnée d'une remise de la possession, n'est pas exclusive de l'appréhension » (Crim. 30 nov. 1977, *Bull. crim.* n° 381). Il faut encore évoquer ce qui est communément appelé « vol d'usage », ou « vol par photocopiage », la chambre criminelle ayant considéré comme une soustraction la reproduction par un salarié de documents mis à sa disposition dans le cadre de son travail (Crim. 8 janv. 1979, *Bull. crim.* n° 13 ; Crim. 29 avr. 1986, *Bull. crim.* n° 148). Aussi la soustraction visée par l'article 311-1 du Code pénal n'implique-t-elle pas nécessairement un transfert physique et définitif tel qu'il était probablement entendu par le législateur. Ces adaptations possibles de l'élément matériel du vol sont évidemment de nature à favoriser son application à tout bien, même immatériel.

Cette tendance s'est également manifestée en matière de recel de choses. Déjà, le nouveau Code pénal a consacré le « recel-profit » retenu par la jurisprudence en ajoutant à l'article 321-1 un alinéa 2 disposant que « constitue également un recel le fait, en connaissance de cause, de bénéficier, par tout moyen, du produit d'un crime ou d'un délit ». Et au-delà même de ce type particulier de recel, la Cour de cassation a expressément affirmé, dans une espèce qui concernait une personne ayant fait office d'intermédiaire pour négocier des bons du Trésor sans aucune appréhension de la chose, que le recel n'implique pas nécessairement la détention matérielle des valeurs recelées (Crim. 30 nov. 1999, *Bull. crim.* n° 282). D'où une potentielle ouverture de l'incrimination au recel purement virtuel ou intellectuel, qui démontre assurément la capacité d'adaptation des infractions classiques à de nouveaux types de biens.

Enfin, la « remise » ou le « détournement » qui caractérisent l'abus de confiance ont été adaptés à des opérations dématérialisées. Émile Garçon évoquait déjà, s'agissant du détournement, une « interversion du titre », ce qui rejoint la jurisprudence selon laquelle l'abus de confiance est caractérisé par tout acte frauduleux qui empêchera la victime d'exercer ses droits sur la chose (Crim. 15 mai 1968, *Bull. crim.* n° 155). Et il est évident que sans bien corporel, les contours de la remise deviennent eux aussi très flous, lorsqu'un tel comportement n'apparaît pas totalement incompatible avec l'objet de l'infraction. Dans son arrêt portant sur le détournement du temps de travail d'un salarié, la chambre criminelle a de ce point de vue franchi un pas qui a pu être dénoncé par la doctrine. Il est en effet difficilement concevable, dans ce cas, que le « bien » ait pu être remis avant d'être détourné. L'évolution des différentes incriminations ne devrait pas aller jusqu'à la dénaturation, ce que rend pourtant inévitable le mouvement jurisprudentiel qui tend à élargir à tous les biens immatériels des infractions qui n'étaient pas initialement destinées à en épouser les formes.

II • L'utilisation de qualifications nouvelles

Fort heureusement, le législateur intervient progressivement afin de pallier certaines carences, en instituant de nouvelles qualifications, plus adaptées aux biens immatériels.

A • La création d'incriminations spécifiques

Déjà, la loi n° 88-15 sur l'informatique, les fichiers et les libertés du 6 janvier 1978 a créé des infractions dont l'objet essentiel était de sanctionner les dispositions de fond relatives à la création et à la tenue de fichiers informatiques. Toutefois, ces infractions ont été classées parmi les atteintes à la personne humaine, envisagées comme des atteintes à la personnalité résultant des fichiers ou traitements informatisés (C. pén., art. 226-16 à 226-24).

Surtout, la loi n° 88-19 du 5 janvier 1988 relative à la fraude informatique, dite loi « Godfrain », a créé « certaines infractions en matière informatique », visant des atteintes au système de traitement automatisé de données (communément appelés « STAD »). L'objectif était de mettre en œuvre une répression globale contre la criminalité informatique. Cette loi a notamment donné naissance à l'infraction d'accès ou maintien frauduleux dans un système de traitement automatisé de données, aggravée lorsque cet accès ou ce maintien a provoqué la suppression ou la modification des données contenues dans le système, ou encore l'altération du fonctionnement de ce système. A également été incriminée par cette loi l'introduction ou la suppression illicite et intentionnelle de données dans un système de traitement automatique de données, ou encore le fait d'entraver ou fausser intentionnellement au mépris des droits d'autrui le fonctionnement d'un traitement automatisé de données. À l'occasion de la réforme du Code pénal intervenue quelques années plus tard, ces infractions ont été intégrées dans le livre III, aux articles 323-1 et suivants.

L'article 16 de la loi n° 2014-1353 du 13 novembre 2014 *renforçant les dispositions relatives à la lutte contre le terrorisme* a substantiellement allongé la liste des comportements incriminés à l'article 323-3 du Code pénal, qui concerne les atteintes aux données contenues dans un système de traitement automatisé de données. A notamment été ajouté le fait d'extraire, de détenir, de reproduire ou de transmettre des données à l'insu du maître du système. Il ressort de ces ajouts que le but n'est plus seulement de protéger des systèmes de traitement de données contre des agressions extérieures, mais de protéger les données en tant que telles. L'infraction qui consiste à extraire ou à détenir des données peut être considérée comme le pendant immatériel du vol. Elle est punie de 5 ans d'emprisonnement et de 150 000 euros d'amende, soit plus sévèrement que le vol simple.

B • Vers un affermissement du mouvement répressif spécial

Le législateur manifeste une volonté d'attirer le juge pénal vers ces qualifications spécifiques. Cela ressort notamment de l'évolution des peines attachées aux délits prévus par les articles 323-1 et suivants du Code pénal. Ces peines ont été aggravées par la loi n° 2004-575 pour la confiance dans l'économie numérique du 21 juin 2004, ainsi que par la fameuse loi n° 2015-912 du 24 juillet 2015 sur le renseignement qui a doublé voire dans certains cas triplé la peine d'amende. En outre, la loi précitée du 13 novembre 2014 a introduit pour les atteintes aux systèmes de traitement automatisé de données à caractère personnel mis en œuvre par l'État la circonstance aggravante de bande organisée à l'article 323-4-1 du Code pénal. Dans le nouveau Titre XXIV du Code de procédure pénale, relatif à

« la procédure applicable aux atteintes au système de traitement automatisé de données », le législateur a inséré un article 706-72 qui liste les moyens d'investigation spécifiques aux atteintes au système de traitement automatisé de données (notamment la cyberinfiltration et la captation de données).
Autant d'éléments qui démontrent un enracinement grandissant des infractions permettant d'appréhender les comportements attentatoires aux « données », concept qui se rapproche de celui d'« information », lequel a toujours éprouvé des difficultés à trouver sa place parmi les infractions classiques. À cet égard, la décision précitée du 20 mai 2015, rendue par la chambre criminelle et par laquelle cette dernière a semblé reconnaître la possibilité d'un vol de données, n'a pas vocation à prospérer. Le relais devrait être pris par le délit prévu par l'article 323-3 du Code pénal.
Mais de nouvelles questions jurisprudentielles sont amenées à se poser. Reste en effet pour les juges à dessiner les contours de la notion de « système de traitement automatisé de données ». Elle apparaît suffisamment large pour englober de nombreux outils technologiques, actuels et à venir. Le tribunal correctionnel de Paris a eu l'occasion d'y faire entrer un terminal de paiement par carte bancaire (TGI Paris, 25 févr. 2000, *D. affaires* 2000. 219, obs. X. Delpech). Et de la même manière que pour la « chose » ou le « bien quelconque », la jurisprudence devra préciser son interprétation de la notion de « données ». Sur ce point, la chambre criminelle a jugé qu'un salarié procédant à la désinstallation d'un logiciel sur l'ordinateur d'un collègue de travail avait été condamné à bon droit sur le fondement de l'article 323-3 du Code pénal pour modification frauduleuse de données dans un système de traitement automatisé (Crim. 9 déc. 2015, n° 14-87.835). Et pourtant, figure dans l'annexe du rapport n° 744 présenté à l'Assemblée nationale à l'occasion des débats sur la loi de 1988, une définition du logiciel correspondant à « l'ensemble des programmes, procédés et règles et éventuellement de la documentation, relatifs au fonctionnement d'un ensemble de traitement de données », tandis que la donnée est définie comme « la représentation d'une information sous une forme conventionnelle destinée à faciliter son traitement ». La création de nouvelles qualifications ne peut aller, dans un domaine aussi évolutif que l'immatériel, sans de nouveaux débats. Il convient en tout état de cause que les comportements susceptibles d'être appréhendés par ces infractions spéciales sortent du champ des infractions générales, conformément principe de spécialité. *Lex specialia generalibus derogant…*

Outils de travail

Textes essentiels

C. pén., art. 311-1 : vol.
C. pén., art. 313-1 : escroquerie.
C. pén., art. 314-1 : abus de confiance.
C. pén., art. 321-1 : recel de choses.
C. pén., art. 323-1 et 323-3, al. 1 : atteintes aux systèmes informatisés de données.

Jurisprudences essentielles

Crim. 14 nov. 2000, nº 99-84.522 : la Cour de cassation affirme le principe selon lequel l'abus de confiance s'applique à un bien quelconque et non pas seulement à un bien corporel. Caractérise le délit le fait pour un dirigeant de société de détourner le numéro de carte bancaire communiqué par un client pour un paiement déterminé.
Crim. 16 nov. 2011, nº 10-87.866 : est posé le principe selon lequel l'abus de confiance peut concerner un bien quelconque dès lors qu'il est susceptible d'appropriation. La chambre criminelle l'applique aux informations relatives à la clientèle, dans une espèce où un directeur et un salarié d'une société avaient détourné sa clientèle au profit d'une société concurrente, cassant un arrêt confirmatif de non-lieu rendu en leur faveur.
Crim. 19 juin 2013, nº 12-83.031 : par un arrêt de rejet et posant une solution de principe, la chambre criminelle approuve une Cour d'appel d'avoir condamné du chef d'abus de confiance un salarié utilisant son temps de travail à des fins autres que celles pour lesquelles il percevait une rémunération.
Crim. 20 mai 2015, nº 14-81.336 : la Cour de cassation approuve une cour d'appel d'avoir condamné du chef de maintien frauduleux dans un système de traitement automatisé et de vol de données l'individu qui a accédé à un site extranet à la suite d'une défaillance technique et s'y est maintenu alors qu'il avait constaté l'existence d'un contrôle d'accès, et a téléchargé des données qui ont ensuite été fixées sur différents supports et diffusées à des tiers.
Crim. 16 déc. 2015, nº 14-83.410 : la Cour de cassation censure l'arrêt d'une cour d'appel ayant refusé de caractériser un abus de confiance et un délit de destruction portant sur l'enregistrement vidéo d'une interview en raison du fait que celui-ci n'était pas qualifié d'œuvre de l'esprit protégeable par le droit d'auteur. Il s'agit pour elle d'un bien susceptible d'appropriation et comme tel entrant dans le champ de l'abus de confiance.
Crim. 9 mars 2016, n° 14-86.795 : la falsification de notes d'examen par le biais d'un accès irrégulier dans un système de traitement automatisé de données caractérise un accès frauduleux dans un STAD dont il est résulté la modification des données contenues.
Crim. 16 janv. 2018, n° 16-87.168 : se rend coupable de l'infraction prévue à l'art. 323-1 la personne qui, sachant qu'elle n'y est pas autorisée, accède, à l'insu des victimes, à un système de traitement automatisé de données par l'installation d'un « *keylogger* matériel ».
Crim. 7 janv. 2020, n° 18-84.755 : la personne qui, bénéficiant des droits d'accès et de modification des données, procède à des suppressions de données, sans les dissimuler à d'éventuels autres utilisateurs du système ne rend pas coupable d'atteinte à un STAD.

Pour aller plus loin

L. Saenko, « Enregistrement vidéo et droit pénal des biens : entre dématérialisation et appropriation », *D.* 2016 p. 587.
E. Dreyer, « Consécration – provisoire – du vol de données informatiques », *AJ pénal* 2015 p. 413.
E. Daoud, G. Peronne, « Cyberattaque : la lutte s'intensifie », *AJ pénal* 2015 p. 396.
G. Beaussonie, « La pérennité de la protection pénale des biens incorporels », *D.* 2012 p. 137.
B. de Lamy, « Abus de confiance et biens immatériels : extension du domaine des possibles », *D.* 2005, p. 411.

Les atteintes spécifiques au patrimoine de l'entreprise

Il est acquis qu'une personne morale peut se voir imputer une infraction dès lors que les conditions de l'article 121-2 du Code pénal sont remplies. Il est tout autant évident qu'une entreprise peut être victime d'une multitude d'infractions telles que le vol, l'escroquerie ou encore l'atteinte à un système de traitement automatisé de données. Toutefois, deux délits provoquent des atteintes spécifiques au patrimoine de l'entreprise, notamment en raison de la personne qui les commet et du fait que des personnes physiques ne pourraient en être victimes. Il s'agit de l'abus de biens sociaux et de la banqueroute. Si chacune de ces deux infractions dispose d'éléments constitutifs qui lui sont propres, il n'en est pas moins d'une part que ces éléments présentent des similarités, et d'autre part qu'elles peuvent se combiner, notamment en se succédant dans le temps.
L'essence des atteintes spécifiques au patrimoine de l'entreprise se trouve dans les conditions préalables des infractions d'abus de biens sociaux et de banqueroute (I), qui précèdent naturellement la caractérisation des éléments matériel et moral et l'examen de la répression de ces délits (II).

I • Les conditions préalables des délits d'abus de biens sociaux et de banqueroute

A • Les conditions préalables de l'abus de biens sociaux

Classiquement, trois conditions préalables à la caractérisation des éléments matériels et moraux du délit d'abus de biens sociaux sont relevées : la qualité de la victime, celle de l'auteur et l'objet de l'infraction.
En premier lieu, toutes les entités ne peuvent être victimes d'abus de biens sociaux. Outre l'exigence de personnalité morale, qui exclut par exemple les sociétés en formation avant immatriculation ou les sociétés qui n'existent plus en raison de la clôture de la liquidation, les textes fournissent une liste limitative des personnes morales auxquelles l'abus de biens sociaux est applicable. Il s'agit essentiellement des sociétés à responsabilité limitée (SARL), selon l'article L. 241-3, 4° et 5° du Code de commerce, auxquelles sont assimilées les entreprises unipersonnelles à responsabilité limitée (EURL), et des sociétés anonymes (SA), selon l'article L. 242-6, 3° et 4° du même code, auxquelles sont assimilées les sociétés en commandite par actions (C. com., art. L. 243-1) et les sociétés par actions simplifiées (C. com., art. L. 227-1). Lorsque la forme de la personne morale ne permet pas de recourir à l'abus de biens sociaux, l'infraction d'abus de confiance trouvera à s'appliquer de sorte qu'il n'est pas dénué de pertinence de considérer le premier délit comme une forme spécifique du second.
En deuxième lieu, l'infraction ne peut être caractérisée qu'à la condition que son auteur dispose d'une qualité particulière tenant à ses fonctions, qui n'est en revanche pas exigée des complices. L'article L. 241-3, 4° et 5° du Code de commerce, vise les gérants de SARL tandis que l'article L. 242-6, 3° et 4° du même code, mentionne le président, les administrateurs ou les directeurs généraux des

sociétés anonymes. Peuvent être ajoutés à la liste les gérants de sociétés en commandite par actions et les dirigeants de sociétés par actions simplifiées. Les dirigeants de fait sont également susceptibles de se voir reprocher la qualification d'abus de biens sociaux. Ainsi, l'article L. 241-9 du Code de commerce précise-t-il que les dispositions susmentionnées « sont applicables à toute personne qui, directement ou par personne interposée, aura, en fait, exercé la gestion d'une société à responsabilité limitée sous le couvert ou au lieu et place de son gérant légal ». Il en va de même pour les sociétés anonymes et les sociétés en commandite par actions (C. com., art. L. 246-2) ainsi que les sociétés par actions simplifiées (C. com., art. L. 244-4).

En troisième lieu, l'objet de l'infraction d'abus de biens sociaux peut être considéré comme une condition préalable, quoiqu'il soit aussi possible d'en faire une composante de l'élément matériel du délit. L'infraction se décompose en effet en abus des biens ou du crédit de la société (C. com., art. L. 241-3, 4° et L. 242-6, 3°) ou en abus des pouvoirs ou des voix (C. com., art. L. 241-3, 5° et L. 242-6, 4°). La notion de biens renvoie au patrimoine de la société, qu'il s'agisse de biens meubles ou immeubles, corporels ou incorporels, tandis que le crédit fait référence à la renommée de la société, à sa capacité financière vis-à-vis des tiers. Les pouvoirs recouvrent les prérogatives des dirigeants alors que les voix désignent en particulier les procurations ou pouvoirs pour voter aux assemblées générales.

B • Les conditions préalables de la banqueroute

La condition préalable tenant à la qualité de l'auteur est plus large en matière de banqueroute qu'en matière d'abus de biens sociaux. L'article L. 654-1 du Code de commerce en fournit une liste divisée en trois catégories de personnes. En premier lieu, peut être banqueroutier « toute personne exerçant une activité commerciale ou artisanale, à tout agriculteur et à toute personne physique exerçant une activité professionnelle indépendante, y compris une profession libérale soumise à un statut législatif ou réglementaire ou dont le titre est protégé ». Cette première catégorie démontre que l'infraction est loin d'être limitée aux seuls dirigeants de sociétés commerciales. En deuxième lieu, « toute personne qui a, directement ou indirectement, en droit ou en fait, dirigé ou liquidé une personne morale de droit privé » est susceptible de se voir imputer le délit. En troisième lieu, la liste des banqueroutiers potentiels est complétée des « personnes physiques représentants permanents de personnes morales dirigeants des personnes morales » de la deuxième catégorie susmentionnée.

Une seconde condition préalable, de nature procédurale, doit être caractérisée. En effet, l'article L. 654-2 du Code de commerce débute de la façon suivante : « En cas d'ouverture d'une procédure de redressement judiciaire ou de liquidation judiciaire ». Il doit donc exister une décision d'ouverture d'une procédure de redressement ou de liquidation judiciaire qui suffit à engager les poursuites. Il importe peu que ce jugement d'ouverture soit ensuite annulé par la cour d'appel (Crim. 20 mai 2015, n° 13-87.727). Le juge de la procédure collective fixe une date de cessation des paiements qui peut être retenue par le juge pénal, qui a toutefois la faculté de retenir une autre date (Crim. 18 nov. 1991, n°s 90-83.775 et 91-81.646). Si l'existence d'une cessation des paiements constitue une condition nécessaire à la caractérisation du délit de banqueroute, il n'en reste pas moins que les actes incriminés peuvent être antérieurs à cette situation.

II • La caractérisation et la répression des délits d'abus de biens sociaux et de banqueroute

A • Les éléments matériel et moral des délits d'abus de biens sociaux et de banqueroute

Au titre de l'élément matériel, l'abus de biens sociaux recouvre en réalité quatre délits distincts selon l'objet sur lequel il porte. Il consiste en un usage contraire à l'intérêt social des biens, du crédit, des pouvoirs ou des voix. Si la notion d'usage renvoie, au premier abord, à un acte positif, elle peut aussi recouvrer une abstention. Ainsi en va-t-il par exemple du dirigeant qui s'abstiendra de réclamer le paiement d'une facture à un client (par ex., Crim. 15 mars 1972, n° 71-91.378). La contrariété à l'intérêt social n'implique pas nécessairement l'existence d'une perte pour la société, un simple risque d'une telle perte suffit de même que l'absence de toute contrepartie à l'acte.

Au titre de l'élément moral, la lecture des articles L. 241-3 et L. 242-6 du Code de commerce permet de constater la cohabitation d'un dol général et d'un dol spécial, même si l'analyse de la jurisprudence révèle une conception beaucoup plus compréhensive de l'intention requise pour caractériser le délit. L'agent doit, « de mauvaise foi », réaliser un acte qu'il sait contraire à l'intérêt social. La volonté d'accomplir un acte dont l'auteur a connaissance de sa contrariété à l'intérêt social correspond parfaitement à la définition du dol général. En outre, l'auteur doit avoir agi « à des fins personnelles ou pour favoriser une autre société ou entreprise dans laquelle il [...] [est] intéressé [...] directement ou indirectement ». L'intérêt personnel peut être moral ou matériel et peut donc consister à fournir un avantage à une autre société. Il suffit que l'acte n'ait pas été réalisé dans le seul intérêt de la société pour pouvoir constater l'existence d'un intérêt personnel (Crim. 11 janvier 1996, n° 95-81.776).

Un fait justificatif spécifique consiste dans l'intérêt du groupe de sociétés. À ce titre, le célèbre arrêt *Rozenblum* (Crim. 4 févr. 1985, n° 84-91.581) énonce que, pour échapper à la répression, « le concours financier apporté par les dirigeants de fait ou de droit d'une société, à une autre entreprise d'un même groupe dans laquelle ils sont intéressés directement ou indirectement, doit être dicté par un intérêt économique, social ou financier commun, apprécié au regard d'une politique élaborée pour l'ensemble de ce groupe, et ne doit ni être démuni de contrepartie ou rompre l'équilibre entre les engagements respectifs des diverses sociétés concernées, ni excéder les possibilités financières de celle qui en supporte la charge ».

Au titre de l'élément matériel de la banqueroute, l'article L. 654-2 du Code de commerce prévoit cinq comportements répréhensibles. Commet le délit celui qui a « dans l'intention d'éviter ou de retarder l'ouverture de la procédure de redressement judiciaire ou de liquidation judiciaire, soit fait des achats en vue d'une revente au-dessous du cours, soit employé des moyens ruineux pour se procurer des fonds ». Si l'élément moral de l'infraction sera examiné plus loin, il doit d'ores et déjà être constaté que cette modalité de commission de l'infraction suppose un dol spécial (« dans l'intention d'éviter ou de retarder l'ouverture de la procédure de redressement judiciaire ou de liquidation judiciaire »). Par ailleurs, les actes considérés sont nécessairement antérieurs à la constatation de la cessation des paiements. Les deuxième et troisième types de comportements, prévus par l'article L. 654-2 du Code de commerce, consistent d'une part au détournement ou à la dissimulation de tout ou partie de l'actif du débiteur et d'autre part à l'augmentation frauduleuse du passif de celui-ci. Ils sont comparables à l'usage contraire à l'intérêt social qui caractérise l'abus de biens sociaux. Les deux derniers comportements consistent d'une part à « avoir tenu une comptabilité fictive ou fait disparaître des documents comptables de l'entreprise ou de la personne morale ou s'être abstenu de tenir toute comptabilité lorsque les textes applicables en font obligation » et d'autre part à « avoir tenu une comptabilité manifestement incomplète ou irrégulière au regard des dispositions légales ».

S'agissant de l'élément moral de la banqueroute, il est certain qu'un dol général est toujours exigé. Il consiste en la volonté d'accomplir l'acte prohibé tout en ayant conscience de l'état de cessation des paiements ou, à tout le moins, de la situation irrémédiablement compromise de la société.

B • La répression des délits d'abus de biens sociaux et de banqueroute

Dans sa forme simple, l'abus de biens sociaux est réprimé de cinq ans d'emprisonnement et de 375 000 euros (C. com., art. L. 241-3, 4° et 5° ; art. L. 242-6, 3° et 4°).

Le dernier alinéa des articles L. 241-3 et L. 242-6 du Code de commerce prévoit une circonstance aggravante portant les peines à sept ans d'emprisonnement et 500 000 euros. Elle ne concerne que l'abus des biens ou du crédit de la société, à l'exclusion donc de l'abus des pouvoirs et des voix. Il s'agit de l'infraction « réalisée ou facilitée au moyen soit de comptes ouverts ou de contrats souscrits auprès d'organismes établis à l'étranger, soit de l'interposition de personnes physiques ou morales ou de tout organisme, fiducie ou institution comparable établis à l'étranger ».

À titre de peines complémentaires, la juridiction répressive peut notamment d'une part prononcer l'interdiction des droits civiques, civils et de famille de l'article 131-26 du Code pénal et d'autre part « l'interdiction, suivant les modalités prévues par l'article 131-27 du Code pénal, soit d'exercer une fonction publique ou d'exercer l'activité professionnelle ou sociale dans l'exercice ou à l'occasion de l'exercice de laquelle l'infraction a été commise, soit d'exercer une profession commerciale ou industrielle, de diriger, d'administrer, de gérer ou de contrôler à un titre quelconque, directement ou indirectement, pour leur propre compte ou pour le compte d'autrui, une entreprise commerciale ou industrielle ou une société commerciale » (C. com., art. L. 241-3, al. 7 ; L. 242-6, al. 6 ; L. 249-1).

Dans sa forme simple, la banqueroute est punie de cinq ans d'emprisonnement et de 75 000 euros d'amende (C. com., art. L. 654-3). Les peines sont portées à sept ans d'emprisonnement et 100 000 euros d'amende « lorsque l'auteur ou le complice de la banqueroute est un dirigeant d'un prestataire de services d'investissement » (C. com., art. L. 654-4). Les personnes physiques encourent diverses peines complémentaires (C. com., art. L. 654-5). S'agissant des personnes morales, l'article L. 654-7 du Code de commerce rappelle les règles de droit commun dès qu'il expose qu'elles encourent la peine d'amende prévue par l'article 131-38 du Code pénal et les peines mentionnées à l'article 131-39 du même code.

Outils de travail

Textes essentiels

C. com., art. L. 241-3, 4°, 5°.
C. com., art. L. 242-6, 3° et 4°.
C. com., art. L. 654-1 s.

Jurisprudences essentielles

Crim. 4 févr. 1985, n° 84-91.581.
Crim. 11 janv. 1996, n° 95-81.776

Doctrine

B. Bouloc, « Abus de biens sociaux. Pouvoirs des agents de la douane sur réquisitions du procureur de la République », *RTD com.* 2023. 977.
H. Matsopoulou, « Abus de biens sociaux : nouvelles exigences jurisprudentielles favorisant l'exercice de l'action civile individuelle par un associé », *Rev. sociétés* 2023. 619.
L. Saenko, « Abus de biens sociaux : question autour de l'élément matériel et de l'évaluation des intérêts civils », *RTD com.* 2023. 760.

L'appréhension du terrorisme par le droit pénal

Parce qu'il se manifeste par des comportements d'une extrême violence et constitue une menace pour les fondements de l'État de droit, le terrorisme fait l'objet d'une forte réprobation sociale qui se traduit par un traitement spécifique en droit pénal de fond, comme en procédure pénale.
Pour autant, il n'existe pas de législation d'exception. Le droit français ne traite pas le terrorisme comme criminalité de guerre, et c'est aux juridictions judiciaires – et non militaires – qu'il revient de les juger. Depuis maintenant une trentaine d'années, de nombreuses dispositions particulières ont été créées à l'instar du parquet national antiterroriste (PNAT), poursuivant l'objectif d'une répression plus efficace et plus sévère. Le point de départ a été la loi n° 86-1020 du 9 septembre 1986 *relative à la lutte contre le terrorisme*, entrée en vigueur après un contrôle de constitutionnalité (Cons. const. 3 sept. 1986, n° 86-213 DC), qui a appréhendé le terrorisme comme correspondant à l'une des infractions listées dans le Code de procédure pénale et commise en relation avec une entreprise individuelle ou collective ayant pour but de troubler gravement l'ordre public par l'intimidation ou la terreur ». Avec l'entrée en vigueur du Code pénal en 1994, sont apparues des qualifications autonomes. L'efficacité passe désormais par une appréhension très en amont de l'acte terroriste, avec la création d'infractions formelles et d'infractions dites « obstacles », qui posent parfois problème au regard de certains principes constitutionnels. L'écueil à éviter pour le législateur est d'intervenir trop tôt dans l'*iter criminis*. Le mécanisme de la question prioritaire de constitutionnalité paraît de ce point de vue permettre un contrôle des récentes infractions hâtivement créées au lendemain des attentats. C'est dire que le droit pénal entend capter largement les comportements ressortant du terrorisme (I) lequel, par sa réprobation exacerbée, appelle une répression spécifique (II).

I • L'attraction croissante du terrorisme dans le champ de la loi pénale

Le droit pénal français appréhende le terrorisme de diverses manières. S'il a été à l'origine incriminé par référence à certaines infractions de droit commun commises dans un certain contexte, de nombreuses infractions autonomes ont parallèlement été créées (A). Par ailleurs, pour maximiser la prévention, le législateur appréhende très – voire trop – en amont la préparation de l'action terroriste, qu'elle soit collective ou individuelle (B).

A • La pénalisation de la réalisation d'actes à caractère terroriste

1 • L'emprunt classique aux qualifications de droit commun

La loi nº 86-1020 du 9 septembre 1986 a été la première à viser la « lutte contre le terrorisme ». Elle a créé une catégorie d'infractions « en relation avec une entreprise individuelle ou collective ayant pour but de troubler gravement l'ordre public par l'intimidation ou la terreur », pour en tirer des conséquences essentiellement procédurales. Le Code pénal de 1992 a créé, au sein du Livre IV intitulé « Des crimes et délits contre la nation, l'État et la paix publique », un Titre II traitant directement du terrorisme.

L'article 421-1 du Code pénal, qui ne cesse d'être modifié depuis lors, fixe la liste des infractions correspondant à des actes de terrorisme, la condition étant qu'elles soient commises « intentionnellement en relation avec une entreprise individuelle ou collective ayant pour but de troubler gravement l'ordre public par l'intimidation ou la terreur ».

Cette méthode d'incrimination révèle l'importance de l'intention et du but poursuivi par l'auteur, l'atteinte pouvant indifféremment être portée à des personnes, à des biens, ou encore aux intérêts de la Nation. L'élément intentionnel se dédouble : les juges doivent caractériser à la fois le dol général et le dol spécial. La chambre criminelle l'a rappelé dans l'affaire *Tarnac*, confirmant l'absence de qualification terroriste en raison du défaut de cet élément spécifique (Crim. 10 janv. 2017, nº 16-84.596).

2 • La multiplication des infractions terroristes autonomes

Ces dernières années ont vu la législation s'enrichir de nombreuses infractions terroristes, dont les éléments constitutifs ne sont plus définis par référence à des infractions classiques. Outre les infractions liées à la préparation de tels actes, qui seront abordées ultérieurement, ont par exemple été créés dans le Code pénal :

- le terrorisme écologique (C. pén., art. 421-2) ;
- le financement d'une entreprise terroriste (C. pén., art. 421-2-2) ;
- la non-justification de ressources (C. pén., art. 421-2-3).

La loi nº 2012-1432 du 21 décembre 2012 a également créé une infraction formelle de provocation à un acte à caractère terroriste par voie d'offres, de promesses, de dons, de menaces ou de pressions.

La loi nº 2014-1353 du 13 novembre 2014 *renforçant les dispositions relatives à la lutte contre le terrorisme* a déplacé le délit d'apologie et de provocation au terrorisme dans le Code pénal, le sortant ainsi du champ de l'article 24 de la loi du 29 juillet 1881 sur la liberté de la presse.

Le nouvel article 421-2-5 du Code pénal vient réprimer le fait de provoquer directement à des actes de terrorisme ou de faire publiquement l'apologie de ces actes (sur la conformité du délit : Cons. const. 18 mai 2018, nº 2018-706 QPC, après que la Cour de cassation ait d'abord refusé de transmettre la question en considérant que « les termes de l'article 421-2-5 du Code pénal, qui laissent au juge le soin de qualifier des comportements que le législateur ne peut énumérer *a priori* de façon exhaustive, sont suffisamment clairs et précis pour que l'interprétation de ce texte, qui entre dans l'office du juge pénal, puisse se faire sans risque d'arbitraire » [Crim. 1er déc. 2015, nº 15-90.017]). La condition de publicité n'est ainsi exigée que pour l'apologie du terrorisme qui consiste à présenter ou commenter des actes de terrorisme en portant sur eux un jugement moral favorable (Crim. 11 juill. 2017, nº 16-86.965 ; Crim. 4 juin 2019, nº 18-85.042). Dans un récent arrêt, la chambre criminelle précise que pour caractériser l'élément moral de l'infraction de recel d'apologie du terrorisme, doit être rapporté, d'une part, comme pour le recel « classique », le fait que le prévenu s'est procuré et a détenu en toute connaissance de cause une chose provenant d'un crime ou d'un délit et, d'autre part, que le receleur s'associe à l'idéologie

prônée. En l'espèce, le fait de détenir, à la suite d'un téléchargement, effectué en connaissance de cause, des fichiers caractérisant l'apologie d'actes de terrorisme, tout en adhérant à l'idéologie exprimée permet de caractériser le recel de cette infraction (Crim. 7 janv. 2020, n° 19-80.136).
Illustrant l'influence du terrorisme sur les infractions de droit commun visant à la protection des personnes, cette même loi a modifié l'article 227-24 du Code pénal qui réprime désormais la mise en péril des mineurs par fabrication, transport, diffusion de messages « incitant au terrorisme », ou par le commerce fait de tels messages. Le Conseil constitutionnel a dernièrement considéré que le délit de recel d'apologie d'actes de terrorisme porte, à la liberté d'expression et de communication, une atteinte qui n'est pas nécessaire, adaptée et proportionnée. Il formule par conséquent, au sujet des mots « ou de faire publiquement l'apologie de ces actes » figurant à l'article 421-2-5 du Code pénal, une réserve d'interprétation (Cons. const. 19 juin 2020, n° 2020-845 QPC). Toutefois, sous cette réserve, le texte est déclaré conforme à la Constitution.
Est encore incriminé, sous réserve de quelques exceptions, le fait de fournir à la personne auteur ou complice d'un crime ou d'un acte de terrorisme, puni d'au moins dix ans d'emprisonnement, un logement, un lieu de retraite, des subsides, des moyens d'existence ou tout autre moyen de la soustraire aux recherches ou à l'arrestation (C. pén., art. 434-6).
Le législateur ne cesse de tenter de s'adapter aux nouvelles formes de criminalité terroriste. Constitue un parfait exemple de cette volonté d'embrasser tous types de comportements la création du délit spécifique d'entrave au blocage des services de communication en ligne faisant l'apologie d'actes de terrorisme ou provoquant à de tels actes, créé par la loi n° 2016-731 du 3 juin 2016 à l'article 421-2-5-1 du Code pénal. Cette infraction pour le moins précise dans sa matérialité permet d'appréhender les entraves faites aux blocages administratifs ou judiciaires de sites Internet incitant à la provocation d'actes terroristes ou en faisant l'apologie.

B • La pénalisation de la préparation d'actes à caractère terroriste

1 • La préparation collective d'actes terroristes

C'est la loi du 22 juillet 1996 qui a introduit la répression du terrorisme par association de malfaiteurs, à l'article 421-2-1 du Code pénal. Celui-ci se définit comme « le fait de participer à un groupement formé ou à une entente établie en vue de la préparation, caractérisée par un ou plusieurs faits matériels, d'un des actes de terrorisme mentionnés aux articles précédents ».
À titre d'exemple, se rend coupable de l'infraction de participation à une association de malfaiteurs en relation avec une entreprise terroriste l'association qui apporte, en connaissance de cause, un soutien logistique et financier à une organisation classée comme terroriste (Crim. 21 mai 2014, *Bull. crim.* n° 136).
L'opportunité de créer cette infraction spécifique a été discutée, puisqu'elle rejoint directement les éléments constitutifs de l'association de malfaiteurs déjà prévue par l'article 450-1 du Code pénal. La chambre criminelle a récemment souligné sa nature d'infraction obstacle, en rappelant au visa des articles 421-2-1 et 421-6 du Code pénal que l'association de malfaiteurs constitue une infraction indépendante, tant des crimes préparés ou commis par certains de ses membres, que des infractions caractérisées par certains des faits qui la concrétisent. Il n'est donc pas possible de prendre appui sur ces faits pour juger de la matérialité constitutive de l'association, laquelle n'est pas tributaire de la preuve établie, soit de crimes d'atteintes aux personnes, soit de destructions ou de l'emploi de substances susceptibles d'entraîner la mort d'une ou de plusieurs personnes (Crim. 12 juill. 2016, n° 16-82.692 ; Crim. 20 févr. 2019, n° 18-80.777).

Dans le même esprit, la juridiction d'instruction n'a pas à exiger, pour retenir la circonstance aggravante prévue par l'article 421-6, 1°, du Code pénal, « la démonstration de la connaissance précise et concrète, par la personne dont elle retient, par ailleurs, qu'elle aurait participé à un groupement formé ou une entente établie en vue de la préparation d'un acte de terrorisme, du projet d'attenter volontairement à la vie ou à l'intégrité de personnes fomenté par l'auteur, alors que la peine criminelle prévue par ledit texte est encourue par celui qui s'est associé à une telle entreprise terroriste et qu'il est démontré que celle-ci avait pour objet la commission de l'une des infractions énumérées par cette disposition légale » (Crim. 7 oct. 2016, n° 16-84.597).

La Cour de cassation a récemment donné des indications concernant la caractérisation de l'élément moral de l'infraction d'association de malfaiteurs terroristes. En effet, par un arrêt du 5 septembre 2018, la chambre criminelle est revenue sur sa jurisprudence du 7 février 2017, rendue dans le même dossier, en considérant que l'achat d'un billet d'avion à son mari pour la Turquie et la présence d'une arme au domicile de l'épouse ne pouvaient en l'espèce caractériser l'élément intentionnel de l'infraction d'association de malfaiteurs terroristes, dès lors que l'épouse avait conditionné son aide financière au fait que son mari ne soit plus soldat de l'État islamique et que l'arme était destinée à leur sécurité privée (Crim. 5 sept. 2017, n° 17-82.994).

2 • La préparation individuelle d'actes terroristes

Pour prévenir le phénomène dit des « loups solitaires », la loi du 13 novembre 2014 a ajouté à l'arsenal juridique un nouveau délit obstacle d'entreprise terroriste individuelle (C. pén., art. 421-2-6).

À la différence de l'association de malfaiteurs terroriste, cette infraction exige une pluralité de faits matériels, censés traduire une certaine détermination dans le passage à l'acte. Est incriminé le fait de détenir, de rechercher, de se procurer ou de fabriquer des objets ou des substances de nature à créer un danger pour autrui, auquel s'ajoute au moins un autre acte, consistant par exemple à recueillir des renseignements sur des lieux ou des personnes ou se former au maniement d'armes.

Ce faisant, le législateur a souhaité intervenir très tôt dans l'*iter criminis*. Cette façon de procéder n'est pas sans poser des difficultés au regard des principes constitutionnels de légalité et de nécessité des incriminations, à tel point que la chambre criminelle a renvoyé au Conseil constitutionnel, par un arrêt du 25 janvier 2017 (n° 16-90.030), une question prioritaire de constitutionnalité portant sur cette disposition. Dans sa décision, le Conseil constitutionnel, après avoir formulé une réserve d'interprétation relative à la preuve de l'intention délictuelle, censure partiellement la disposition contestée. La preuve de l'intention de l'auteur des faits de préparer une infraction en relation avec une entreprise individuelle terroriste ne saurait résulter des seuls faits matériels retenus comme actes préparatoires. Ces faits matériels doivent corroborer l'intention de l'agent, ce qui implique d'établir la preuve de l'intention. En conséquence, « le délit réprimé par les dispositions contestées ne peut être constitué que si plusieurs faits matériels ont été constatés et s'il est établi que ces faits caractérisent la préparation d'une infraction à caractère terroriste ». La preuve de l'intention ne saurait donc résulter des seuls faits matériels retenus comme actes préparatoires.

À cette réserve d'interprétation succède une inconstitutionnalité car, en retenant au titre des faits matériels pouvant constituer un acte préparatoire le fait de « rechercher » des objets ou des substances de nature à créer un danger pour autrui, sans circonscrire les actes pouvant constituer une telle recherche dans le cadre d'une entreprise individuelle terroriste, le législateur a permis que soient réprimés des actes ne matérialisant pas, en eux-mêmes, la volonté de préparer une infraction. En conséquence, « les mots de "rechercher" figurant au 1° du paragraphe 1 de l'article 421-2-6 sont manifestement contraires au principe de nécessité des délits et des peines » et « doivent être déclarés contraires à la Constitution » (Cons. const. 7 avr. 2017, n° 2017-625 QPC).

Cette inconstitutionnalité succède à celle de l'article 421-2-5-2 du Code pénal issu de la loi n° 2016-731 du 3 juin 2016, qui incriminait « le fait de consulter habituellement un service de communication au public en ligne mettant à disposition des messages, images ou représentations soit provoquant directement à la commission d'actes de terrorisme, soit faisant l'apologie de ces actes lorsque, à cette fin, ce service comporte des images ou représentations montrant la commission de tels actes consistant en des atteintes volontaires à la vie ». Par une décision n° 2016-611 QPC du 10 février 2017, le Conseil constitutionnel a déclaré ce texte contraire à la Constitution, la déclaration d'inconstitutionnalité prenant effet immédiatement et s'appliquant donc à toutes les instances non définitivement jugées.
Mais la loi n° 2017-258 du 28 février 2017 a modifié l'article 421-2-5-2 du Code pénal en réduisant quelque peu son champ d'application, notamment en imposant que la consultation « s'accompagne d'une manifestation de l'adhésion à l'idéologie exprimée sur ce service », et en créant une notion de « motif légitime ». Encadrement manifestement insuffisant, le Conseil constitutionnel a censuré une seconde fois cette disposition en considérant qu'elle porte une atteinte à l'exercice de la liberté de communication qui n'est pas nécessaire, adaptée et proportionnée (Cons. const. 15 déc. 2017, n° 2017-682 QPC).

II • La répression spécifique du terrorisme

Si la loi pénale incrimine de plus en plus largement tout comportement en lien direct ou indirect avec l'action terroriste, elle est également organisée de telle sorte que la réponse pénale soit particulièrement sévère. Cette spécificité répressive se manifeste sur le plan de l'application de la loi pénale dans l'espace (A) comme sur celui de la sanction (B).

A • L'extension de la compétence personnelle

Le terrorisme reçoit tout d'abord un traitement spécifique s'agissant de l'applicabilité de la loi pénale française (et par conséquent de la compétence du juge français en application du principe de solidarité des compétences législative et judiciaire). De manière originale, la loi n° 2012-1432 du 21 décembre 2012 *relative à la sécurité et à la lutte contre le terrorisme*, adoptée consécutivement à l'affaire *Merah*, a créé un article 113-13 dans le Code pénal, qui dispose que « la loi pénale française s'applique aux crimes et délits qualifiés d'actes de terrorisme et réprimés par le Titre II du Livre IV commis à l'étranger par un Français ou par une personne résidant habituellement sur le territoire français ».
La compétence personnelle active s'étend donc en la matière aux étrangers dès lors qu'ils vivent habituellement en France. Il s'agit d'un véritable chef de compétence spéciale, lié à la matière terroriste, qui se situe entre la compétence universelle et la compétence personnelle active. La doctrine a pu s'interroger sur l'utilité de ce nouveau texte, dans la mesure où, dans la plupart des cas, même lorsque l'infraction est commise à l'étranger, les autres chefs de compétence suffisent à entraîner l'application de la loi française.
Il résulte des travaux parlementaires que le législateur a ce faisant entendu saisir les comportements délictueux de participation à un camp d'entraînement terroriste situé à l'étranger (J. Mézard, *Rapport sur le projet de loi relatif à la sécurité et la lutte contre le terrorisme*, Rapp. Sénat n° 35, 10 oct. 2012, p. 21). Ce fondement d'application de la loi pénale française permet d'échapper aux conditions restrictives attachées à la personnalité active comme passive (double incrimination, critères procéduraux

posés à l'article 113-8 du Code pénal, respect du principe *non bis in idem* prévu à l'article 113-9 du Code pénal). Si elle peut paraître anecdotique, cette extension particulière du rayonnement de la loi pénale dans l'espace est parfaitement révélatrice de l'objectif du droit substantiel qui est d'abolir tout obstacle à l'appréhension pénale des comportements terroristes.

B • Les particularités de la sanction

1 • La sévérité des peines

Si les infractions terroristes ne sont pas, à proprement parler, dérogatoires au droit commun, l'échelle des peines qui leur sont applicables est relevée d'un degré par rapport aux qualifications de référence. Ainsi, en la matière, et en application de l'article 421-3 du Code pénal, la peine privative de liberté est portée :

– au double lorsque l'infraction est punie habituellement d'un emprisonnement de trois ans au plus ;

– à sept et dix ans lorsque les peines de droit commun sont punies respectivement de cinq et sept ans d'emprisonnement ;

– à quinze et vingt ans de réclusion criminelle lorsque les peines de droit commun sont respectivement de dix ans et de quinze ans ;

– à vingt ans ou trente ans de réclusion au lieu de quinze ou vingt ans de réclusion ;

– enfin, à la peine de trente années de réclusion se substitue une peine de réclusion criminelle à perpétuité.

L'article 131-4 du Code pénal fixe pourtant, de manière générale et *a priori* inflexible, « l'échelle des peines d'emprisonnement ». Mais il ne s'agit que d'une norme légale et le Conseil constitutionnel n'a pas estimé devoir sanctionner une quelconque disproportion dans la fixation de la peine.

Toujours dans le sens d'une grande sévérité, il faut noter que la loi du 3 juin 2016 a supprimé toutes les références faites à la période de sûreté aux articles 421-1 à 421-6 du Code pénal et a créé un article 421-7. Ce faisant, la « perpétuité réelle » a été étendue à la totalité des crimes terroristes punis de la réclusion criminelle à perpétuité. Elle ne concernait jusqu'alors que les crimes prévus aux articles 221-3, al. 2, et 221-4, al. 2, du Code pénal, soit le meurtre d'un mineur accompagné de tortures ou actes de barbarie et le meurtre d'un représentant de l'autorité publique.

Il ne s'est pas agi ici pour le législateur de créer une nouvelle peine pour les infractions terroristes, mais d'étendre le champ d'application de la perpétuité incompressible à ses auteurs.

Enfin, ne peuvent manquer d'être abordées les sanctions administratives encourues par les auteurs d'infractions terroristes, et notamment la déchéance de nationalité française, prévue à l'article 25 du Code civil depuis la loi n° 96-647 du 22 juillet 1996. Cette déchéance prononcée par la juridiction administrative ne peut toutefois avoir pour effet de rendre apatride la personne qui en est frappée, et n'est encourue que si les faits de terrorisme reprochés à l'intéressé se sont produits antérieurement à l'acquisition de la nationalité française ou dans le délai de quinze ans à compter de la date de cette acquisition, de même qu'elle ne peut être prononcée que dans le délai de quinze ans à compter de la perpétration desdits faits, en application de l'article 25-1 du Code civil. Ce texte a été déféré au Conseil constitutionnel qui a écarté toute atteinte au principe d'égalité (Cons. const. 16 juill. 1996, n° 96-377 DC ; v. aussi : Cons. const. 23 janv. 2015, n° 2014-439 QPC).

Les parlementaires souhaitaient mettre en place un régime plus sévère que les mesures administratives individuelles de contrôle administratif et de surveillance (MICAS), sans toutefois en faire une peine, afin de permettre sa rétroactivité. Selon la proposition de loi, la personne condamnée à une peine privative de liberté d'une durée d'au moins cinq ans, qui présentait, à l'issue de sa peine, une « particulière dangerosité caractérisée par une probabilité très élevée de récidive et par une adhésion persistante à une idéologie ou à des thèses incitant à la commission d'actes de terrorisme », pouvait se voir contraindre à un certain nombre de mesures de sûreté. Cela pendant dix ans, avec une révision annuelle. La personne aurait ainsi pu être obligée d'établir sa résidence dans un lieu déterminé (éventuellement un établissement d'accueil), obtenir une autorisation pour changer d'emploi ou de résidence, pointer trois fois par semaine au commissariat, voire être placée sous surveillance électronique mobile (avec son accord).

Après de longs débats internes, le Conseil d'État avait donné un avis favorable au texte, tout en soulignant qu'il était difficile de garantir sa constitutionnalité. Il avait suggéré différentes modifications, toutes reprises par les députés et les sénateurs. Nonobstant, le Conseil a censuré la quasi-totalité de la proposition de loi qui visait ainsi à créer un nouveau régime de sûreté à l'encontre des auteurs d'infractions terroristes à l'issue de leur peine (Cons. const. 7 août 2020, n° 2020-805 DC).

2 • La prise en compte du repentir

Dès la loi du 9 septembre 1986, la loi pénale a prévu des exemptions et des réductions de peine pour les repentis, c'est-à-dire pour les personnes qui permettent de prévenir la réalisation de l'infraction ou d'en limiter les conséquences, ou encore de faciliter l'identification et la poursuite de ses auteurs. Aux termes de l'article 422-1 du Code pénal, inchangé depuis l'entrée en vigueur de ce code en 1994, « Toute personne qui a tenté de commettre un acte de terrorisme est exempte de peine si, ayant averti l'autorité administrative ou judiciaire, elle a permis d'éviter la réalisation de l'infraction et d'identifier, le cas échéant, les autres coupables ».

Le principe de l'exemption de peine n'est pas propre au terrorisme, puisqu'il est également, et par exemple, reconnu en matière de crimes et délits contre les intérêts fondamentaux de la Nation (C. pén., art. 414-2 et 414-3), de fausse monnaie (C. pén., art. 442-9) et d'association de malfaiteurs (C. pén., art. 450-2). Il existe néanmoins une différence importante de régime, dans la mesure où dans ces derniers cas, seules des infractions précisément déterminées peuvent être dénoncées à fin d'exemption. Au contraire, en matière de terrorisme, eu égard au large panel de comportements incriminés, aucune limite de ce type n'est posée. Selon l'article 422-2 du même code, l'auteur ou le complice de l'infraction voit sa peine encourue réduite de moitié (ou passer de la réclusion criminelle à perpétuité à vingt ans de réclusion), « si, ayant averti les autorités administratives ou judiciaires, il a permis de faire cesser les agissements incriminés ou d'éviter que l'infraction n'entraîne mort d'homme ou infirmité permanente et d'identifier, le cas échéant, les autres coupables ».

Outils de travail

Textes essentiels

C. pén., art. 421-1 : liste des infractions correspondant à des actes de terrorisme, étant précisé qu'elles doivent être commises avec l'intention de susciter « la terreur ».
C. pén., art. 421-2-1 : association de malfaiteurs en vue de la préparation d'actes terroristes.
C. pén., art. 421-2-2 : financement d'une entreprise terroriste.
C. pén., art. 421-2-3 : non-justification de ressources correspondant à son train de vie, tout en étant en relations habituelles avec une ou plusieurs personnes se livrant à l'un ou plusieurs des actes visés aux articles précédents.
C. pén., art. 421-2-5 : provocation directe ou apologie publique du terrorisme.
C. pén., art. 421-2-6 : délit d'entreprise terroriste individuelle.
C. pén., art. 421-3 : relèvement du maximum de la peine privative de liberté encourue pour les infractions de référence.

Jurisprudences essentielles

Crim. 21 mai 2014, *Bull. crim.* n° 136 : est justifiée la décision de la cour d'appel qui déclare une association coupable d'association de malfaiteurs en relation avec une entreprise terroriste, financement du terrorisme, par des constatations qui établissent que certains membres identifiés de cette association, mandatés par une organisation terroriste et également poursuivis, organisaient, supervisaient, coordonnaient la partie clandestine des activités de cette association, au profit de l'organisation terroriste, notamment les réunions régulières de cadres venus de divers pays européens, la propagande, le recueil des fonds, la tenue de la comptabilité et, plus généralement, dirigeaient, pour son compte, les opérations représentant la contribution délibérée de celle-ci au soutien de l'organisation terroriste.
Crim. 12 juill. 2016, n° 16-82.692 : la chambre criminelle accueille le pourvoi d'un procureur général à l'encontre d'un arrêt d'une chambre de l'instruction qui avait confirmé le refus d'une mise en examen supplétive en exigeant, afin de caractériser l'infraction d'association de malfaiteurs, la démonstration de la participation à la préparation ou à la réalisation de certains crimes. Elle rappelle qu'il s'agit d'une infraction indépendante, tant des crimes préparés ou commis par certains de ses membres, que des infractions caractérisées par certains des faits qui la concrétisent.
Crim. 7 oct. 2016, n° 16-84.597 : la Cour de cassation considère qu'est punissable en tant que crime la participation à un groupement formé ou à une entente établie en vue de la préparation, caractérisée par un ou plusieurs faits matériels, d'un acte de terrorisme, dès lors qu'il a pour objet de porter volontairement atteinte à la vie ou à l'intégrité de la personne.
Crim. 10 janv. 2017, n° 16-84.596 : dans l'affaire dite « Tarnac », la chambre criminelle approuve la juridiction d'instruction d'avoir écarté la qualification terroriste lors du renvoi, dès lors qu'il n'est pas démontré que les infractions auraient été commises en relation avec une entreprise individuelle ou collective ayant pour but de troubler gravement l'ordre public par l'intimidation ou la terreur.
Crim. 7 janv. 2020, n° 19-80.136 : la caractérisation de l'infraction de recel d'apologie d'actes de terrorisme nécessite que soit apportée la preuve de l'adhésion du prévenu à l'idéologie. Cette adhésion aux idées terroristes doit s'ajouter au fait de détenir, en toute connaissance de cause, une chose provenant d'un crime ou d'un délit.

Pour aller plus loin

Dossier : « Lutte contre le terrorisme », *AJ pénal* 2016. 407 s.
J. Alix, « La qualification terroriste après l'arrêt du 10 janvier 2017 (affaire dite "de Tarnac") », *AJ pénal* 2017. 79.
O. Décima, « Terreur et métamorphose (à propos de la loi du 3 juin 2016) », *D.* 2016. 1826.
P. Segur, « Le terrorisme et les libertés sur l'internet », *AJDA* 2015. 160.
Y. Mayaud, « La politique d'incrimination du terrorisme à la lumière de la législation récente », *AJ pénal* 2013. 442.
T. Herran, « La nouvelle compétence française en matière de terrorisme – Réflexions sur l'article 113-13 du Code pénal », *Dr. pénal* n° 4, avr. 2013, étude 10.
P. Conte, « Apologie d'actes de terrorisme – la notion d'apologie », *Dr. pénal* n° 10, oct. 2019, comm. 161.

LE DROIT PÉNAL

Annales et exercices corrigés

Consultation

Sujet de l'examen national 2023

SUJET

Antoine est spécialiste dans la vente de téléphones portables à La Rochelle et gérant de la société *CellBusiness*. Sa société a été créée au début de l'année 2020 grâce aux financements de plusieurs fonds d'investissement et comprend trois employés. *CellBusiness* est rapidement devenue leader dans le marché des téléphones reconditionnés.

Malheureusement, depuis quelques temps, l'activité de la société a considérablement diminué. Il faut dire qu'Antoine rencontre quelques difficultés.

Au mois de décembre 2022, l'un de ses employés, Jean, a grièvement été blessé par l'effondrement du toit de la réserve consécutif à de fortes pluies, toit sur lequel la société *Répar'tout* avait précédemment effectué des travaux d'étanchéité. Au moment de leur intervention, les services de secours ont constaté la présence de débris végétaux et une obturation des deux gouttières du toit ayant entrainé une stagnation de l'eau. Antoine était pourtant conscient de la nécessité de débarrasser les feuilles et branchages de son toit puisqu'il enlevait de temps à autre la végétation et tentait de maintenir en état de fonctionnement les évacuations d'eaux pluviales. Afin d'économiser le coût d'un contrat d'entretien, il avait toutefois préféré s'en occuper lui-même.

Antoine est néanmoins peu inquiet : si son employé est encore plongé dans le coma aujourd'hui, il reste persuadé que la société *Répar'tout* est la seule fautive. Non seulement des travaux ont été effectués, mais cette société est intervenue, par la suite pour un contrôle d'étanchéité. Or, à l'occasion de cette visite, elle n'a ni vu ni corrigé certaines petites malfaçons commises par ses ouvriers. Selon Antoine, ces défauts sont à l'origine de la présence d'une quantité d'eau importante sur le toit dont le poids excessif a provoqué l'effondrement.

Mais les problèmes d'Antoine ne s'arrêtent pas là. Entre le 1er janvier 2020 et le 21 septembre 2022, il est suspecté d'avoir fait appel à des employés des sous-traitants de grands opérateurs de téléphonie afin d'obtenir des codes NCK, connus sous le nom de codes de « desimlockage ». Ces codes permettent de déverrouiller un téléphone vendu avec une carte SIM par un opérateur de téléphonie mobile, afin de pouvoir l'utiliser avec la carte SIM d'un autre opérateur. Cette opération permettait à Antoine de débloquer très facilement des téléphones sans l'accord des opérateurs concernés, dans le but de les revendre à un prix plus intéressant pour les clients.

Antoine aurait agi pendant un temps avec sa sœur Mélina qui vit au Portugal. Celle-ci se serait arrangée depuis le Portugal pour obtenir ces codes grâce à la collaboration de deux de ses amis, employés de sociétés sous-traitantes, Karine et Éric, qui vivent et travaillent en France. Ces derniers se seraient chargés d'extraire les codes NCK du système de traitement automatisé qui les contenait et auquel ils avaient l'accès, afin de les transmettre à Antoine.

Après lecture de ces différents faits, il vous est demandé de préciser les qualifications susceptibles d'être retenues, les responsabilités pouvant être engagées et les peines encourues, tant s'agissant de l'accident survenu lors de l'effondrement de la toiture (**10 points**) que s'agissant des faits commis à l'occasion de la revente de téléphones « desimlockés » (**10 points**).

ENJEUX DU SUJET

La difficulté de la première question réside dans le fait que de nombreux protagonistes sont intervenus sur la toiture qui s'est effondrée, de sorte que chacun mérite un développement sur son éventuelle responsabilité pénale, étant entendu qu'ils agissaient tous dans le cadre de leur activité professionnelle. En conséquence, il est nécessaire de s'interroger sur la responsabilité pénale des deux personnes morales concernées par l'accident. Il faut aussi noter que de nombreux éléments de réponse se cachent dans des détails du sujet, ce qui rend indispensable une lecture particulièrement fine.
Dans la seconde question, il faut veiller à ne pas occulter la responsabilité de Mélina, laquelle doit s'analyser sous l'angle de la complicité, et ne doit pas être exclue en raison du fait que l'acte de complicité a été commis à l'étranger.

CORRIGÉ

Le sujet invite à diviser le raisonnement en deux questions principales, à savoir l'accident résultant de l'effondrement de la toiture (I), et les faits commis à l'occasion de la revente de téléphones (II).

I • L'accident causé par l'effondrement de la toiture (10 points)

Antoine est gérant de la société *CellBusiness* située à La Rochelle. En décembre dernier, Jean, l'un de ses employés, a été grièvement blessé par l'effondrement du toit de la réserve à la suite de fortes pluies. Les services de secours intervenant sur les lieux ont constaté la présence de débris végétaux et une obstruction des gouttières ayant entraîné une stagnation de l'eau. Pour économiser le coût d'un contrat d'entretien, Antoine a nettoyé lui-même les gouttières. Par ailleurs, avant l'accident, la société *Répar'tout* avait effectué des travaux d'étanchéité sur la toiture, à l'occasion desquels les ouvriers avaient laissé quelques malfaçons.
L'effondrement du toit du bâtiment de la société *CellBusiness* et le coma de Jean qui en a résulté peuvent engager tant la responsabilité d'Antoine (A), celle de sa société (B), et celle de la société *Répar'tout* et de ses ouvriers (C).

A • La responsabilité d'Antoine pour blessures involontaires

En tout état de cause, la caractérisation de cette infraction suppose la démonstration d'un dommage (1) et d'un lien de causalité entre le fait dommageable et le dommage (2) qui permettra d'identifier *in fine* la nature de la faute à rapporter (3).

1 • Le dommage

Les atteintes involontaires à l'intégrité physique sont des infractions de résultat, c'est-à-dire que la qualification à retenir dépend de la gravité du dommage subi par la victime. Ainsi, les blessures involontaires constituent un délit en cas d'incapacité totale de travail (ITT) supérieure à trois mois (C. pén.

art. 222-19) ou une contravention de la cinquième classe en cas d'ITT inférieure ou égale à trois mois (C. pén. art. R. 625-2).
En l'espèce, la victime est plongée dans le coma depuis le mois de décembre. Dès lors, il conviendra de retenir le délit de blessures involontaires ayant entraîné une ITT supérieure à trois mois.
Le résultat étant caractérisé, il faut encore déterminer si l'éventuelle faute d'Antoine en est la cause.

2 • La causalité

Le lien de causalité entre la faute et le résultat doit être certain (a) et peut être direct ou indirect (b).

a • La caractère certain du lien de causalité

La certitude du lien de causalité s'établit selon deux théories. En premier lieu, la théorie de l'équivalence des conditions conduit à retenir l'ensemble des fautes qui ont concouru à la production du dommage sans les hiérarchiser. Ainsi, tous les actes sans lesquels le dommage ne serait pas survenu sont en lien causal avec le résultat.
En second lieu, la théorie de la causalité adéquate conduit à ne retenir que la faute qui a joué un rôle déterminant dans la réalisation du dommage. Tout fait qui, selon le cours normal des choses, était de nature à engendrer le résultat est cause adéquate du dommage.
La jurisprudence est particulièrement casuistique sur la question en recourant alternativement à l'une ou à l'autre des théories. En toute hypothèse, seule la certitude du lien de causalité entre en compte. Il importe peu que le lien de causalité soit immédiat ou exclusif, c'est-à-dire que le dommage n'a pas forcément eu lieu juste après l'acte de l'auteur, et l'acte ne doit pas nécessairement être la seule cause du dommage infligé à la victime (Crim. 18 juin 2003, n° 02-85.199 ; Crim. 5 oct. 2004, n° 03-86.169).
En l'espèce, si Antoine avait correctement entretenu le toit du bâtiment de son entreprise, l'eau aurait pu s'évacuer, de sorte que l'effondrement n'aurait pas eu lieu. Le défaut d'entretien est donc bien l'une des causes de l'accident suivant l'équivalence des conditions. Par ailleurs, il semble cohérent que selon le cours normal des choses, lorsqu'un toit n'est pas entretenu, les canalisations peuvent être obstruées et l'accumulation d'eau aboutisse à un accident.
En conséquence, les deux théories permettent de considérer qu'un lien de causalité certain entre la négligence d'Antoine et le coma de Jean est établi.

b • Le caractère direct ou indirect du lien de causalité

Le lien de causalité est direct lorsque l'auteur « n'a pas accompli les diligences normales compte tenu, le cas échéant, de la nature de ses missions ou de ses fonctions, de ses compétences ainsi que du pouvoir et des moyens dont il disposait » (C. pén. art. 121-3, al. 3). Autrement dit, le lien de causalité est direct dès lors que l'attitude de l'auteur est un paramètre déterminant dans les causes et les conséquences de l'accident (Crim. 25 sept. 2001, n° 01-80.100). En cette hypothèse, une faute simple suffit pour que l'auteur du comportement soit responsable pénalement. À l'inverse, le lien de causalité est indirect lorsque l'agent a « créé ou contribué à créer la situation qui a permis la réalisation du dommage » ou n'a « pas pris les mesures permettant de l'éviter » (C. pén., art. 121-3, al. 4, dans sa rédaction postérieure à la loi Fauchon du 10 juillet 2000). Dans ce cas de figure, une faute dite « qualifiée » est requise.
Pour déterminer si la causalité est directe ou indirecte, la jurisprudence examine deux critères : d'une part la proximité spatio-temporelle entre la faute et le dommage, et d'autre part le caractère déterminant de la faute dans la réalisation du dommage (Crim. 25 sept. 2001, n° 01-80.100 ; 22 nov. 2022, n° 21-84.575). Sur ce point, il faut préciser que les chefs d'entreprises sont généralement considérés comme des auteurs indirects par la jurisprudence car ils sont responsables des mesures préventives à mettre en place pour protéger le personnel (Crim. 6 déc. 2011, n° 10-87.686).

Or, il ressort des faits de l'espèce qu'Antoine a pris des mesures insuffisantes pour assurer l'évacuation des eaux pluviales en décidant de s'en occuper personnellement et en s'abstenant de déléguer cette tâche à un entrepreneur professionnel. De la sorte, il n'a pas pris les mesures adéquates propres à éviter l'accumulation d'eau, et subséquemment l'effondrement du toit. Notons également que la négligence d'Antoine dans l'entretien de la toiture est bien antérieure à l'accident, de sorte qu'elle est éloignée temporellement du coma subi par son salarié. Partant, le lien de causalité entre sa négligence et le dommage causé à la victime n'est qu'indirect. Une faute dite « qualifiée » doit donc être démontrée.
N.B. : Il était possible de conclure au fait que le lien de causalité était direct dans la mesure où la faute d'Antoine était déterminante dans la production du dommage, comme cela a été démontré s'agissant de la causalité adéquate. En cette hypothèse, il fallait développer la faute simple dans les développements suivants.

3 • La faute

Dès lors que le lien de causalité est indirect, il faut rapporter la preuve d'une faute qualifiée pour établir la culpabilité de l'auteur (C. pén., art. 121-3 al. 4) caractérisées ou une faute délibérée doit être caractérisée pour que l'auteur engage sa responsabilité pénale. La faute caractérisée est celle qui expose autrui à un risque d'une particulière gravité que l'auteur ne pouvait ignorer (Crim. 1er déc. 2010, n° 10-81.189) ou dont il avait été averti (Crim. 2 déc. 2003, n° 03-83.008 ; Crim. 7 sept. 2010, n° 09-86.137), et la faute délibérée consiste dans la violation manifestement délibérée d'une obligation particulière de prudence ou de sécurité prévue par la loi ou le règlement, c'est-à-dire une obligation d'adopter un comportement précis dans des circonstances déterminées (v. Crim. 5 oct. 2004, n° 07-80.781 et Crim. 29 juin 2010, n° 09-81.661).
En l'espèce, en premier lieu, il semble qu'aucun texte spécifique ne pose d'exigence particulière de prudence ou de sécurité en lien avec l'entretien de la toiture. La faute délibérée doit donc être écartée. En second lieu, les secours ont constaté la présence de nombreux débris végétaux et Antoine était conscient de la nécessité de nettoyer son toit. Il a toutefois décidé de s'en charger lui-même afin d'économiser le coût d'un contrat, mais ses diligences se sont révélées insuffisantes dans la mesure où il a laissé des débris végétaux s'accumuler. Il en ressort qu'Antoine pouvait légitimement s'attendre à ce que l'amoncellement de végétation obstrue les canalisations. Dès lors que le toit a cédé sous le poids de l'eau accumulée, il ne fait aucun doute que les mesures prises par Antoine étaient lacunaires. L'intervention de la société *Répar'tout* ne décharge pas Antoine de sa responsabilité, dans la mesure où il avait décidé d'assurer lui-même le nettoyage de la toiture. Une faute caractérisée est donc établie à son endroit.
Par conséquent, le délit de blessures involontaires ayant entraîné une ITT supérieure à trois mois est caractérisé en tous ses éléments. Antoine encourt à ce titre une peine de deux ans d'emprisonnement et 30 000 euros d'amende.
N.B. : Il était possible d'écarter la faute caractérisée au regard du caractère très casuistique de la jurisprudence.

B • La responsabilité de la société *CellBusiness*

Antoine étant le dirigeant de la société *CellBusiness*, il convient de se demander si la société pourrait être également responsable pénalement.
Conformément à l'article 121-2 du Code pénal, la personne morale est susceptible d'engager sa responsabilité dès lors qu'une infraction est commise par un organe ou un représentant personne physique – identifié (Crim. 11 déc. 2012, n° 11-87.421) – et agissant pour le compte de cette dernière. Personne morale de droit privé, la société *CellBusiness* peut naturellement voir sa responsabilité pénale engagée sous réserve que les conditions légales soient remplies.

Traditionnellement, la responsabilité pénale de la personne morale n'est pas subordonnée à la caractérisation d'une faute entrant dans les prévisions de l'article 121-3 alinéa 4 du Code pénal (Crim. 8 sept. 2004, n° 03-85.826). La faute simple d'une personne physique suffit ainsi à engager la responsabilité de la personne morale. Cette condition ne pose aucune difficulté en l'espèce dans la mesure où Antoine a commis à titre personnel une faute caractérisée dans l'exercice de sa fonction.
En outre, Antoine peut facilement être identifié comme l'organe de la société *CellBusiness* compte tenu de ces fonctions de gérant.
Par conséquent, la responsabilité pénale de la société *CellBusiness* pourra être engagée pour blessures involontaires, cumulativement à celle d'Antoine (C. pén., art. 121-2 al. 3). Elle encourt une amende qui est égale au quintuple de celle prévue pour les personnes physiques (C. pén., art. 131-38) soit 150 000 euros. Elle encourt également les peines complémentaires prévues par les 2°, 3°, 8° et 9° de l'article 131-39 du Code pénal.

C • La responsabilité de la société *Répar'tout*

Bien que la société *CellBusiness* soit responsable du défaut d'entretien de la toiture, la société *Répar'tout* avait réalisé des travaux d'étanchéité avant l'accident, et n'avait ni décelé ni corrigé les petites malfaçons commises par ses ouvriers. Il faut donc envisager la responsabilité pénale de la société *Répar'tout* puisque les erreurs, bien que légères, ont pu concourir à la réalisation du dommage.
Il faut noter que la qualification de blessures involontaires doit également être envisagée ici puisqu'il est question de la même victime et du même dommage. Le résultat du délit, c'est-à-dire le coma dans lequel est plongé Jean, est établi. C'est pourquoi, il convient de traiter de la responsabilité des employés (1), avant de s'interroger sur la responsabilité de la personne morale (2).

1 • La responsabilité des employés de la société *Répar'tout*

Sans reprendre les développements antérieurs, il importe de démontrer qu'il existe un lien de causalité certain et direct ou indirect entre le fait dommageable commis par la société *Répar'tout* et le dommage subi par Jean.
Les malfaçons et le fait de s'abstenir de déblayer la végétation obstruant l'écoulement des eaux constituent non seulement des antécédents nécessaires du dommage, mais aussi des faits qui, selon le cours normal des choses, peuvent aboutir à une accumulation d'eau qui fait céder le toit. En conséquence, quelle que soit la théorie utilisée, le lien de causalité est certain.
S'agissant du caractère direct ou indirect du lien de causalité, la faute des employés a été commise bien avant l'effondrement du toit. Toutefois, il est également possible de considérer que les deux fautes ont été déterminantes dans la réalisation du dommage, et qu'en conséquence, le lien de causalité était direct. La distinction est plus difficile car les fautes n'ont pas été commises par un dirigeant mais par des employés. Cependant, dès lors qu'il n'existe aucune proximité temporelle entre les travaux et le dommage, la causalité doit être considérée comme indirecte.
Concernant la faute, rien ne permet de considérer qu'il existait une obligation particulière de prudence ou de sécurité prévue par un texte, de sorte que la faute délibérée ne saurait prospérer. Pour la faute caractérisée, l'appréciation est plus délicate. Les malfaçons sont légères et n'ont pas été identifiées par les ouvriers, ce qui implique qu'ils ne pouvaient pas savoir qu'ils exposaient le personnel de la société *CellBusiness* à un risque d'une telle ampleur.
Néanmoins, la jurisprudence se montre sévère à l'égard des professionnels et retient souvent des fautes caractérisées du seul fait cette qualité, mais demeure très casuistique en la matière (v. Crim. 21 janv. 1998,

n° 96-86.660 s'agissant d'un professionnel du contrôle d'installations électriques condamné pour un manquement aux règles de l'art facilement décelable).

En l'espèce, les ouvriers sont des professionnels en matière d'entretien de toitures, si bien qu'il apparaît surprenant qu'ils ne soient pas parvenus à déceler les malfaçons, aussi vénielles soient-elles, qu'ils avaient laissées sur le bâtiment de la société *CellBusiness*. En conséquence, une faute caractérisée peut être retenue à leur encontre.

Par conséquent, les employés de la société *Répar'tout* qui sont intervenus sur le chantier sont responsables pénalement du dommage subi par Jean et encourent trois ans d'emprisonnement et 30 000 euros d'amende au titre du délit de blessures involontaires.

2 • La responsabilité de la société *Répar'tout*

Il s'agit ici de s'interroger sur la responsabilité pénale de la société *Répar'tout* du chef de blessures involontaires.

En application de l'article 121-2 du Code pénal, la responsabilité pénale des personnes morales peut être engagée pour toute infraction, dès lors qu'elle a été commise pour son compte par l'un de ses organes ou de ses représentants.

Il sera d'abord rappelé, dans le silence de l'article 121-3 al. 4 du Code pénal, que la faute simple suffit à engager la responsabilité de la personne morale.

En l'espèce, la faute consiste dans les différentes malfaçons laissées par les ouvriers de la société *Répar'tout*, ainsi que dans le défaut d'identification et de remédiation de ces irrégularités lors de la visite. Il n'échappera d'ailleurs pas au lecteur qu'une telle infraction a été commise pour le compte de la personne morale dès lors que les ouvriers de la société *Répar'tout* ont commis des erreurs en exécution d'un contrat d'entreprise qui engageait la société.

S'agissant de la condition tenant à l'identification de l'organe ou du représentant en cause, la Cour de cassation exige que ce dernier puisse être identifié (Crim. 11 oct. 2011, n° 10-87.212). Il en ressort que la personne morale n'est pénalement responsable que s'il est possible de savoir à quel organe ou représentant imputer les manquements (Crim. 21 juin 2022, n° 20-86.857). Toutefois, dans un arrêt récent, la Cour de cassation approuve une cour d'appel ayant estimé que « si la faute initiale a été matériellement commise par un ou plusieurs salariés de la société, qui seuls pouvaient en répondre sur le plan pénal, sa conjugaison avec la seconde visite supposée corriger toute malfaçon affectant le chantier caractérise un manque de professionnalisme et d'organisation de la société imputable à son gérant, de nature à engager la responsabilité pénale de cette dernière » (Crim. 15 févr. 2022, n° 20-81.450). En définitive, la faute commise par un salarié de la personne morale ne saurait à elle seule engager la responsabilité de la société. Toutefois, dès lors qu'une seconde visite est organisée dans le but de corriger les erreurs sans succès, la Haute juridiction en déduit un manque de professionnalisme et d'organisation de la société imputable à son dirigeant, de telle sorte que la personne morale peut engager sa responsabilité pénale.

En l'espèce, il semble évident que les ouvriers ne sont ni l'organe ni le représentant de la société dès lors qu'ils n'ont aucun contrôle sur la personne morale. Toutefois, les ouvriers ont dans un premier temps laissé des malfaçons sur le toit, et dans un second temps organisé une visite à l'occasion de laquelle ils ne les ont pas décelées. Un tel manque de professionnalisme est nécessairement imputable au gérant de la société *Répar'tout* conformément à la jurisprudence précitée.

La condition tenant à l'identification du représentant est remplie.

En conséquence, la société *Répar'tout* est responsable pénalement des blessures involontaires infligées à Jean. Elle encourt à ce titre 150 000 euros d'amende.

II • Les faits commis à l'occasion de la revente des téléphones (10 points)

La société *CellBusiness* est spécialisée dans la vente de téléphones portables, et plus particulièrement de téléphones reconditionnés. Pour faire face à des difficultés économiques, Antoine a fait appel à des employés de sous-traitants de grands opérateurs de téléphonie dans le but d'obtenir des codes NCK, permettant de débloquer des téléphones sans l'accord des opérateurs et de les revendre à un prix attractif. Pour ce faire, il a été aidé par Éric et Karine, salarié d'opérateurs de téléphonie, qui ont extrait les codes NCK du système informatique de l'entreprise pour les transmettre à Antoine. Mélina lui a également prêté main forte en lui procurant les codes NCK depuis le Portugal.
Seront donc envisagées successivement la responsabilité d'Éric et Karine (A), d'Antoine (B), de la société *CellBusiness* (C) et de Mélina (D).

A • La responsabilité d'Éric et Karine

Ces faits peuvent être envisagés aussi bien sous l'angle du délit de « fraude informatique » (1) que d'abus de confiance (2), ce qui amènera à régler le concours de qualifications entre les deux qualifications (3).

1 • Le délit d'extraction et de transmission frauduleuse de données d'un système de traitement automatisé de données

À titre liminaire, il convient d'exclure le délit d'accès frauduleux à un système automatique de traitement de données prévu à l'article 323-1 du Code pénal, en ce qu'Éric et Karine étaient habilités à accéder aux documents internes de l'entreprise en qualité de salariés.
Tout au contraire, il conviendra de s'attarder sur le délit d'extraction et de transmission frauduleuse de données issues d'un système de traitement automatisé de données, prévu par l'article 323-3 du Code pénal.
La condition préalable à vérifier en matière de fraude informatique est l'existence d'un système de traitement automatisé de données (STAD). Aucune définition légale n'en dresse les contours mais le Sénat en a proposé une définition qui s'est voulue le plus large possible pour y faire entrer le plus de systèmes informatiques possibles : « on doit entendre par système de traitement automatisé de données tout ensemble composé d'une ou plusieurs unités de traitement, de mémoire, de logiciel, de données, d'organes d'entrées-sorties et de liaisons, qui concourent à un résultat déterminé, cet ensemble étant protégé par des dispositifs de sécurité » (Doc. AN 1987-1988, n° 1009). En l'espèce, il s'agit du système d'exploitation interne de l'entreprise, qui entre aisément dans la définition ci-dessus, de sorte que cette condition préalable est satisfaite.
S'agissant de la matérialité du délit, l'article 323-3 du Code pénal réprime notamment le fait d'extraire et de transmettre des données du système.
La caractérisation de l'élément matériel ne fait aucun doute en l'espèce dans la mesure où Éric et Karine « se seraient chargés d'extraire les codes NCK du système de traitement automatisé qui les contenait […] afin de les transmettre à Antoine ».
Enfin, l'élément moral prend la forme d'un dol général qui n'est autre que la conscience d'extraire et de transmettre des données sans y avoir été autorisé (C. pén. art. 121-3 et 323-3).

Là encore, on peut aisément convenir du fait qu'Éric et Karine ont agi en connaissance de cause car rien ne permet d'affirmer qu'ils ont été autorisés à extraire les données du STAD et à les transmettre à un tiers.
En conséquence, le délit d'extraction et de transmission frauduleuse de données d'un STAD est caractérisé en tous ses éléments. Éric et Karine encourent cinq ans d'emprisonnement et 150 000 euros d'amende.

2 • Le délit d'abus de confiance

Il s'agit d'examiner si l'extraction des codes par Éric et Karine ne pourrait pas également caractériser des faits d'abus de confiance.
Ce délit prend la forme d'une remise précaire qui entraîne un détournement. La notion de remise précaire implique que la victime dessaisie n'a pas entendu transférer la propriété de son bien. Quant au détournement, il peut porter sur un bien incorporel, dès lors qu'il est susceptible d'appropriation (Crim. 14 nov. 2000, n° 99-84.522, s'agissant d'un numéro de carte bleue ; Crim. 22 sept. 2004, n° 04-80.285, s'agissant d'un projet de réalisation d'une borne informatique et Crim. 16 nov. 2011, n° 10-87.866, s'agissant d'un fichier de clientèle), et elle retient également que le détournement peut prendre la forme d'une « désaffectation » du bien remis, l'agent en faisant un usage différent de ce qui avait été initialement convenu (v. not. Crim. 16 oct. 2013, n° 12-86.241 et Crim. 22 oct. 2014, n° 13-82.630).
Tel est bien le cas en l'espèce : Éric et Karine ont détourné les codes NCK, données mises à leur disposition grâce à leur habilitation au système d'exploitation de leur employeur. Il en ressort que les deux salariés étaient supposés faire un usage professionnel de ces codes, et non les communiquer à un tiers, de sorte qu'ils ont méconnu leur obligation d'en faire un usage déterminé.
Délit intentionnel, l'abus de confiance suppose que le détournement ait eu lieu en connaissance de la précarité de sa possession. Ici, les deux salariés avaient conscience du fait qu'ils détenaient les codes NCK du fait de leur qualité de salarié au moment où ils les ont extraits. L'abus de confiance est donc caractérisé à leur égard.
Notons également qu'un arrêt important du 19 juin 2013 de la Cour de cassation précise que l'utilisation par un salarié de son temps de travail à des fins autres que celles pour lesquelles il perçoit une rémunération de son employeur constitue un abus de confiance (Crim. 19 juin 2013, n° 12-83.031).
En l'espèce, Éric et Karine ont, pendant leurs heures de travail, récupéré des données sur le STAD auquel ils avaient accès du fait de leurs fonctions pour les communiquer à un tiers, c'est-à-dire pour les détourner de l'usage professionnel auquel elles sont normalement dédiées.
Là encore, la réunion de l'élément moral ne fait aucun doute pour les raisons évoquées précédemment. Le délit étant caractérisé en tous ses éléments, Éric et Karine encourent cinq ans d'emprisonnement et 375 000 euros d'amende. Il reste donc à régler le concours réel de qualifications.
NB : Il était également possible de caractériser un vol d'information en retraçant l'évolution jurisprudentielle tendant à considérer que la chose, objet du vol pouvait être un bien immatériel (Crim. 8 janv. 1979, Logabax ; Crim. 20 mai 2015, n° 14-81.336 ; Crim. 28 juin 2017, n° 16-81.113 et Crim. 24 janv. 2018, n° 16-86.597).

3 • Le concours réel d'infractions

Conformément à l'article 132-2 du Code pénal, « il y a concours d'infractions lorsqu'une infraction est commise par une personne avant que celle-ci ait été définitivement condamnée pour une autre infraction ». Lorsque des faits délictueux sont poursuivis dans le cadre d'une procédure unique, chacune des peines pourra être prononcée. Cependant, lorsque plusieurs peines de même nature sont encourues, le juge ne peut prononcer qu'une seule peine de cette nature dans la limite du maximum légal le plus

élevé (C. pén. art. 132-3), à l'exception des amendes contraventionnelles qui se cumulent entre elles et avec les amendes délictuelles.
En l'espèce, les peines d'emprisonnement sont de cinq ans dans les deux délits caractérisés, et les peines d'amende sont respectivement de 150 000 euros et de 375 000 euros.
En conséquence, Éric et Karine encourent cinq ans d'emprisonnement et 375 000 euros d'amende.

B • La responsabilité d'Antoine

Antoine a fait usage de codes récupérés par Éric et Karine pour débloquer des téléphones et les revendre à un prix attractif. Cet usage est-il constitutif de faits de recel ?
Le recel est une infraction de conséquence. Cela signifie qu'il a pour condition préalable l'existence d'une infraction d'origine qui peut être un crime ou un délit. En l'espèce, l'existence d'une fraude informatique et d'un abus de confiance a été démontrée, de sorte que cette condition est satisfaite.
L'article 321-1 envisage successivement deux types de recel : le recel-détention (al. 1) et le recel-profit (al. 2). D'une part, le recel-détention consiste dans le fait de dissimuler, détenir, transmettre ou faire office d'intermédiaire. D'autre part, le recel-profit désigne le fait de profiter par tout moyen du produit d'une infraction.
En l'espèce, Antoine réutilise les codes extraits frauduleusement par Éric et Karine, de sorte qu'il profite du produit des infractions d'origine pour débloquer des téléphones et ainsi les revendre moins cher.
Enfin, l'élément intentionnel du recel réside dans la connaissance de l'origine frauduleuse de la chose recelée (Crim. 30 oct. 1978). En l'espèce, Antoine a fait usage des codes NCK dont il savait qu'ils avaient été extraits par des salariés de l'entreprise de téléphonie dans son système informatique.
Antoine risque donc une condamnation du chef de recel et encourt à ce titre une peine de cinq ans d'emprisonnement et 375 000 euros d'amende.

C • La responsabilité de la société *CellBusiness*

Les conditions d'engagement de la responsabilité pénale des personnes morales sont à reprendre.
En l'espèce, il a déjà été démontré qu'Antoine était un organe de la société. De plus, l'infraction a bien été commise pour le compte de la société dès lors qu'elle lui permet de revendre des téléphones désimlockés, ce qui lui permet de générer un profit.
La société *CellBusiness* peut faire l'objet de poursuites pour recel. En vertu de l'article 131-19 du Code pénal, elle encourt une amende dont le montant correspond au quintuple de celui prévu par le texte d'incrimination, c'est-à-dire 1 875 000 euros.

D • La responsabilité de Mélina

Mélina, vivant au Portugal, a mis Antoine en relation avec ses deux amis Éric et Karine pour l'aider dans la réalisation de son projet délictueux. Il s'agira donc de s'assurer que la loi pénale française s'applique bien aux faits de complicité prétendument commis par Mélina (1) avant d'envisager sa responsabilité (2).

1 • L'application de la loi pénale française

Conformément à l'article 113-2 du Code pénal, la loi pénale française s'applique aux infractions commises sur le territoire français (al. 1er) étant précisé que son application peut également être

étendue aux infractions dont « un de ses faits constitutifs » a eu lieu sur le territoire français (al. 2). Au surplus, en matière de complicité, la théorie de l'accessoire est applicable. À cet égard, la Cour de cassation estime que les juridictions pénales françaises compétentes pour connaître du fait principal punissable, le sont aussi pour juger la complicité (Crim. 29 nov. 2016, n° 15-86.712).
En l'espèce, bien que Mélina ait agi exclusivement depuis le Portugal, son acte de complicité a aidé à accomplir un fait principal punissable qui s'est exclusivement déroulé en France.
Il faut en déduire que la loi pénale française lui est applicable et que Mélina pourra donc être poursuivie sur le territoire français si tant est que les conditions légales de la complicité soient réunies.

2 • Les conditions de la complicité

Tout d'abord, il importe de rappeler qu'aux termes de l'article 121-7 du Code pénal, la complicité de crime ou de délit est toujours incriminée contrairement à la complicité de contravention qui l'est seulement dans certains cas.
Ici, Mélina se serait rendue complice de l'extraction des données d'un système de traitement automatisé qui est un délit. La complicité est donc ici incriminée.
Ensuite, la complicité suppose un élément matériel qui se dédouble.
D'une part, le complice emprunte la criminalité du fait principal ce qui suppose qu'il soit punissable. Le fait principal est celui qui est commis par l'auteur de l'infraction. Exiger de l'acte principal qu'il soit punissable revient à exclure la sanction du complice dans plusieurs hypothèses : le défaut d'incrimination, l'existence d'une immunité de fond, le constat de simples actes préparations ou encore l'existence d'une amnistie réelle, ou d'une action publique prescrite. En l'espèce, aucune information livrée par l'énoncé ne permet d'envisager l'une quelconque de ces hypothèses. Il convient donc de conclure à l'existence d'un acte principal punissable.
D'autre part, le complice doit s'associer à l'acte principal selon l'un des modes de participation matérielle prévus par l'article 121-7 du Code pénal (provocation ou fourniture d'instructions/aide ou assistance). L'acte de complicité doit alors être positif (une simple abstention ne peut suffire) et causal c'est-à-dire qu'il ait facilité l'acte principal ou qu'il l'ait provoqué.
En l'espèce, Mélina a fait l'intermédiaire afin d'aider à la réalisation de la fraude informatique, et a fourni les instructions nécessaires à Éric et Karine pour extraire les codes NCK. Cette participation de Mélina procède d'un acte positif et causal, car sans ces instructions, il n'est pas certain qu'Éric et Karine auraient pu se mettre en relation avec Antoine, et ses deux amis auraient éprouvé plus de difficulté à récupérer les données.
Enfin, la complicité s'entend d'un acte antérieur ou concomitant à l'acte principal. Autrement dit, le complice doit être intervenu dans la préparation ou la consommation de l'infraction et non pas ultérieurement.
Ici, Mélina a bien agi avant l'extraction de données en procurant les informations nécessaires pour y procéder, de sorte que son acte est antérieur au délit.
L'élément moral de la complicité consiste dans la conscience de s'associer au fait principal punissable, ce qui ne semble faire aucun doute en l'espèce.
En conséquence, les conditions de la complicité sont réunies. Mélina pourra donc être poursuivie pour complicité d'extraction de données d'un système de traitement automatisé. Dans la mesure où le complice est puni « comme auteur » (C. pén., art. 121-6), Mélina encourt cinq ans d'emprisonnement et 150 000 euros d'amende.

Consultation

Sujet de l'examen national 2022

SUJET

Au mois de janvier, Alex T., ressortissant roumain, réunit à plusieurs reprises, dans une maison de Chisinau en Moldavie, les membres de son groupe impliqué dans diverses activités criminelles. Le groupe projette de fabriquer et de distribuer, au cours de l'année suivante, des billets de 20 et 50 euros en grande quantité sur le territoire français où résident déjà deux membres présents, Adrian B. et Vasile S. À cette fin, du matériel et des téléphones portables sont rassemblés.

La première étape de réalisation du projet consiste à identifier les paramètres d'impression des billets. Alex T. contacte pour cela un compatriote, Gheorge Z., qui accepte le « travail » moyennant une confortable contrepartie, sans poser aucune question. Il s'agit d'accéder à un serveur de la société *DataZX SA*, qui se trouve en France, sur lequel la Banque de France effectue des sauvegardes régulières de ses systèmes. En juillet, Gheorge Z. parvient à pénétrer le système informatique de *DataZX SA* depuis un local de Bucarest en Roumanie. Il récupère ainsi un certain nombre de données utiles mais échoue à obtenir l'intégralité des paramètres d'impression, la sécurité du serveur s'avérant efficace.

La deuxième étape de réalisation du projet consiste à déterminer la composition précise du papier utilisé pour fabriquer les billets. Alex T. envisage une entrée de nuit dans les locaux d'*EUROPAFI*, la filiale papetière de la Banque de France située en région Auvergne-Rhône-Alpes, pour se procurer des échantillons. La nuit du 15 août, Adrian B. et Vasile S. parviennent à s'introduire sans effraction dans un entrepôt d'*EUROPAFI* et à s'emparer d'une liasse de papiers modèles pour l'impression des billets de banque.

Félicien C., gendarme affecté à la surveillance du site, ne se souvient pas du moindre incident alors qu'il était de garde cette nuit-là. L'enquête révèle qu'il a bien vu les deux intrus mais n'est pas intervenu. Lors de sa garde à vue, il finit par avouer qu'il a accepté 15 000 euros pour ne pas donner l'alerte. Il avait été contacté à cette fin une semaine plus tôt par SMS par Vasile S. Les services de gendarmerie finissent par faire la lumière sur l'identité de Vasile S. et Adrian B. et les interpellent.

Les échantillons de papier dérobés sont retrouvés fin août lors d'une perquisition réalisée dans une aire de stockage dont Pierre T. est le gérant. Celui-ci affirme qu'il ne connaît pas le contenu des boxes loués tout en reconnaissant que les agissements de Adrian B. lui semblaient « assez louches ».

Quelles sont les infractions susceptibles d'être reprochées aux différents protagonistes et les peines principales qu'ils encourent au titre :

– des réunions à Chisinau (**4 points**)
– de l'intrusion dans le système informatique de *DataZX SA* (**6 points**)
– de l'action dans les entrepôts d'*EUROPAFI* (**8 points**) ?

2 points seront en outre attribués pour l'analyse de la situation pénale des protagonistes impliqués dans plusieurs de ces groupes de faits.

Avertissement : La Commission nationale de l'examen d'accès au CRFPA indique que, pour la session 2022, les sujets devront être traités en faisant abstraction des dispositions légales ou règlementaires temporaires adoptées depuis le mois de mars 2020, en réaction à l'épidémie de covid-19.

ENJEUX DU SUJET

Le sujet envisage différentes infractions d'atteinte aux biens s'inscrivant dans une entente criminelle tout en mobilisant des notions de droit pénal indispensables telles que la question de l'application de la loi pénale dans l'espace, la complicité mais aussi la question, actualisée, du cumul entre une association de malfaiteurs et une infraction commise en bande organisée.
La difficulté du sujet tient également à la densité des faits ainsi qu'au nombre de protagoniste nécessitant, ici plus qu'ailleurs, une lecture attentive des faits et une grande rigueur afin de ne pas passer à côté de certaines infractions.

CORRIGÉ

Afin de déterminer la responsabilité de chacun des protagonistes ainsi que la peine qu'ils encourent, il conviendra d'abord d'identifier chaque série de faits : les réunions à Chisinau (I), l'intrusion dans le système informatique de *DataZX SA* (II) et l'action dans les entrepôts d'*EUROPAFI* (III). Ensuite, il sera opportun de préciser la situation pénale des protagonistes impliqués dans plusieurs faits (IV).

I • Les réunions à Chisinau

Alex T. a organisé plusieurs réunions à Chisinau en Moldavie auxquelles Adrian B. et Vasile S. ont assisté. Ces réunions visaient à projeter la commission d'infractions en France. Compte tenu de ces éléments d'extranéité, il s'agira de s'interroger sur l'application de la loi pénale française (A) avant d'envisager la qualification applicable (B).

A • L'application de la loi pénale française

Conformément à l'article 113-2 du Code pénal, la loi pénale française s'applique aux infractions commises sur le territoire français (al. 1er) étant précisé que son application peut également être étendue aux infractions dont « un de ses faits constitutifs » a eu lieu sur le territoire français (al. 2). De manière topique, la loi pénale française a été appliquée aux faits d'enregistrement d'images de mineurs à caractère pornographique qui avaient été réalisés en Thaïlande en vue de leur diffusion en France (Crim. 4 févr. 2004, n° 03-81.984).
Cela n'est pas sans faire écho aux réunions organisées en Moldavie dans la perspective de la réalisation d'infractions en France.
Au surplus, l'infraction ici envisagée pourrait bénéficier de l'extension du principe de territorialité par indivisibilité en considérant que les réunions en Moldavie forment « un tout indivisible avec les actes également imputés en France » (Crim. 23 avr. 1981, n° 79-90.346). L'indivisibilité est caractérisée lorsque les faits sont « rattachés entre eux par un lien tel que l'existence des uns ne se comprendrait pas sans l'existence des autres » (Crim. 31 mai 2016, n° 15-85.920).
Nul ne saurait ici se méprendre sur le fait que les infractions commises sur le territoire français sont le résultat des réunions préparées en Moldavie.

Les réunions qui se sont déroulées en Moldavie peuvent donc être réputées commises sur le territoire français ou à tout le moins rattachées à celui-ci du fait de leur indivisibilité avec les faits commis en France. La loi pénale française est donc applicable.

B • La qualification pénale applicable

À l'occasion des réunions réalisées à Chisinau, Alex T., Adrien B. et Vasile S. ont projeté de fabriquer et de distribuer des billets de vingt à cinquante euros sur le territoire français. *Quid* de la qualification applicable à de tels faits ?

Il est ici possible d'envisager la qualification d'association de malfaiteurs, infraction obstacle prévue par l'article 450-1 du Code pénal, qui permet de réprimer l'existence d'un « groupement formé ou entente établie en vue de la préparation, caractérisée par un ou plusieurs faits matériels, d'un ou plusieurs crimes ou d'un ou plusieurs délits punis d'au moins cinq ans d'emprisonnement ».

En raison de la sévérité de l'association de malfaiteurs en ce qu'elle constitue une répression anticipée, elle n'est punissable que pour la préparation de crimes ou de délits punis d'au moins cinq ans d'emprisonnement.

En l'espèce les faits projetés constituent des crimes de falsification ou contrefaçon de billets de banque étant précisé que la mise en circulation de ces billets est également sanctionnée (C. pén., art. 442-1 et 442-2). Dès lors, l'association de malfaiteurs en vue de contrefaire ou de falsifier des pièces de monnaie ou billets de banque est punissable.

Qui plus est, l'association de malfaiteurs suppose, sur le plan matériel, l'existence d'un groupe ou d'une entente composé d'au moins deux individus unis par un projet commun ainsi que la participation de la personne soupçonnée à ce groupement ou cette entente.

En l'espèce, l'énoncé fait état d'un groupe constitué d'au moins trois individus et ayant l'habitude de se livrer à des activités criminelles dès lors qu'il était déjà impliqué dans de telles actions. Chacune des personnes composant le groupe s'est réunie dans le but de préparer les infractions de fabrication et distribution de fausse monnaie, du matériel ainsi que des téléphones portables ayant été rassemblés à cette fin.

S'agissant de l'élément intentionnel, les membres du groupement ou de l'entente doivent avoir agi en connaissance de l'entreprise criminelle, ce qui ne fait aucun doute puisque les membres se réunissaient avec la volonté de mettre au point leur projet criminel.

Dans ces conditions, l'infraction d'association de malfaiteurs est constituée en tous ses éléments et expose ses auteurs (Alex T., Adrian B. et Vasile S.) à une peine de 10 ans d'emprisonnement et 150 000 euros d'amende étant donné que les infractions projetées étaient des crimes (C. pén. art. 450-1, al. 2).

II • L'intrusion dans le système informatique *DataZX SA*

En échange d'une « confortable contrepartie » (*sic.*), Gheorge Z. s'est introduit, depuis un local situé à Bucarest en Roumanie, dans le système informatique de la société *DataZX SA*, situé en France. Ce travail lui a été demandé par Alex T. Il conviendra d'envisager la responsabilité pénale de Gheorge Z. et d'Alex T. (B) après s'être assuré que la loi pénale française était bien applicable (A).

A • L'application de la loi pénale française

Sans revenir entièrement sur ce qui précède (I, A), il a été vu qu'une infraction pouvait être réputée commise sur le territoire français lorsqu'un de ses faits constitutifs avait eu lieu sur le territoire français. Force est ici de constater que si l'opération a été réalisée en Roumanie, l'intrusion dans le système informatique s'est effectivement opérée sur le territoire français de telle sorte que la loi française pourrait naturellement s'appliquer.
Qui plus est, le législateur a créé dans une logique d'extension de la compétence territoriale un article 113-2-1 du Code pénal, aux termes duquel « tout crime ou tout délit réalisé au moyen d'un réseau de communication électronique, lorsqu'il est tenté ou commis au préjudice d'une personne physique résidant sur le territoire de la République ou d'une personne morale dont le siège se situe sur le territoire de la République, est réputé commis sur le territoire de la République ».
Suivant cette logique, il importe peu que l'infraction ait été commise depuis un local en Roumanie, du moment qu'elle a été commise au préjudice de la société *DataZX SA* dont le siège se situe sur le territoire français.
La loi pénale française s'applique donc aux faits d'espèce tant en vertu de la territorialité « classique » (C. pén., art. 113-2) qu'élargie (C. pén., art. 113-2-1).

B • La qualification pénale des faits

Il convient d'abord d'envisager la responsabilité pénale de Gheorge Z. qui s'introduit dans le système informatique (1), puis celle d'Alex T. qui est à son initiative (2).

1 • La responsabilité pénale de Gheorge Z.

Gheorge Z. a réussi à s'introduire sur le serveur de la société *DataZX SA* et a appréhendé sur ce serveur « un certain nombre de données utiles » (*sic.*) (a) sans toutefois obtenir l'intégralité des paramètres d'impression en raison de l'efficacité du service de sécurité (b). Il conviendra ensuite de traiter le concours d'infractions (c).

a) L'obtention des données qualifiées d'utiles

Conformément à l'article 323-3 du Code pénal, « le fait d'introduire frauduleusement des données dans un système de traitement automatisé, d'extraire, de détenir, de reproduire, de transmettre, de supprimer ou de modifier frauduleusement les données qu'il contient. »
S'il est une condition préalable qui tient précisément à l'existence d'un système de traitement automatisé de données, force est de constater que cette dernière est remplie dans la mesure où Gheorge Z. s'est ici introduit dans un serveur informatique de la Banque de France sur lequel elle effectue des sauvegardes régulières.
S'agissant de l'élément matériel de l'infraction, le comportement incriminé peut consister tout à la fois à extraire, détenir, reproduire ou encore transmettre les données d'un système de traitement automatisé. Nul ne peut ici se méprendre sur le fait que Gheorge Z. a extrait des données du serveur, et par voie de conséquence détenu ces mêmes données.
L'élément intentionnel de l'infraction consiste dans la conscience et volonté de réaliser les faits matériels précités (dol général) ce qui ne pose ici aucune difficulté puisque Gheorge Z. a accepté la mission confiée par Alex T. en connaissance de cause.
Gheorge Z. s'est donc rendu coupable du délit prévu par l'article 323-3 du Code pénal et encourt à ce titre cinq ans d'emprisonnement et 150 000 euros d'amende.

b) La tentative d'obtention de l'intégralité des paramètres d'impression

L'énoncé précise que la mission confiée à Gheorge Z. n'a pas pu être menée jusqu'à ce son terme puisque le service de sécurité a été efficace et a empêché l'extraction de l'intégralité des paramètres d'impression.

Néanmoins cette circonstance ne saurait exonérer Gheorge Z. de sa responsabilité pénale qui pourrait être recherchée sur le fondement de l'article 121-5 du Code pénal qui réprime la tentative : « La tentative est constituée dès lors que, manifestée par un commencement d'exécution, elle n'a été suspendue ou n'a manqué son effet qu'en raison de circonstances indépendantes de la volonté de son auteur. »

À cet égard, force est de constater à la lecture de l'article 323-7 du Code pénal que la tentative de l'infraction d'extraction frauduleuse de données contenues dans un système de traitement automatisé est bien punissable à condition toutefois de répondre aux conditions prévues par l'article 121-5 du Code pénal.

Dans sa composante matérielle, la tentative requiert un commencement d'exécution défini par la jurisprudence comme « l'acte qui tend directement à la consommation de l'infraction avec l'intention de le commettre » (Crim. 5 juill. 1951, *RSC* 1952. 439, obs. Légal).

L'élément moral précité se retrouve dans l'absence de désistement volontaire ressortant d'une circonstance indépendante de la volonté des auteurs.

En l'espèce, le commencement d'exécution trouve à s'exprimer par l'introduction frauduleuse dans le serveur informatique suivie de l'extraction d'une partie des données, là où l'absence de désistement volontaire se matérialise par l'impossibilité d'extraire certaines données en raison de l'efficacité de la sécurité du serveur.

La tentative étant punie des mêmes peines que l'infraction consommée, Gheorge Z. encourt pour ces faits cinq ans d'emprisonnement et 150 000 euros d'amende.

c) Le concours d'infractions

Conformément à l'article 132-2 du Code pénal, « il y a concours d'infractions lorsqu'une infraction est commise par une personne avant que celle-ci ait été définitivement condamnée pour une autre infraction ».

C'est dire que le délit d'extraction de données d'un système de traitement automatisé est en concours réel d'infractions avec la tentative de ce même délit dans la mesure où ces faits seront certainement jugés lors de la même procédure.

En vertu de la règle du non-cumul des peines de même nature en matière correctionnelle (C. pén., art. 132-3, al. 1er), la peine prononcée contre Gheorge Z. ne pourra pas dépasser cinq ans d'emprisonnement et 150 000 euros d'amende.

2 • La responsabilité pénale d'Alex T.

En demandant à Gheorge Z. de s'introduire dans le serveur informatique pour récupérer un certain nombre de données moyennant rémunération, Alex T. s'est rendu complice des infractions commises par Gheorge Z.

Tout d'abord, il importe de rappeler qu'aux termes de l'article 121-7 du Code pénal, la complicité de crime ou de délit est toujours incriminée contrairement à la complicité de contravention qui l'est seulement dans certains cas.

Ici, Alex T. se serait rendu complice de l'extraction des données d'un système de traitement automatisé qui est un délit. La complicité est donc ici incriminée.

Ensuite, la complicité suppose un élément matériel qui se dédouble.

D'une part, le complice emprunte la criminalité du fait principal ce qui suppose qu'il soit punissable. Le fait principal est celui qui est commis par l'auteur de l'infraction. Exiger de l'acte principal qu'il soit punissable revient à exclure la sanction du complice dans plusieurs hypothèses : le défaut d'incrimination, l'existence d'une immunité de fond, le constat de simples actes préparatoires ou encore l'existence d'une amnistie réelle, ou d'une action publique prescrite. En l'espèce, aucune information livrée par l'énoncé ne permet d'envisager l'une quelconque de ces hypothèses. Il convient donc de conclure à l'existence d'un acte principal punissable.
D'autre part, le complice doit s'associer à l'acte principal selon l'un des modes de participation matérielle prévus par l'article 121-7 du Code pénal (provocation ou fourniture d'instructions/aide ou assistance). L'acte de complicité doit alors être positif (une simple abstention ne peut suffire) et causal c'est-à-dire qu'il ait facilité l'acte principal ou qu'il l'ait provoqué.
Cela n'est pas sans faire écho au cas d'Alex T. qui s'est rendu complice par provocation du délit commis par Gheorge Z. en l'incitant, en échange d'une contrepartie financière, à s'introduire dans le système informatisé pour extraire des données.
Enfin, la complicité s'entend d'un acte antérieur ou concomitant à l'acte principal. Autrement dit, le complice doit être intervenu dans la préparation ou la consommation de l'infraction et non pas ultérieurement.
Force est ici de constater qu'Alex T. était à l'initiative du projet de telle sorte qu'il a agi incontestablement avant l'acte principal punissable.
Alex T. pourra donc être poursuivi pour complicité d'extraction et de tentative d'extraction de données d'un système de traitement automatisé. Dans la mesure où le complice encourt les mêmes peines que l'auteur principal (C. pén., art. 121-6), Alex T. encourt cinq ans d'emprisonnement et 150 000 euros d'amende.

III • L'action dans les entrepôts d'*EUROPAFI*

Sur la base du plan échafaudé par Alex T., Adrian B. et Vasile S. se sont introduits dans un entrepôt de la filiale papetière de la Banque de France avant d'appréhender une liasse de papiers servant de modèles pour l'impression des billets de banque. Une telle action n'aurait pu être rendue possible sans l'intervention de Félicien C., gendarme chargé de surveiller le site, qui n'a pas donné l'alerte après avoir reçu la somme de 15 000 euros de la part de Vasile S. Les liasses de papier ont finalement été retrouvées lors d'une perquisition au sein d'une aire de stockage dont Pierre T. est le gérant. Dès lors, il convient d'examiner successivement la responsabilité d'Adrian B. (A), de Vasile S. (B), d'Alex T. (C), de Félicien C. (D) et de Pierre T. (E).

A • La responsabilité d'Adrian B.

Le vol est classiquement défini comme « la soustraction frauduleuse de la chose d'autrui » (C. pén., art. 311-1).
L'infraction est commise instantanément par un seul acte, « la soustraction » (infraction simple) – traditionnellement entendue comme « matérielle » (Crim. 18 nov. 1837, *Beaudet*, *Bull. crim.* n° 405) – laquelle peut intervenir même momentanément puisque la jurisprudence sanctionne le vol d'usage.

En l'espèce, Adrian B. s'est emparé d'une liasse de papiers appartenant à une filiale de la Banque de France dans le seul objectif de pouvoir ensuite contrefaire des billets de banque.
À ce dernier égard, force est de constater qu'Adrian B. avait la conscience et la volonté de s'emparer du bien d'autrui.
Le vol est donc constitué.
Au surplus, l'article 311-9 du Code pénal prévoit une aggravation du vol lorsqu'il est commis en bande organisée qui est définie par l'article 132-71 du Code pénal comme « tout groupement formé ou toute entente établie en vue de la préparation, caractérisée par un ou plusieurs faits matériels, d'une ou plusieurs infractions. » La chambre criminelle de la Cour de cassation est venue ajouter que la bande organisée « suppose la préméditation des infractions et une organisation structurée entre ses membres. » (Crim. 10 avr. 2019, n° 18-83.053).
Nul ne peut ici se méprendre sur le fait que le vol a été planifié dans le cadre du plan conçu par Alex T. qui s'est ainsi imposé comme le dirigeant du groupement criminel. Ce groupement obéissait ainsi à une organisation structurée d'autant que chacun des membres du groupe semblait avoir une mission précise à réaliser.
La circonstance aggravante de bande organisée est donc constituée.
Dans ces conditions, Adrian B. encourt quinze ans de réclusion criminelle et 150 000 euros d'amende.
N.B. : le vol se trouve également aggravé lorsqu'il est commis « dans un lieu utilisé ou destiné à l'entrepôt de fonds, valeurs, marchandises ou matériels » (C. pén. art. 311-4, 6°). Néanmoins, seule la circonstance aggravante de bande organisée sera retenue puisqu'elle est réprimée plus sévèrement et fait ici encourir une peine criminelle à Adrian B.

B • La responsabilité de Vasile S.

Sans revenir sur le raisonnement qui précède (III, A), il est permis de soutenir que l'infraction de vol en bande organisée peut être imputée à Vasile S. dès lors qu'il a commis les mêmes faits qu'Adrian B. Il encourt à ce titre quinze ans de réclusion criminelle et 150 000 euros d'amende (C. pén., art. 311-1 et 311-9 al. 1er).
Par ailleurs, Vasile S. a également contacté une semaine avant les faits de vol Félicien C., gendarme en charge de la surveillance des locaux d'*EUROPAFI*, afin de lui proposer la somme de 15 000 euros pour qu'il ne donne pas l'alerte la nuit du vol. Il pourrait ainsi être poursuivi du chef de corruption active – par un particulier – d'une personne dépositaire de l'autorité publique (gendarme).
Cette infraction est réprimée par l'article 433-1 1° du Code pénal : « est puni [...] le fait, par quiconque, de proposer sans droit, à tout moment, directement ou indirectement, des offres, des promesses, des dons, des présents ou des avantages quelconques à une personne dépositaire de l'autorité publique [...], pour elle-même ou pour autrui : 1° [...] pour qu'elle accomplisse ou s'abstienne d'accomplir [...] un acte de sa fonction, de sa mission ou de son mandat, ou facilité par sa fonction, sa mission ou son mandat ». Les dons ou présents visés par la loi peuvent porter sur une rémunération ou une somme d'argent (Crim. 17 nov. 1955, *Bull. crim.* n° 494). De manière topique, l'infraction a ainsi pu être caractérisée lorsqu'un prévenu a remis une somme d'argent à des inspecteurs de police pour qu'ils s'abstiennent de dresser un procès-verbal (T. corr. Saint-Lô, 22 janv. 1947).
Cette illustration n'est pas sans faire écho à la situation de Vasile S. qui a proposé une somme d'argent à Félicien C. pour qu'il s'abstienne de donner l'alerte.
S'agissant de l'élément moral, la corruption active est un délit intentionnel qui suppose la démonstration de la conscience et de la volonté de corrompre à savoir celle de proposer un avantage à la personne visée en vue d'obtenir d'elle l'accomplissement ou le non-accomplissement d'un acte de sa fonction.

Au regard des faits, nul doute que Vasile S. a agi avec mauvaise foi dans le cadre du plan défini par Alex T.
Vasile S. s'est donc rendu coupable de corruption active et encourt à ce titre une peine de dix ans d'emprisonnement et de 1 000 000 d'euros d'amende, étant précisé que le montant de l'amende peut être porté au double du produit tiré de l'infraction (C. pén., art. 433-1, al. 1er).

C • La responsabilité d'Alex T.

En supervisant l'intrusion dans l'entrepôt afin d'y voler des liasses de papier, Alex T. s'est rendu complice de l'infraction.
Sans revenir dans le détail sur les conditions de caractérisation de la complicité (cf. II, 2), il sera toutefois permis de rappeler, eu égard aux faits d'espèce, qu'Alex T. s'est ici rendu complice du crime de vol commis en bande organisée (fait principal punissable).
Qui plus est, Alex T. a accompli un acte de complicité prévu par l'article 121-7 du Code pénal en donnant pour instructions à Vasile S. et Adrian B. de s'introduire de nuit au sein des locaux d'*EUROPAFI* pour subtiliser des échantillons de papier selon le plan qu'il avait échafaudé. Selon la jurisprudence de la chambre criminelle de la Cour de cassation, les instructions consistent dans « le fait de donner des renseignements ou des directives de nature à faciliter la commission de l'infraction, quel qu'en soit le mode d'exécution » (Crim. 31 janv. 1974, n° 73692.681).
Enfin, nul ne saurait se méprendre sur le fait qu'Alex T. a agi incontestablement avant l'acte principal punissable et ce en pleine connaissance de cause du projet criminel.
Il se rend donc coupable de complicité par fourniture d'instructions.
Le complice étant assimilé à un auteur (C. pén., art. 121-6), Alex T. encourt une peine de quinze ans de réclusion criminelle et 150 000 euros d'amende. S'agissant de la circonstance aggravante de bande organisée, elle a vocation à s'appliquer à l'ensemble des coauteurs et complices dès lors qu'elle est de nature « réelle » c'est-à-dire qu'elle a trait aux conditions dans lesquelles l'infraction a été commise.

D • La responsabilité de Félicien C.

En s'abstenant d'accomplir sa mission de surveillance en contrepartie de la rémunération offerte par Vasile S., Félicien C. pourrait être poursuivi pour corruption passive.
En vertu de l'article 432-11, la personne dépositaire de l'autorité publique, chargée d'une mission de service publique qui sollicite ou agrée sans droit à des offres, des promesses, des dons, des présents ou des avantages quelconques pour accomplir ou s'abstenir d'accomplir un acte de sa mission se rend coupable du délit de corruption passive.
En l'espèce, Félicien C., dépositaire de l'autorité publique, a accepté la proposition de Vasile S. consistant à s'abstenir d'effectuer sa mission de sécurité de l'entrepôt en contrepartie de la somme de 15 000 euros.
S'agissant de l'élément moral, la personne corrompue doit avoir la conscience de porter atteinte au devoir de probité inhérent à la mission, la fonction ou au mandat ce qui est également le cas en l'espèce.
L'infraction de corruption passive est parfaitement caractérisée. Partant, Félicien C. encourt une peine de 10 ans d'emprisonnement et une amende de 1 000 000 d'euros, étant précisé que le montant peut être porté au double du produit tiré de l'infraction (C. pén. art. 432-11, al. 1er).
Par ailleurs, Félicien C. pourrait également être poursuivi du chef de complicité par aide ou assistance des faits de vol en bande organisée dans la mesure où la jurisprudence accepte que la complicité puisse

être caractérisée par une abstention lorsque celle-ci résulte d'un accord antérieur et que l'intéressé avait le pouvoir de s'opposer à la commission de l'infraction (v. de manière topique Crim. 19 janv. 2020, n° 19-82.942).

Partant, Félicien C. encourt également la peine de quinze ans de réclusion criminelle et de 150 000 euros d'amende sur le fondement des articles 121-6 et 311-9 du Code pénal.

Afin de traiter le concours d'infractions entre la corruption passive et la complicité de vol en bande organisée, il convient de se référer aux articles 132-3 et 132-4 du Code pénal. Ainsi, si les faits sont jugés lors d'une procédure unique, la peine prononcée ne pourra dépasser quinze ans de réclusion criminelle et 1 000 000 d'euros d'amende. S'ils font l'objet de procédures successives, les peines prononcées s'exécuteront cumulativement dans la limite du maximum légal le plus élevé.

E • La responsabilité de Pierre T.

Ainsi qu'il a été dit précédemment, les échantillons de papier dérobés ont été saisis dans une aire de stockage dont Pierre T. est le gérant. Pierre T. expliquait aux enquêteurs qu'il ne connaissait pas le contenu des boxes loués tout en reconnaissant que les agissements de Adrian B. lui semblaient « assez louches ».

Pierre T. peut-il être considéré comme receleur ?

Le recel, tel qu'incriminé par l'article 321-1 du Code pénal, peut porter sur une chose ou sur un produit, mais la chose ou le produit doivent tous deux provenir d'un crime ou d'un délit (ce qui exclut *de facto* les contraventions) commis antérieurement au recel.

En l'espèce, force est de constater que les échantillons de papiers recelés sont directement issus du vol commis par Adrian B. et Vasile S. Or, cette infraction est punie d'une peine de 3 ans d'emprisonnement et de 45 000 euros d'amende. Il s'agit donc d'un délit ce qui permet d'envisager le recel.

Ainsi, les faits précités permettent de caractériser la première composante de l'élément matériel du recel de chose et il convient alors d'envisager la seconde.

Le recel peut consister tout à la fois à « dissimuler, détenir ou transmettre une chose, ou de faire office d'intermédiaire afin de la transmettre, en sachant que cette chose provient d'un crime ou d'un délit » (« recel maîtrise ») ou encore à « bénéficier, par tout moyen, du produit d'un crime ou d'un délit » (« recel profit »).

Ici, Pierre T. a récupéré au sein de son aire de stockage des échantillons de papier volés. Le « recel maîtrise » semble donc être à privilégier.

L'élément matériel du délit de vol est donc caractérisé ce qui permet d'envisager son élément moral.

L'article 321-1 du Code pénal donne des indications sur le contenu de l'élément moral puisqu'il précise que l'auteur doit avoir agi en connaissance de cause, c'est-à-dire en connaissant l'origine frauduleuse de la chose. L'auteur du recel doit ainsi savoir que la chose provient de l'infraction.

En l'espèce, Pierre T. affirme ne pas connaître le contenu des boxes loués sans qu'aucun autre élément probant ne puisse lui être imputé.

Bien que la Cour de cassation considère qu'est caractérisé l'élément moral du recel quand bien même le receleur aurait ignoré les circonstances précises du crime ou du délit originaire (Crim. 7 juin 1939, *Bull. crim.* n° 123), l'élément moral de l'infraction de recel semble ici faire défaut.

À l'aune de ce qui précède, il n'y a pas suffisamment d'éléments permettant d'entrer en voie de condamnation contre le gérant de l'aire de stockage.

IV • Les concours d'infractions

Trois personnes méritent que l'on envisage la question du concours d'infractions : Alex T., Adrian B. et Vasile S.

S'agissant d'Alex T., il pourra être poursuivi pour participation à une association de malfaiteurs (C. pén. art. 450-1), pour complicité d'introduction et d'extraction de données dans un système de traitement automatisé de données (C. pén., art. 323-3) ainsi que pour complicité de vol commis en bande organisée (C. pén., art. 311-9).

Ce cas de figure pose d'abord la question du cumul entre la participation à une association de malfaiteurs et la circonstance aggravante de bande organisée.

Un tel cumul d'infractions est admis par la Cour de cassation uniquement dans le cas où les faits caractérisant l'association de malfaiteurs et l'infraction aggravée par la bande organisée sont distincts (Crim. 16 mai 2018, n° 17-81.151 ; Crim. 15 févr. 2022, n° 20-860.19).

Depuis l'infléchissement de la jurisprudence de la Cour de cassation (Crim. 15 déc.2021, n° 21-81.864), celle-ci semble désormais faire fi de cette condition en admettant un tel cumul « y compris lorsque des faits identiques sont retenus pour caractériser l'association de malfaiteurs et la bande organisée et peu important que l'association de malfaiteurs ait visé la préparation de la seule infraction poursuivie en bande organisée » (Crim. 9 juin 2022, n° 21-80.237).

Les qualifications d'association de malfaiteurs et de complicité de vol commis en bande organisée peuvent alors se cumuler.

Partant, les trois infractions commises par Alex T. sont en concours sans qu'aucune n'ait été séparée par une décision définitive ce qui pose la question de la résolution du concours réel d'infractions, tel que défini par l'article 132-2 du Code pénal. Dans une telle hypothèse, il y a lieu de retenir autant de déclarations de culpabilité qu'il y a d'infractions constituées sans que les peines de même nature (à l'exception des contraventions) ne puissent s'additionner entre elles, conformément à l'article 132-3 du Code pénal. Étant donné que ces faits seront vraisemblablement jugés lors d'une procédure unique, la peine prononcée contre Alex T. ne pourra donc être supérieure à quinze ans de réclusion criminelle et 150 000 euros d'amende.

S'agissant d'Adrian B., il s'est rendu coupable de participation à une association de malfaiteurs (C. pén., art. 450-1) et de vol en bande organisée (C. pén., art. 311-9).

Sans revenir sur le raisonnement qui précède, il sera permis de souligner que si Adrian B. est jugé pour l'ensemble de ces faits dans une même procédure (C. pén., art. 132-3), il sera reconnu coupable de chacune des infractions. Le tribunal pourra prononcer une seule peine d'emprisonnement dans la limite du maximum légal (ici quinze ans de réclusion criminelle) et une seule peine d'amende dans la limite du maximum légal (ici 150 000 euros).

S'il est jugé par des procédures distinctes, les peines prononcées s'exécuteront cumulativement dans la limite du maximum légal le plus élevé. La confusion totale ou partielle des peines pourra être ordonnée (C. pén., art. 132-4).

Enfin, concernant Vasile S., trois infractions (association de malfaiteurs, vol en bande organisée et corruption active) sont en concours sans qu'aucune n'ait été séparée par une décision définitive ce qui pose ici encore la question de la résolution du concours réel d'infractions, tel que défini par l'article 132-2 du Code pénal. Sans revenir sur ce qui précède, si les faits sont jugés lors d'une procédure unique, la peine prononcée ne pourra dépasser quinze ans de réclusion criminelle et 1 000 000 d'euros d'amende (C. pén., art. 132-3). S'ils font l'objet de procédures successives, les peines prononcées s'exécuteront cumulativement dans la limite du maximum légal (C. pén., art. 132-4).

Consultation

Sujet de l'examen national 2021

SUJET

La SARL *BeauBati* est une entreprise de BTP chargée de plusieurs chantiers de construction importants. Un accident est survenu en juin 2019 sur un chantier : deux ouvriers sont décédés après être tombés d'un échafaudage. Plusieurs salariés présents ont indiqué que les ouvriers n'avaient pas été pourvus des équipements de sécurité obligatoires (harnais individuels) et que l'échafaudage avait été dressé à la hâte sans respecter les instructions de montage. Les équipements collectifs de sécurité comme des filets anti-chutes n'avaient pas non plus été déployés. Le responsable de chantier, Jean S., un salarié expérimenté en charge de la sécurité sur ce site, avait insisté pour que les travaux débutent rapidement et que l'échafaudage soit dressé en une demi-journée, malgré les avertissements d'autres professionnels présents. Faisant face à de grandes difficultés financières, le gérant de la SARL *BeauBati*, Pierre P., avait donné des instructions pour que les chantiers avancent très vite, « sans s'embarrasser de contraintes réglementaires et autres paperasseries », afin de ne pas exposer l'entreprise à des pénalités de retard. Des responsables syndicaux l'avaient contacté à différentes reprises pour attirer son attention sur les risques engendrés par cette politique. Il avait de plus été avisé en temps réel de la situation sur le chantier accidenté.
Jean-Pierre Y., un employé de l'entreprise *BeauBati*, scandalisé par l'accident, a décidé de faire connaître la situation au grand public et a contacté à cette fin la presse locale. La direction, ayant eu vent de l'affaire, a entamé une procédure de licenciement à son encontre. Jean-Pierre Y. a imprimé certains courriers électroniques à partir du serveur de l'entreprise pour étayer sa position dans le cadre de cette procédure et d'un éventuel litige prud'homal ultérieur.
Le Dr. Marc D., médecin du travail, a décidé à son tour en septembre 2019 de révéler à la presse certaines informations dont il a eu connaissance lors de ses entretiens avec les salariés. Ceux-ci lui avaient fait part de leur crainte de travailler dans des conditions dangereuses en lui montrant des documents internes à la société. Le médecin a transmis une copie de ces documents et des extraits des dossiers médicaux individuels à un journaliste, souhaitant explicitement « lancer un cri d'alarme et contribuer à lutter contre l'insécurité et le mépris des règles les plus élémentaires du droit du travail dans le BTP ».
En janvier 2020, l'affaire a fini par attirer l'attention de la justice et le parquet a requis l'ouverture d'une instruction qui touche à présent à sa fin. Quelles sont les infractions susceptibles d'être reprochées aux différents protagonistes et les peines qu'ils encourent ? (**14 points**)

Christophe V. et Michel P., anciens employés de la société *BeauBati*, ont été interpellés la semaine dernière par la gendarmerie nationale alors qu'ils rentraient de congés en voiture. M. V. a – tout en remontant à une vitesse estimée à plus de 180 km/h et sans visibilité la côte d'une route nationale – dépassé consécutivement plusieurs véhicules malgré la ligne blanche continue. Sa voiture a frôlé un véhicule arrivant en sens inverse qui a ensuite percuté de plein fouet un arbre situé sur le bas-côté. Le conducteur et un passager ont été très grièvement blessés. Selon les dires de témoins, Christophe V. s'est arrêté, est sorti de la voiture et s'est approché du véhicule accidenté avant de redémarrer et de continuer sa route sur la recommandation de Michel P., son passager, qui lui aurait crié : « Laisse-les crever et barrons-nous ! ». Quelles sont les qualifications applicables au comportement de M. V. et M. P. et les peines auxquelles ils s'exposent ? (**6 points**)

Avertissement : La Commission nationale de l'examen d'accès au CRFPA indique que, pour la session 2021, les sujets devront être traités en faisant abstraction des dispositions contenues dans les lois n° 2020-290 du 23 mars 2020 « d'urgence pour faire face à l'épidémie de covid-19 » et n° 2020-1379 du 14 novembre 2020 « autorisant la prorogation de l'état d'urgence sanitaire et portant diverses mesures de gestion de la crise sanitaire », des dispositions prises sur le fondement de ces lois ainsi que, plus généralement, de toutes dispositions légales ou règlementaires temporaires adoptées depuis le mois de mars 2020 en réaction à l'épidémie de covid-19.

ENJEUX DU SUJET

L'essentiel des problématiques rejoignait celles des infractions non intentionnelles selon qu'elles s'appliquent dans le cadre d'un accident du travail ou d'un accident de la route. Clef de lecture du droit pénal spécial, le droit pénal général ne devrait pas être négligé avec les problématiques de responsabilité voire d'irresponsabilité pénale (personne physique, personne morale, délégation de pouvoirs, lanceur d'alerte, etc.). Le candidat doit veiller à une maîtrise du raisonnement juridique en s'assurant de construire des développements cohérents, précis et organisés.

CORRIGÉ

Il convient d'analyser successivement l'accident de travail de deux ouvriers (I) puis l'accident de la circulation (II) en même temps que les conséquences y étant attachées.

I • L'accident de travail de deux ouvriers (14 points)

Avant d'envisager les suites de cet accident (B), il s'agira d'en examiner les circonstances pour apprécier la responsabilité pénale de chacun des protagonistes conformément à l'article 121-1 du Code pénal (A).

A • Les circonstances de l'accident

Terrain privilégié des infractions non intentionnelles, les accidents du travail peuvent engager tant la responsabilité pénale du salarié en charge de veiller à la sécurité du chantier à savoir Jean S. (1), que celle de son employeur pris en la personne de son gérant, Pierre P. (2) et de la société, la SARL *BeauBati* (3).

1 • S'agissant de la responsabilité pénale de Jean S.

En matière d'infraction non intentionnelle, il est constant que la gravité de l'infraction poursuivie dépend de celle du dommage occasionné. Ici, deux ouvriers dépourvus des équipements de sécurité (harnais) ont trouvé la mort après avoir chuté d'un échafaudage qui avait été dressé à la hâte, en moins d'une demi-journée, sur instructions de Jean S., salarié pourtant expérimenté en charge de la sécurité sur site. Il s'agira alors de s'intéresser à l'infraction d'homicide involontaire définie par l'article 221-6 du Code pénal qui renvoie – à l'instar de toute infraction non intentionnelle – aux conditions et distinctions prévues par l'article 121-3 du Code pénal. En tout état de cause, la caractérisation de cette infraction suppose la démonstration d'un fait dommageable, d'un dommage, d'un lien de causalité direct ou indirect qui permettra d'identifier *in fine* la nature de la faute à rapporter.

La mort des victimes doit avoir été ainsi causée par le comportement de l'agent. La jurisprudence n'exige pas que ce lien de causalité soit exclusif (le comportement reproché n'a pas à être la seule cause de la mort de la victime) ni immédiat (il n'est pas nécessaire que la mort ait eu lieu tout de suite) mais seulement qu'il soit certain (Crim. 18 juin 2003, n° 02-85.199 ; Crim. 5 oct. 2004, n° 03-86.169). En l'état des éléments factuels, il parait difficile de contester la certitude de ce lien dès lors que la chute mortelle des deux ouvriers a été occasionnée par la négligence de Jean S. qui a tenu à ce que l'échafaudage soit monté en une demi-journée et qui ne s'est pas assuré que les salariés présents sur le chantier soient équipés d'harnais de sécurité, s'affranchissant d'autant plus des règles de sécurité que les équipements collectifs faisaient encore défaut (filets anti-chutes sur l'échafaudage).

Le lien de causalité nécessite également de s'interroger sur le caractère direct ou indirect de celui-ci. Depuis la loi Fauchon du 10 juillet 2000 qui a modifié l'article 121-3 du Code pénal, il est constant que le lien de causalité peut être direct dès lors que l'attitude de l'auteur est un paramètre déterminant dans les causes et les conséquences de l'accident (Crim. 25 sept. 2001, n° 01-80.100). Défini par la loi, le lien de causalité indirect consiste notamment pour l'auteur à contribuer à la situation dommageable en ne prenant pas les mesures permettant d'éviter l'accident (Crim. 12 sept. 2006, n° 05-86.700). Ici, Jean S. a été l'auteur indirect du dommage qu'il aurait pu éviter en écoutant notamment les mises en garde des différents professionnels présents sur place.

La causalité indirecte entre le comportement de Jean S. et le dommage qui en a résulté a une incidence sur la nature de la faute à rapporter. En matière d'atteintes involontaires à la vie, elle peut indifféremment résulter d'un fait ou d'une abstention, comme le montre l'énumération inscrite à l'article 221-6 du Code pénal, et s'apprécie *in concreto* (C. pén., art. 121-3 al. 3 : « s'il est établi que l'auteur n'a pas accompli les diligences normales compte tenu, le cas échéant, de la nature de ses missions ou de ses fonctions, de ses compétences ainsi que du pouvoir et des moyens dont il disposait »). Tandis que la faute simple suffit à établir la culpabilité de l'auteur direct (C. pén., art. 121-3, al. 3), il est nécessaire de rapporter une faute qualifiée pour établir la culpabilité de l'auteur indirect (C. pén., art. 121-3, al. 4). La faute qualifiée peut être délibérée ce qui suppose la violation manifestement délibérée d'une obligation particulière de prudence ou de sécurité imposée par la loi ou le règlement (Crim. 29 juin 2010, n° 09-81.661) ou caractérisée lorsque l'auteur a exposé autrui à un risque d'une particulière gravité qu'il ne pouvait ignorer (Crim. 1er déc. 2010, n° 10-81.189) ou dont il avait été averti (Crim. 2 déc. 2003, n° 03-83.008 ; Crim. 7 sept. 2010, n° 09-86.137). La faute délibérée suppose donc la violation d'un texte imposant à son destinataire une obligation particulière de prudence ou de sécurité, c'est-à-dire une obligation d'adopter un comportement précis dans des circonstances déterminées (v. Crim. 5 oct. 2004, n° 07-80.781 et Crim. 29 juin 2010, n° 09-81.661).

En l'espèce, Jean S. ne pouvait ignorer que le Code du travail imposait des règles visant à garantir la sécurité des travailleurs (v. de manière topique C. trav., art. R. 4323-89 qui prévoit le port obligatoire de harnais de sécurité pour les travaux en hauteur). À plus forte raison, Jean S. est décrit comme un salarié expérimenté qui était spécifiquement en charge de la sécurité du site de telle sorte qu'il ne pouvait se méprendre sur les règles de sécurité en vigueur. Il pouvait d'autant moins se méprendre que d'autres professionnels du secteur présents sur place l'avaient mis en garde sur le montage bien trop rapide de l'échafaudage. Partant, Jean S. a violé de manière délibérée une obligation de sécurité imposée par la loi et le règlement et a, *a minima*, commis des manquements caractérisés dans la lignée de la jurisprudence de la chambre criminelle en la matière (Crim. 9 juin 2009, n° 08-82.847).

Si tant est que Jean S. soit poursuivi pour homicide involontaire pour avoir commis une faute délibérée, il encourt alors une peine de 5 ans d'emprisonnement et de 75 000 euros d'amende (C. pén., art. 221-6 al. 2) ainsi que les peines complémentaires prévues par l'article 221-8 du Code pénal.
Si une faute caractérisée est seule retenue, Jean S. encoure une peine de 3 ans d'emprisonnement et de 45 000 euros d'amende (C. pén., art. 221-6, al. 1er).

2 • S'agissant de la responsabilité pénale de Pierre P.

Traditionnellement, « il appartient au chef d'entreprise de veiller personnellement à la stricte et constante application des dispositions édictées par le Code du travail en vue d'assurer l'hygiène et la sécurité des travailleurs » (Crim. 17 févr. 1897, *D.* 1900, Jur., n° 1240, note Pic). L'article L. 4741-1 du Code du travail est le siège des obligations particulières de sécurité ou de prudence applicables au chef d'entreprise en matière d'hygiène et de sécurité au travail. C'est d'ailleurs sur la base de cet article que le chef d'entreprise peut voir sa responsabilité engagée à raison des seules fautes commises par son préposé dans l'exercice de ses fonctions à moins qu'une délégation de pouvoirs ait été consentie par l'employeur au profit d'un tiers. Reste que la jurisprudence de la chambre criminelle exclut l'effectivité d'une délégation de pouvoirs dès lors que l'employeur a pris part personnellement à la réalisation de l'infraction ce qui semble être le cas en l'espèce (Crim. 11 mars 1993, nos 90-84.931, 91-80.958 et 92-80.773).
Sans pour autant reprendre l'intégralité du raisonnement développé précédemment (I, A, 1), il sera souligné que Pierre P. avait donné pour instructions que les chantiers avancent très vite « sans s'embarrasser de contraintes règlementaires et autres paperasseries » afin de faire face aux difficultés financières de son entreprise. Ce comportement a contribué indirectement à la mort de deux ouvriers qui ont chuté d'un échafaudage monté en moins d'une demi-journée (Crim. 5 déc. 2000, n° 00-82.108 ; Crim. 13 sept. 2005, n° 04-85.736).
Partant, une faute qualifiée doit être rapportée, qu'elle soit délibérée ou caractérisée. À titre d'illustration, a pu être condamné pour homicide involontaire tiré d'une faute délibérée le chef d'entreprise qui a laissé au dépôt le matériel de blindage d'une tranchée dont l'installation était pourtant prescrite par un décret (Crim. 12 sept. 2000, n° 99-88.011). Également, a été condamné pour homicide involontaire tiré d'une faute caractérisée le chef d'entreprise qui n'a pas équipé ses travailleurs d'un dispositif de protection anti-chute alors que la configuration des lieux le permettait et dès lors qu'il savait que le plancher de la plateforme sur lequel travaillait la victime était constitué d'un assemblage de madriers non fixés entre eux, de telle sorte qu'elle pouvait basculer à tout moment (Crim. 16 janv. 2001, n° 00-82.274). En l'espèce, Pierre P. n'était pas sans ignorer les risques qu'il prenait en instaurant une politique économique au détriment d'une politique sécuritaire. Pierre P. avait d'ailleurs été avisé par les responsables syndicaux et était tenu informé en temps réel de l'avancée du chantier de telle sorte qu'il ne pouvait ignorer qu'un échafaudage avait été monté de manière précipitée, en une demi-journée. Ainsi, une faute caractérisée est *a minima* rapportée en l'espèce.
Ainsi, Pierre P. sera poursuivi pour homicide involontaire. Pierre risque 3 ans d'emprisonnement et 45 000 euros d'amende, peine qui pourra être portée à 5 ans d'emprisonnement et 75 000 euros d'amende si une faute délibérée était retenue. À ces peines peuvent s'ajouter d'éventuelles peines.

3 • S'agissant de la responsabilité pénale de la SARL *BeauBati*

Conformément à l'article 121-2 du Code pénal, la personne morale est susceptible d'engager sa responsabilité dès lors qu'une infraction est commise par un organe ou un représentant personne physique – identifié (Crim. 11 déc. 2012, n° 11-87.421) – et agissant pour le compte de cette dernière.

Personne morale de droit privé, la SARL *BeauBati* peut naturellement voir sa responsabilité pénale engagée sous réserve que les conditions légales susvisées soient remplies.
Traditionnellement, la responsabilité pénale de la personne morale n'est pas subordonnée à la caractérisation d'une faute entrant dans les prévisions de l'article 121-3 alinéa 4 du Code pénal (Crim. 8 sept. 2004, n° 03-85.826). La faute simple d'une personne physique suffit ainsi à engager la responsabilité de la personne morale. Cette condition ne pose aucune difficulté en l'espèce dans la mesure où Jean S. et Pierre P. ont commis à titre personnel des fautes qualifiées dans l'exercice de leur fonction.
Si Pierre P. peut naturellement être identifié comme l'organe de la SARL *BeauBati* compte tenu de ces fonctions de gérant, la question mérite d'être posée concernant Jean S., salarié de la société. La jurisprudence rappelle à ce titre que les personnes pourvues de la compétence, de l'autorité et des moyens nécessaires sont susceptibles d'avoir reçu une délégation de pouvoir de la part de l'organe de la personne morale et bénéficiaient à ce titre de la qualité de représentant (Crim. 26 juin 2001, n° 00-83.466 ; Crim. 25 mars 2014, n° 13-80.376). À cet égard, Jean S. était un salarié expérimenté en charge de veiller au respect des règles de sécurité sur le chantier qu'il pouvait faire appliquer par le prisme de ses instructions. Partant, Jean S. avait la qualité de représentant de la société et pouvait à l'instar de Pierre P. engager la responsabilité pénale de la société d'autant que l'infraction a été commise dans le cadre de l'activité professionnelle de ces derniers, pour le compte de la SARL *BeauBati*.
Par conséquent, la responsabilité pénale de la SARL *BeauBati* pourra être engagée pour homicide involontaire, cumulativement à celle de Jean S. et Pierre P. (C. pén., art. 121-2, al. 3). Elle encourt une amende qui est égale au quintuple de celle prévue pour les personnes physiques (C. pén., art. 131-38) soit 225 000 euros si la faute caractérisée est retenue ou 375 000 euros s'il s'agit d'une faute délibérée. Elle encourt également les peines complémentaires prévues par les 2°, 3°, 8° et 9° de l'article 131-39 du Code pénal.

B • Les suites de l'accident

À la suite de l'accident du travail, différentes révélations ont été faites à la presse tant par des salariés de l'entreprise que par des médecins du travail. C'est dans ces conditions que seront envisagées successivement la responsabilité pénale de Jean-Pierre Y., salarié de la SARL *BeauBati* (1) et du docteur Marc D. (2).

1 • S'agissant de la responsabilité pénale de Jean-Pierre Y.

Jean-Pierre Y. a été licencié de la SARL *BeauBati* après avoir informé la presse de la chute mortelle de deux ouvriers de la société. Pour les besoins de sa défense, Jean-Pierre Y. a imprimé des courriers électroniques à partir du serveur de l'entreprise.
À première vue, différentes infractions pourraient être envisagées dans le cadre des poursuites : l'abus de confiance (C. pén., art. 314-1), du vol (C. pén., art. 311-1) et des infractions propres aux atteintes aux systèmes de traitement automatisé de données (C. pén., art. 323-1 s.). Il n'en demeure pas moins que l'infraction d'abus de confiance suppose une remise préalable (Crim. 14 févr. 2007, n° 06-82.283), ce qui la différence sur ce point du vol. Or, Jean-Pierre Y. a précisément sélectionné et imprimé de son propre chef les documents stockés sur le serveur sans pour autant qu'ils lui aient été remis au préalable. Pareillement, si on considère que le serveur de l'entreprise est un traitement automatisé de données, il est toutefois constant que Jean-Pierre Y. avait accès au serveur bien qu'étant en procédure de licenciement et qu'il avait extrait des données pour les seuls besoins de sa défense sans que ce procédé ne

soit déloyal et sans qu'il ne s'inscrive dans une démarche anticoncurrentielle (Paris, 15 sept. 2017). Partant, les infractions prévues par les articles 323-1 et suivants du Code pénal ne sont pas non plus caractérisées.

Il en va différemment de l'infraction de vol définie par l'article 311-1 du Code pénal qui suppose un acte matériel consistant à soustraire une chose appartenant à autrui en se comportant même momentanément comme le véritable propriétaire (Crim. 3 mars 1992, n° 90-82.964). La chose soustraite peut aussi bien être une chose corporelle qu'une chose incorporelle, à l'instar des données informatiques présentes en libre accès sur le réseau de l'entreprise (Crim. 28 juin 2017, n° 16-81.113). En l'espèce, Jean-Pierre Y. s'est approprié les courriers électroniques présents en libre disposition sur le serveur de l'entreprise et a assuré leur reproduction en les imprimant. L'élément matériel est vérifié.

L'infraction de vol suppose également une intention coupable qui réside dans la volonté de l'auteur de s'approprier une chose qu'il savait appartenir à un tiers (Crim. 8 févr. 1977, *Bull crim.* n° 52). L'élément intentionnel ne fait pas non plus défaut car c'est en pleine conscience que Jean-Pierre Y. a imprimé lesdits courriers pour les besoins de sa défense. L'infraction de vol est donc caractérisée en tous ses éléments.

Reste que la jurisprudence de la chambre criminelle considère les droits de la défense comme une cause d'irresponsabilité pénale, autorisant ainsi le salarié à produire en justice les documents de l'entreprise dont il eu connaissance à l'occasion de ses fonctions pour faire face à un éventuel litige face à son employeur (Crim. 11 mai 2004, n° 03-85.521 et de manière topique Crim. 16 juin 2011, n° 10-85.079). Étant donné que Jean-Pierre Y. a subtilisé des courriers électroniques à l'entreprise dans le cadre de sa procédure de licenciement, il ne pourra pas être poursuivi pour vol pour autant que ces documents sont « strictement nécessaires » à sa défense dans un éventuel litige prud'hommal.

2 • S'agissant de la responsabilité du docteur Marc D.

Afin d'alerter les consciences, le docteur Marc D. a transmis à la presse des documents médicaux intéressant plusieurs salariés de la SARL *BeauBati* qu'il avait préalablement reçus en qualité de médecin du travail. La transmission de telles informations peut sembler étonnante dès lors que les médecins sont soumis au secret professionnel (Crim. 8 mai 1947, *Bull. crim.*, n° 124). Cette obligation est générale et absolue, imposant ainsi à la personne tenue au secret de s'abstenir de révéler des informations qui lui ont été confiées dans le cadre de sa profession.

Cette obligation est à tel point importante que l'auteur de la révélation peut être poursuivi disciplinairement et surtout pénalement, sur le fondement de l'article 226-13 du Code pénal qui commande d'identifier en premier lieu une condition préalable tenant à la situation professionnelle de l'auteur. Une condition vérifiée en l'espèce dès lors que Marc D. est tenu en tant que médecin au secret médical ce qui englobe par nature les informations issues des dossiers médicaux.

De même, les éléments matériel et intentionnel de l'infraction de violation du secret professionnel qui tendent à la révélation d'informations que le professionnel savait être couvertes par le secret sont aussi vérifiés. Marc D. a transmis en connaissance de cause une copie des documents et extraits de dossiers médicaux de salariés de la SARL *BeauBati* dans la mesure où il souhaitait alerter l'opinion publique sur leurs conditions de travail. De plus fort, il ne pouvait se méprendre sur le fait que son comportement était hors-la-loi d'autant que sa déontologie le lui interdisait. Marc D. s'est donc rendu coupable de l'infraction visée par l'article 226-13 du Code pénal.

Nonobstant la caractérisation de l'infraction en tous ses éléments, des dérogations légales existent et autorisent la révélation du secret (C. pén., art. 226-14). Il en va ainsi de l'article 122-9 du Code pénal – introduit par la loi « Sapin II » du 9 décembre 2016 – qui vise le cas du lanceur d'alerte et crée ainsi une nouvelle cause spéciale d'irresponsabilité pénale applicable rétroactivement (Crim. 17 oct. 2018, n° 17-80.485). Aux termes de l'article 122-9 du Code pénal, « N'est pas pénalement responsable la personne qui porte atteinte à un secret protégé par la loi, dès lors que cette divulgation est nécessaire et proportionnée à la sauvegarde des intérêts en cause, qu'elle intervient dans le respect des procédures de signalement définies par la loi et que la personne répond aux critères de définition du lanceur d'alerte prévus à l'article 6 de la loi n° 2016-1691 du 9 décembre 2016 relative à la transparence, à la lutte contre la corruption et à la modernisation de la vie économique ». En l'espèce, Marc D. a dévoilé des informations particulièrement sensibles aux journalistes allant jusqu'à produire des extraits des dossiers médicaux de patients sans leur autorisation. Bien que Marc D. ait eu la volonté de saisir la presse afin d'alerter l'opinion publique sur l'insécurité et le mépris des règles du droit du travail dans le BTP, il n'en demeure pas moins qu'il aurait pu choisir un tout autre moyen d'agir qui aurait préservé les droits de ses patients et la confidentialité de leurs informations médicales. Le comportement de Marc D. n'était manifestement pas nécessaire. Il ne pourra arguer du fait justificatif de lanceur d'alerte pour tenter d'échapper aux poursuites pénales.

Une autre justification pourrait être recherchée dans l'article 10 de la Convention européenne des droits de l'Homme relative à la liberté d'expression. Dans une affaire connue, la Cour européenne a jugé que l'État français avait violé cet article en interdisant définitivement la publication d'un ouvrage qui avait révélé, en méconnaissance du secret médical, l'état de santé d'un ancien président de la République. L'atteinte à la liberté d'expression du médecin a été considérée comme disproportionnée en raison de « l'intérêt public du débat lié à l'histoire des deux septennats accomplis par le président Mitterrand » (CEDH 18 mai 2004, § 53, *Éditions Plon c/ France*). Un « motif d'intérêt général » semble donc pouvoir justifier la révélation d'une information à caractère secret (en ce sens, v. CJR 30 sept. 2019, n° 2019/001, motifs 71 s.). Encore faut-il que les juges considèrent que la volonté du docteur D. d'alerter l'opinion sur l'irrespect des règles du droit du travail dans le BTP constitue un tel motif.

À défaut, le docteur Marc D. encourt une peine d'un an d'emprisonnement et 45 00 euros d'amende ainsi que les peines complémentaires prévues par l'article 226-13 du Code pénal.

II • L'accident de la circulation (6 points)

Si la responsabilité du conducteur se pose au premier plan à la suite d'un accident de la circulation faisant plusieurs victimes (A), l'indifférence prêtée au sort de ces dernières – tant par le conducteur (Christophe V.) que par le passager (Michel P.) – devra également conduire à examiner leur responsabilité (B) ce qui n'est pas sans conséquence sur un éventuel concours d'infraction (C).

A • Les circonstances de l'accident

Alors qu'il se trouvait à bord de son véhicule, Christophe V. a dépassé plusieurs automobilistes malgré une ligne blanche continue jusqu'à frôler un véhicule arrivant en sens inverse. C'est dans ces conditions que ce véhicule déviait de sa trajectoire et percutait un arbre situé sur le bas-côté. Le passager et le conducteur du véhicule accidenté étaient grièvement blessés. On pouvait alors légitimement penser, en l'absence de précision supplémentaire, que ce dommage leur avait occasionné une incapacité totale de travail (ITT) de plus de trois mois.

Partant, il convient de s'attarder sur l'infraction prévue par l'article 222-19-1 du Code pénal. Cet article sanctionne les blessures involontaires commises par le conducteur d'un véhicule terrestre à moteur ayant occasionné plus de trois mois d'ITT à la victime. L'article 222-19-1 opère par renvoi à l'article 222-19 du Code pénal définissant les blessures involontaires qui, lui-même, opère par renvoi à l'article 121-3 dudit code.

Sans reprendre l'intégralité du raisonnement développé précédemment (I, A, 1), il sera souligné que Christophe V. a accumulé les fautes de conduite (vitesse trop élevée, absence de visibilité, dépassement de ligne blanche continue) ce qui a provoqué *in fine* un accident de circulation au terme duquel deux personnes ont été blessées. Sans devoir évoquer la certitude du lien de causalité qui ne pose ici aucune difficulté, les différentes fautes de conduite ont été un paramètre déterminant dans les causes et les conséquences de l'accident de telle sorte que le seul excès de vitesse a été constitutif d'une faute en relation directe avec les blessures des victimes (Crim. 25 sept. 2001, n° 01-80.100).

Par conséquence, une faute simple suffit à engager la responsabilité de Christophe V. étant précisé que ce dernier a commis pas moins de trois manquements au Code de la route. Eu égard à l'ensemble des éléments précités, l'infraction visée à l'article 222-19-1 du Code pénal est caractérisée. Christophe V. encourt 3 ans d'emprisonnement et 45 000 euros d'amende.

Néanmoins, l'alinéa 2 de ce même article prévoit un certain nombre de circonstances aggravantes : la violation manifestement délibérée d'une obligation de prudence ou de sécurité (1°), un dépassement de vitesse égal ou supérieur à 50 km/h (5°) et le fait de ne pas s'arrêter alors que le conducteur vient de causer un accident (6°). Ce même article précise qu'une circonstance aggravante suffit à porter la peine à cinq ans d'emprisonnement et 75 000 euros d'amende tandis que la réunion d'au moins deux circonstances porte la peine à 7 ans d'emprisonnement et 100 000 euros d'amende.

En l'espèce, Christophe V. a dépassé de 80 km/h la vitesse autorisée et a tenté de se dérober quant à sa responsabilité en repartant aussitôt du lieu des faits après s'être momentanément arrêté et avoir constaté la présence de deux victimes à bord du véhicule accidenté (la prise en compte de cette circonstance aggravante empêche de retenir le délit de fuite prévu à l'article 434-10 du Code pénal car un même fait ne peut être doublement qualifié). Si ce n'était assez, Christophe V. a manifestement violé de manière délibérée les règles de conduite édictées par le Code de la route (sans pouvoir toutefois retenir un même manquement pour établir deux circonstances aggravantes : le franchissement d'une ligne blanche suffit à établir cette circonstance aggravante sans recourir à l'excès de vitesse). Partant, au moins deux des circonstances aggravantes visées ci-dessus sont caractérisées. Christophe V. encourt donc une peine de 7 ans d'emprisonnement et 100 000 euros d'amende. S'y ajoutent les peines complémentaires prévues par les articles 222-44 (suspension ou annulation du permis de conduire, confiscation, etc.) et 222-46 (affichage ou diffusion de la décision) du Code pénal.

B • Les suites de l'accident

Consécutivement à l'accident, Christophe V. s'est brièvement arrêté pour s'approcher du véhicule accidenté avant de redémarrer presque aussitôt sur les recommandations de Michel P., son passager.

1 • S'agissant de la responsabilité de Christophe V.

À première vue, deux infractions semblent pouvoir être poursuivies : le délit de fuite sanctionné par l'article 434-10 du Code pénal et l'omission de porter secours prévue par l'article 223-6, alinéa 2 du même code.

Bien que les juges du fond semblent accepter le cumul de ces deux délits partant du postulat qu'ils ont des éléments constitutifs bien différents (Rennes, 20 déc. 1948, *D.* 1949. 230.), un conflit de qualifications est à première vue insurmontable compte tenu du dernier état de la jurisprudence entourant le principe *non bis in idem* (Crim. 26 oct. 2016, n° 15-84.552 ; Crim. 7 déc. 2016, n° 15-87.335 ; Crim.

25 oct. 2017, n° 16-84.133 ; Crim. 24 janv. 2018, n° 16-83.045). Plus explicitement, la jurisprudence précise que « les faits qui procèdent de manière indissociable d'une action unique caractérisée par une seule intention coupable ne peuvent donner lieu, contre le prévenu, à deux déclarations de culpabilité de nature pénale, fussent-elles concomitantes. » Ainsi, seule l'infraction d'omission de porter secours sera retenue d'autant que la circonstance aggravante de délit de fuite caractérisée dans le cadre des blessures involontaires empêche à elle seule de poursuivre Christophe V. pour délit de fuite.
Conformément à l'article 223-6, alinéa 2 du Code pénal, sera puni de cinq ans d'emprisonnement et de 75 000 euros d'amende « quiconque s'abstient volontairement de porter à une personne en péril l'assistance que, sans risque pour lui ou pour les tiers, il pouvait lui prêter soit par son action personnelle, soit en provoquant un secours ». Cet article oblige à faire la démonstration au titre de la condition préalable qu'une personne était en situation de péril imminent nécessitant une intervention immédiate (Crim. 18 juin 2003, *D.* 2005. 195, note Prothais ; *JCP* 2003 II 10121, note Rassat). Il est ici constant que les deux personnes s'étant trouvée à bord du véhicule accidenté étaient grièvement blessées ce qui nécessitait une prise en charge immédiate et un appel instantané du service des urgences/pompiers.
Au surplus, Christophe V. aurait pu porter secours aux deux victimes sans que cela ne soit risqué pour lui ou pour les tiers. C'est tellement vrai que Christophe V. est descendu dans un premier temps de la voiture pour apercevoir les dégâts occasionnés avant de remonter aussitôt et de s'enfuir. Par conséquent, Christophe V. a nécessairement eu conscience du péril dans lequel se trouvait le conducteur et son passager d'autant que l'instruction donnée par Michel P. est sans appel sur l'état physique des deux victimes : « Laisse-les crever et barrons nous ! ». Les éléments matériel et moral de l'infraction d'omission de porter secours sont réunis. L'infraction est caractérisée de telle sorte que Christophe V. encourt cinq ans d'emprisonnement et 75 000 euros d'amende ainsi qu'une interdiction des droits civils, civiques et de famille prévue à l'article 223-16 du Code pénal.

2 • S'agissant de la responsabilité de Michel P.

Les instructions données par Michel P. à l'issue de l'accident interrogent sur sa responsabilité. D'emblée, il conviendra d'écarter l'hypothèse de la complicité dans la mesure où cette dernière suppose que Michel P. ait soit facilité par aide ou assistance la préparation ou la consommation de l'infraction commise par Christophe V., soit provoqué cette infraction par don, promesse, menace, ordre, abus d'autorité/de pouvoir ou donné des instructions pour la commettre. Si l'attitude de Michel P. s'apparente à de la provocation, l'article 121-7 du Code pénal exige toutefois que l'incitation à commettre une infraction soit accompagnée d'adminicules (« don, promesse, menace, ordre, abus d'autorité ou de pouvoir »). Rien de tel en l'espèce (il n'y a aucun rapport hiérarchique entre les deux hommes) ; les propos de Michel P. ne sont, comme l'indique l'énoncé, qu'une recommandation. Ils ne suffisent pas à caractériser un acte de complicité.
En revanche, Michel P. qui accompagnait Christophe V., peut être considéré comme un coauteur du refus d'assistance à personne en péril. Et pour cause, Michel P. aurait pu également porter secours aux deux victimes ce qu'il a manifestement refusé de faire préférant prendre la fuite. Sans reprendre le raisonnement développé ci-dessus (II, A, 1), il est constant que l'infraction visée par l'article 223-6, alinéa 2 du Code pénal est caractérisée. Sur le plan matériel, Michel P. s'est pareillement abstenu de tout secours, que ce soit par une action personnelle ou en alertant les secours, alors qu'une telle action ne présentait pour lui aucun danger physique. Sur le plan moral, il a agi avec conscience et volonté (dol général), en toute connaissance de l'état des blessés, comme le montrent ses propos. Michel P. encourt cinq ans d'emprisonnement et 75 000 euros d'amende ainsi que les peines complémentaires précitées.

C • La résolution du concours d'infractions

Pas moins de deux infractions sont ici en concours pour Christophe V., sans qu'aucune n'ait été séparée par une décision définitive, ce qui pose la question de la résolution du concours réel d'infractions, tel que défini par l'article 132-2 du Code pénal. Dans une telle hypothèse, il y a lieu de retenir autant de déclarations de culpabilité qu'il y a d'infractions constituées sans que les peines de même nature (à l'exception des contraventions) puissent se cumuler entre elles, conformément à l'article 132-3 du Code pénal.

Dans ces conditions, Christophe V. ne pourra se voir infliger une peine supérieure à sept ans d'emprisonnement et 100 000 euros d'amende.

Consultation

Sujet de l'examen national 2020

SUJET

Un laboratoire scientifique, *Meditest*, pratiquant des expériences sur des animaux, a fait l'objet d'une attaque par des personnes masquées, le 10 février 2020. L'examen des enregistrements de vidéosurveillance révèle que le système d'alarme a été désactivé par l'introduction du code du jour, que les cages des animaux ont été forcées et que ceux-ci ont été chargés à bord d'un véhicule. Les locaux du laboratoire ont été vandalisés de manière systématique et plusieurs foyers d'incendie ont été allumés avec des cocktails Molotov. Le feu a atteint l'ensemble du complexe alors que plusieurs vigiles et deux employés du laboratoire se trouvaient encore sur place. L'un d'entre eux est décédé de ses blessures. La police a découvert sur les lieux un tract d'un groupe se désignant comme étant « Les guerriers de la Terre-Mère – *Warriors of Mother Earth* » et préconisant une « disparition du système spéciste, écocide et hypercapitaliste par la terreur armée – Semons la destruction pour sauver la planète ! ».
Lors de l'enquête, un suspect est identifié, Juan R., qui avoue sa participation aux faits. Il explique aux enquêteurs que l'action du groupe, qui obéit toujours au même *modus operandi* (intrusion à deux, visages masqués, dépôt de tract et compte rendu ultérieur au chef) est « nécessaire pour réveiller la population », « pour sauver la planète face au danger terrible qui la guette : la destruction de l'écosystème ». Il précise que « ceux qui travaillent dans cet enfer méritent d'y brûler ». Des courriers électroniques découverts sur sa messagerie le mettent en relation avec deux autres personnes, Michel S. et Jean-Paul G. Michel S., également membre du groupe *Warriors of Mother Earth*, est un technicien employé par un sous-traitant de *Meditest*. Il ressort des sms échangés avec Juan R. qu'il a communiqué à celui-ci, le jour de l'attaque, le code d'accès et une description des locaux en lui souhaitant « un bon barbecue ». Michel S. a obtenu les codes en utilisant son accès professionnel à la banque de données de *Meditest*. Il a aussi contacté Jean-Paul G., un garagiste, afin d'obtenir le véhicule qui a été utilisé lors de l'attaque. Ce dernier reconnaît avoir fourni le véhicule à Michel S., mais soutient ne pas avoir su qu'il allait être utilisé pour cette expédition.
Une autre personne attire également l'attention des enquêteurs. Il s'agit de Christopher M., ressortissant canadien installé depuis plusieurs années en région parisienne. Il est le fondateur et le chef du groupe « Les guerriers de la Terre-Mère – *Warriors of Mother Earth* ». Christopher M. nie toute implication dans l'attaque de *Meditest*. Le site web du groupe montre cependant qu'il a régulièrement demandé aux membres de celui-ci des cotisations « pour des packages d'action politique », promettant des « formations, des tracts et des stages de résistance passive » par l'intermédiaire d'une association de pure façade qu'il contrôle. Les services et matériels promis en contrepartie des cotisations n'ont jamais été fournis en dépit de la promesse affichée sur le site et des nombreux témoignages de personnes se présentant comme des adhérents du groupe qui y sont publiés. L'argent était viré sur un compte de la Banque Française de Crédit que Christopher M. avait ouvert à cet effet. Les sommes étaient immédiatement transférées par celui-ci sur un autre compte domicilié sur les Îles vierges britanniques et ouvert au nom d'une société de droit anglais dont il est le seul associé.
Vous êtes consulté sur les qualifications pénales applicables aux faits et les peines éventuellement encourues par les différents protagonistes : Juan R. (**6 points**), Michel S. (**5 points**), Jean-Paul G. (**3 points**), Christopher M. (**6 points**).

Précision

La Commission nationale de l'examen d'accès au CRFPA avait précisé, le 6 avril 2020, les informations suivantes concernant le programme :
« Afin de respecter l'égalité entre les candidats, compte tenu de la fermeture des universités depuis le 16 mars 2020, et afin de parer au risque que de nouvelles dispositions modifient le droit français entre les dates de dépôt des sujets et les dates d'examen, la Commission nationale de l'examen d'accès au CRFPA indique que **les sujets, pour la session 2020, devront être traités en faisant abstraction des dispositions d'urgence prises par le Gouvernement sur le fondement de la loi n° 2020-290 du 23 mars 2020 "d'urgence pour faire face à l'épidémie de covid-19" et plus généralement de toutes dispositions légales ou réglementaires prises depuis le mois de mars 2020 en réaction à la crise sanitaire provoquée par le virus covid-19. »**

ENJEUX DU SUJET

Le sujet aborde autant de problématique de droit pénal spécial (avec des infractions de droit commun et des infractions terroristes) que de droit pénal général (concours d'infraction, principe *non bis in idem*, complicité). L'étude des qualifications pénales ne doit pas occulter celle des peines encourues avec les nombreuses circonstances aggravantes applicables.

CORRIGÉ

Si la responsabilité de tous les protagonistes est recherchée pour leur lien avec un groupe désigné comme étant « Les guerriers de la Terre-Mère – *Warriors of Mother Earth* », le principe est celui de la responsabilité pénale personnelle (C. pén., art. 121-1) de sorte qu'il s'agit d'examiner la situation de chacun.

I • La responsabilité pénale de Juan R. (6 points)

À l'aune des aveux de Juan R. reconnaissant s'être introduit dans les locaux de *Meditest*, forcer les cages des animaux, emporter ceux-ci dans un véhicule, vandaliser les locaux et allumer plusieurs foyers d'incendie ayant conduit au décès d'un employé, les faits doivent être envisagés sous la qualification de vol (A) et de destructions dangereuses pour les personnes (B). Le militantisme revendiqué de ces actes conduit à s'interroger sur une éventuelle qualification terroriste (C), qui s'inscrivent donc dans un concours d'infractions (D).

A • Le vol aggravé des animaux

Le vol est défini à l'article 311-1 du Code pénal comme « la soustraction frauduleuse de la chose d'autrui ». Selon l'expression consacrée dans l'arrêt *Beaudet*, il consiste sur le plan matériel à « prendre, enlever, ravir ». D'un point de vue juridique, les animaux sont par principe soumis au régime des biens, conformément à l'article 515-14 du Code civil. Ils sont donc la propriété du laboratoire *Meditest* et, partant, susceptibles d'appropriation.

L'élément moral de l'infraction ne pose pas davantage de difficulté que l'élément matériel, d'autant que Juan R. a consigné des aveux circonstanciés. S'agissant d'une infraction délictuelle au vu de la peine d'emprisonnement encourue, il importe par principe de rapporter la preuve de l'intention coupable de l'auteur conformément à l'article 121-3 du Code pénal, ce que l'emploi de l'adjectif « frauduleux » rappelle dans l'article applicable. La conscience et la volonté qu'avait Juan R. de s'emparer d'un bien appartenant à autrui résultent des circonstances : il s'est introduit dans les lieux après s'être procuré le code d'accès en vue de « libérer » les animaux détenus (le tract trouvé sur place étant explicite à cet égard).

Le vol étant constitué dans tous ses éléments, la responsabilité de Juan R. est donc encourue.

Réprimé à l'article 311-1 du Code pénal, le vol peut être aggravé par de nombreuses circonstances, notamment lorsqu'il « est commis dans un lieu utilisé ou destiné à l'entrepôt de fonds, valeurs, marchandises ou matériels » (C. pén., art. 311-4, 6°), qu'il a été « précédé, accompagné ou suivi d'un acte de destruction, dégradation ou détérioration » (C. pén., art. 311-4, 8°), qu'il a été commis « par une personne dissimulant volontairement en tout ou partie son visage afin de ne pas être identifiée » (C. pén., art. 311-4, 10°) ou qu'il a été perpétré « en bande organisée » (C. pén., art. 311-9, al. 1er), celle-ci s'entend de « tout groupement formé ou toute entente établie en vue de la préparation, caractérisée par un ou plusieurs faits matériels, d'une ou plusieurs infractions » (C. pén., art. 132-71). La bande organisée suppose, selon la jurisprudence, la préméditation des infractions commises et une organisation structurée entre ses membres (Crim. 8 juill. 2015, n° 14-88.329 et Crim. 10 avr. 2019, n° 18-83.053).

En l'espèce, sans devoir retenir des faits qui donneront lieu à des infractions distinctes (v. *infra* I, D, 2), la dégradation des cages contenant les animaux par le forçage des serrures est constitutif d'une circonstance aggravante du vol, à l'instar du lieu de commission de l'infraction et de la dissimulation volontaire du visage des auteurs. Si ces circonstances aggravantes, prévues à l'article 311-4 du Code pénal, se cumulent (dernier alinéa), seule la troisième tenant à la bande organisée sera retenue, car elle conduit à une répression accrue. Juan R. a effectivement agi en tant que membre du groupement des « guerriers de la Terre-Mère », selon le *modus operandi* défini par celui-ci. Le tract déposé dans les locaux atteste, s'il en était besoin, de la préparation matérielle du vol avant le passage à l'acte.

Conformément à l'article 311-9, al. 1er, du Code pénal, Juan R. encourt donc la peine de 15 ans de réclusion criminelle et 150 000 euros d'amende.

Aucune cause d'irresponsabilité pénale ne semble ici applicable et, si l'on avait pu penser à l'état de nécessité prévu à l'article 122-7 du Code pénal, les conditions ne sauraient être ici remplies. Rien dans l'énoncé ne donne en effet à penser que les expérimentations pratiquées seraient illégales ou que les animaux courent un danger au moment du passage à l'acte.

B • Les destructions dangereuses aggravées des locaux

L'article 322-6 du Code pénal réprime « la destruction, la dégradation ou la détérioration d'un bien appartenant à autrui par l'effet d'une substance explosive, d'un incendie ou de tout autre moyen de nature à créer un danger pour les personnes ».

L'infraction consiste à détériorer, voire détruire, un bien appartenant à autrui en utilisant un moyen dangereux pour les personnes, l'incendie notamment.

En l'espèce, la matérialité ne souffre guère de difficulté, puisque la dégradation des locaux, induite par l'emploi du verbe « vandaliser », s'est accompagnée de l'allumage de plusieurs foyers d'incendie.

L'élément moral de l'infraction ne pose pas davantage de difficulté que l'élément matériel, d'autant que Juan R. a reconnu les faits. La conscience et la volonté de porter atteinte aux biens appartenant à autrui découlent non seulement du caractère « systématique » des actes, mais encore des moyens employés avec l'usage de cocktails Molotov.

L'infraction étant constituée dans tous ses éléments, la responsabilité de Juan R. est donc encourue.

Le Code pénal prévoit plusieurs circonstances aggravantes parmi lesquelles le fait que l'infraction ait été commise « en bande organisée » (C. pén., art. 322-8 1°) et qu'elle ait entraîné « la mort d'autrui » (C. pén., art. 322-10, al. 1er). Sans devoir revenir sur les développements relatifs à cette première circonstance aggravante, la jurisprudence rappelle pour cette dernière qu'il n'est pas nécessaire que l'auteur « en détruisant, dégradant ou détériorant des biens appartenant à autrui, ait eu l'intention de porter atteinte à l'intégrité physique des personnes par l'un des moyens énumérés par ce texte » (Crim. 28 mars 2017, n° 17-80.041).

La discussion sur l'élément moral est ici déterminante, puisque les propos rapportés par Juan R., selon lesquels « ceux qui travaillent dans cet enfer méritent d'y brûler », pourraient être considérés comme porteur d'un *animus necandi* et, partant, rejoindre la qualification de meurtre à l'article 221-1 du Code pénal. Or, il paraît difficile d'établir que Juan R. avait la conscience et la volonté de donner la mort à une ou plusieurs personnes. Ses propos, assez imprécis, montrent que la mort des personnes est davantage envisagée comme une éventualité que souhaitée.

Seule sera donc retenue la qualification de destruction par un moyen dangereux pour les personnes ayant causé la mort d'autrui, portant la peine à la réclusion criminelle à perpétuité et 150 000 euros d'amende.

C • Les éventuels actes terroristes

Le terrorisme est sanctionné de manière autonome dans le cadre du Livre IV du Code pénal, au titre d'une infraction de droit commun accomplie « intentionnellement en relation avec une entreprise individuelle ou collective ayant pour but de troubler gravement l'ordre public par l'intimidation ou la terreur » (C. pén., art. 421-1, al. 1er). Parmi ces infractions de droit commun limitativement énumérées figurent le vol et les destructions volontaires de bien (C. pén., art. 421-1, 2°).

Pour qu'une infraction mentionnée sur cette liste constitue un acte de terrorisme, il est donc nécessaire, d'une part, qu'elle s'inscrive dans une « entreprise individuelle ou collective » (sans que la loi définisse cette entreprise, ni exige qu'elle soit caractérisée par un acte matériel) et, d'autre part, que l'auteur ait été animé d'un dol spécial, la conscience et la volonté de « troubler gravement l'ordre public par l'intimidation ou la terreur ».

En l'espèce, le tract déposé sur place par Juan R., au nom des « Guerriers de la Terre-Mère – *Warriors of Mother Earth* », qui appelle à la « disparition du système spéciste, écocide et hyper-capitaliste par la terreur armée » et les déclarations consignées par les enquêteurs soulignant que l'action accomplie était « nécessaire pour réveiller la population [...] sauver la planète contre un danger terrible qui la guette, la destruction de l'écosystème », et assénant que « ceux qui travaillent dans cet enfer méritent d'y brûler », conduisent à considérer qu'il était animé par une intention de « troubler gravement l'ordre public par l'intimidation ou la terreur ».

Il y a donc lieu de retenir la qualification de vol aggravé et destruction volontaire par un moyen dangereux aggravée, à finalité terroriste (C. pén., art. 421-1, 2°).

Là où la peine est portée à 20 ans de réclusion criminelle pour le vol à finalité terroriste (C. pén., art. 421-3, 3°), la peine demeure celle de réclusion criminelle à perpétuité pour la destruction volontaire de bien (même article). L'amende de 150 000 euros n'est pas modifiée, le relèvement de la peine privative de liberté n'ayant pas d'incidence sur les autres sanctions.

D • Les concours d'infractions

Trois infractions sont ici encourues par Juan R., de sorte qu'il s'agit de résoudre ces concours d'infraction : si les qualifications peuvent se cumuler (1), il en va autrement en termes de pénalité (2).

1 • Sur le cumul de qualifications

Il y a lieu d'abord de distinguer le concours idéal d'infractions du concours réel, le premier n'étant pas défini par la loi contrairement au second. Les infractions de vol et de destruction volontaire de biens sont non seulement en concours réel entre elles, mais aussi en concours idéal avec l'infraction de terrorisme.

Alors que le concours réel, défini à l'article 132-2 du Code pénal, suppose une pluralité d'actes matériels distincts non séparés par une décision de justice définitive, le concours idéal concerne un même fait matériel susceptible de plusieurs qualifications pénales différentes. La jurisprudence considère qu'il convient de retenir autant de qualification qu'il est porté atteinte à des valeurs sociales protégées différentes (Crim. 3 mars 1960, *Ben Haddadi et Goulam*, *Bull. crim.* n° 138).

Il ne souffre d'aucune difficulté que le vol et la destruction volontaire de bien peuvent se cumuler avec l'infraction de terrorisme avec laquelle elles sont en concours idéal, dès lors que ces infractions protègent des valeurs sociales différentes, ainsi qu'en atteste leur emplacement dans des Livres distincts du Code pénal.

De même, les infractions de vol et de destruction volontaire de bien – en concours réel – peuvent se cumuler entre elles. En pareil cas, que les actes soient jugés lors d'une procédure unique (C. pén., art. 132-3) ou de procédures successives (C. pén., art. 132-4), toutes les qualifications applicables sont retenues.

Juan R. peut donc être poursuivi pour vol en bande organisée à finalité terroriste (C. pén., art. 311-9, al. 1er, et 421-1, 2°) et pour destruction volontaire de bien par un moyen dangereux ayant causé la mort d'autrui, à finalité terroriste (C. pén., art. 322-6, 322-10, al. 1er, et 421-1 2°).

2 • Sur le non-cumul des peines

En cas de procédure unique, « chacune des peines encourues peut être prononcée », mais il ne peut être prononcé, « lorsque plusieurs peines de même nature sont encourues, […] qu'une seule peine de cette nature dans la limite du maximum légal le plus élevé » (C. pén., art. 132-3). Toute « peine privative de liberté est confondue avec une peine perpétuelle » (C. pén., art. 132-5, al. 1er).

Juan R. encourra, dans ce cas, la réclusion criminelle à perpétuité et 150 000 euros d'amende.

L'une ou l'autre des peines complémentaires prévues pour vol (C. pén., art. 311-14 et 311-15) et destruction volontaire de bien (C. pén., art. 322-15, 322-16 et 322-18) peut y être ajoutée.

En cas de procédures successives, « les peines prononcées s'exécutent cumulativement dans la limite du maximum légal le plus élevé ». La confusion, totale ou partielle, des peines de même nature peut toutefois être ordonnée (C. pén., art. 132-4). L'article 132-5, al. 1er, du Code pénal s'applique pareillement.

Juan R. subira, dans cette hypothèse, le cumul des peines privatives de liberté prononcées contre lui (sauf confusion ordonnée par le juge), ainsi que l'amende qui lui aura éventuellement été infligée (dans la limite de 150 000 euros).

L'une ou l'autre des peines complémentaires prévues pour vol (C. pén., art. 311-14 et 311-15) et destruction volontaire de bien (C. pén., art. 322-15, 322-16 et 322-18) peut y être ajoutée.

II • La responsabilité pénale de Michel S. (5 points)

Employé sous-traitant de *Meditest*, Michel S. a participé à la commission des infractions précitées en communiquant à Juan R. les codes d'accès, ainsi qu'une description des locaux de *Meditest*. Pour ce faire, il a utilisé son accès professionnel à la banque de données, ce qui pourrait donner lieu à une infraction autonome (A) si elle ne s'inscrivait pas dans une complicité des infractions commises par Juan R. (B).

A • L'obtention du code d'accès à *Meditest*

Aucune atteinte à un système de traitement automatisé de données n'a été perpétrée : Michel S. disposait de l'accès et il ne s'est pas maintenu frauduleusement dans le système (C. pén., art. 323-1), il n'en a ni entravé, ni faussé le fonctionnement (C. pén., art. 323-2) ; il n'a pas non plus porté atteinte aux données contenues (C. pén., art. 323-3). Il a simplement capté, à des fins criminelles, une information à laquelle ses fonctions lui permettaient d'avoir accès.

La discussion porte plutôt sur la qualification du vol ou d'abus de confiance au titre de l'obtention frauduleuse du code d'accès à *Meditest*.

Sans devoir revenir sur les éléments constitutifs du vol déjà développés (cf. *supra*, I, A, 1, il sera rappelé que la jurisprudence considère depuis longtemps que la soustraction puisse prendre la forme d'une usurpation de la possession, l'agent se comportant, fût-ce momentanément, comme le propriétaire de la chose (Crim. 19 févr. 1959, *Bull. crim.* n° 123). Plus récemment, elle a considéré que la chose, objet du vol, puisse être un bien immatériel (v. l'évolution : Crim. 8 janv. 1979, *Logabax* ; Crim. 20 mai 2015, n° 14-81.336 ; Crim. 28 juin 2017, n° 16-81.113 et Crim. 24 janv. 2018, n° 16-86.597).

En l'espèce, en se procurant le code permettant d'entrer dans le laboratoire grâce à son accès professionnel à la banque de données de *Meditest*, Michel S. s'est comporté comme s'il avait un légitime accès à ce code ; il en a usurpé la possession. Il a ainsi soustrait cette information qui fait aujourd'hui partie des « choses » susceptibles d'appropriation.

L'élément moral consistant en une intention coupable, conformément à l'article 121-3 du Code pénal, est établi par l'accès à la banque de données pour les seuls besoins de cette appropriation frauduleuse. L'infraction de vol est donc susceptible de recevoir application, sauf à ce que l'abus de confiance trouve mieux à s'appliquer.

La qualification d'abus de confiance pourrait recevoir application si l'on raisonnait par rapport à « son accès professionnel à la banque de données » du laboratoire. En effet, la jurisprudence admet que le détournement (donc l'abus) puisse porter sur un bien incorporel, dès lors qu'il est susceptible d'appropriation (Crim. 14 nov. 2000, n° 99-84.522, s'agissant d'un numéro de carte bleue ; Crim. 22 sept. 2004, n° 04-80.285, s'agissant d'un projet de réalisation d'une borne informatique et Crim. 16 nov. 2011, n° 10-87.866, s'agissant d'un fichier de clientèle), et elle retient également que le détournement peut prendre la forme d'une « désaffectation » du bien remis, l'agent en faisant un usage différent de ce qui avait été initialement convenu (v. not. Crim. 16 oct. 2013, n° 12-86.241 et Crim. 22 oct. 2014, n° 13-82.630).

Tel est bien le cas en l'espèce : Michel S. a détourné l'accès à la banque de données de *Meditest*, qui lui avait été octroyé par son employeur sous-traitant, en faisant celui-ci un usage autre que la réalisation de travaux pour le compte du laboratoire. L'objet de la captation est toutefois ici le code d'accès aux locaux de *Meditest* et non l'accès à la banque de données qui a permis de l'obtenir. Ce code n'a pas été remis à Michel S., qui n'a donc pu le détourner au sens de l'article 314-1 du Code pénal. C'est pourquoi la qualification de vol trouve mieux à s'appliquer.

La question se pose toutefois de savoir si cette infraction, indissolublement liée aux actes de complicité que Michel S. a accomplis, peut faire l'objet d'une qualification autonome. La Cour de cassation rappelle de manière constante, au visa du principe *non bis in idem*, que « des faits qui procèdent de manière indissociable d'une action unique caractérisée par une seule intention coupable ne peuvent donner lieu, contre le même prévenu, à deux déclarations de culpabilité de nature pénale, fussent-elles concomitantes » (Crim. 26 oct. 2016, n° 15-84.552 ; Crim. 7 déc. 2016, n° 15-87.335 ; Crim. 25 oct. 2017, n° 16-84.133 ; Crim. 24 janv. 2018, n° 16-83.045 ; Crim. 16 janv. 2019, n° 18-81.566 ; Crim. 5 juin 2019, n° 18-84.350 ; Crim. 13 juin 2019, n° 18-83.071).

Force est ici de constater que le vol du code n'est qu'une opération préalable nécessaire à la transmission de celui-ci à Juan R., laquelle doit être abordée dans le cadre des actes de complicité des infractions précitées. Cette infraction ne saurait donc être retenue de manière autonome pour être mieux envisagée dans le cadre d'une complicité punissable.

B • La complicité des infractions commises par Juan R.

Les infractions commises par Juan R. sont autant de faits principaux punissables sur lesquels vont se greffer les actes de complicité de Michel S.

L'article 121-7 du Code pénal définit deux formes de complicité : l'une par aide ou assistance (al. 1er), l'autre par provocation ou fourniture d'instructions (al. 2).

La participation doit être antérieure ou concomitante à la commission des faits délictueux et consister en la commission d'un ou plusieurs actes positifs.

L'ensemble de ces critères est ici rempli, puisque Michel S. a aidé Juan R. à réaliser les infractions de vol et de destruction volontaire de bien en lui fournissant le moyen de pénétrer dans les locaux (le code d'accès) et le véhicule qui a permis d'emporter les animaux. Il lui a également fourni des instructions, à savoir des renseignements utiles à la perpétration de l'infraction (v. par ex., Crim. 31 janv. 1974, n° 73-92.681), en lui décrivant les locaux.

Si la matérialité de la complicité est acquise, elle doit également être intentionnelle pour qu'elle soit punissable.

La pluralité des actes accomplis par Michel S. (obtention du code, description des locaux, recherche du garagiste) et la circonstance qu'il souhaite à Juan R. un « bon barbecue » attestent, s'il en était besoin, que celui-ci s'est associé « sciemment » au dessein criminel.

L'élément moral de la complicité est donc constitué.

Conformément à l'article 121-6 du Code pénal, le complice est puni « comme auteur de l'infraction ». Il résulte, en outre, de la jurisprudence que les circonstances aggravantes réelles et mixtes se communiquent au complice (v. par ex., Crim. 11 janv. 2017, n° 16-80.610). Tel est le cas des circonstances aggravantes retenues ici : elles tiennent aux circonstances de réalisation de l'infraction (bande organisée) et au dommage produit par celle-ci (mort d'autrui).

Michel S. encourt donc les mêmes peines que s'il était lui-même l'auteur des vols d'animaux et de destruction volontaire de bien aggravés, soit la réclusion criminelle à perpétuité et une amende de 150 000 euros.

III • La responsabilité pénale de Jean-Paul G. (3 points)

La responsabilité de Jean-Paul G. ne saurait être recherchée en qualité d'auteur ou de co-auteur, puisqu'il n'a participé à la commission d'aucune infraction. Il ne connaît pas Juan R. de sorte que sa responsabilité ne saurait davantage être recherchée sur le terrain de la complicité, à l'instar de Michel S. Force est toutefois de constater que, par son comportement, il a prêté assistance à Michel S. en lui procurant un véhicule qui sera utilisé lors de l'attaque. S'il s'agit de décomposer son comportement, il répond aux critères requis de la matérialité de la complicité (fourniture de moyen, positive et antérieure à l'action), sachant qu'il s'agit ici d'une complicité de complicité, admise par la jurisprudence (Crim. 15 déc. 2004, n° 04-81.684). Encore faut-il rapporter la preuve que Jean-Paul G. a agi en connaissance du dessein criminel de Michel S., ce qui n'est pas établi.
La responsabilité pénale de Jean-Paul G. n'est donc pas engagée.

IV • La responsabilité pénale de Christopher M. (6 points)

En sa qualité de fondateur et de chef du groupe « Les guerriers de la Terre-Mère – *Warriors of Mother Earth* », la responsabilité de Christopher M. pourrait être recherchée du chef d'associations de malfaiteurs en lien avec une entreprise terroriste (A), d'escroquerie (B) et de blanchiment (C), puisque les fonds perçus ont été transférés sur un compte des Îles vierges britanniques, ouvert au nom d'une société de droit anglais, dont il est le seul associé. Les infractions en concours appelleront une nécessaire résolution (D).
Qu'il soit au demeurant permis de souligner que l'extranéité des faits, comme la nationalité de l'auteur (ressortissant canadien), est indifférente puisque, conformément à l'article 113-1 du Code pénal, « la loi pénale française est applicable aux infractions commises sur le territoire de la République ».

A • L'association de malfaiteurs en lien avec une entreprise terroriste

L'association de malfaiteurs en lien avec une entreprise terroriste est définie à l'article 421-2-1 du Code pénal comme étant « un groupement formé ou […] une entente établie en vue de la préparation, caractérisée par un ou plusieurs faits matériels » d'un acte de terrorisme. La participation à un tel groupement ou à une telle entente constitue, selon la chambre criminelle de la Cour de cassation, une « infraction indépendante, tant des crimes préparés ou commis par certains de ses membres, que des infractions caractérisées par certains des faits qui la concrétisent » et n'exige pas, par conséquent, la démonstration que l'agent a participé à la préparation ou à la réalisation de certains crimes (Crim. 12 juill. 2016, n° 16-82.692 et Crim. 20 févr. 2019, n° 18-80.777).
Le fait de diriger ou d'organiser un tel groupement ou une telle entente est puni de peines accrues (C. pén., art. 421-5, al. 2, et art. 421-6, al. 2). Ce crime, nécessairement intentionnel (C. pén., art. 121-3), suppose la conscience et la volonté de diriger un tel rassemblement à visée terroriste.

Rien n'indique, en l'espèce, que Christopher M. ait été le meneur d'actions ayant une telle fin : il nie d'ailleurs toute implication dans l'attaque perpétrée sur le laboratoire *Meditest*. Il semble principalement motivé par la volonté de tirer du groupe, qu'il a créé, de substantiels profits.

B • L'escroquerie

L'article 313-1 du Code pénal punit le fait « soit par l'usage d'un faux nom ou d'une fausse qualité, soit par l'abus de qualité vraie, soit par l'emploi de manœuvres frauduleuses, de tromper une personne physique ou morale et de la déterminer ainsi, à son préjudice ou au préjudice d'un tiers, à remettre des fonds, des valeurs ou un bien quelconque, à fournir un service ou à consentir un acte opérant obligation ou décharge ».

Il s'agit d'une infraction complexe consistant, d'une part, à tromper une personne et, d'autre part, à obtenir une remise d'une chose. La tromperie doit résulter de l'un des moyens frauduleux énumérés par le texte, sachant que l'emploi de manœuvres frauduleuses ne peut consister en un simple mensonge et doit être corroboré par un ou plusieurs éléments extérieurs destinés à lui donner force et crédit. La remise doit avoir été déterminée par la tromperie et être préjudiciable à la victime, étant précisé que la jurisprudence ne se montre guère exigeante sur la preuve d'un préjudice (v. par ex., Crim. 28 janv. 2015, n° 13-86.772).

En l'espèce, Christopher M. a promis diverses actions politiques (la fourniture de « packages d'action politique », ainsi que des « formations, des tracts et des stages de résistance passive » par l'intermédiaire d'une association qui s'est avérée être de pure façade) qui n'ont jamais eu lieu. Il en a assuré la promotion par une mention sur le site web du groupe et par la publication, sur le même site, de témoignages de personnes se présentant comme des adhérents du groupe (« tiers certificateurs »). Son mensonge, corroboré par ces diverses publications, constitue des manœuvres frauduleuses au sens de l'article 313-1 du Code pénal.

La remise a porté ici sur de l'argent, donc sur des fonds qui ont été versés à Christopher M. par les membres trompés. Ces derniers ont vraisemblablement été déterminés par les mentions figurant sur le site. Si les actions promises n'ont pas eu lieu en contrepartie des sommes versées, ils peuvent justifier d'un préjudice certain.

S'agissant d'un délit, il convient de rapporter la preuve d'une intention coupable, conformément à l'article 121-3 du Code pénal, qui consiste ici en la conscience et la volonté de Christopher M. de tromper ses victimes et d'obtenir ainsi une remise indue.

L'escroquerie est donc constituée dans tous ses éléments et Christopher M. encourt une peine de 5 ans d'emprisonnement et 375 000 euros d'amende.

Si l'on aurait pu penser à la qualification d'abus de confiance, celle-ci doit être écartée, puisqu'elle suppose le détournement d'un bien remis à titre précaire là où les sommes remises à Christopher M. l'ont été en pleine propriété.

C • Le blanchiment

L'article 324-1 du Code pénal réprime « le fait d'apporter un concours à une opération de placement, de dissimulation ou de conversion du produit direct ou indirect d'un crime ou d'un délit », la jurisprudence admettant que le crime ou le délit dont le produit est ainsi blanchi ait été commis par l'auteur même du blanchiment (sur « l'auto-blanchiment », v. par ex., Crim. 18 mars 2020, n° 18-85.542). S'agissant d'un délit, il est par principe intentionnel.

En transférant sur un compte ouvert dans les Iles vierges, au nom d'une société dont il est le seul associé, les sommes obtenues au moyen de l'escroquerie commise envers les membres du groupe qu'il dirige, Christopher M. a matériellement concouru au placement et à la dissimulation du produit d'un délit.
Le fait qu'il ait lui-même commis cette escroquerie et le montage réalisé démontrent au surplus le caractère intentionnel de son comportement.
Le blanchiment est donc constitué et Christopher M. encourt une peine de 5 ans d'emprisonnement et 375 000 euros d'amende, sachant que l'amende peut être élevée jusqu'à la moitié de la valeur des sommes concernées.

D • La résolution du concours réel d'infractions

Selon l'article 132-2 du Code pénal, « il y a concours d'infractions lorsqu'une infraction est commise par une personne avant que celle-ci ait été définitivement condamnée pour une autre infraction ».
L'escroquerie et le blanchiment – infractions compatibles – ont été commis successivement, sans être séparés par une condamnation définitive : il s'agit donc d'un concours réel d'infractions. Les actes sont suffisamment distincts de la remise initiale des fonds sur le compte de l'auteur pour que l'on ne considère pas que tous les actes accomplis procèdent « de manière indissociable d'une action unique caractérisée par une seule intention coupable » (cf. arrêts précités).
Les deux qualifications peuvent donc être cumulées.
En cas de procédure unique, « chacune des peines encourues peut être prononcée », mais il ne peut être prononcé, « lorsque plusieurs peines de même nature sont encourues, [...] qu'une seule peine de cette nature dans la limite du maximum légal le plus élevé » (C. pén., art. 132-3). Toute « peine privative de liberté est confondue avec une peine perpétuelle » (C. pén., art. 132-5, al. 1er).
En cas de procédures successives, « les peines prononcées s'exécutent cumulativement dans la limite du maximum légal le plus élevé ». La confusion, totale ou partielle, des peines de même nature peut toutefois être ordonnée (C. pén., art. 132-4).
Dans les deux cas, Christopher M. pourra subir une peine allant jusqu'à 5 ans d'emprisonnement et 375 000 euros d'amende, sachant que la peine pourra aller au-delà jusqu'à la moitié de la valeur des sommes « blanchies ».
L'une ou l'autre des peines complémentaires prévues pour escroquerie (C. pén., art. 313-7 et 313-8) et blanchiment (C. pén., art. 324-7, voire art. 324-8) peut y être ajoutée.

Cas pratique

SUJET

Lilas C., fraîchement diplômée dentiste, éprouve des difficultés à se constituer une clientèle dans la belle ville de Metz. Son père, également médecin, pensait que le charme de sa fille ne ferait qu'ajouter à sa réussite professionnelle. Contraint devant la réalité des difficultés financières de Lilas, il convainc son épouse, secrétaire médicale dans un grand cabinet dentaire, de mentir aux clients du cabinet en indiquant que leur dentiste allait cesser toute activité, mais qu'un nouveau dentiste venait de s'installer. Bien que réticente, elle finit par céder et appeler les clients pour les inviter à se diriger vers le cabinet de leur fille.

Toujours enthousiaste, Lilas ne se douta de rien pensant que la chance lui souriait enfin. Aussitôt entreprit-elle de construire son avenir en même temps que sa maison, tout en économisant sur les frais de construction en achetant des matériaux qu'un ami à elle a volés sur un chantier.

Que pensez-vous de la situation ?

CORRIGÉ

Au vu des faits, chacun des protagonistes mérite que l'on envisage leur responsabilité pénale. La mère d'abord qui est à la manœuvre (I), le père ensuite qui est à l'initiative du projet (II) et la fille, enfin, qui profite de la situation (III).

I • La responsabilité pénale de la mère

Le comportement de la mère consiste à utiliser des informations dont elle dispose dans le cadre de son emploi, mais à une fin différente des missions qui lui sont confiées. De tels agissements invitent alors naturellement à envisager l'abus de confiance (B), après avoir discuté de la qualification d'escroquerie (A).

A • La qualification d'escroquerie

L'article 313-1 du Code pénal définit assez longuement l'escroquerie qui classiquement se compose d'un élément matériel et d'un élément moral. Au vu des faits, il convient d'examiner dans un premier temps si les composantes de l'élément matériel sont réunies.

D'une part, l'escroquerie suppose un acte, qui consiste à tromper par l'emploi de l'un de procédés visés, à savoir l'emploi d'un faux nom, d'une fausse qualité, par l'abus d'une qualité vraie ou de manœuvres frauduleuses.

Le fait, pour une secrétaire médicale, d'appeler les clients du cabinet en leur mentant pour qu'ils changent de dentiste est-il constitutif de l'un de ces procédés ?

Incontestablement, il s'agit d'un simple mensonge qui apparaît exclusif des manœuvres frauduleuses, car il n'est corroboré par aucun élément extérieur. Pour tomber sous le coup de l'escroquerie, ce mensonge peut d'abord être constitué par l'usage d'un faux nom ce qui est exclu, en l'espèce, la secrétaire médicale se présentant sous sa vraie identité.

Ensuite, le mensonge est incriminé lorsqu'il consiste à se présenter sous une fausse qualité, que cette qualité soit d'ailleurs réelle ou imaginaire. Là encore tel n'est pas le stratagème employé par la mère du dentiste qui utilise sa vraie qualité de secrétaire médicale pour appeler les clients.

Il faut alors envisager le troisième procédé trompeur qui consiste à abuser d'une qualité vraie. Initialement, ce procédé ne figurait pas dans le texte d'incrimination et la jurisprudence le rattachait à un cas de manœuvres frauduleuses ce qui impliquait que les juges ne retenaient ce procédé que dans l'hypothèse où la qualité était de nature à inspirer une confiance particulière comme pour un notaire ou un banquier. Aujourd'hui, ce procédé figure expressément dans la liste de l'article 313-1 du Code pénal et impose alors de percevoir de manière plus large les professions pouvant être visées. Ainsi, si initialement la qualité de secrétaire médicale pouvait paraître insuffisante dans la mesure où elle ne fait pas partie des professions inspirant une confiance particulière, aujourd'hui cette difficulté pourrait être dépassée.

La limite réside désormais dans les termes de l'abus, car celui-ci n'est caractérisé qu'autant que, par son usage, il ait déterminé la remise. Or, au vu des faits on peut estimer que le procédé a été déterminant dans la réorientation des clients. Mais est-ce suffisant pour fonder la remise au sens de l'article 313-1 du Code pénal ?

Il convient donc d'envisager la seconde composante de cette infraction complexe à savoir la remise préjudiciable par la victime de fond, valeurs ou biens quelconques ou la fourniture d'un service ou le consentement à un acte opérant obligation ou décharge. Deux éléments sont donc à dissocier : la remise doit être précisée par son objet, mais également par sa nature préjudiciable qui pourrait être discutée si elle n'était pas entendue largement en jurisprudence.

L'objet de la remise est défini de manière particulièrement large, puisqu'elle peut porter indifféremment sur un bien ou un service, mais aussi sur un engagement ou une renonciation. Or, si l'on observe les faits, les clients ont bien effectué une remise : celle de fonds à Lilas, mais aucunement à sa mère. Reste que la jurisprudence a considéré que l'infraction n'exige pas que la remise de la chose ait été faite entre les mains de l'auteur du délit ou entre celles de ses complices (Crim. 8 juill. 1932). Le délit d'escroquerie est constitué, y compris lorsque la remise est obtenue indirectement en conséquence de la réussite de la machination (Crim. 26 juill. 1971).

SI l'on envisage les faits sous le prisme de l'escroquerie, ce sont les patients qui se posent en victime alors que, dans le cadre de l'abus de confiance, c'est l'employeur qui a été abusé par sa salariée.

B • La qualification d'abus de confiance

L'abus de confiance est incriminé par l'article 314-1 du Code pénal. Au titre de la composante matérielle, le texte prévoit deux éléments caractéristiques : il s'agit d'un acte de détournement qui implique au préalable que le bien détourné ait été préalablement remis.

D'une part, l'abus de confiance suppose la remise du bien, ce qui impose de préciser non seulement la nature de la remise elle-même mais aussi la nature du bien remis.

S'agissant de la nature de la remise, elle doit tout d'abord être antérieure à l'acte de détournement. Cette condition ne fait aucun doute en l'espèce, puisque la secrétaire du cabinet se voit remettre les informations relatives à la clientèle dès sa prise de fonctions et au fur et à mesure de l'arrivée des clients, soit avant qu'elle décide de les utiliser à des fins personnelles. Ensuite, la remise doit avoir été acceptée selon l'article 314-1 du Code pénal, ce qui peut résulter de la conclusion d'un contrat, mais pas seulement, car la Cour de cassation affirme que la remise acceptée ne passe pas exclusivement par la recherche d'un acte juridique (Crim. 18 oct. 2000, *Dr. pénal* 2001, comm. 28).

En l'espèce, les informations relatives à la clientèle sont remises à la secrétaire en vertu de son emploi et donc de son contrat de travail. Cette condition ne pose donc pas de difficulté.

Enfin, la remise doit poursuivre un but déterminé, puisqu'elle doit être faite à charge de rendre les biens, de les représenter ou en faire un usage déterminé. Cela signifie donc que la remise du bien ne doit conférer qu'une détention précaire du bien à celui qui le reçoit. Tel est incontestablement le cas en l'espèce, puisque les informations dont dispose la secrétaire lui ont été remises dans un but particulier : qu'elles les utilisent pour le bon fonctionnement du cabinet. Les numéros de téléphone des patients lui sont remis notamment pour qu'elle puisse leur communiquer un changement d'horaire ou une annulation de rendez-vous.

Ainsi, les faits de l'espèce permettent de caractériser la nature de la remise requise par le texte.

S'agissant de la nature du bien remis, la liste des biens ou objets pouvant être remis est fixée par l'article 314-1 du Code pénal : il s'agit de fonds, de valeurs ou d'un bien quelconque. En l'espèce, le détournement en cause porte sur la clientèle du cabinet dentaire dans lequel la mère est employée comme secrétaire médicale. Seule la mention « bien quelconque » peut alors être envisagée, mais elle doit être précisée.

En effet, la jurisprudence a commencé par affirmer en 2000 que « les dispositions de l'article 314-1 du Code pénal s'appliquent à un bien quelconque et non pas seulement à un bien corporel », mais, le 16 novembre 2011, elle précise que l'abus de confiance s'applique à un « bien quelconque, susceptible d'appropriation ». La chambre criminelle vient ainsi poser une condition supplémentaire par rapport à sa jurisprudence antérieure : le délit peut certes porter sur un bien incorporel, mais à la seule condition qu'il soit appropriable. Une question se pose alors : la clientèle et les informations qui y sont relatives sont-elles des biens susceptibles d'appropriation ? La réponse est à rechercher dans ce même arrêt qui considère que « les informations relatives à la clientèle constituent un bien susceptible d'être détourné ». Ainsi, au vu de la jurisprudence la plus récente, il y a lieu de tenir cette première composante comme acquise.

Reste le détournement exigé par le texte qui l'évoque sans le définir. Il faut alors s'en remettre aux précisions apportées par la jurisprudence. En principe, la Cour de cassation considère que le détournement suppose que le bien remis ne pourra être rendu ou représenté ou que l'usage prévu n'aura pas été respecté. Dans l'hypothèse la plus simple, le détournement consistera en une dissipation du bien, une destruction par exemple. Mais en l'espèce, les informations ne sont en aucun cas détruites mais détournées de l'usage qui était prévu. Il faut alors établir, selon la jurisprudence, que l'usage différent du bien implique la volonté de l'utilisateur de se comporter, même momentanément, comme le propriétaire de la chose (Crim. 2 avr. 1974, *Bull. crim.* n° 139).

En l'espèce, il est incontestable que la secrétaire utilise les informations relatives à la clientèle comme si elle en disposait librement. Elle agit dans un intérêt purement personnel, ce qui caractérise indéniablement le détournement.

En dernier lieu, il faut préciser que le détournement doit être préjudiciable pour correspondre à la définition de l'article 314-1 du Code pénal. Mais la jurisprudence s'est montrée assez souple sur cette condition. En effet, depuis une décision ancienne, le préjudice peut être matériel ou moral. Et plus radicalement, la chambre criminelle affirme que ce préjudice résulte nécessairement du détournement (Crim. 5 mars 1980, *Bull. crim.* n° 81). Au vu de cette jurisprudence, la composante du préjudice est donc devenue quasi-inexistante, ce qui ne peut donc soulever de problème en l'espèce : un détournement a été caractérisé, le préjudice doit donc l'être également.

En somme, l'élément matériel du délit d'abus de confiance paraît pouvoir être caractérisé en l'espèce. Reste à déterminer s'il est de même pour l'élément moral.

Au titre de l'élément moral, il convient de faire application de l'article 121-3 du Code pénal qui dispose qu'en matière délictuelle, en l'absence de précision du texte d'incrimination, l'infraction est nécessairement intentionnelle. Tel est le cas de l'abus de confiance, car l'article 314-1 du Code pénal ne fait pas référence à l'état d'esprit de l'agent. L'abus de confiance est donc une infraction intentionnelle, ce qui suppose que l'auteur ait voulu détourner le bien et qu'il ait donc eu conscience du caractère pécuniaire de sa détention du bien. Les faits témoignent d'une telle intention de manière évidente : la secrétaire n'a pas téléphoné aux différents clients pour réorienter vers sa fille de manière imprudente.
En définitive, le délit d'abus de confiance paraît pouvoir être retenu à l'encontre de la mère de Lilas. Elle encourt donc les peines prévues par l'article 314-1 du Code pénal, à savoir trois ans d'emprisonnement et 375 000 euros d'amende. Mais la mère n'est pas seule impliquée dans cette affaire, puisqu'elle a agi conformément au stratagème mis en place par son mari. Sa responsabilité pénale doit donc être étudiée.

II • La responsabilité pénale du père

En incitant son épouse à utiliser les informations relatives à la clientèle du dentiste pour lequel elle travaille, le père de la jeune dentiste n'a pas lui-même commis d'infraction. Toutefois, sa responsabilité pénale semble pouvoir quand même être recherchée, non en tant qu'auteur mais en tant que complice.
Tout d'abord, la complicité repose sur un élément légal ; aux termes de l'article 121-7 du Code pénal, la complicité de crime ou de délit est toujours incriminée et la complicité de contravention dans certains cas seulement.
Le fait principal étant passible d'une peine d'emprisonnement, l'infraction est nécessairement un délit de sorte que la complicité est incriminée.
Ensuite, la complicité suppose un élément matériel qui se dédouble.
D'une part, le complice emprunte la criminalité de l'acte principal ce qui suppose établie la présence d'un acte principal punissable. Le fait principal est celui qui est commis par l'auteur de l'infraction. Exiger de l'acte principal qu'il soit punissable revient à exclure la sanction du complice dans plusieurs hypothèses : le défaut d'incrimination, l'existence d'une immunité de fond, le constat de simples actes préparations ou encore l'existence d'une amnistie réelle, ou d'une action publique prescrite.
En l'espèce, aucune information dans les faits ne permet d'envisager l'une quelconque de ces hypothèses, il faut donc conclure à l'existence d'un acte principal punissable.
D'autre part, il faut pour se rendre complice, s'associer à l'acte principal selon l'un des modes de participation matérielle prévus par le Code pénal. Ces cas de complicité sont prévus par l'article 121-7 du Code pénal et se résument à la provocation, à la fourniture d'instructions et à l'aide ou l'assistance. Avant d'identifier si l'un de ces modes est caractérisé en l'espèce, il convient de vérifier si les conditions communes à ces différents modes sont caractérisées pour le comportement du père de Lilas.
En premier lieu, l'acte de complicité est par principe un acte positif. Sauf exceptions légales ou jurisprudentielles, une simple abstention ne peut donc suffire. En l'espèce, le mari ne s'est pas contenté de fermer les yeux sur les agissements de sa femme, c'est lui qui lui a dicté sa conduite, de manière positive donc.
En second lieu, l'acte du complice doit avoir été causal. Il faut ainsi qu'il ait « facilité » l'acte principal ou qu'il l'ait provoqué (C. pén., art. 121-7). Cette condition ne semble également pas faire de doute s'agissant du comportement du mari, car les faits révèlent que la femme hésite initialement à commettre les détournements, mais son mari finit par la convaincre. Sans ses conseils très pressants, le comportement pénalement réprimé n'aurait donc pas été commis.

Enfin, la complicité s'entend d'un acte antérieur ou concomitant à l'acte principal.
Autrement dit, le complice doit être intervenu dans la préparation ou la consommation de l'infraction et non pas ultérieurement. En l'espèce, étant à l'initiative du projet, le mari agit incontestablement avant l'acte principal punissable.
Après avoir caractérisé les différentes composantes communes à tous les modes de participation à l'acte principal, il convient de déterminer lequel de ces modes peut être retenu en l'espèce. Le Code pénal distingue trois cas de complicité : l'aide et l'assistance, la provocation ou la fourniture d'instructions.
Le premier cas de complicité visé par l'article 121-7 du Code pénal est le fait de fournir son aide ou son assistance, au moment de la préparation ou de la consommation de l'acte principal. Ces termes désignent moins un acte précis que le résultat de comportements indéterminés. Mais en l'espèce, le comportement du mari ne semble pas correspondre à cette définition, puisque matériellement il ne l'a pas aidé. C'est elle seule qui a passé les coups de fil sans la présence de son mari. Ce mode de complicité doit donc être exclu.
Le second cas de complicité vise celui qui provoque l'acte principal par « don, menace, ordre, abus d'autorité ou de pouvoir ». Les faits révèlent ici que le mari s'est montré pressant, mais cela ne signifie pas pour autant qu'il l'a menacée ou qu'il a abusé de son autorité. Il a simplement fait preuve de conviction, ce qui ne peut suffire à caractériser la complicité par provocation.
Il faut alors envisager le dernier mode de complicité qui consiste à fournir des instructions à l'auteur de l'infraction. Dans ce cas, il n'est pas nécessaire qu'il y ait don, promesse, etc. Il suffit de démontrer que les indications données soient utilisables. Ce mode de complicité semble parfaitement convenir dans la mesure où le mari a mis en place le plan, l'a expliqué à sa femme, puis a fini par la convaincre. Il se rend donc coupable de complicité par fourniture d'instructions.
Conformément à l'article 121-6 du Code pénal, le complice « sera puni comme auteur ». Cela signifie qu'il encourt les peines prévues pour l'infraction principale.

III • La responsabilité pénale de la fille

Si Lilas C. a profité du produit de l'infraction d'origine commise par sa mère, assisté par son père, les faits ne sauraient d'aucune manière être envisagés sous la qualification de recel de choses ou de blanchiment dès lors que, s'il pourrait être discuté de la matérialité des infractions, l'intention coupable apparaît exclue au vu des termes de l'énoncé qui mettent en exergue son ignorance. Il en va autrement de la seconde série de faits au terme desquels elle achète des matériaux volés pour faire construire sa maison.

A • L'élément matériel du recel de choses

Le recel de choses, tel qu'incriminé par l'article 321-1 du Code pénal, suppose un acte d'une certaine nature accompli sur une chose provenant d'un crime ou d'un délit.
L'article 321-1 du Code pénal vise la chose provenant d'un crime ou d'un délit et le produit d'un crime ou d'un délit. Le recel peut donc porter sur une chose ou sur un produit, mais la chose ou le produit doivent tous deux provenir d'un crime ou d'un délit.
En premier lieu, il convient de préciser ce qu'il faut entendre par chose et produit. Le mot « chose » désigne les biens corporels et les choses qui ne sont pas des biens. Mais, la jurisprudence limite

l'application du recel aux choses mobilières et ce quelle que soit la valeur de la chose recelée (Crim. 10 févr. 1927, *S.* 1929. 1. 77).

En l'espèce, la question se pose de savoir si le comportement de Lilas C. concerne une chose. Au vu des faits, Lilas C. utilise des matériaux de construction, ce qui consiste indéniablement en des choses susceptibles de faire l'objet d'un recel. Il est alors inutile d'envisager le recel portant sur un produit.

En second lieu, la chose doit ensuite provenir d'un crime ou d'un délit, ce qui exclut les contraventions. Il faut, pour remplir cette condition, que le crime ou le délit aient été réellement commis. Le recel est donc une infraction de conséquence qui suppose l'existence d'une infraction antérieure. En l'espèce, l'infraction d'origine est un vol. Or, cette infraction est punie d'une peine de trois ans d'emprisonnement et de 45 000 euros d'amende. Il s'agit donc d'un délit ce qui permet d'envisager le recel.

Mais cela suppose que la commission de cette infraction soit antérieure au recel et soit le fait d'un tiers. Il n'est ainsi pas possible de cumuler, sur un même bien, les qualités d'auteur de l'infraction d'origine et de receleur. En l'espèce, ces deux conditions ne soulèvent aucune difficulté, car l'utilisation des matériaux par Lilas C. fait suite au vol de ces derniers, commis par l'un des amis du dentiste.

Ainsi, les faits permettent de caractériser la première composante de l'élément matériel du recel de chose et il convient alors d'envisager la seconde.

Le recel peut être réalisé de différentes façons, l'article 321-1 du Code pénal visant le fait de dissimuler, détenir, transmettre, faire office d'intermédiaire ou profiter par tout moyen. Les faits révèlent que Lilas C. achète des matériaux et les utilise pour faire sa maison. Le recel par détention est alors assurément caractérisé car les matériaux font partie intégrante de son habitation.

L'élément matériel du délit de vol est donc caractérisé, ce qui permet d'envisager son élément moral.

B • L'élément moral du recel de choses

L'article 321-1 du Code pénal donne des indications sur le contenu de l'élément moral, puisqu'il précise que l'auteur doit avoir agi en connaissance de cause, c'est-à-dire en connaissant l'origine frauduleuse de la chose. L'auteur du recel doit ainsi savoir que la chose provient de l'infraction.

En l'espèce, Lilas C. achète des matériaux à son ami pour faire des économies, ce qui signifie qu'il n'ignore pas leur provenance et donc leur origine délictueuse. Il agit ainsi volontairement et caractérise l'élément moral du recel de choses.

En définitive, aucune des composantes de l'infraction de recel de chose ne semble absente ou litigieuse, ce qui signifie que Lilas C. s'expose aux peines prévues par l'article 321-1 du Code pénal.

Elle encourt alors cinq ans d'emprisonnement et 375 000 euros d'amende. Mais, il faut préciser que l'article 312-3 du Code pénal prévoit que la peine peut dépasser le montant de l'amende et aller jusqu'à la moitié de la valeur des biens recelés. Les faits ne révèlent pas la valeur des matériaux volés, puis recelés. Cette hypothèse est donc à envisager, même si elle suppose que l'investissement dans les matériaux atteigne des sommes extrêmement élevées.

LA PROCÉDURE PÉNALE

Épreuve de 2 heures, coefficient 2

Bibliographie

E. Verny, *Procédure pénale*, 8e éd., Dalloz, coll. « Cours », 2022, 464 p. : destiné aux étudiants qui préparent leurs examens ou concours, cet ouvrage traite largement de la procédure pénale, en rappelant le cadre du procès pénal (principes et organes du procès pénal/actions nées de l'infraction) et en distinguant la procédure avant et après la mise en mouvement de l'action publique.

G. Roussel et F.-X. Roux-Demare, *Procédure pénale*, 14e éd., Vuibert, coll. « Vuibert Droit », 2023, 480 p. : cet ouvrage fournit les clefs qui permettent de comprendre les fondamentaux de la procédure pénale, tout en restant attentif aux actualités législatives et jurisprudentielles les plus récentes. Enfin, il présente l'intérêt d'être accompagné de conseils méthodologiques adaptés au CRFPA.

J. Pradel, *Procédure pénale*, 20e éd., Cujas, 2019, 1130 p. : rédigé par un professeur agrégé des facultés de Droit et ancien juge d'instruction, l'ouvrage offre une double lecture, théorique et pratique, de la matière. Il expose de façon claire et pédagogique les principes généraux de la matière (1re partie), les acteurs du procès pénal (2e partie) et les phases du procès pénal (3e partie). Cette 20e édition est à jour de la législation et de la jurisprudence au 15 juillet 2019.

B. Bouloc, *Procédure pénale*, 29e éd., Dalloz, coll. « Précis », 2023, 1264 p. : cet ouvrage expose de manière raisonnée les principes généraux de la procédure pénale (1re partie), parmi lesquels le droit de la preuve et les actions, tant publique que civile. Sont ensuite envisagés les organes du procès (2e partie) : la police judiciaire et ses pouvoirs dans les différentes enquêtes, en particulier la garde à vue, ainsi que les différentes juridictions et leurs règles de compétences. Enfin, l'ouvrage traite de la procédure de manière dynamique (3e partie) : la poursuite, l'instruction préparatoire, le jugement, les voies de recours et l'autorité de la chose jugée, en évoquant le principe *non bis in idem*.

S. Guinchard et J. Buisson, *Procédure pénale*, 16e éd., LexisNexis, 2023, 1666 p. : ouvrage de référence qui permet d'approfondir la matière procédurale avec des développements sur la théorie juridique et la pratique judiciaire qui s'articulent autour de l'encadrement de la procédure pénale (cadre politique, cadre institutionnel et cadre processuel) et de son déroulement (constitution, orientation et appréciation définitive du dossier de la procédure).

L. Griffon-Yarza, *Guide de l'exécution des peines 2022-2023*, LexisNexis, 2022, 612 p. : cet ouvrage entend décrire ce que sont, au sens large, le domaine et le contentieux de l'exécution des peines, avec un maximum d'informations concrètes, pratiques et actualisées, illustrées par des exemples. Composé de 93 fiches, cet ouvrage est essentiellement à destination des professionnels, mais il permettra aux étudiants d'avoir une approche plus concrète de cette matière souvent absconse.

LA PROCÉDURE PÉNALE

Fiches de procédure pénale

Épreuve de 2 heures, coefficient 2

La loyauté de la preuve pénale

La maxime latine relative à la preuve « *idem est non esse et non probari* » se retrouve dans la définition donnée par Domat comme « ce qui persuade l'esprit d'une vérité ».
Le verdict (ou la vérité dite) donne à la preuve pénale toute sa dimension, en ce qu'il engage l'honneur et la liberté de la personne mise en cause. Tributaire de la conception du procès pénal, la preuve sera tantôt administrée passivement, tantôt activement par le juge, selon que l'on s'inscrit dans un modèle accusatoire ou inquisitoire. Moins en raison du principe de la présomption d'innocence qu'en raison d'un principe de droit commun (« *actori incumbit probatio* »), la charge de la preuve incombe *in fine* au ministère public (et à la partie civile), sauf à être renversée par le jeu des présomptions de culpabilité. Compte tenu des enjeux qu'elle engage, la preuve peut être rapportée par tous moyens conformément à l'article 427 du Code de procédure pénale. Ce principe de liberté trouve toutefois ses limites dans la loyauté de la preuve, principe directeur, qui trouve une assise plus jurisprudentielle que textuelle nonobstant la référence faite aux articles 6 § 1 de la Conv. EDH et préliminaire du Code de procédure pénale. Défini par le doyen Bouzat comme « une manière d'être dans la recherche de la preuve conforme aux droits de l'individu et à la dignité de la Justice », le principe de loyauté assure immanquablement la protection des libertés, mais entrave la manifestation de la vérité. Aussi, la jurisprudence cherche-t-elle à concilier l'équilibre de ces intérêts aussi primordiaux qu'antagonistes. Reste qu'elle n'est pas sans contradiction en faisant une application différenciée du principe de loyauté selon qu'il relève de la matière civile ou pénale (v. Crim. 31 janv. 2012, n° 11-85.464 et Com. 31 janv. 2012, n° 11-13.097). Il faut toutefois noter qu'en application de la Conv. EDH, la Cour de cassation a assoupli le principe de la loyauté de la preuve dans les procès civils en laissant au juge civil la faculté de mettre en balance les différents droits et intérêts en présence, et tout particulièrement le droit au respect de la vie privée (Cass., ass. plén., 22 déc. 2023 n° 20-20.648). C'est dire que le sujet est particulièrement débattu au sein même de la plus haute juridiction, sans qu'elle ne parvienne à se prononcer à l'unisson, y compris par la voix de son Assemblée plénière (Cass., ass. plén., 7 janv. 2011, nos 09-14.316 et 09-14.667). Principe à géométrie variable, la loyauté de la preuve est tantôt consacrée (I) tantôt négligée (II).

I • Une loyauté probatoire affirmée

Afin de protéger les droits et libertés de la personne, le principe de loyauté s'applique avec rigueur à l'autorité publique.

A • Une affirmation gouvernée par la protection des droits et libertés

Le principe de loyauté s'oppose à celui de la liberté probatoire toutes les fois où les droits et libertés individuels sont engagés. La preuve sera rejetée dès qu'elle aura été recherchée ou administrée en violation de ces règles supérieures telles que celle relative à la loyauté.

S'il est *a priori* étonnant de relever que le principe de loyauté de la preuve, d'origine prétorienne, peut neutraliser le principe de liberté de la preuve, d'origine légale, cela se justifie aisément par la référence constante faite à l'article 6 § 1 de la Conv. EDH. En effet, bien que ne citant pas expressément le principe de loyauté, ce texte est systématiquement visé par la jurisprudence.
Effectivement, la Conv. EDH n'aborde pas ce principe en tant que tel, mais l'envisage davantage au terme d'une analyse globale afin de s'assurer que la procédure soumise à son jugement ait été équitable. À cet égard, la jurisprudence recherche si la procédure a, dans son ensemble, présenté un caractère équitable et s'assure de l'absence de méconnaissance des droits de la défense et de la présence d'autres éléments de preuve propres à fonder la condamnation (CEDH 12 juill. 1988, *Schenk c/ Suisse*, nº 10862/84). Ainsi, en faisant du principe de loyauté une composante du procès équitable (en ce sens, v. CEDH 9 juin 1998, *Teixeira de Castro c/ Portugal*, nº 44/1997/828/1034), la CEDH manifeste sa préoccupation de préserver les droits et libertés individuels en matière probatoire.
Assurément, le principe de loyauté moralise la procédure en contribuant utilement à la dignité et à la crédibilité de la justice. Pourtant, ce principe sacrifie à la manifestation de la vérité et *ipso facto* à la finalité de toute enquête pénale. Or, la vérité est la finalité impérieuse de toute enquête pénale. À cet égard, la finalité serait remise en cause, eu égard aux moyens employés qui porteraient trop atteinte aux droits et libertés individuels.
La réponse est d'abord dictée par les textes qui enserrent les pouvoirs d'investigations de l'autorité publique afin que soient respectés les droits et libertés individuels. Les enquêteurs ne peuvent agir que dans le cadre des pouvoirs qui leur sont conférés, en respectant leur finalité, à peine d'illégalité de leurs agissements par détournement de procédure. L'article 81 du Code de procédure pénale prévoit ainsi que le juge d'instruction procède « conformément à la loi » à tous les actes d'instruction qu'il juge utiles à la manifestation de la vérité.
Plus encore, le principe de loyauté trouve à s'exprimer dès lors que le principe de légalité n'a plus vocation à s'appliquer selon que la personne ou les méthodes employées n'y sont pas soumises. En tant que gardien de la liberté individuelle, il incombe au juge de pallier les vides législatifs.
Le juge est plus particulièrement exigeant avec l'autorité publique dans l'administration de la preuve. Aussi, dispose-t-elle de moyens d'investigations plus importants et se trouve, *ipso facto*, liée par le principe de légalité. C'est donc surtout à son égard que la jurisprudence relative au principe de loyauté de la preuve pénale s'est fait jour.

B • Une affirmation à l'égard de l'autorité publique

La jurisprudence a très tôt consacré un principe général de loyauté dans la recherche des preuves, qui interdit à celui qui administre la preuve l'utilisation de procédés déloyaux, de ruses ou de stratagèmes. Elle a dans un premier temps appliqué ce principe au juge d'instruction agissant dans le cadre de l'instruction préparatoire (Crim. 31 janv. 1888, *S.* 1889, I, p. 241 : affaire *Wilson* dans laquelle un juge d'instruction avait imité la voix d'un inculpé lors d'une conversation téléphonique afin d'obtenir des preuves à charge). Dans un second temps, l'exigence de loyauté dans la recherche de la preuve a été étendue aux policiers agissant sur commission rogatoire (Crim. 12 juin 1952, affaire *Imbert* dans laquelle un policier, organisant un entretien téléphonique entre deux personnes, avait dicté à l'une les questions qu'elle devait poser de manière à pouvoir procéder à l'enregistrement des réponses de l'autre). L'applicabilité du principe de loyauté à tous les actes de l'instruction préparatoire, délégués ou non, était dès lors acquise. Dans un troisième temps, la Cour de cassation a clairement affirmé que l'exigence de loyauté dans la recherche de la preuve trouve également à s'appliquer aux enquêteurs agissant dans le cadre de l'enquête de police (Crim. 27 févr. 1996, *Procureur général Cour d'appel de Paris et Schuller*, nº 95-81.366).

C'est certainement sur le terrain des provocations policières que le principe de loyauté dans l'obtention de la preuve a suscité les plus grandes difficultés.
Afin d'apprécier la validité d'une preuve obtenue grâce à une provocation policière, la chambre criminelle, a instauré une distinction parfois délicate à opérer entre, d'une part, la provocation à la preuve et, d'autre part, la provocation à l'infraction.
Dans cette première hypothèse, la haute juridiction admet la preuve comme recevable au motif que « l'intervention du fonctionnaire de police qui s'est présenté comme un acheteur de drogue n'a pas déterminé les agissements délictueux du fournisseur, mais a seulement eu pour effet de permettre la constatation d'un trafic qui existait déjà et d'y mettre fin » (Crim. 29 juin 1993, n° 93-80.544). Au contraire, dans la seconde, elle considère que « la provocation à l'infraction par un agent de l'autorité publique exonère le prévenu de sa responsabilité pénale, lorsqu'elle procède de manœuvres de nature à déterminer les agissements délictueux » (Crim. 5 mai 1999, n° 97-83.117).
Pour distinguer entre chacune, la chambre criminelle fait application du critère de l'activité délictueuse préexistante. En effet, de manière générale, l'incitation est prohibée s'il s'agit d'une provocation à une infraction unique. En revanche, lorsque l'infraction s'inscrit dans la lignée d'agissements délictueux préexistants, elle est admise comme révélant une situation qu'elle n'a pas engendrée. Ainsi, l'Assemblée plénière de la Cour de cassation a considéré dans une affaire de tentative de chantage que le policier ayant pris contact avec les prévenus s'insérait dans un processus infractionnel indivisible de sorte que l'infraction était déjà constituée lors de son intervention d'où il se déduit que l'agent de la force publique n'a pas provoqué à la commission de l'infraction (Cass., ass. plén., 9 déc. 2019, n° 18-86.767).
La nature des actes des enquêteurs apparaît ainsi déterminante dans la qualification du procédé utilisé, au regard du principe de loyauté des preuves.
La chambre criminelle a jugé que sont des procédés loyaux, les écoutes ou les interceptions téléphoniques obtenues par des enquêteurs demeurés passifs et laissant faire les événements (Crim. 22 avr. 1992, n° 90-85.125 *contra* Crim. 11 juill. 2017, n° 17-80.313) ou obtenues sans artifice ni stratagème sur l'ordre d'un juge et sous son contrôle, et dont la transcription a été contradictoirement discutée par les parties concernées, le tout dans le respect des droits de la défense (Crim. 3 juin 1992, n° 91-84.562).
L'enregistrement subreptice réalisé par une partie privée est un moyen de preuve admis lors du procès pénal, le « laisser-faire » des enquêteurs quant à son recueil leur conférant un rôle passif dont on ne saurait déduire leur participation, directe ou indirecte (Cass., ass. plén., 10 nov. 2017, *Roi du Maroc*, n° 17-82.028). La chambre criminelle a précisé que, dans la mesure où le recueil des preuves « a été obtenu sans actes positifs de l'autorité publique susceptibles de caractériser un stratagème constituant un procédé déloyal », ses conséquences restaient régulières et non sujettes à nullité.
Dernièrement, l'Assemblée plénière de la Cour de cassation est venue préciser les contours de la notion de stratagème déloyal. Ainsi l'arrêt du 9 décembre 2019 rappelle que le comportement déloyal peut résulter d'un contournement ou d'un détournement de procédure. Le contournement de procédure consiste pour l'agent de l'autorité publique à se placer hors du cadre procédural prévu pour l'accomplissement d'un acte afin de recueillir des preuves qu'il n'aurait pu obtenir en respectant les exigences légales. Le détournement de procédure consiste quant à lui, pour un policier, à se placer dans le cadre procédural mais dans un autre but que celui qui a été fixé par la loi.
Ainsi, un juge peut laisser un détenu se servir d'un téléphone irrégulièrement introduit dans un établissement pénitentiaire pour enregistrer ses conversations et les exploiter (Crim. 14 avr. 2015, n° 14-87.914).
En revanche, le placement, au cours d'une mesure de garde à vue, durant les périodes de repos séparant les auditions, de deux personnes retenues dans des cellules contiguës préalablement sonorisées, à seule fin de susciter des échanges verbaux enregistrés à leur insu constitue un procédé d'enquête déloyal, dès lors qu'il porte atteinte au droit à un procès équitable, au droit de se taire et à celui de

ne pas s'incriminer soi-même ainsi qu'au principe de loyauté des preuves, ce stratagème en viciant la recherche (Cass., ass. plén., 6 mars 2015, n° 14-84.339).
Protectrice dans son appréciation stricte de la loyauté à l'endroit de l'autorité publique, la jurisprudence l'est encore en se montrant favorable à la recevabilité d'une demande de nullité présentée par un tiers à un acte de procédure déloyal (Crim. 15 déc. 2015, n° 15-82.013) alors qu'elle y est traditionnellement opposée depuis son revirement (Crim. 14 févr. 2012, n° 11-84.694). Cependant, l'Assemblée plénière de la Cour de cassation est venue ajouter une nouvelle condition afin de caractériser un stratagème déloyal, il faut désormais, en plus de constater un contournement ou un détournement de procédure, rapporter la preuve que ledit stratagème porte atteinte à l'un des droits essentiels ou à l'une des garanties fondamentales de la personne suspectée ou poursuivie (Cass., ass. plén., 9 déc. 2019, n° 18-86.767).

II • Une loyauté probatoire atténuée

Le principe de loyauté de la preuve est particulièrement atténué à l'égard des personnes privées afin de promouvoir la manifestation de la vérité.

A • Une atténuation à l'égard des personnes privées

La chambre criminelle distingue selon la qualité du prouvant, contrairement aux chambres civiles. Ainsi, si le principe de loyauté trouve pleinement à s'appliquer à l'égard de l'autorité publique, il en va autrement à l'égard du particulier, qui bénéficie d'une jurisprudence bienveillante, qu'il soit suspecté, partie civile, simple témoin ou tiers à la procédure.
Au stade de l'instruction, la jurisprudence distingue sur le fondement de l'article 170 du Code de procédure pénale les « pièces de procédure » relevant de l'autorité publique qui peuvent de ce fait être annulées, des pièces administrées par un particulier qui ne le peuvent en tant que « moyen de preuve ». La distinction devient d'autant plus artificielle lorsque l'une procède de l'autre (ex : Crim. 7 mars 2012, n° 11-88.118 avec la transcription par l'autorité publique de conversations enregistrées par un particulier). Reste que la qualité du prouvant dictera la nature juridique de la preuve pénale qui sera, dès lors, susceptible ou non d'annulation. Le raisonnement n'est pas exempt de critiques, puisqu'il prive les parties de toute contestation possible des « moyens de preuve » devant la chambre de l'instruction et *in fine* devant la juridiction de jugement, puisque l'ordonnance de règlement emporte purge des nullités conformément à l'article 179 du Code de procédure pénale. L'atteinte au droit à un recours effectif est ainsi patente.
Au stade du jugement, la solution ne saurait changer. Seule la motivation prise sur le fondement de l'article 427 du Code de procédure pénale évolue pour être reprise de manière litanique en ces termes « aucune disposition légale ne permet aux juges répressifs d'écarter des moyens de preuve remis par un particulier aux services d'enquête, au seul motif qu'ils auraient été obtenus de façon illicite ou déloyale ; il leur appartient seulement, en application de l'article 427 du Code de procédure pénale d'en apprécier la valeur probante » (Crim. 15 juin 1993, n° 92-82.509), après les avoir soumis à la discussion contradictoire des parties.
Il ne manque pas d'étonner de voir ici, la chambre criminelle exciper des imprévisions de la loi pour s'en prévaloir, là où, s'agissant de l'autorité publique, elle s'en affranchit pour mieux se prévaloir

d'autres dispositions dont les prévisions ne correspondent aucunement au principe de loyauté qu'elle souhaite voir consacrer. Deux poids deux mesures semblent être ainsi donnés au principe de légalité et à son corollaire, le principe d'interprétation stricte de la loi pénale.
À la vérité, aucun texte ne s'oppose expressément à l'exclusion de la loyauté. Bien au contraire, le principe est tout autre puisqu'il est celui de la liberté de la preuve (C. pr. pén., art. 427). En outre, si la liberté de la preuve doit s'exercer dans le respect du principe de légalité, il faut rappeler que ce principe, est applicable exclusivement aux actes des agents de l'autorité publique. Par conséquent, lorsqu'une partie ou une personne extérieure au procès tente d'établir la preuve d'une infraction, on ne saurait subordonner la recevabilité du moyen de preuve produit par celle-ci au respect des formes prévues par la loi qui ne s'imposent pas à elle. Force est de constater que les personnes privées échappent non seulement à la légalité mais aussi à la loyauté de la preuve pénale.
D'aucuns diront que le principe de loyauté est ici annihilé en ce que la preuve peut être déloyale voire illicite, d'autres diront que ce principe est atténué en ce que la preuve ainsi rapportée est tout de même encadrée par le principe du contradictoire et celui de l'intime conviction du juge.
Il est vrai que la justification prêtée à ces principes pour déroger à la loyauté de la preuve relève d'une certaine hypocrisie juridique. D'abord, l'intime conviction ne peut qu'inviter le juge à entériner la preuve déloyale voire illicite dès lors qu'elle l'assure de la culpabilité – ou de l'innocence – de la personne qu'il a à juger. Ensuite, la recevabilité d'une preuve déloyale ne saurait être valablement encadrée par le contradictoire dès lors que cette condition ne peut être remplie que s'il est tenu pour acquis que la preuve contestée puisse être ainsi versée. Un tel raisonnement renverse la chronologie la plus élémentaire. Il aboutit en outre à instrumentaliser le principe du contradictoire et vient affaiblir celui de loyauté, là où le premier est la pleine expression du second.
Au-delà de ces considérations juridiques, il ne manque pas d'étonner qu'une telle recevabilité soit permise tant elle encourage, en termes de politique pénale, la déloyauté voire l'illégalité puisque les preuves qui en résultent sont soumises au même régime de recevabilité.
Reste qu'au-delà de cette controverse juridique, on ne peut contester l'intérêt de la solution, qui permet à la victime de recourir à un procédé de preuve déloyal sans se voir priver d'accès à la justice, donc de son droit et réciproquement à la personne injustement mise en cause de prouver son innocence, au besoin par un même procédé.
En admettant, depuis une vingtaine d'années, la possibilité que des pièces d'origine déloyale ou illicite soient administrées dans un dossier pénal, la chambre criminelle de la Cour de cassation veut privilégier, à n'en pas douter, la découverte de la vérité au détriment du principe de loyauté.

B • Une atténuation gouvernée par la manifestation de la vérité

La balance des intérêts en présence se fait ici indubitablement dans le sens de la manifestation de la vérité. Non seulement la jurisprudence admet que la vérité se fasse au détriment de la loyauté qui plus est, au prix d'une infraction. La manifestation de la vérité est ainsi relayée à un rang où elle perd de sa superbe.
Certes, il faut reconnaître que le balancement est double avec d'un côté, une protection des droits et libertés par l'affirmation du principe de loyauté à l'égard de l'autorité publique et de l'autre, une promotion de la manifestation de la vérité par une atténuation de ce principe à l'égard des particuliers.
Mais, la jurisprudence témoigne, d'une manière générale, que la balance s'opère en faveur de la découverte de la vérité et ce d'autant, qu'à défaut de pouvoir administrer une preuve déloyale ou illicite, l'autorité publique peut toujours en être le réceptacle sans vicier la procédure ni tomber dans les

prévisions de l'article 321-1 du Code pénal dès lors qu'elle pourra se prévaloir, en cas de preuve illicite, de la permission de la loi.

Comme l'a souligné une auteure (C. Ambroise-Castérot), la société occidentale est devenue une société où l'on refuse le risque, où l'on refuse toute erreur, où l'on refuse certaines fatalités. Le procès pénal n'échappe pas à ces nouveaux diktats : la vérité doit être connue, au nom des victimes, au nom de l'histoire, au nom de la justice… Le doute fait peur, sans doute parce qu'en vertu du principe de la présomption d'innocence il devrait bénéficier à la personne poursuivie. Or, la société accepte mal qu'une infraction reste impunie, faute d'éléments probants. Pour autant, faut-il rechercher un coupable à tout prix, si besoin au moyen de procédés déloyaux voire illégaux ?

Pour des raisons évidentes d'opportunité répressive, la jurisprudence en vient à perdre toute cohérence. Comment le droit pénal de forme peut-il admettre ce que le droit pénal de fond sanctionne ? La procédure pénale ne viendrait-elle pas ainsi défier le droit pénal ?

À plusieurs occasions, la chambre criminelle a semblé retrouver une certaine cohérence, du moins voulait-on le croire.

Ainsi a-t-elle admis la production d'une preuve déloyale ou illicite à la condition toutefois qu'elle soit dictée par la nécessité, pour la personne qui en est le dépositaire, d'établir sa propre défense. Cette solution n'est pas sans rappeler celle donnée, en droit pénal de fond, pour justifier le vol de documents par un salarié pour les opposer à son employeur dans le cadre d'un litige prud'homal.

Cette solution se retrouve aussi en droit pénal de forme où la chambre criminelle avait admis comme mode de preuve la production d'un enregistrement clandestin d'une conversation téléphonique privée « dès lors qu'elle est justifiée par la nécessité de rapporter la preuve des faits dont l'auteur de l'enregistrement est victime et par les besoins de la défense » (Crim. 31 janv. 2007, n° 06-82.383).

Dans ces deux cas la solution jurisprudentielle est dictée par un dénominateur commun : les droits de la défense, selon qu'ils fondent la recevabilité de la preuve en procédure pénale ou qu'ils justifient l'infraction en droit pénal. Par ce simple raisonnement juridique, la preuve *a priori* illicite est purgée de son vice originel et ce, en dépit du principe du contradictoire. C'est ainsi que, par le jeu de ces deux courants jurisprudentiels, le fond peut rejoindre la forme pour que la matière retrouve toute sa cohérence.

Mais, force est de déplorer, à la lecture des décisions suivantes que d'une part, le fait justificatif tiré des droits de la défense ne saurait jouer en dehors d'un litige prud'homal alors que d'autre part, la chambre criminelle persiste dans l'admission sans distinction de la preuve déloyale ou illicite obtenue par un particulier, s'inscrivant ainsi en marge de la jurisprudence des autres chambres de la Cour de cassation. Néanmoins, un arrêt remarquable du 31 mars 2023 de la chambre criminelle est revenu sur cette exigence, en admettant que le fait justificatif spécial tiré de l'exercice des droits de la défense pouvait être étendu en dehors du cadre prud'homal (Crim. 8 mars 2023, n° 22-81.040). Désormais, il n'est plus requis qu'il existe un contentieux entre un salarié et son employeur pour pouvoir faire valoir ce fait justificatif. Notons que la haute juridiction a maintenu les autres conditions de la cause d'irresponsabilité pénale, et tout particulièrement le critère de stricte nécessité, lequel réduit la portée de cet assouplissement jurisprudentiel.

Cet arrêt est intervenu dans un contexte où la solution antérieurement retenue ne manquait de choquer, car elle tendait à soutenir comme le soulignait un auteur que « d'un côté du Palais, en matière civile, les débats devraient être loyaux dans un strict respect des principes et des droits de chacun et que de l'autre, en matière pénale, il faudrait se livrer à une bataille rangée où tous les coups sont bons surtout les plus déloyaux, tant que la vérité (judiciaire ?) triomphe » (E. Daoud).

En conséquence, la Cour de cassation semble avoir pris acte des critiques doctrinales sur les décalages en matière probatoire dans les litiges civils et pénaux.

L'espoir est venu, le 7 janvier 2011 par des arrêts rendus, au double visa de l'article 9 du Code de procédure civile et 6 § 1 Conv. EDH, aux termes desquels elle a jugé que « les règles du Code de procédure civile s'appliquent au contentieux des pratiques anticoncurrentielles relevant de l'Autorité de la concurrence ; que l'enregistrement d'une communication téléphonique réalisé à l'insu de l'auteur des propos tenus constitue un procédé déloyal rendant irrecevable sa production à titre de preuve ». Mais, aussitôt, il a été battu en brèche par un communiqué de presse de la première présidence de la Cour de cassation insistant sur le fait qu'« en fondant la cassation sur le visa de l'article 9 du Code de procédure civile, [l'assemblée plénière de la Cour de cassation] affirme aussi sans ambiguïté son attachement au maintien de la jurisprudence de la chambre criminelle tenant compte de la spécificité de la procédure pénale ». Loin de la juguler, cette solution est venue conforter la jurisprudence de la chambre criminelle, au point que celle-ci a cru pouvoir dernièrement la consacrer au prix d'une violation du secret professionnel de l'avocat. La Cour de cassation inscrit ainsi sa décision en violation des principes essentiels de la profession d'avocat et en particulier des droits de la défense. L'ordre du barreau de Paris n'a pas manqué de relever que « ce qui est nuisible à la société n'est pas qu'un avocat puisse échanger avec son client en toute confidentialité. Ce qui est dangereux pour la démocratie c'est qu'il ne puisse plus le faire ».

Aussi, la doctrine n'avait pas eu des paroles moins justes en écrivant : « Quoique la manifestation de la vérité soit l'objectif capital du procès répressif, cette vérité ne peut être recherchée par n'importe quel moyen. Il importe à la dignité de la justice et au respect qu'elle doit inspirer de ne mettre en œuvre aucun moyen qui attente aux droits fondamentaux de la personne humaine ou aux droits de la défense ».

Au miroir des arrêts rendus le 31 janvier 2012, l'un par la chambre criminelle, l'autre par la chambre commerciale, la cohérence juridique n'en sort manifestement pas grandie, tant l'opposition est forte au sein des formations de la Cour de cassation sur des matières qui peuvent pourtant se révéler proches.

C'est dans ce contexte que la Cour de cassation, de manière solennelle, a opéré le 22 décembre 2023 un revirement de jurisprudence au visa de l'article 6 § 1 de la Conv. EDH et 9 du Code de procédure civile. Si elle maintient le principe de la loyauté de la preuve en matière civile, elle refuse que son application conduise à priver une partie de tout moyen de faire la preuve de ses droits. Elle refuse aussi que la voie pénale devienne un biais permettant de contourner la rigidité de l'administration de la preuve dans les procès civils. Il s'en évince que la haute juridiction laisse aux juges du fond la possibilité de se livrer à un contrôle de proportionnalité entre le droit à la preuve et les autres droits auxquels la production de la preuve a porté atteinte. Le juge civil peut désormais juger une preuve illicite ou déloyale recevable à condition que sa production ne porte pas atteinte au caractère équitable de la procédure dans son ensemble (Cass., ass. plén., 22 décembre 2023, n° 20-20.648).

Que la procédure pénale prenne ses distances avec d'autres matières – en prétextant d'une autonomie – est une chose, mais qu'elle prenne ses distances avec le droit pénal en est une autre car, quand la forme ne rejoint plus le fond, c'est le système qui manque de cohérence et la matière pénale, censée former un ensemble, qui perd de sa légitimité. Ce hiatus persistant entre la forme et le fond du droit révèle le malaise dont souffre le principe de loyauté de la preuve pénale, bien que les arrêts récents laissent présager une inflexion de la jurisprudence, permettant d'envisager une meilleure articulation entre le droit pénal et les autres droits, ainsi qu'avec la procédure pénale.

Outils de travail

Textes essentiels

C. pr. pén., art. 427.
C. pr. pén., art. préliminaire.
Art. 6 de la Conv. EDH.

Jurisprudences essentielles

CEDH 12 juill. 1988, *Schenk c/ Suisse*, nº 10862/84 : « [si] la Convention garantit en son article 6 le droit à un procès équitable, [...] la Cour ne saurait donc exclure par principe et in abstracto l'admissibilité d'une preuve recueillie de manière illégale [...]. Il lui incombe seulement de rechercher si le procès [...] a présenté dans l'ensemble un caractère équitable ».

Crim. 27 févr. 1996, *Bull. crim.* nº 93 : les preuves qui émanent de l'autorité publique, lorsqu'elles sont issues « d'une machination de nature à déterminer les agissements délictueux », constituent un stratagème contraire au principe de loyauté des preuves et justifiant l'annulation de la pièce.

Crim. 11 mai 2006, nº 05-84.837 : porte atteinte au principe de la loyauté des preuves et au droit à un procès équitable la provocation à la commission d'une infraction par un agent de l'autorité publique ou par son intermédiaire. La déloyauté d'un tel procédé rend irrecevables en justice les éléments de preuve ainsi obtenus.

Crim. 27 janv. 2010, nº 09-83.395 : « aucune disposition légale ne permet aux juges répressifs d'écarter des moyens de preuve remis par un particulier aux services d'enquête au seul motif qu'ils ont été obtenus de manière illicite ou déloyale et qu'il appartient seulement, en application de l'article 427 du Code de procédure pénale, d'en apprécier la valeur probante ».

Cass., ass. plén., 7 janv. 2011, nº 09-14.316 et 09-14.667 : loin d'harmoniser le régime entre la jurisprudence civile et criminelle sur la question de la recevabilité d'une preuve illicite ou déloyale produite par un particulier, l'Assemblée plénière entérine le clivage en tenant compte des spécificités de la procédure pénale.

Com. 31 janv. 2012, nº 11-13.097 (affaire dite « HSBC ») : en opposition avec la jurisprudence traditionnelle de la chambre criminelle, la chambre commerciale refuse la production et l'exploitation de preuve illicite ou déloyale.

Crim. 31 janv. 2012, nº 11-85.464 (affaire dite « Bettancourt ») : la Cour de cassation admet la recevabilité d'une preuve produite par un particulier, au stade de l'instruction, en violation notamment du secret professionnel de l'avocat « dès lors que les enregistrements contestés ne sont pas en eux-mêmes des actes ou des pièces de l'information, au sens de l'article 170 du Code de procédure pénale, et comme tels, susceptibles d'être annulés, mais des moyens de preuve qui peuvent être discutés contradictoirement, et que la transcription de ces enregistrements (par l'autorité publique), qui a pour seul objet d'en matérialiser le contenu, ne peut davantage donner lieu à annulation ».

Cass., ass. plén., 6 mars 2015, nº 14-84.339 (à la suite de Crim. 7 janv. 2014, nº 13-85.246) : au visa des articles 6 de la Conv. EDH et 63-1 du Code de procédure pénale, la Cour de cassation considère qu'« au cours d'une mesure de garde à vue, le placement, durant les périodes de repos séparant les auditions, de deux personnes retenues dans des cellules contiguës préalablement sonorisées, de manière à susciter des échanges verbaux qui seraient enregistrés à leur insu pour être utilisés comme preuve, constitue un procédé déloyal d'enquête mettant en échec le droit de se taire et celui de ne pas s'incriminer soi-même et portant atteinte au droit à un procès équitable, la chambre de l'instruction a violé les textes et principes susvisés ».

Crim. 15 déc. 2015, nº 15-82.013 : la chambre criminelle est favorable à la recevabilité d'une demande de nullité présentée par un tiers à un acte de procédure entaché de déloyauté.

Cass., ass. plén., 10 nov. 2017, nº 17-82.028 (affaire *Roi du Maroc*) : l'enregistrement subreptice réalisé par une partie privée est un moyen de preuve admis lors du procès pénal, le « laisser-faire » des enquêteurs quant à son recueil, leur conférant un rôle passif dont on ne saurait déduire leur participation, directe ou indirecte.

Cass., ass. plén., 9 déc. 2019, nº 18-86.767 (affaire dite du « chantage à la *sextape* ») : un stratagème constitué par un contournement ou un détournement de procédure n'est pas nécessairement déloyal s'il ne porte pas atteinte à l'un des droits essentiels ou l'une des garanties fondamentales de la personne suspectée ou poursuivie.

Crim. 8 mars 2023, nº 22-81.040 : le fait justificatif tiré de l'exercice des droits de la défense est aussi applicable en dehors du cadre prud'homal.

Cass., ass. plén., 22 déc. 2023, n° 20-20.648.

Pour aller plus loin

P. Bouzat, « La loyauté dans la recherche des preuves », in *Mélanges Hugueney*, Sirey, 1964, p. 172.

P. Conte, « La loyauté de la preuve dans la jurisprudence de la Cour de cassation : vers la solution de la quadrature du cercle ? », *Dr. pénal* nº 4, avril 2009, Étude 8.

C. Ambroise-Casterot, « Recherche et administration des preuves en procédure pénale : la quête du Graal de la Vérité », *AJ pénal* 2005. 261.

F. Fourment, « Du principe de loyauté de la preuve et de son application aux matières civiles et pénales », *D.* 2011. 562.

E. Molina, « Réflexion critique sur l'évolution paradoxale de la liberté de la preuve des infractions en droit français contemporain », *RSC* 2002. 263.

G. Pitti, « L'affaire de sextape, match retour : l'art de la feinte », *Gaz. Pal.*, nº 3, p. 19.

Les conditions de validité de la garde à vue

La garde à vue est une mesure privative de liberté, limitée dans le temps, prise dans le cadre d'une enquête de police judiciaire, aux fins de procéder à plusieurs actes d'enquête avec le concours d'une personne suspectée d'avoir commis un crime ou un délit puni d'une peine d'emprisonnement.
Cette mesure ne doit pas être confondue avec d'autres types de rétention, à l'instar de la rétention judiciaire, de la retenue douanière ou même de la rétention pour ivresse manifeste sur la voie publique.
Ce dispositif, généralisé à l'adoption du Code de procédure pénale, a été régulièrement modifié pour encadrer tant l'action des enquêteurs que pour garantir les droits de la défense de la personne gardée à vue, notamment sous l'impulsion de la Cour européenne des droits de l'Homme et du Conseil constitutionnel. L'objectif est d'assurer les nécessités de l'enquête tout en préservant la dignité des personnes gardées à vue.
Les conditions de validité de la garde à vue s'entendent des conditions de fond et de forme du recours à une telle mesure (I). Le régime de la garde à vue sera également examiné (II).

I • Les conditions de fond et de forme du recours à la garde à vue

Aux termes de l'article 62-2 du Code de procédure pénale, la garde à vue est une mesure de contrainte qui doit être nécessaire à l'enquête et proportionnée (A), décidée par l'officier de police judiciaire, autorité décisionnaire du placement en garde à vue qui reste soumis à des obligations (B).

A • La nécessité de la mesure de garde à vue

La nécessité de la mesure s'apprécie tant du point de vue de la plausibilité de l'implication de la personne gardée à vue (1) que du niveau de contrainte adéquat pour garantir la comparution devant le procureur de la République de l'intéressé (2).

1 • L'existence de raison(s) plausible(s) à l'encontre de la personne gardée à vue sur la commission ou une tentative d'infraction

Comme l'indique l'article 62-2 du Code de procédure pénale, « la garde à vue est une mesure de contrainte décidée par un officier de police judiciaire, sous le contrôle de l'autorité judiciaire, par laquelle une personne à l'encontre de laquelle il existe une ou plusieurs raisons plausibles de soupçonner qu'elle a commis ou tenté de commettre un crime ou un délit puni d'une peine d'emprisonnement est maintenue à la disposition des enquêteurs ».

La même disposition ajoute que la garde à vue doit constituer « l'unique moyen de parvenir à l'un au moins des objectifs suivants :

1° Permettre l'exécution des investigations impliquant la présence ou la participation de la personne ;

2° Garantir la présentation de la personne devant le procureur de la République afin que ce magistrat puisse apprécier la suite à donner à l'enquête ;

3° Empêcher que la personne ne modifie les preuves ou indices matériels ;

4° Empêcher que la personne ne fasse pression sur les témoins ou les victimes ainsi que sur leur famille ou leurs proches ;

5° Empêcher que la personne ne se concerte avec d'autres personnes susceptibles d'être ses coauteurs ou complices ;

6° Garantir la mise en œuvre des mesures destinées à faire cesser le crime ou le délit ».

La rédaction de cet article, proche de celle de l'article 144 du Code de procédure pénale relatif à la détention provisoire, n'implique toutefois pas le même niveau de contrôle juridictionnel. En effet, l'ancien article 63 du Code de procédure pénale visait, à l'instar de l'article 144 du Code de procédure pénale, des « indices » objectifs de culpabilité, la loi n° 2002-307 du 4 mars 2002 a assoupli ce standard de recours à la garde à vue, de sorte qu'une simple raison plausible de soupçonner une personne peut désormais justifier son placement en garde à vue.

L'appréciation de ce standard relève, selon la chambre criminelle de la Cour de cassation, d'une question de fait, appréciée en premier lieu par l'officier de police judiciaire sous le contrôle du procureur de la République ou du juge d'instruction en cas de commission rogatoire, et soumise à l'appréciation souveraine des juges du fond (Crim. 4 janv. 2005, n° 04-84.876).

Toutefois, la Cour européenne des droits de l'Homme précise que les soupçons allégués doivent pouvoir convaincre un observateur objectif, dans la mesure où l'audition ou l'interrogatoire de garde à vue a pour objectif de compléter une enquête pénale (CEDH 30 juin 2009, *Füsun Erdogan c/ Turquie*, n° 16234/04).

2 • La nécessité de la garde à vue en tant que mesure contraignante

La garde à vue étant une mesure privative de liberté, par essence attentatoire à la liberté d'aller et de venir, son recours doit être « l'unique moyen » de parvenir aux objectifs précités.

Ces critères sont appréciés de manière souple. La Cour de cassation estime même que les juges du fond peuvent substituer ou ajouter un motif de placement à celui ou ceux invoqués par l'officier de police judiciaire qui a placé en garde à vue (Crim. 28 mars 2017, n° 16-85.018).

Toutefois, le contrôle des critères n'est pas inexistant. Ainsi, la Cour de cassation a validé un arrêt d'une chambre de l'instruction qui avait annulé une garde à vue, au motif qu'aucun élément ne permettait d'étayer l'unique motif de placement en garde à vue, à savoir garantir la présentation du mis en cause devant le procureur de la République (Crim. 7 juin 2017, n° 16-87.588).

C'est au moment du placement en garde à vue que l'officier de police judiciaire doit apprécier l'existence des objectifs justifiant le recours à cette mesure (même arrêt).

Dès lors, en présence de suspicions à l'encontre d'un mis en cause, mais en l'absence de contrainte nécessaire pour assurer l'un des objectifs de l'article 62-2 du Code de procédure pénale, l'officier de police judiciaire peut décider d'entendre cette personne dans le cadre d'une audition libre (C. pén., art. 61-1).

B • L'officier de police judiciaire, autorité décisionnaire du placement en garde à vue soumis à une obligation d'information

Le placement en garde à vue relève de la compétence exclusive de l'officier de police judiciaire (1), qui reste soumis à une obligation d'information, tant à l'égard de l'autorité judiciaire (2) que de la personne gardée à vue (3).

1 • La compétence exclusive de l'officier de police judiciaire

L'officier de police judiciaire est seul compétent pour placer en garde à vue tout individu suspecté d'avoir commis une infraction punie d'une peine d'emprisonnement (C. pr. pén., art. 63).
Il ne faut pas confondre cette compétence exclusive avec la possibilité, pour toute personne, d'interpeller un individu en cas de crime ou délit flagrant (C. pr. pén., art. 73). Dans cette hypothèse, la compétence exclusive de l'officier de police judiciaire concerne la décision de retenir la personne sous contrainte.
Si le placement en garde à vue relève formellement de la seule compétence de l'officier de police judiciaire, ce dernier peut toutefois agir sur instruction du procureur de la République (C. pr. pén., art. 63) ou sur instruction du magistrat instructeur en cas de commission rogatoire (C. pr. pén., art. 154).

2 • L'obligation d'information pesant sur l'officier de police judiciaire à l'égard de l'autorité judiciaire

L'officier de police judiciaire est tenu d'informer sans délai le procureur de la République du placement en garde à vue d'un mis en cause (C. pr. pén., art. 63). En effet, la mesure de garde à vue s'exécute sous le contrôle de ce magistrat (C. pr. pén., art. 62-3). En cas de commission rogatoire, les attributions conférées au procureur de la République sont transférées au magistrat instructeur mandant (C. pr. pén., art. 154).
Le délai entre le placement en garde à vue et l'information de ce placement au procureur de la République a nourri un important contentieux. Selon la chambre criminelle de la Cour de cassation, cette information doit être relativement immédiate. La chambre criminelle de la Cour de cassation indique ainsi qu'en l'absence de circonstances insurmontables, le retard de l'information donnée au procureur de la République du placement en garde à vue entraîne la nullité de la mesure (Crim. 10 mai 2001, n° 01-81.441). À titre d'exemple, un délai de trente-cinq minutes entre le placement en garde à vue et la délivrance de l'information d'un tel placement au procureur de la République, peut être justifié par des circonstances insurmontables liées aux conditions de transport et des circonstances de l'interpellation (Crim. 15 oct. 2019, n° 19- 82.380).
L'officier de police judiciaire est tenu d'informer le procureur de la République ou le magistrat instructeur en cas de commission rogatoire du motif de placement en garde à vue – correspondant aux motifs visés par l'article 62-2 du Code de procédure pénale et de la qualification des faits envisagée, qui peut être modifiée par la suite par le procureur de la République (C. pr. pén., art. 63). Dans cette dernière hypothèse, la nouvelle qualification doit être notifiée à la personne gardée à vue. Toutefois, le retard sur l'information de la modification de la qualification retenue par le procureur de la République n'entraînera la nullité de la mesure de garde à vue que s'il est démontré que ce retard a porté une atteinte effective aux intérêts du gardé à vue, au sens de l'article 802 du Code de procédure pénale, c'est-à-dire qu'il ait été fait grief à ses droits (Crim. 15 oct. 2019, n° 19-82.380).
Cette information est réalisée par tout moyen (C. pr. pén., art. 63). En pratique, un simple appel téléphonique suffit dès lors qu'un procès-verbal en procédure en fait part. La mention de cette information fait foi (en ce sens, Crim. 1er avr. 2008, n° 07-84.542).

3 • L'obligation d'information pesant sur l'officier de police judiciaire à l'égard de la personne gardée à vue

À l'instar de l'obligation d'information du procureur de la République, l'officier de police judiciaire est tenu d'informer immédiatement le mis en cause de son placement en garde à vue (C. pr. pén., art. 63-1).

Cette information obéit à un formalisme strict et doit préciser les éléments visés par l'article 63-1 du Code de procédure pénale, à savoir :

– du placement en garde à vue, de sa durée et des éventuelles prolongations susceptibles d'intervenir ;

– de la qualification des faits reprochés, de la date et du lieu de leur commission présumée, ainsi que des motifs de placement visés par l'article 62-2 du Code de procédure pénale ;

– des droits du gardé à vue, notamment de son droit d'être examiné par un médecin, de son droit à être assisté par un avocat, de son droit à interprète, de son droit à consulter le procès-verbal de notification et de toutes auditions d'ores et déjà effectuées, de son droit à faire des observations au magistrat en cas de prolongation, de son droit à garder le silence (plus exactement, de son droit à faire des déclarations, à répondre aux questions ou à se taire).

Les personnes gardées à vue ont également le droit de faire prévenir de leur placement en garde à vue leurs proches et/ou leur employeur, sauf lorsque cette information présente un risque pour les personnes ou les biens ou présente un risque sur la conservation des preuves (C. pr. pén., art. 63-2).

Cette information doit être délivrée à partir du moment où la personne est gardée sous contrainte et à la disposition des enquêteurs, notamment lorsqu'elle est interrogée à son domicile à la suite d'une perquisition (Crim. 13 avr. 1999, n° 98-87.873 ; v. égal. Crim. 11 oct. 2000, n° 00-82.238). Ainsi, seules des circonstances insurmontables pourront justifier un retard entre le placement en garde à vue et la notification des droits y afférents – en l'espèce, un délai de vingt minutes entre le placement et la notification des droits est justifié en raison des conditions de transport et de circonstances de l'interpellation, circonstances qualifiées d'insurmontable (Crim. 15 oct. 2019, n° 19-82.380). Autre exemple, notamment lorsque la personne gardée à vue nécessite l'assistance d'un interprète, la chambre criminelle considère qu'est justifié par une circonstance insurmontable le report au lendemain du placement en garde à vue la notification en raison de l'absence d'interprète disponible avant (Civ. 2e, 4 juill. 2002, n° 01-50.005).

De même, à l'égard de personne en état d'ébriété, la jurisprudence admet que l'officier de police judiciaire retarde la notification du placement en garde à vue jusqu'au moment où le gardé à vue sera en mesure de comprendre les informations qui lui sont notifiées (Crim. 19 mai 2009, n° 08-86.466).

Le retard dans la notification du placement en garde à vue au gardé à vue porte nécessairement atteinte à ses droits (Crim. 30 avr. 1996, n° 95-82.217).

Si la décision de placement en garde à vue relève de la compétence exclusive de l'officier de police judiciaire, les informations issues de l'article 63-1 du Code de procédure pénale peuvent être délivrées par un assistant de police judiciaire.

II • Le régime de la garde à vue

La garde à vue obéit à un régime strict défini par les articles 62-2 et suivants du Code de procédure pénale. Il convient de rappeler brièvement quelques considérations relatives à sa durée de droit commun et aux conditions de prolongation (A) et dans le cadre de procédures spéciales (B).

A • La durée de la garde à vue en droit commun et les conditions de prolongation

La garde à vue dure au maximum vingt-quatre heures (C. pr. pén., art. 63). Cette règle a plusieurs incidences pratiques, notamment en cas de gardes à vue successives pour les mêmes faits : la chambre criminelle de la Cour de cassation a ainsi jugé que devaient être prises en compte les durées écoulées lors de précédentes mesures de garde à vue, lorsque les mêmes faits sont poursuivis (Crim. 17 mars 2004, n° 03-87.739).
Si l'officier de police judiciaire décide seul du placement en garde à vue, la première prolongation pour une nouvelle durée maximale de vingt-quatre heures est toujours et exclusivement décidée par le procureur de la République ou du magistrat instructeur en cas de commission rogatoire (C. pr. pén., art. 63).
La prolongation n'est possible que si l'infraction poursuivie est punie et réprimée d'une peine d'emprisonnement d'un an et qu'elle répond aux objectifs de l'article 62-2 du Code de procédure pénale déjà visés (C. pr. pén., art. 63).
L'autorisation de prolongation de la garde à vue doit être écrite et motivée par le procureur de la République (C. pr. pén., art. 63). La prolongation doit également être précédée de la présentation de la personne gardée à vue au magistrat du parquet, cette présentation pouvant être réalisée par un moyen de télécommunication (C. pr. pén., art. 63).

B • La durée de la garde à vue et les conditions de la prolongation dans le cadre de procédures spéciales

Les deux principaux régimes de garde à vue dérogatoires sont en lien avec la minorité d'un mis en cause (1) et aux règles spécifiques en lien avec la criminalité organisée (2).

1 • Les règles de durée et de prolongation des gardes à vue de mineurs

Les règles relatives au placement en garde à vue des mineurs et de leur prolongation sont définies aux articles L. 413-6 et suivants du Code de la justice pénale des mineurs.
Seul le mineur de treize ans ou plus peut être placé en garde à vue, dans les mêmes conditions que celles du droit commun, sous réserve des spécificités relatives aux mineurs (CJPM, art. L. 413-6).
La garde à vue d'un mineur de moins de seize ans ne peut être prolongée que lorsque les faits que le mineur est soupçonné d'avoir commis sont punis d'une peine de réclusion criminelle ou d'une peine d'emprisonnement supérieure à 5 ans (CJPM, art. L. 413-10).

2 • Les règles de durée et de prolongation des gardes à vue des faits de criminalité organisée

Pour rappel, les articles 706-73 et suivants du Code de procédure pénale ont introduit un ensemble de règles procédurales dérogatoires dont l'objectif affiché est de mieux lutter contre les faits de criminalité et de délinquance organisée. Les articles 706-73 et 706-74 dudit code établissent notamment une liste des infractions concernées.
Si la durée initiale d'une garde à vue décidée dans le cadre de faits de criminalité organisée ne varie pas, l'article 706-88 du Code de procédure pénale prévoit désormais deux prolongations supplémentaires.

Ces prolongations sont décidées soit par le juge des libertés et de la détention sur requête du procureur de la République, soit sur décision du juge d'instruction, notamment en cas de commission rogatoire (C. pr. pén., art. 706-88).

La motivation de ces nouvelles prolongations semble faire l'objet d'un contrôle accru par la Cour de cassation (Crim. 23 nov. 2016, n° 16-81.904).

De même, à l'égard des infractions de terrorisme, deux nouvelles prolongations de vingt-quatre heures chacune peuvent être décidées dans les mêmes conditions (C. pr. pén., art. 706-88-1).

Outils de travail

Texte essentiel

C. pr. pén., art. 62 s.

Jurisprudences essentielles

Cons. const. 30 juill. 2010, n° 2010-14/22 QPC.
Crim. 15 avr. 2011, n° 10-30.316.

Le droit de garder le silence

Le droit au silence a connu une longue évolution et une consécration tardive en droit français, dans la mesure où la procédure pénale française a d'abord été construite sur un système inquisitorial dans laquelle l'aveu a longtemps été considéré comme la reine des preuves.
Le droit au silence est l'expression la plus directe du droit de ne pas contribuer à sa propre incrimination, rattaché au principe du droit à un procès équitable. Elle signifie le droit pour une personne mise en cause pénalement de se taire.
Sous l'impulsion du droit européen et de la Cour européenne des droits de l'Homme, les droits nationaux ont dû se mettre en conformité avec le droit au silence, en obligeant notamment les autorités juridictionnelles à notifier aux mis en cause le droit de se taire.
Il est désormais quasiment garanti à l'ensemble des étapes de la procédure pénale, à l'exception de quelques infractions pour lesquelles le silence du mis en cause constitue l'un des éléments matériels de l'infraction.
Au-delà d'une approche théorique et historique de ce droit, il convient d'envisager, dans le cadre de la préparation à l'examen d'entrée au CRFPA, l'obligation de notification d'un tel droit (I) mais également de discuter sa portée limitée (II).

I • La reconnaissance du droit de garder le silence

Il convient d'envisager tout d'abord la consistance du droit de garder le silence (A) avant d'appréhender l'obligation de notification de ce droit à toutes les étapes de la procédure pénale (B), exclusivement lorsqu'elle implique un débat sur la culpabilité du mis en cause.

A • La consistance du droit de garder le silence

À titre liminaire, il convient de rappeler que le droit de garder le silence, principe cardinal tant de la présomption d'innocence que du droit au procès équitable, est reconnu par diverses sources juridiques.
Au niveau européen, la Cour européenne le tire de l'article 6 de la Convention européenne des droits de l'Homme, qui évoque le droit de garder le silence comme l'une des « normes internationales généralement reconnues qui sont au cœur de la notion de procès équitable » (CEDH 8 févr. 1996, n° 18731/91, *John Murray c/ Royaume-Uni*, § 45).
Le droit de l'Union européenne le consacre quant à lui dans le cadre de deux directives 2012/13/UE du Parlement européen et du Conseil du 22 mai 2012 relatif au droit d'être informé dans le cadre de procédures pénales, ou encore celle 2016/343/UE en date du 9 mars 2016 pour le renforcement de certains aspects de la présomption d'innocence et du droit à assister à son procès dans le cadre de procédures pénales.
Au niveau interne, le Conseil constitutionnel rattache le droit de garder le silence à l'article 9 de la Déclaration des droits de l'Homme et du citoyen (Cons. const. 4 nov. 2016, n° 2016-594 QPC).

Le législateur l'a également inscrit à l'article préliminaire du Code de procédure pénale, mais également dans les articles relatifs à la garde à vue (C. pr. pén., art. 61-1), à l'interrogatoire de première comparution (C. pr. pén., art. 116) ainsi qu'à toutes les audiences de jugement au cours desquelles la question de la culpabilité de la personne mise en cause n'a pas encore été tranchée (C. pr. pén. art. 496 pour l'audience devant le tribunal correctionnel, C. pr. pén., art. 328 pour la cour d'assises ; C. pr. pén., art. 535 pour le tribunal de police).
Au demeurant, l'assemblée plénière de la Cour de cassation l'a également érigé en principe à valeur conventionnelle en le rattachant à l'article 6 de la Convention européenne des droits de l'Homme (Cass., ass. plén., 6 mars 2015, n° 14-84.339).
Le droit de garder le silence, que le mis en cause est libre de ne pas exercer, permet de garantir que ses déclarations ont été recueillies de manière loyale, afin qu'il comprenne que l'ensemble de ses déclarations peuvent être prises en compte à titre de preuve de sa culpabilité.
Le droit de garder le silence s'inscrit en effet dans la volonté d'un État de droit de désacraliser la force probante de l'aveu judiciaire. À cet égard, il convient notamment de relever que l'article préliminaire du Code de procédure pénale interdit toute condamnation d'une personne sur les seules déclarations qu'elle a faites sans avoir pu s'entretenir préalablement avec un avocat et être assisté par lui (C. pr. pén., art. préliminaire).
Enfin, le droit au silence n'est reconnu qu'à la seule personne suspectée. Elle est donc exclue pour les témoins (hors témoins assistés – C. pr. pén., art. 13-7) qui sont tenus de répondre et, en principe, de prêter serment. Ainsi, le témoin qui refuse de comparaître ou de répondre s'expose au paiement d'une amende de 3 750 euros (C. pr. pén., art. 326 pour la cour d'assises, art. 438 pour le tribunal correctionnel et art. 536 pour le tribunal de police). La même peine est prévue à l'encontre des témoins qui refusent de déposer devant un juge d'instruction ou un officier de police judiciaire agissant sur commission rogatoire (C. pén., art. 434-15-1).

B • L'obligation de notifier le droit de garder le silence à toutes les étapes de la procédure pénale

Au stade de l'enquête et de l'instruction, les enquêteurs ou les magistrats instructeurs sont tenus de rappeler, avant d'aborder les faits pour lesquels une personne est mise en cause, le droit de garder le silence.
En effet, les enquêteurs de police sont tenus de rappeler ce droit dès lors qu'ils entendent une personne mise en cause pour une infraction, que ce soit dans le cadre d'une audition libre ou d'une garde à vue (C. pr. pén., art. 61-1 et 63-1).
De même, le magistrat instructeur est tenu de rappeler ce droit lors de l'interrogatoire de première comparution (C. pr. pén., art. 116).
Le champ du droit au silence dépasse même, lors de l'enquête ou de l'instruction, le cadre des actes directement réalisés par les enquêteurs ou le magistrat instructeur. C'est ainsi que l'article préliminaire du Code de procédure pénale envisage l'étendue du droit de garder le silence : « En matière de crime ou de délit, le droit de se taire sur les faits qui lui sont reprochés est notifié à toute personne suspectée ou poursuivie avant tout recueil de ses observations et avant tout interrogatoire, y compris pour obtenir des renseignements sur sa personnalité ou pour prononcer une mesure de sûreté, lors de sa première présentation devant un service d'enquête, un magistrat, une juridiction ou toute personne ou tout service mandaté par l'autorité judiciaire. Aucune condamnation ne peut être prononcée sur le seul fondement de déclarations faites sans que ledit droit ait été notifié » (C. pr. pén., art. préliminaire III).

À titre d'exemple, la Cour de cassation a ainsi contraint les services de protection de la jeunesse à notifier le droit au silence des mineurs qu'ils entendent dans le cadre de la rédaction d'un recueil de renseignements socio-éducatifs (Crim. 10 nov. 2021, n° 20-84-861). L'ancien article 77-1 du Code de procédure pénale a par ailleurs été censuré par le Conseil constitutionnel puisqu'il n'imposait pas aux experts requis par le procureur de la République, au cours d'une enquête préliminaire, de notifier aux personnes entendues leur droit de garder le silence au cours de l'expertise, pendant laquelle ils pouvaient être amenés à admettre leur culpabilité (Cons. const. 25 févr. 2022, n° 2021-975 QPC).
Il doit être notifié également au cours des audiences au fond, notamment lorsque la question de la culpabilité n'a pas été tranchée (C. pr. pén., art. 496 pour l'audience devant le tribunal correctionnel, C. pr. pén., art. 328 pour la cour d'assises ; C. pr. pén., art. 535 pour le tribunal de police). En effet, dans certaines procédures, à l'instar par exemple de l'audience d'homologation des comparutions sur reconnaissance préalable de culpabilité, le silence gardé du prévenu contreviendrait à l'esprit même de cette procédure de poursuite alternative à celle plus classique d'un renvoi devant le tribunal correctionnel. Il en est de même s'agissant des juridictions d'aménagement de peine.
La question du moment de cette notification aura une incidence sur la régularité de l'acte réalisé, et sera traitée dans la partie suivante.

II • La portée limitée du droit de garder le silence

Le non-respect de la notification du droit de garder le silence n'entraîne pas nécessairement de sanction à l'égard de l'acte entrepris ou de l'audience de jugement (A). En tout état de cause, la consécration du droit de garder le silence est grandement tempérée par l'administration d'autres types de preuves (B).

A • L'absence de sanction automatique du non-respect de l'obligation de notification du droit de garder le silence

L'absence de sanction automatique du non-respect de l'obligation de notification du droit de garder le silence résulte du fait que la jurisprudence a limité la portée du respect accordé au droit de garder le silence.
En effet, il ressort d'une circulaire de la direction des affaires et des grâces du 27 décembre 2021 que l'absence de notification du droit au silence « ne constitue pas une cause de nullité de l'acte qui a été accompli » (Circ. 27 déc. 2021, n° JUSD2138990). Les juridictions ne pourront simplement pas motiver la condamnation d'un prévenu ou d'un accusé en se fondant sur les éléments recueillis au cours d'un acte au cours duquel cette formalité a été omise.
Ainsi, dans le contentieux de la liberté, l'absence de notification du droit de garder le silence n'entraîne pas la nullité d'un mandat de dépôt, mais ouvrira le droit au détenu de faire canceller les déclarations qu'il prend au cours de l'audience (Crim. 24 févr. 2021, n° 20-86.537).
Il ressort également de la jurisprudence une incertitude sur la portée de la violation de la notification du droit au silence. En effet, la chambre criminelle fait de la violation de la notification du droit de se taire tantôt une nullité à grief (Cass., ass. plén., 4 juin 2021, n° 21-81.656 ; Crim. 15 nov. 2022, n° 22-85.101), tantôt une nullité qui fait nécessairement grief (Crim. 15 mars 2022, n° 21-82.174).

La distinction semble s'opérer à l'audience en fonction de l'état d'avancement des débats et de la participation effective du prévenu ou de l'accusé à l'audience avant que ce droit ne soit finalement notifié.

B • La consécration du droit de garder le silence tempérée par l'administration d'autres types de preuves

La consécration du droit de garder le silence est corrélée par le fait que l'aveu des personnes mises en cause a une importance de plus en plus relative.
En effet, l'évolution des techniques d'investigations et les progrès scientifiques permettent d'accumuler de nombreux éléments de preuve qui pourront être utilisés contre une personne mise en cause.
À cet égard, il convient notamment de relever que le droit au silence ne permet pas aux mis en cause de s'opposer à certaines investigations menées sur sa personne. En effet, il reste loisible aux enquêteurs de faire des prélèvements sur le mis en cause malgré son désaccord (analyse sanguine, ADN etc. : CEDH 17 déc. 1996, n° 19187/91, *Saunders c/ Royaume-Uni*). Au niveau interne, le Conseil constitutionnel a notamment rappelé que les prélèvements génétiques aux fins de conservation dans le fichier des empreintes génétiques n'étaient pas contraires au droit de ne pas s'auto-incriminer (Cons. const. 16 sept. 2010, n° 2010-25 QPC).
De même, la Cour de cassation a rappelé, à l'occasion du refus de se soumettre à un test de dépistage d'alcoolémie, que le droit au silence ne saurait permettre d'échapper à la condamnation de cette infraction (Crim. 6 janv. 2015, n° 13-87.652). Cette solution doit également être étendue à l'incrimination du refus de délivrer une convention secrète de déchiffrement d'un moyen de cryptologie, qui peut être le code de déverrouillage d'un téléphone portable, réprimé par l'article 434-15-2 du Code pénal.

Outils de travail

Textes essentiels

Conv. EDH, art. 6.
C. pr. pén., art. prélim.
C. pr. pén., art. 61-1.
C. pr. pén., art. 63-1.
C. pr. pén., art. 116.
C. pr. pén., art. 328.
C. pr. pén., art. 496.

Jurisprudences essentielles

Cass., ass. plén, 6 mars 2015, n° 14-84.339.
Cons. const. 16 sept. 2010, n° 2010-25 QPC.
CEDH 8 févr. 1996, *John Murray c/ Royaume-Uni*, n° 18731/91.
Crim. 24 févr. 2021, n° 20-86.537.
Cons. const. 25 févr. 2022, n° 2021-975 QPC.

Doctrine

P. Collet, « Le droit au silence en procédure pénale », *RSC* 2023, p. 751.
E. Verges, « Principes directeurs du procès pénal – Principes propres aux droits de la personne suspectée ou poursuivie – Droits du suspect – Droits de la personne poursuivie – Art. préliminaire – Fasc. 50 », *J.-Cl. Pr. pén.*, Lexisnexis.

Les contrôles d'identité

L'obtention, par les services de police, de l'identité d'une personne mise en cause constitue le point de départ de nombreuses enquêtes pénales. Impliquant un enjeu sécuritaire, à savoir la découverte de potentiels auteurs d'infractions, et un enjeu de protection de droit à la vie privée, concernant évidemment ces personnes mises en cause, les mesures de contrôle d'identité font l'objet de dispositions très fournies au sein du Code de procédure pénale. Il convient alors d'étudier en premier lieu les contrôles d'identité de nature judiciaire (I) avant de se concentrer en second lieu sur les autres manières d'appréhender l'identité d'une personne (II).

I • Les contrôles d'identité de nature judiciaire

Avant d'étudier les contrôles d'identité aux fins de recherche d'une infraction en particulier (B), il convient de s'intéresser aux motifs permettant d'effectuer un contrôle d'identité classique (A).

A • Les motifs de contrôle d'identité

L'article 78-1, alinéa 2, du Code de procédure pénale prévoit que « toute personne se trouvant sur le territoire national doit accepter de se prêter à un contrôle d'identité effectué dans les conditions et par les autorités de police visées aux articles suivants ». Ainsi, chacun doit être en mesure de justifier de son identité aux autorités de police compétentes dès lors que la mesure de contrôle respecte les conditions prévues par le Code de procédure pénale.

S'agissant des conditions dans lesquelles peut être contrôlée l'identité d'une personne (C. pr. pén., art. 78-2), « les officiers de police judiciaire et, sur l'ordre et sous la responsabilité de ceux-ci, les agents de police judiciaire et agents de police judiciaire adjoints mentionnés aux articles 20 et 21-1° » peuvent procéder à des mesures de contrôle d'identité. La légalité de la mesure dépend donc au premier chef de la qualité de l'agent ayant procédé au contrôle.

Ces agents « peuvent inviter à justifier, par tout moyen, de son identité » une personne. Dès lors, la personne à l'encontre de laquelle un tel contrôle est effectué bénéficiera de la liberté de la preuve et pourra justifier de son identité par le biais de tout document délivré par une autorité administrative permettant d'attester de son identité.

En outre, ces agents « peuvent inviter à justifier, par tout moyen, de son identité toute personne à l'égard de laquelle existe une ou plusieurs raisons plausibles de soupçonner :

– qu'elle a commis ou tenté de commettre une infraction ;

– ou qu'elle se prépare à commettre un crime ou un délit ;

– ou qu'elle est susceptible de fournir des renseignements utiles à l'enquête en cas de crime ou de délit ;

– ou qu'elle a violé les obligations ou interdictions auxquelles elle est soumise dans le cadre d'un contrôle judiciaire, d'une mesure d'assignation à résidence avec surveillance électronique, d'une peine ou d'une mesure suivie par le juge de l'application des peines ;

– ou qu'elle fait l'objet de recherches ordonnées par une autorité judiciaire ».

Ainsi, les agents doivent avoir des raisons plausibles de soupçonner que la personne contrôlée se trouve dans l'une des cinq situations susmentionnées. Les raisons plausibles sont caractérisées par des indices objectifs fondant le contrôle. Il en va ainsi du comportement infractionnel d'une personne lorsqu'il aperçoit des membres des forces de l'ordre (Crim. 9 déc. 2015, n° 14-84.852). Peut également caractériser un indice objectif le fait pour une personne d'être dans un état d'ivresse manifeste (Crim. 7 avr. 1993, n° 92-82.151, Inédit).

La chambre criminelle de la Cour de cassation a jugé injustifié un contrôle d'identité réalisé en raison des mentions au procès-verbal faisant état d'une personne de type « nord-africain » laissant penser que le contrôle avait été fait en raison de l'appartenance réelle ou supposée à une origine ethnique (Crim. 3 nov. 2016, n° 15-85.548). Une dénonciation anonyme non corroborée par d'autres éléments ne saurait, non plus, justifier un contrôle d'identité (Civ. 1re, 31 mai 2005, n° 04-50.033).

B • Les contrôles de recherche d'infraction à proprement parler

Le Code de procédure pénale prévoit, parallèlement à ce contrôle d'identité classique, deux autres types de contrôles : les contrôles appelés « opérations coups de poing » et les contrôles permettant de lutter contre le travail illégal.

Les « opérations coup de poing » sont prévues à l'article 78-2, alinéa 7, aux termes duquel, « sur réquisitions écrites du procureur de la République aux fins de recherche et de poursuite d'infractions qu'il précise, l'identité de toute personne peut être également contrôlée, selon les mêmes modalités, dans les lieux et pour une période de temps déterminés par ce magistrat. Le fait que le contrôle d'identité révèle des infractions autres que celles visées dans les réquisitions du procureur de la République ne constitue pas une cause de nullité des procédures incidentes ».

Plusieurs conditions doivent donc être réunies. Des réquisitions écrites du procureur de la République sont nécessaires. Elles doivent porter sur la recherche d'infractions qu'il aura précisées. Ces réquisitions ne peuvent avoir lieu que sur les lieux et pour une période précisée par le magistrat. D'après le Conseil constitutionnel « les réquisitions du procureur de la République ne peuvent viser que des lieux et des périodes de temps déterminés. Ces dispositions ne sauraient, sans méconnaître la liberté d'aller et de venir, autoriser le procureur de la République à retenir des lieux et périodes sans lien avec la recherche des infractions visées dans ses réquisitions. Elles ne sauraient non plus autoriser, en particulier par un cumul de réquisitions portant sur des lieux ou des périodes différents, la pratique de contrôles d'identité généralisés dans le temps ou dans l'espace » (Cons. const. 24 janv. 2017, n° 2016-606 QPC).

L'article 78-2-2 du Code de procédure pénale vient préciser que le procureur de la République peut également requérir ce type de contrôle pour une durée de vingt-quatre heures sur un lieu précisé pour un certain nombre d'infractions. Il prévoit en effet que « I.-Sur réquisitions écrites du procureur de la République, dans les lieux et pour la période de temps que ce magistrat détermine et qui ne peut excéder vingt-quatre heures, renouvelables sur décision expresse et motivée selon la même procédure, les officiers de police judiciaire et, sur l'ordre et sous la responsabilité de ceux-ci, les agents de police judiciaire et les agents de police judiciaire adjoints mentionnés aux 1°, 1° bis et 1° ter de l'article 21 du présent code, peuvent procéder aux contrôles d'identité prévus au septième alinéa de l'article 78-2, aux fins de recherche et de poursuite des infractions suivantes : 1° Actes de terrorisme [...] ; 2° Infractions en matière de prolifération des armes de destruction massive et de leurs vecteurs […] ; 3° Infractions en matière d'armes […] ; 4° Infractions en matière d'explosifs […] ; 5° Infractions de vol mentionnées aux articles 311-3 à 311-11 du Code pénal ; 6° Infractions de recel […] ; 7° Faits de trafic de stupéfiants […] ».

En ce qui concerne le travail illégal, l'article 78-2-1 du Code de procédure pénale prévoit que « sur réquisitions du procureur de la République, les officiers de police judiciaire et, sur l'ordre ou la responsabilité de ceux-ci, les agents de police judiciaire et agents de police judiciaire adjoints mentionnés aux articles 20 et 21 (1°) sont habilités à entrer dans les lieux à usage professionnel, ainsi que dans leurs annexes et dépendances, sauf s'ils constituent un domicile, où sont en cours des activités de construction, de production, de transformation, de réparation, de prestation de services ou de commercialisation, en vue :

– de s'assurer que ces activités ont donné lieu à l'immatriculation au répertoire des métiers ou au registre du commerce et des sociétés lorsqu'elle est obligatoire, ainsi qu'aux déclarations exigées par les organismes de protection sociale et l'administration fiscale ;

– de se faire présenter le registre unique du personnel et les documents attestant que les déclarations préalables à l'embauche ont été effectuées ;

– de contrôler l'identité des personnes occupées, dans le seul but de vérifier qu'elles figurent sur le registre ou qu'elles ont fait l'objet des déclarations mentionnées à l'alinéa précédent ».

Il ajoute que « les réquisitions du procureur de la République sont écrites et précisent les infractions, parmi celles visées aux articles L. 5221-8, L. 5221-11, L. 8221-1, L. 8221-2, L. 8251-1 du Code du travail, qu'il entend faire rechercher et poursuivre, ainsi que les lieux dans lesquels l'opération de contrôle se déroulera ». Il précise enfin que « ces réquisitions sont prises pour une durée maximum d'un mois et sont présentées à la personne disposant des lieux ou à celle qui la représente. Les mesures prises en application des dispositions prévues au présent article font l'objet d'un procès-verbal remis à l'intéressé ».

II • Les autres manières de contrôler l'identité d'une personne

Les contrôles de nature administrative (A) ainsi que le relevé et la vérification d'identité (B) constituent d'autres moyens de contrôler l'identité d'une personne.

A • Les contrôles d'identité de nature administrative

L'expression « de nature administrative » est trompeuse car elle ne fait pas référence à un contrôle de l'autorité administrative. Elle renvoie à la notion de police administrative qui s'oppose à la police judiciaire, en ce que les missions de police administrative se placent en amont de la commission de toute infraction.

Doivent être mentionnés les contrôles pour atteinte à l'ordre public, les contrôles dits « Schengen » ainsi que les contrôles des personnes étrangères.

Le contrôle d'identité réalisé afin de prévenir le risque d'atteinte à l'ordre public est prévu à l'alinéa 8 de l'article 78-2 du Code de procédure pénale. Celui-ci prévoit que « l'identité de toute personne, quel que soit son comportement, peut également être contrôlée, selon les modalités prévues au premier alinéa, pour prévenir une atteinte à l'ordre public, notamment à la sécurité des personnes ou des biens ». Il existe par exemple un risque d'atteinte à l'ordre public dès lors que de nombreux délits ont été commis dans un quartier précis (Crim. 23 mai 1995, n° 94-83.887).

Les contrôles dits « Schengen » sont prévus par les alinéas 9 à 17 de l'article 78-2 du Code de procédure pénale. Ils sont réalisés « pour la prévention et la recherche des infractions liées à la criminalité transfrontalière » (C. pr. pén. art. 78-2, al. 9).

Il résulte de ces articles que toute personne peut se faire contrôler son identité dans les espaces suivants :

– « Dans une zone comprise entre la frontière terrestre de la France avec les États parties à la Convention de Schengen et une ligne tracée à 20 kilomètres en deçà » ;

– « Dans les zones accessibles au public des ports, aéroports et gares ferroviaires ou routières ouverts au trafic international et désignés par arrêté » ;

– « À bord des trains effectuant une liaison internationale sur la portion du trajet située entre la frontière et le premier arrêt au-delà des vingt kilomètres de la frontière, voire au-delà sur les lignes ferroviaires effectuant une liaison internationale désignées par arrêté ministériel et présentant des caractéristiques particulières de desserte (C. pr. pén., art. 78-2, al. 9) » ;

– Dans certains espaces des territoires et départements d'Outre-mer (C. pr. pén., art. 78-2, al. 13 à 17).

Ces contrôles ne peuvent être faits qu'« en vue de vérifier le respect des obligations de détention, de port et de présentation des titres et documents prévues par la loi » (C. pr. pén., art. 78-2-2, al. 9). Les contrôles ne peuvent pas être faits de manière systématique puisque l'alinéa 9 prévoit également que « le contrôle des obligations de détention, de port et de présentation des titres et documents prévus par la loi ne peut être pratiqué que pour une durée n'excédant pas douze heures consécutives dans un même lieu et ne peut consister en un contrôle systématique des personnes présentes ou circulant dans les zones ou lieux mentionnés au même alinéa ».

Il existe enfin des dispositions relatives aux étrangers incluses dans le Code de l'entrée et du séjour des étrangers et du droit d'asile (CESEDA). En effet, l'article L. 611-1 prévoit que les étrangers doivent être en mesure de justifier d'un document leur permettant de séjourner en France.

À cet égard, dans le cadre d'un contrôle d'identité sur le fondement de l'article 78-2 du Code de procédure pénale, les officiers et agents compétents peuvent demander que la personne contrôlée fournisse un document ou titre attestant qu'elle peut séjourner en France s'il s'avère que cette personne est étrangère. La chambre criminelle de la Cour de cassation considère que les agents devront relever « des éléments objectifs déduits de circonstances extérieures à la personne même de l'intéressé de nature à faire apparaître celui-ci comme étranger » (Crim. 8 nov. 1989, n° 89-80.728).

B • Les mesures de relevé et de vérification d'identité

Sans constituer des contrôles d'identité, ces mesures conduisent néanmoins à obtenir l'identité de la personne.

S'agissant des relevés d'identité, « les agents de police judiciaire adjoints mentionnés aux 1° bis, 1° ter, 1° quater et 2° de l'article 21 sont habilités à relever l'identité des contrevenants pour dresser les procès-verbaux concernant des contraventions aux arrêtés de police du maire, des contraventions au Code de la route que la loi et les règlements les autorisent à verbaliser ou des contraventions qu'ils peuvent constater en vertu d'une disposition législative expresse » (C. pr. pén., art. 78-6, al. 1er).

Cette mesure, effectuée par un APJ ou APJ adjoint, n'est pas contraignante. L'APJ ne peut que prévenir l'OPJ du fait que la personne se soustrait à ce relevé d'identité. À ce titre, l'article 78-6, alinéa 2, du

Code de procédure pénale prévoit que « l'agent de police judiciaire adjoint mentionné au premier alinéa en rend compte immédiatement à tout officier de police judiciaire de la police nationale ou de la gendarmerie nationale territorialement compétent, qui peut alors lui ordonner sans délai de lui présenter sur-le-champ le contrevenant ou de retenir celui-ci pendant le temps nécessaire à son arrivée ou à celle d'un agent de police judiciaire agissant sous son contrôle. À défaut de cet ordre, l'agent de police judiciaire adjoint mentionné au premier alinéa ne peut retenir le contrevenant. Pendant le temps nécessaire à l'information et à la décision de l'officier de police judiciaire, le contrevenant est tenu de demeurer à la disposition d'un agent mentionné au même premier alinéa ».

La violation de cette obligation est punie « de deux mois d'emprisonnement et de 7 500 € d'amende » (C. pr. pén., art. 78-6, al. 2).

La vérification d'identité correspond à une mesure de retenue policière. Dans le cas où une personne ne peut justifier de son identité alors qu'il lui est demandé de le faire, elle peut alors être retenue, sur place, ou dans un local de police. La personne doit être immédiatement présentée à un OPJ « qui l[a] met en mesure de fournir par tout moyen les éléments permettant d'établir son identité et qui procède, s'il y a lieu, aux opérations de vérification nécessaires » (C. pr. pén., art. 78-3, al. 1er). Cette personne a le droit de faire aviser le procureur de la République de cette mesure ainsi que de prévenir une personne de son choix (celle-ci pouvant être prévenue directement par l'OPJ).

Lorsqu'il s'agit d'un mineur de 18 ans, le procureur de la République doit être informé dès le début de la rétention. Sauf impossibilité, le mineur doit être assisté de son représentant légal.

La durée de la mesure ne peut excéder quatre heures, sauf à Mayotte et dans la collectivité territoriale de Guyane où elle ne peut excéder huit heures (C. pr. pén., art. 78-3, al. 3). La durée de la mesure commence à compter du contrôle d'identité, ou si l'OPJ avait préalablement procédé à un relevé de l'identité, à compter du relevé d'identité d'après l'article 78-6, alinéa 2, du Code de procédure pénale. La mesure ne doit durer que le temps strictement nécessaire à la vérification d'identité. Le procureur de la République peut y mettre fin à tout moment.

En cas de refus de l'intéressé, les officiers peuvent alors procéder « après autorisation du procureur de la République ou du juge d'instruction, à la prise d'empreintes digitales ou de photographies lorsque celle-ci constitue l'unique moyen d'établir l'identité de l'intéressé » (C. pr. pén., art. 78-3, al. 4).

L'article 78-3 conclut en prévoyant les mentions devant être inscrites au procès-verbal, à peine de nullité.

Outils de travail

Textes essentiels

C. pr. pén., art. 78-1.
C. pr. pén., art. 78-2.
C. pr. pén., art. 78-2-1.
C. pr. pén., art. 78-2-2.
C. pr. pén., art. 78-3.
C. pr. pén., art. 78-6.

Jurisprudence essentielle

Cons. const. 24 janv. 2017, nº 2016-606 QPC.

Doctrine

F. Roussel, « Le défaut du port visible du matricule – Le juge administratif gardien du respect de la légalité », *RFDA* 2023. 1099.

J.-M. Pastor, « La Cour des comptes appelle à mieux encadrer les contrôles d'identité », *AJDA* 2023. 2245.

Le cadre juridique de l'enquête

Déterminer le cadre juridique de l'enquête pénale constitue une étape essentielle. Dépend en effet du cadre de l'enquête la licéité de certains actes de la procédure. Il existe cinq cadres différents dans lesquels l'enquête peut se placer. Le premier résulte de l'urgence, il s'agit de l'enquête de flagrance (I), elle est suivie de l'enquête préliminaire de droit commun qui sera étudiée aux côtés de l'enquête de mort suspecte, de personne en fuite et de personne disparue (II).

I • L'enquête de flagrance

Il convient d'étudier en premier lieu les critères d'ouverture de cette enquête (A), avant de s'intéresser aux pouvoirs qu'elle octroie aux enquêteurs (B).

A • Les critères d'ouverture de l'enquête de flagrance

L'ensemble des dispositions relatives à l'enquête de flagrance se trouve aux articles 53 à 73 du Code de procédure pénale.

L'article 53 du Code de procédure pénale définit la flagrance. Il prévoit, en son premier alinéa, qu'« est qualifié crime ou délit flagrant le crime ou le délit qui se commet actuellement, ou qui vient de se commettre ». Il ajoute qu'« il y a aussi crime ou délit flagrant lorsque, dans un temps très voisin de l'action, la personne soupçonnée est poursuivie par la clameur publique, ou est trouvée en possession d'objets, ou présente des traces ou indices, laissant penser qu'elle a participé au crime ou au délit ».

Est tout d'abord mentionné un crime ou délit, ce qui semble exclure les contraventions du champ de ce type d'enquête. L'article 67 du Code de procédure pénale vient clore le débat en prévoyant que « les dispositions des articles 54 à 66, à l'exception de celles de l'article 64-1, sont applicables, au cas de délit flagrant, dans tous les cas où la loi prévoit une peine d'emprisonnement ». Dès lors, les pouvoirs contraignants, ouverts en flagrance, que l'on détaillera plus bas, ne sont ouverts qu'aux crimes ou aux délits pour lesquels la loi prévoit qu'ils sont réprimés d'une peine d'emprisonnement.

Deux critères essentiels caractérisent ce type d'enquête : celui de temporalité et celui dit d'apparence.

Le critère de temporalité s'entend de manière assez claire par la jurisprudence et par le texte. En effet, celui-ci fait référence à un crime ou délit « qui se commet actuellement, ou qui vient de se commettre ». La situation où le crime ou délit se commet actuellement est très aisément compréhensible. Le texte fait ici référence au cas où des agents de police voient, de leurs propres yeux, un crime ou délit se commettre devant eux. Mais, le texte ouvre également la porte aux crimes ou délits s'étant commis dans un temps très récent. À cet égard, c'est la jurisprudence qui vient éclairer cette notion de temps très récent. Ainsi, une perquisition effectuée sans l'assentiment d'une personne pourra être licite car réalisée dans le cadre d'une enquête de flagrance si elle a été effectuée après la réception d'une plainte de la victime déposée deux jours après que les faits aient été commis (Crim. 8 avr. 1998, n° 97-80.610). Pourra également être ouverte une enquête de flagrance pour des faits de viol commis vingt-huit heures avant le dépôt de plainte de la victime (Crim. 26 févr. 1991, n° 90-87.360).

Ce critère temporel s'accompagne de façon cumulative d'un critère d'apparence.
L'apparence correspond au fait que les officiers de police judiciaire doivent disposer d'« indices apparents d'un comportement délictueux relevant l'existence d'infraction répondant à la définition de l'article 53 du Code de procédure pénale » (Crim. 4 janv. 1982, n° 80-95.198). La chambre criminelle a, par la suite, préféré la mention d'infraction « en train de se commettre ou qui vient d'être commise » (Crim. 7 fév. 2023, n° 22-84.148).
Il s'agit donc de l'observation d'un indice objectif révélant des faits qui pourraient être constitutifs d'un crime ou délit qui vient de se commettre ou qui est en train d'être commis. Le caractère objectif de l'indice, en plus d'être apparent, a d'ailleurs été ajouté dans un arrêt récent de la chambre criminelle afin de caractériser une enquête de flagrance (Crim. 9 nov. 2021, n° 21-82.606).
Constitue alors un indice objectif et apparent qu'une infraction vient d'être commise ou est en train de se commettre « le seul marquage du chien spécialisé devant la porte de l'appartement » lorsque ce chien a été formé à la recherche de produits stupéfiants (Crim. 11 déc. 2019, n° 19-82.457). Constitue également un indice objectif et apparent le fait, après avoir été contrôlé pour une conduite à une vitesse supérieure à 190 km/h, d'avoir une imposante liasse de billets dans sa boite à gants, notamment au regard du fait que « leur découverte a suscité des réactions physiologiques de peur des deux occupants du véhicule » (Crim. 26 mai 2004, n° 04-82.053).
En revanche, la chambre criminelle a toujours rejeté la dénonciation anonyme comme un indice objectif et apparent de commission d'une infraction (Civ. 1re, 31 mai 2005, n° 04-50.033 ; Crim. 11 juill. 2007, n° 07-83.427).
Elle précise enfin systématiquement que cet état de flagrance s'apprécie au moment de l'intervention des agents de police (Crim. 11 mars 1992, n° 91-84.175).
L'enquête de flagrance est ouverte pour une durée de huit jours consécutifs (C. pr. pén., art. 53, al. 2). Elle peut être renouvelée une fois si les nécessités de l'enquête le justifient pour un crime ou délit puni d'une peine d'emprisonnement supérieure ou égale à cinq ans (C. pr. pén., art. 53, al. 3).

B • Les actes d'enquête réalisés en flagrance

Les OPJ dans le cas de l'ouverture d'une enquête de flagrance sont soumis à une double obligation : prévenir le procureur de la République et se transporter sur les lieux afin de réaliser toutes constatations utiles (C. pr. pén., art. 54, al. 1).
Lorsqu'une personne est présente sur les lieux et qu'il existe des raisons plausibles de penser qu'elle a commis ou tenté de commettre le crime ou délit nécessitant l'ouverture de l'enquête de flagrance ou bien qu'il s'agit simplement d'une personne susceptible de fournir des renseignements, l'OPJ procède aux « prélèvements externes nécessaires à la réalisation d'examens techniques et scientifiques de comparaison avec les traces et indices prélevés pour les nécessités de l'enquête » (C. pr. pén., art. 55-1, al. 1). L'OPJ fait également procéder aux « opérations de relevés signalétiques et notamment de prise d'empreintes digitales, palmaires ou de photographies nécessaires à l'alimentation et à la consultation des fichiers de police » (C. pr. pén., art. 55-1, al. 2).
L'alinéa 3 du même article précise que le refus, par une personne contre laquelle il existe des raisons plausibles de penser qu'elle a commis ou tenté de commettre le crime ou délit nécessitant l'ouverture de l'enquête de flagrance, de se soumettre aux opérations de prélèvement est puni d'un an d'emprisonnement et de 15 000 euros d'amende.
Outre cette obligation, les enquêteurs disposent de pouvoirs propres à l'enquête de flagrance. Ils peuvent appréhender l'auteur des faits, procéder à des fouilles, perquisitions et saisies, dans des conditions différentes de celles du droit commun et requérir des actes sans autorisation du procureur de la République ou du JLD.

Le fait d'appréhender l'auteur des faits se comprend assez logiquement. L'article 73 du Code de procédure pénale prévoit que « toute personne a qualité pour en appréhender l'auteur et le conduire devant l'officier de police judiciaire le plus proche ». Ainsi, quiconque constatant un crime ou délit flagrant peut appréhender son auteur afin de le présenter à un OPJ.

En ce qui concerne les fouilles, perquisitions et saisies, il faudra se reporter aux articles 56 et suivants du Code de procédure pénale.

Dans le cadre d'une enquête de flagrance, les fouilles, de véhicule ou corporelles peuvent être réalisées sans l'assentiment de la personne propriétaire du bien, ou de la personne fouillée (Crim. 9 janv. 2002, n° 01-86.964 : pour la fouille de véhicule sans l'assentiment de la personne ; Crim. 15 oct. 1984, n° 83-93.689 : pour la fouille corporelle sans l'assentiment de la personne).

En ce qui concerne les perquisitions, la modalité est la même. Contrairement à ce qui est prévu en droit commun, la mesure de perquisition peut être réalisée sans l'assentiment de la personne dont le domicile est fouillé (C. pr. pén., art. 56).

Enfin, dans le cadre d'une enquête de flagrance, les OPJ peuvent requérir différents actes sans que ne soit demandée l'autorisation du procureur de la République ou du JLD.

À cet égard, ont déjà été mentionnés les prélèvements extérieurs réalisés directement après que l'OPJ soit arrivé sur le lieu des faits.

L'article 60-1 du Code de procédure pénale ouvre également le droit à l'OPJ, ou au procureur de la République, en cas de flagrance, de requérir toutes données « issues d'un système informatique ou d'un traitement de données nominatives » de la part de « tout établissement ou organisme privé ou public ou de toute administration publique qui sont susceptibles de détenir des informations intéressant l'enquête, y compris, sous réserve de l'article 60-1-2, celles issues d'un système informatique ou d'un traitement de données nominatives ».

La réserve prévue par l'article 60-1-2 porte sur les réquisitions « portant sur les données techniques permettant d'identifier la source de la connexion ou celles relatives aux équipements terminaux utilisés mentionnées au 3° du II bis de l'article L. 34-1 du Code des postes et des communications électroniques ou sur les données de trafic et de localisation mentionnées au III du même article L. 34-1 » et prévoit qu'elles ne sont possibles, seulement si les nécessités de la procédure l'exigent, que dans quatre cas alternatifs : « 1° La procédure porte sur un crime ou sur un délit puni d'au moins trois ans d'emprisonnement ; 2° la procédure porte sur un délit puni d'au moins un an d'emprisonnement commis par l'utilisation d'un réseau de communications électroniques et ces réquisitions ont pour seul objet d'identifier l'auteur de l'infraction ; 3° ces réquisitions concernent les équipements terminaux de la victime et interviennent à la demande de celle-ci en cas de délit puni d'une peine d'emprisonnement ; 4° ces réquisitions tendent à retrouver une personne disparue dans le cadre des procédures prévues aux articles 74-1 ou 80-4 du présent code ou sont effectuées dans le cadre de la procédure prévue à l'article 706-106-4 ».

Par ailleurs, l'article 60-2 du Code de procédure pénale offre à l'OPJ le droit de requérir que lui soient remises les « les informations utiles à la manifestation de la vérité, à l'exception de celles protégées par un secret prévu par la loi et sous réserve de l'article 60-1-2 du présent code, contenues dans le ou les systèmes informatiques ou traitements de données nominatives qu'ils administrent » par les « organismes publics ou les personnes morales de droit privé, à l'exception de ceux visés au d du 2 de l'article 9 du règlement (UE) 2016/679 du 27 avril 2016 précité et au 2° de l'article 80 de la loi n° 78-17 du 6 janvier 1978 ».

II • Les autres types d'enquête

Outre les enquêtes assimilées à de la flagrance (B), il convient d'étudier le cadre d'enquête de droit commun qui sera utilisé dans les cas où la flagrance ne saurait être retenue (A).

A • L'enquête préliminaire

Lorsque les conditions de la flagrance ou des autres types d'enquête ne sont pas remplies, les enquêteurs sont soumis aux règles de l'enquête préliminaire, prévues aux articles 75 et suivants du Code de procédure pénale.

L'enquête préliminaire est moins coercitive que l'enquête de flagrance dans la mesure où elle est moins marquée des sceaux de l'urgence et de l'évidence.

La mesure de perquisition ne peut pas être réalisée de façon contraignante. L'article 76 du Code de procédure pénale prévoit que « les perquisitions, visites domiciliaires et saisies de pièces à conviction ou de biens dont la confiscation est prévue à l'article 131-21 du Code pénal ne peuvent être effectuées sans l'assentiment exprès de la personne chez laquelle l'opération a lieu ». L'alinéa 2 du même article précise que « cet assentiment doit faire l'objet d'une déclaration écrite de la main de l'intéressé ou, si celui-ci ne sait écrire, il en est fait mention au procès-verbal ainsi que de son assentiment ». Seule l'intervention d'un magistrat du siège permet de passer outre ce refus.

Il en est de même pour les prélèvements prévus aux articles 55-1 du Code de procédure pénale mentionnés plus haut. L'OPJ peut toujours y procéder mais, cette fois, après autorisation du procureur de la République.

Pareillement, les articles 77-1-1 et 77-1-2 du Code de procédure pénale permettent de procéder aux actes d'enquête prévus aux articles 60-1 et 60-2 du Code de procédure pénale, détaillés plus haut mais, cette fois, avec l'autorisation du procureur de la République ou du JLD.

L'article 75-3 du Code de procédure pénale prévoit enfin en son premier alinéa que la durée de l'enquête préliminaire ne peut excéder deux ans, une fois réalisé le « premier acte d'audition libre, de garde à vue ou de perquisition d'une personne, y compris si cet acte est intervenu dans le cadre d'une enquête de flagrance ». Le deuxième alinéa du même article prévoit la prolongation de cette enquête « une fois pour une durée maximale d'un an à l'expiration du délai mentionné au premier alinéa, sur autorisation écrite et motivée du procureur de la République, qui est versée au dossier de la procédure ».

B • Les enquêtes assimilées à de la flagrance

Plus rares, trois autres types d'enquête méritent néanmoins d'être mentionnés : l'enquête de mort suspecte (C. pr. pén., art. 74), l'enquête de personne disparue (C. pr. pén., art. 74-1) et l'enquête de personne en fuite (C. pr. pén., art. 74-2).

L'article 74 du Code de procédure pénale prévoit que lorsqu'un cadavre, ou une personne grièvement blessée, dont on ignore la cause des blessures, ou qu'elles sont suspectes, est découvert, l'OPJ doit informer le procureur de la République et se rendre sur les lieux pour procéder à toutes constatations utiles.

Lorsqu'une enquête aux fins de découverte des causes de la mort est ouverte, les OPJ, sous le contrôle du procureur de la République, peuvent procéder à tous les actes prévus aux articles 56 à 62 du Code de procédure pénale. Ces dispositions font référence aux perquisitions sans assentiment (C. pr. pén.,

art. 56), aux réquisitions policières d'examens techniques et scientifiques (C. pr. pén., art. 60), de données (C. pr. pén., art. 60-1 s.) ainsi qu'à l'audition libre (C. pr. pén., art. 62).
L'enquête dure huit jours. À l'expiration de ce délai, elle doit se poursuivre sous le régime de l'enquête préliminaire.
L'article 74-1 du Code de procédure pénale prévoit que lorsqu'un mineur ou un majeur protégé a disparu, les mêmes actes (ceux prévus aux articles 56 à 62 du Code de procédure pénale) peuvent être réalisés. Ce cadre d'enquête peut aussi être ouvert « en cas de disparition d'un majeur présentant un caractère inquiétant ou suspect eu égard aux circonstances, à l'âge de l'intéressé ou à son état de santé » (C. pr. pén., art. 74-1, al. 3).
Enfin, l'article 74-2 du Code de procédure pénale prévoit que lorsqu'une personne est en fuite dans une liste énumérative de cas, les mêmes actes (ceux prévus aux articles 56 à 62 du Code de procédure pénale) peuvent être réalisés.
Il s'agit des cas suivants « 1° Personne faisant l'objet d'un mandat d'arrêt délivré par le juge d'instruction, le juge des libertés et de la détention, la chambre de l'instruction ou son président ou le président de la cour d'assises, alors qu'elle est renvoyée devant une juridiction de jugement ; 2° Personne faisant l'objet d'un mandat d'arrêt délivré par une juridiction de jugement ou par le juge de l'application des peines ; 3° Personne condamnée à une peine privative de liberté sans sursis supérieure ou égale à un an ou à une peine privative de liberté supérieure ou égale à un an résultant de la révocation d'un sursis assorti ou non d'une probation, lorsque cette condamnation est exécutoire ou passée en force de chose jugée ; 4° Personne inscrite au fichier judiciaire national automatisé des auteurs d'infractions terroristes ayant manqué aux obligations prévues à l'article 706-25-7 ; 5° Personne inscrite au fichier judiciaire national automatisé des auteurs d'infractions sexuelles ou violentes ayant manqué aux obligations prévues à l'article 706-53-5 ; 6° Personne ayant fait l'objet d'une décision de retrait ou de révocation d'un aménagement de peine ou d'une libération sous contrainte, ou d'une décision de mise à exécution de l'emprisonnement prévu par la juridiction de jugement en cas de violation des obligations et interdictions résultant d'une peine, dès lors que cette décision a pour conséquence la mise à exécution d'un quantum ou d'un reliquat de peine d'emprisonnement supérieur à un an ».
Le procureur de la République pourra toujours requérir du JLD qu'il autorise « l'interception, l'enregistrement et la transcription de correspondances émises par la voie des télécommunications selon les modalités prévues par les articles 100,100-1 et 100-3 à 100-7, pour une durée maximale de deux mois renouvelable dans les mêmes conditions de forme et de durée, dans la limite de six mois en matière correctionnelle » (C. pr. pén., art. 74-2, al. 8).
La durée de cette enquête, en raison de ses circonstances particulières, n'est pas précisée. Les durées des actes visés par l'article 74-2 sont prévues aux articles correspondants.

Outils de travail

Textes essentiels

C. pr. pén., art. 53 à 74-2.

C. pr. pén., art. 75 à 78.

Jurisprudences essentielles

Crim. 11 mars 1992, nº 91-84.175.
Crim. 9 nov. 2021, nº 21-82.606.
Crim. 7 fév. 2023, nº 22-84.148.

Doctrine

M. Slimani, « Recueil de l'assentiment en matière de perquisition en enquête préliminaire », *D. actu.*, 26 janvier 2024.

« Tableau récapitulatif des techniques numériques d'enquête judiciaire », *AJ pénal* 2023. 493.

S. Sontag-Koenig, « La transformation des actes d'enquête : de la perquisition (informatique) aux autres techniques », *AJ pénal* 2023. 486.

Le régime de la perquisition

Si la perquisition n'a pas été définie par la loi, la chambre criminelle de la Cour de cassation en a donné la définition suivante : « toute perquisition implique la recherche, à l'intérieur d'un lieu normalement clos, notamment au domicile d'un particulier, d'indices permettant d'établir l'existence d'une infraction ou d'en déterminer l'auteur » (Crim. 29 mars 1994, n° 93-84.995). Ainsi la perquisition a-t-elle une finalité probatoire et ne constitue qu'un moyen de réaliser des saisies d'objets destinés à apporter la preuve de l'existence d'une infraction ou de la culpabilité de son auteur. Outre cette finalité, la perquisition peut désormais avoir une finalité exclusivement patrimoniale lorsqu'elle a pour objet la saisie de biens dont la confiscation est prévue par l'article 131-21 du Code pénal.
La visite domiciliaire est assimilée à la perquisition et soumise au même régime. En revanche, ne constitue pas une perquisition la simple constatation visuelle effectuée par un enquêteur (Crim. 14 oct. 2015, n° 15-81.765) ou la remise spontanée de documents (Crim. 22 mai 2022, n° 01-86.184). Les fouilles de personnes, distinctes des fouilles de sécurité, suivent le régime des perquisitions, à l'exception des horaires.
Après avoir traité des circonstances de lieu et de temps de la perquisition (I), l'analyse de son déroulement permettra d'examiner les règles qui régissent un tel acte (II).

I • Les circonstances de lieu et de temps de la perquisition

Le lieu où se déroule l'acte conditionne à la fois sa nature de perquisition et les éventuelles règles spécifiques auxquelles elle sera soumise (A). Les conditions de temps conduisent à distinguer un régime de droit commun et un régime spécifique (B).

A • Le lieu de la perquisition

L'arrêt précité qui définit la perquisition fournit une illustration de lieu dans lequel l'acte de recherche d'indices constituera nécessairement une perquisition : le domicile d'un particulier. À ce titre, le premier alinéa de l'article 56 du Code de procédure pénale enseigne que ce particulier n'est pas nécessairement mis en cause dans la procédure. Sont en effet visés les biens « en la possession des personnes qui paraissent avoir participé au crime » mais également de celles qui paraissent « détenir des pièces, informations ou objets relatifs aux faits incriminés ». Ainsi existe-t-il un lien entre le lieu faisant l'objet de la perquisition et l'infraction sur laquelle porte la procédure. Les dispositions relatives à l'information judiciaire sont, à ce titre, particulièrement explicites. En effet, l'article 94 du Code de procédure pénale dispose que « les perquisitions sont effectuées dans tous les lieux où peuvent se trouver des objets ou des données informatiques dont la découverte serait utile à la manifestation de la vérité, ou des biens dont la confiscation est prévue à l'article 131-21 du Code pénal » tandis que les articles 95

et 96 du même code envisagent respectivement le cas où la perquisition a lieu au domicile de la personne mise en examen ou au domicile d'une autre personne.
Le terme « domicile » employé par les textes a donné lieu à une abondante jurisprudence. Les locaux d'habitation en font naturellement partie, de même que leurs dépendances. Tel est encore le cas d'une chambre d'hôtel (Crim. 30 mai 1980, nº 80-90.075) ou d'un véhicule aménagé pour servir d'habitation. La jurisprudence a également reconnu la qualité de domicile à des locaux professionnels, tel que le bureau personnel d'un individu. Elle a ainsi précisé que « le mot domicile ne signifie pas seulement le lieu où une personne a son principal établissement mais encore le lieu où, qu'elle y habite ou non, elle a le droit de se dire chez elle, quels que soient le titre juridique de son occupation et l'affectation donnée aux locaux » (Crim. 24 juin 1987, nº 87-82.333). De même, une personne morale peut avoir un domicile protégé à ce titre par les règles de la perquisition. À l'inverse, des locaux détruits, incendiés, inhabitables ou vides se sont vu dénier la qualité de domicile, de même qu'une cellule de prison (Crim. 18 oct. 1989, nº 89-80.462).
Certains lieux font l'objet d'une surprotection. Il en va ainsi du cabinet et du domicile de l'avocat pour lesquels la perquisition doit être effectuée par un magistrat en présence du bâtonnier ou de son délégué et à la suite d'une décision écrite et motivée « qui indique la nature de l'infraction ou des infractions sur lesquelles portent les investigations, les raisons justifiant la perquisition, l'objet de celle-ci et sa proportionnalité au regard de la nature et de la gravité des faits » (C. pr. pén., art. 56-1). La nécessité d'une décision écrite préalable existe également en cas de perquisition dans des locaux de presse ou au domicile d'un journaliste qui ne peuvent être perquisitionnés que par un magistrat (C. pr. pén., art. 56-2). Les perquisitions sont également effectuées par un magistrat, et en présence d'un représentant de la profession, lorsqu'elles concernent le cabinet d'un médecin, d'un notaire ou d'un huissier (C. pr. pén., art. 56-3). Des dispositions spécifiques existent également en matière de perquisitions réalisées dans des lieux abritant des éléments couverts par le secret de la défense nationale (C. pr. pén., art. 56-4) ou dans les locaux d'une juridiction ou au domicile d'une personne exerçant des fonctions juridictionnelles (C. pr. pén., art. 56-5). Indépendamment de la protection afférente à ces lieux, l'OPJ ou le juge d'instruction ont l'obligation de « provoquer préalablement toutes mesures utiles pour que soit assuré le respect du secret professionnel et des droits de la défense » (C. pr. pén., art. 56, al. 3 et 96, al. 3).

B • Les horaires de perquisition

Aux termes de l'article 59, alinéa 1er, du Code de procédure pénale, « sauf réclamation faite de l'intérieur de la maison ou exceptions prévues par la loi, les perquisitions et les visites domiciliaires ne peuvent être commencées avant 6 heures et après 21 heures ». Ainsi, si une perquisition peut se poursuivre au-delà de 21 h, elle ne peut commencer après cette heure, de même qu'elle ne peut débuter avant 6 h. Outre la réclamation faite de l'intérieure, plusieurs exceptions sont prévues par le Code de procédure pénale.
Pour les infractions de proxénétisme, de recours à la prostitution ou d'association de malfaiteurs en vue de commettre l'un de ces deux types d'infractions, les perquisitions peuvent être effectuées à toute heure du jour ou de la nuit « à l'intérieur de tout hôtel, maison meublée, pension, débit de boissons, club, cercle, dancing, lieu de spectacle et leurs annexes et en tout autre lieu ouvert au public ou utilisé par le public lorsqu'il est constaté que des personnes se livrant à la prostitution y sont reçues habituellement » (C. pr. pén., art. 706-35, al. 1er). À peine de nullité, elles ne peuvent avoir d'autre objet que la recherche ou la constatation de ces infractions (C. pr. pén., art. 706-35, al. 2).
Une exception comparable existe pour les infractions de trafic de stupéfiants des articles 222-34 à 222-40 du Code pénal et l'association de malfaiteurs en vue de commettre ces infractions. En effet,

l'article 706-28 du Code de procédure pénale prévoit la possibilité de réaliser des perquisitions en dehors des horaires de droit commun « à l'intérieur des locaux où l'on use en société de stupéfiants ou dans lesquels sont fabriqués, transformés ou entreposés illicitement des stupéfiants lorsqu'il ne s'agit pas de locaux d'habitation ». À peine de nullité, les perquisitions ne peuvent avoir d'autre objet que la recherche et la constatation des infractions susmentionnées (C. pr. pén., art. 706-28, al. 2).
En matière de délinquance et de criminalité organisées, le juge d'instruction peut autoriser les OPJ agissant sur commission rogatoire à réaliser des perquisitions en dehors des heures prévues à l'article 59 du Code de procédure pénale, à condition qu'il ne s'agisse pas de locaux d'habitation (C. pr. pén., art. 706-91, al. 1er). L'article 706-91, alinéa 2, du même code autorise, dans quatre hypothèses, une perquisition en dehors des horaires de droit commun dans les locaux d'habitation : crime ou délit flagrant ; risque immédiat de disparition des preuves ou des indices matériels ; existence d'une ou plusieurs raisons plausibles de soupçonner qu'une ou plusieurs personnes se trouvant dans les locaux où la perquisition doit avoir lieu sont en train de commettre des infractions, de la délinquance et de la criminalité organisées ; réalisation nécessaire afin de prévenir un risque d'atteinte à la vie ou à l'intégrité physique pour les crimes et délits constituant des actes de terrorisme.

II • Le déroulement de la perquisition

La validité de la perquisition, qui répond comme de nombreux actes aux conditions de nécessité et de proportionnalité, dépend largement du respect du formalisme d'authentification (A). Les saisies constituent la finalité logique de la perquisition (B).

A • Le formalisme d'authentification

En enquête préliminaire, les perquisitions sont menées par les OPJ et, sous leur contrôle, les APJ (C. pr. pén., art. 75). Les OPJ sont également compétents en enquête de flagrance (C. pr. pén., art. 56) et sur commission rogatoire pendant l'information judiciaire (C. pr. pén., art. 151). Pendant l'instruction, il convient de préciser que « le juge d'instruction peut se transporter sur les lieux pour y effectuer toutes constatations utiles ou procéder à des perquisitions », le procureur de la République ayant la faculté de l'accompagner (C. pr. pén., art. 92, al. 1er).
Ainsi qu'il l'a déjà été mentionné, le procureur de la République lors de l'enquête ou le juge d'instruction doivent réaliser eux-mêmes la perquisition lorsqu'elle intervient dans l'un des lieux surprotégés des articles 56-1 et suivants du Code de procédure pénale. De même, ces perquisitions impliquent parfois la présence d'un représentant de la profession dont relève la personne dont les locaux professionnels ou le domicile font l'objet de l'acte.
En droit commun, la présence de la personne concernée garantit notamment l'authentification des objets saisis. Le placement sous scellés participe également de ce processus d'authentification. L'article 57 du Code de procédure pénale précise qu'en enquête de flagrance, la perquisition est faite « en présence de la personne au domicile de laquelle la perquisition a lieu ». L'alinéa 2 de la même disposition prévoit qu'« en cas d'impossibilité, l'officier de police judiciaire aura l'obligation de l'inviter à désigner un représentant de son choix ; à défaut, l'officier de police judiciaire choisira deux témoins requis à cet effet par lui, en dehors des personnes relevant de son autorité administrative ». En enquête préliminaire, l'article 76 du Code de procédure pénale implique la présence du maître des lieux dès lors

que la perquisition ne peut être effectuée « sans l'assentiment exprès de la personne chez laquelle l'opération a lieu ». À ce titre, l'alinéa 2 de cette disposition prévoit « cet assentiment doit faire l'objet d'une déclaration écrite de la main de l'intéressé ou, si celui-ci ne sait écrire, il en est fait mention au procès-verbal ainsi que de son assentiment ». Il peut être passé outre l'absence d'assentiment si les nécessités de l'enquête pour un crime ou un délit puni d'au moins trois ans d'emprisonnement, ou si la recherche de biens confiscables au regard de l'article 131-21 du Code pénal, l'exigent (C. pr. pén., art. 76, al. 3). La décision écrite et motivée est rendue par le JLD sur requête du procureur de la République. Au cours de l'information judiciaire, les règles de l'article 57 du Code de procédure pénale sont applicables à la perquisition réalisée au domicile de la personne mise en examen (C. pr. pén., art. 95). L'article 96 du même code prévoit que « si la perquisition a lieu dans un domicile autre que celui de la personne mise en examen, la personne chez laquelle elle doit s'effectuer est invitée à y assister ». Il ajoute que « si cette personne est absente ou refuse d'y assister, la perquisition a lieu en présence de deux de ses parents ou alliés présents sur les lieux, ou à défaut, en présence de deux témoins ». L'alinéa 2 de l'article 96 précise enfin que les dispositions de l'alinéa 2 de l'article 57 sont applicables à la perquisition réalisée par le juge d'instruction.

Un procès-verbal est rédigé, par l'OPJ, sur-le-champ ou dès que possible et signé par lui sur chaque feuillet (C. pr. pén., art. 66). Ce procès-verbal est également signé par la personne concernée, son représentant ou les deux témoins (C. pr. pén., art. 57, al. 3).

B • Les saisies réalisées à l'occasion de la perquisition

L'article 56, alinéa 4, du Code de procédure pénale prévoit « tous objets et documents saisis sont immédiatement inventoriés et placés sous scellés ». La même disposition autorise la constitution de scellés fermés provisoires lorsque leur inventaire sur place présente des difficultés.

La nature du bien ou le fait que la saisie ait lieu à l'occasion de perquisition dans des lieux surprotégés peut conduire à l'application de règles spécifiques.

Ainsi, la saisie de données informatiques peut-elle revêtir deux formes : la saisie du support physique de ces données ; la réalisation d'une copie en présence des personnes assistant à la perquisition (C. pr. pén., art. 56, al. 5). Lorsque la seconde forme est mise en œuvre, il peut être procédé, sur instruction du procureur de la République, à l'effacement définitif des données dont la détention ou l'usage est illégal ou dangereux pour la sécurité des personnes ou des biens (C. pr. pén., art. 56, al. 6).

Sous certaines conditions, les espèces, lingots, effets ou valeurs saisis peuvent être confiés « à la Caisse des dépôts et consignations ou à la Banque de France ou sur un compte ouvert auprès d'un établissement bancaire par l'Agence de gestion et de recouvrement des avoirs saisis et confisqués » (C. pr. pén., art. 56, al. 8).

La saisie de billets de banque ou pièces de monnaie libellés en euros contrefaisants donne lieu à la transmission d'au moins un exemplaire de chaque type de billets ou de pièces au centre d'analyse national habilité à leur analyse et leur identification (C. pr. pén., art. 56, al. 8).

L'article 99-1 du Code de procédure pénale règle l'hypothèse de la saisie d'animaux vivants.

L'article 706-30-1 du Code de procédure pénale prévoit les règles de conservation d'un échantillon et de pesée des stupéfiants.

Des règles particulières liées au respect du secret, prévues aux articles 56-1 et suivants du Code de procédure pénale, conduisent à la mise en place de procédures spécifiques d'opposition à la saisie.

Outils de travail

Textes essentiels

C. pén., art. 131-21.
C. pr. pén., art. 56.
C. pr. pén., art. 56-1 et s.
C. pr. pén., art. 75.
C. pr. pén., art. 76.
C. pr. pén., art. 151.

Jurisprudences essentielles

Crim. 29 mars 1994, n° 93-84.995.
Crim. 14 oct. 2015, n° 15-81.765.
Crim. 22 mai 2022, n° 01-86.184.
Crim. 30 mai 1980, n° 80-90.075.

Doctrine

M. Slimani, « Recueil de l'assentiment en matière de perquisition en enquête préliminaire », *D. actu.* 26 janv. 2024.

B. Durieu, « *Captation journalistique d'actes d'enquête : une atteinte aux intérêts de la personne concernée* », *D. actu.* 15 janv. 2024.

Les actes d'investigation de la procédure pénale dérogatoire

Les actes d'investigation de droit commun réalisés en procédure pénale suivent les régimes prévus aux articles 53 à 78 du Code de procédure pénale en fonction du cadre de l'enquête. L'évolution des formes de criminalité et des méthodes de recherche de la preuve par la police scientifique ont abouti à ce que des actes d'investigation dérogatoires puissent être réalisés dans certaines hypothèses. Les dérogations sont devenues tellement nombreuses que certains auteurs ont même commencé à parler de procédures pénales « *bis, ter, quatro,* etc. » (Ch. Lazerges, H. Henrion-Stoffel, « Le déclin du droit pénal : l'émergence d'une politique criminelle de l'ennemi », *RSC* 2016/3, n° 3, p. 649 à 662). Il convient d'étudier quels actes d'investigation divergent de la procédure pénale classique ou alors comment, pour les mêmes actes, les conditions de mise en œuvre de ces actes vont diverger du droit commun.
Le caractère dérogatoire des actes d'investigations peut résulter de la qualité de l'auteur (I) ou de la nature de l'infraction (II).

I • Les actes d'investigation dérogatoires eu égard à la qualité de l'auteur

Avant d'étudier les mesures de perquisition propres à certains groupes de personnes protégées (B), seront examinés les actes d'investigations propres aux personnes politiques et aux mineurs (A).

A • Les actes d'investigation propres aux personnes politiques et aux mineurs

Le premier personnage politique à mentionner est évidemment le président de la République. En effet, en raison de son statut, il bénéficie d'une immunité totale en droit pénal. Cette immunité est prévue par l'article 67 de la Constitution. Il expose que « le Président de la République n'est pas responsable des actes accomplis en cette qualité, sous réserve des dispositions des articles 53-2 et 68 ». En outre, « il ne peut, durant son mandat et devant aucune juridiction ou autorité administrative française, être requis de témoigner non plus que faire l'objet d'une action, d'un acte d'information, d'instruction ou de poursuite ». La même disposition ajoute que « tout délai de prescription ou de forclusion est suspendu ». Enfin, « les instances et procédures auxquelles il est ainsi fait obstacle peuvent être reprises ou engagées contre lui à l'expiration d'un délai d'un mois suivant la cessation des fonctions ». Les exceptions prévues sont les cas de poursuite devant la Cour pénale internationale ou de destitution en cas de manquement à ses devoirs manifestement incompatible avec l'exercice de son mandat prononcé par le Parlement constitué en Haute Cour.

Les membres du gouvernement bénéficient également d'une immunité, moins globale que celle du Président. Elle est prévue à l'article 68-1 de la Constitution prévoyant en ses deux premiers alinéas que « les membres du Gouvernement sont pénalement responsables des actes accomplis dans l'exercice de leurs fonctions et qualifiés crimes ou délits au moment où ils ont été commis » et « qu'ils sont jugés par la Cour de justice de la République ». Ainsi, le premier alinéa de cet article les rend responsables pénalement de leurs actes tandis que le deuxième alinéa détermine la juridiction compétente.

Enfin, il convient de mentionner l'immunité dont bénéficient les parlementaires au titre de l'article 26 de la Constitution. Cette protection n'a en réalité d'immunité que le nom car elle ne permet pas aux parlementaires d'éviter les poursuites ou les actes d'investigation. En effet, l'article 26, alinéas 2 et 4, de la Constitution prévoit qu'un membre du Parlement « ne peut faire l'objet, en matière criminelle ou correctionnelle, d'une arrestation ou de toute autre mesure privative ou restrictive de liberté qu'avec l'autorisation du Bureau de l'assemblée dont il fait partie ». Le même article prévoit que « cette autorisation n'est pas requise en cas de crime ou délit flagrant ou de condamnation définitive » et que « la détention, les mesures privatives ou restrictives de liberté ou la poursuite d'un membre du Parlement sont suspendues pour la durée de la session si l'assemblée dont il fait partie le requiert ».

Ainsi, hors les cas de crime ou délit flagrant, un parlementaire ne pourra être arrêté ou faire l'objet d'une mesure privative ou restrictive de liberté que si le Bureau de son assemblée l'a autorisé.

En ce qui concerne les mineurs, s'ils peuvent être responsables pénalement, l'enquête se déroule dans des conditions différentes de celles des majeurs.

La retenue est prévue aux articles L. 413-1 et suivants du Code de la justice pénale des mineurs. Il s'agit d'un acte d'investigation contraignant très semblable à la garde à vue mais qui n'est possible que pour les mineurs dont l'âge est compris entre dix et treize ans (la garde à vue n'étant possible qu'à partir de treize ans).

Cette mesure n'est possible que s'il existe « plusieurs raisons plausibles de soupçonner qu'il [le mineur] a commis ou tenté de commettre un crime ou un délit puni d'au moins cinq ans d'emprisonnement » (CJPM, art. L. 413-1, al. 1). Elle est réalisée selon les mêmes conditions que la garde à vue en ce qui concerne l'objectif poursuivi et doit être réalisée « avec l'accord préalable et sous le contrôle du procureur de la République ou du juge d'instruction, pour une durée que ce magistrat détermine et qui ne peut excéder douze heures » (CJPM, art. L. 413-1, al. 1). L'intérêt supérieur du mineur étant prédominant, la retenue doit être strictement nécessaire à l'audition du mineur, sa présentation, le cas échéant, à un magistrat, et à sa remise à ses responsables légaux ou au service auquel il est confié (CJPM, art. L. 413-1, al. 2).

L'article L. 413-2 du même code précise ces dispositions en prévoyant que la retenue pourra, à titre exceptionnel, être prolongée « par décision motivée du procureur de la République ou du juge d'instruction pour une durée qui ne peut excéder douze heures, après présentation devant lui du mineur, sauf si les circonstances rendent cette présentation impossible ».

Dans le cadre de la retenue, le mineur dispose des mêmes droits que s'il était placé en garde à vue.

La garde à vue constitue également un acte dérogatoire concernant les mineurs. L'article L. 413-6 du Code de la justice pénale des mineurs prévoit en premier lieu que les conditions de placement sont les mêmes qu'en matière de garde à vue des personnes majeures. Son statut de mineur implique cependant que les responsables légaux ou le service auquel le mineur est confié doivent être prévenus (CJPM, art. L. 413-6, al. 1). Il est possible, d'après l'alinéa 2 de cet article, de déroger à cette disposition « pour permettre le recueil ou la conservation des preuves ou pour prévenir une atteinte grave à la vie, à la liberté ou à l'intégrité physique d'une personne ». Étant précisé que cette dérogation doit être prise par le procureur de la République ou le JLD et qu'il doit déterminer la durée de cette dérogation qui ne peut excéder vingt-quatre heures, ou douze heures si la garde à vue ne peut être prolongée.

Le mineur doit être assisté d'un avocat dans le cadre de cette mesure (CJPM, art. L. 413-9). Informé de ce droit, s'il refuse, ses responsables légaux ou le service auquel il est confié sont informés à leur tour de ce droit. S'ils refusent également, le procureur de la République doit prévenir le bâtonnier afin qu'il en désigne un d'office.
L'article L. 413-10 du Code de justice pénale des mineurs prévoit les cas de prolongation de garde à vue du mineur en indiquant en son premier alinéa que « la garde à vue d'un mineur de moins de seize ans ne peut être prolongée que si l'infraction qu'il est soupçonné d'avoir commise ou tenté de commettre est un crime ou un délit puni d'une peine égale ou supérieure à cinq ans d'emprisonnement ». La garde à vue ne peut être prolongée qu'après présentation du mineur au JLD ou au procureur de la République.
Enfin, les interrogatoires des mineurs placés en garde à vue ou en retenue doivent faire l'objet d'un enregistrement audiovisuel (CJPM, art. L. 413-12, al. 1). La chambre criminelle de la Cour de cassation considère d'ailleurs que « le défaut d'enregistrement audiovisuel des interrogatoires d'un mineur placé en garde à vue, non justifié par un obstacle insurmontable, porte nécessairement atteinte aux intérêts » du mineur (Crim. 3 avril 2007, n° 06-87.264) et entraîne donc la nullité de l'interrogatoire.

B • Les mesures de perquisition propres à certains groupes de personnes protégées

Les articles 56-1 et suivants du Code de procédure pénale prévoient des mesures dérogatoires en matière de perquisition pour certaines personnes. Il s'agit des perquisitions effectuées dans les cabinets d'avocats ; les locaux d'une entreprise de presse, d'une entreprise de communication audiovisuelle, d'une entreprise de communication au public en ligne, d'une agence de presse, dans les véhicules professionnels de ces entreprises ou agences ou au domicile d'un journaliste lorsque les investigations sont liées à son activité professionnelle ; dans le cabinet d'un médecin, d'un notaire ou d'un huissier ; dans un lieu précisément identifié, abritant des éléments couverts par le secret de la défense nationale ; dans des locaux d'une juridiction ou au domicile d'une personne exerçant des fonctions juridictionnelles.
Pour chacun de ces groupes de personnes, les perquisitions ne peuvent être faites que par un magistrat (C. pr. pén., art. 56-1 s.).
Le régime de perquisitions réalisées dans les cabinets d'avocats est celui qui, en raison de la nature de leur fonction, comporte le plus de dispositions.
Ce régime est prévu à l'article 56-1 du Code de procédure pénale. L'alinéa premier de cet article précise les conditions de réalisation de cette mesure en indiquant que ces mesures ne peuvent être faites qu'« en présence du bâtonnier ou de son délégué, à la suite d'une décision écrite et motivée prise par le juge des libertés et de la détention saisi par ce magistrat, qui indique la nature de l'infraction ou des infractions sur lesquelles portent les investigations, les raisons justifiant la perquisition, l'objet de celle-ci et sa proportionnalité au regard de la nature et de la gravité des faits ». Ils sont présents pour prendre connaissance des documents présents sur les lieux avant qu'ils ne soient potentiellement saisis. Ils pourront s'opposer à la saisie de certains documents s'ils estiment qu'elle est irrégulière (C. pr. pén., art. 56-1, al. 2). Le juge des libertés et de la détention aura alors cinq jours pour statuer à cet égard (C. pr. pén., art. 56-1, al. 3).
En ce qui concerne les perquisitions dans les locaux de presse, elles ne peuvent être réalisées qu'après une décision écrite et motivée du magistrat indiquant la nature de l'infraction sur laquelle portent les investigations ainsi que les raisons justifiant la perquisition et son objet (C. pr. pén., art. 56-2, al. 2). Aucune saisie ne peut concerner des documents ou des objets relatifs à d'autres infractions que celles

mentionnées dans la décision de perquisition (C. pr. pén., art. 56-2, al. 3). Les dispositions de cet article sont édictées à peine de nullité (C. pr. pén., art. 56-2, al. 4).

Pour les médecins, notaires ou huissiers, il faudra la présence « de la personne responsable de l'ordre ou de l'organisation professionnelle à laquelle appartient l'intéressé ou de son représentant » (C. pr. pén., art. 56-3).

En ce qui concerne les lieux abritant des éléments couverts par le secret de la défense nationale, il faudra la présence du « président de la Commission du secret de la défense nationale ». Il pourra être « représenté par un membre de la commission ou par des délégués, dûment habilités au secret de la défense nationale ». Enfin, « le président ou son représentant peut être assisté de toute personne habilitée à cet effet » (C. pr. pén., art. 56-4).

Enfin, en ce qui concerne les locaux d'une juridiction ou au domicile d'une personne exerçant des fonctions juridictionnelles, l'article 56-5 du Code de procédure pénale exige la présence du « premier président de la cour d'appel ou du premier président de la Cour de cassation ou de son délégué ». Il faudra aussi, d'après le premier alinéa du même article, que le magistrat réalisant la mesure ait pris une décision écrite et motivée. La décision « indique la nature de l'infraction sur laquelle portent les investigations, les raisons justifiant la perquisition et l'objet de celle-ci ». Le texte précise d'ailleurs qu'« aucune saisie ne peut concerner des documents ou des objets relatifs à d'autres infractions que celles mentionnées dans la décision précitée » (C. pr. pén., art. 56-5, al. 1er).

De la même manière que pour les cabinets d'avocats, les personnes assistant à la mesure disposent également d'un droit de consultation des documents présents sur les lieux avant saisie (C. pr. pén., art. 56-5, al. 1er). Il est possible pour elles de s'opposer à la saisie de certains objets (C. pr. pén., art. 56-5, al. 3). Le JLD devra alors rendre une ordonnance à cet égard dans les cinq jours qui suivront (C. pr. pén., art. 56-5, al. 5).

II • Les actes d'investigation dérogatoires eu égard à la nature de l'infraction

Il convient d'étudier dans un premier lieu les actes d'investigation propres à la criminalité organisée (A) puis dans un second lieu les actes d'investigation propres au terrorisme et aux violences sexuelles (B).

A • Les actes d'investigation propres à la criminalité organisée

La criminalité organisée fait l'objet du Titre XXV du Livre IV du Code de procédure pénale.

Pour les infractions visées aux articles 706-73, 706-73-1 et 706-74 du Code de procédure pénale, les actes d'investigations prévus aux articles 706-80 et suivants du même code pourront être réalisés.

Ainsi, pour cette criminalité, le Code de procédure pénale prévoit d'une part, des modalités différentes des actes d'investigation classiques et d'autre part, des actes d'investigation exclusifs.

En ce qui concerne les actes d'investigation de la procédure pénale de droit commun, les articles 706-88 et suivants du Code de procédure pénale prévoient des modalités différentes pour la garde à vue et les perquisitions.

En ce qui concerne la garde à vue, celle-ci peut être prolongée de quarante-huit heures supplémentaires, par le biais de deux prolongations de vingt-quatre heures chacune, « par décision écrite et motivée, soit, à la requête du procureur de la République, par le juge des libertés et de la détention, soit par le juge d'instruction » (C. pr. pén., art. 706-88, al. 2).
Par ailleurs, la présence de l'avocat peut être reportée uniquement pour ce type de criminalité. En effet, l'article 706-88 prévoit en son sixième alinéa que sa présence peut être reportée « soit pour permettre le recueil ou la conservation des preuves, soit pour prévenir une atteinte grave à la vie, à la liberté ou à l'intégrité physique d'une personne, pendant une durée maximale de quarante-huit heures ou, s'il s'agit d'une infraction mentionnée aux 3° ou 11° du même article 706-73, pendant une durée maximale de soixante-douze heures ». Après que le procureur de la République ait décidé d'un report pour vingt-quatre heures, seul le JLD peut, sur réquisitions du parquet, confirmer un report de sa présence pour vingt-quatre heures supplémentaires (C. pr. pén., art. 706-88, al. 7). Ce report n'est pas contraire aux dispositions de l'article 6 de la Conv. EDH sur le droit à un procès équitable (Crim. 18 févr. 2015, n° 14-82.019), ou aux dispositions constitutionnelles (Cons. const. 21 nov. 2014, n° 2014-428 QPC).
En ce qui concerne les perquisitions, l'article 706-89 du Code de procédure pénale autorise que ces mesures soient réalisées en dehors des horaires légaux, même dans les locaux d'habitation s'il s'agit d'une enquête de flagrance. Dans le cadre d'une enquête préliminaire, les perquisitions peuvent toujours être faites hors des horaires légaux, sauf dans les locaux d'habitation (C. pr. pén., art. 706-90). Il faut, sous peine de nullité, que le JLD, sur réquisition du procureur de la République, rende une ordonnance motivée précisant l'infraction reprochée ainsi que l'adresse des lieux dans lesquels les visites, perquisitions et saisies peuvent être faites (C. pr. pén., art. 706-92).
L'article 706-91 autorise également les perquisitions hors des horaires légaux dans le cas d'une information et les autorise dans des locaux d'habitation lorsqu'il s'agit d'une enquête de flagrance, qu'il y a un risque immédiat de disparition des preuves ou des indices matériels, qu'il existe une ou plusieurs raisons plausibles de penser que des infractions de criminalité organisées sont en train d'être commises ou que la réalisation de la perquisition, « est nécessaire afin de prévenir un risque d'atteinte à la vie ou à l'intégrité physique » (« dans le cadre d'une information relative à une ou plusieurs infractions mentionnées au 11° de l'article 706-73 »).
En criminalité organisée, la mesure de surveillance peut être étendue à l'ensemble du territoire national (C. pr. pén., art. 706-80). Il est également possible avec l'autorisation du procureur de la République chargé de l'enquête ou du juge d'instruction saisi, qui en avise préalablement le parquet, de demander à tout fonctionnaire ou agent public de ne pas procéder au contrôle et à l'interpellation des personnes surveillées afin de ne pas compromettre la poursuite des investigations (C. pr. pén., art. 706-80-1). Dans les mêmes conditions, les OPJ peuvent même livrer ou délivrer à la place des prestataires de services postaux et des opérateurs de fret ces objets, biens ou produits, sans être pénalement responsables (C. pr. pén., art. 706-80-2).
Certains actes d'investigations sont réservés au régime de la criminalité organisée.
Dans les mêmes conditions que pour la surveillance (après l'autorisation du procureur de la République chargé de l'enquête ou du juge d'instruction saisi, qui en avise préalablement le parquet), les OPJ et APJ peuvent procéder à des missions d'infiltration (C. pr. pén., art. 706-81). L'alinéa 2 de cet article définit cet acte comme le fait « pour un officier ou un agent de police judiciaire spécialement habilité dans des conditions fixées par décret et agissant sous la responsabilité d'un officier de police judiciaire chargé de coordonner l'opération, à surveiller des personnes suspectées de commettre un crime ou un délit en se faisant passer, auprès de ces personnes, comme un de leurs coauteurs, complices ou receleurs ». En outre, « l'officier ou l'agent de police judiciaire est à cette fin autorisé à faire usage d'une identité d'emprunt et à commettre si nécessaire les actes mentionnés à l'article 706-82. À peine de nullité, ces actes ne peuvent constituer une incitation à commettre des infractions ». Il s'agit de la nouvelle version de l'enquête sous pseudonyme.

Dans le cadre d'une enquête de flagrance, ou en enquête préliminaire pour les infractions prévues aux articles 706-73 et 706-73-1 du Code de procédure pénale, il est possible pour le JLD, à la requête du parquet, d'« autoriser l'interception, l'enregistrement et la transcription de correspondances émises par la voie des communications électroniques (…) pour une durée maximum d'un mois, renouvelable une fois dans les mêmes conditions de forme et de durée. Ces opérations sont faites sous le contrôle du juge des libertés et de la détention » (C. pr. pén., art. 706-95).

Il est également possible d'avoir accès, à l'insu de la personne et dans les mêmes conditions, à ses correspondances stockées sur des voies de communication électronique (C. pr. pén., art. 706-95-1).

Il convient enfin de mentionner les actes d'investigation appelés « techniques spéciales d'enquête », propres à la criminalité organisée.

L'article 706-95-12 du Code de procédure pénale prévoit que « les techniques spéciales d'enquête sont autorisées : 1° Au cours de l'enquête, par le juge des libertés et de la détention à la requête du procureur de la République ; 2° Au cours de l'information, par le juge d'instruction, après avis du procureur de la République ». En enquête, l'autorisation est donnée pour une durée maximale d'un mois renouvelable une fois. Au cours de l'instruction, l'autorisation est donnée pour une durée maximale de quatre mois, renouvelable sans que cela ne puisse excéder une durée de deux ans (C. pr. pén., art. 706-95-16).

Est exigée une « ordonnance écrite et motivée par référence aux éléments de fait et de droit justifiant que ces opérations sont nécessaires » du JLD ou du juge d'instruction (C. pr. pén., art. 706-95-13).

Parmi ces techniques spéciales d'enquête, se trouvent le recueil des données techniques et de communication (C. pr. pén., art. 706-95-20), la sonorisation et la fixation d'image (C. pr. pén., art. 706-96 s.) et la captation des données informatiques (C. pr. pén., art. 706-102-1 s.).

Le recueil des données techniques et de communication fait référence à l'outil IMSI-catcher. Il permet de récupérer « toutes les données techniques de connexion permettant l'identification d'un équipement terminal ou du numéro d'abonnement de son utilisateur, ainsi que les données relatives à la localisation d'un équipement terminal utilisé » (C. pr. pén., art. 706-95-20).

La sonorisation constitue un dispositif permettant, « sans le consentement des intéressés, la captation, la fixation, la transmission et l'enregistrement de paroles prononcées par une ou plusieurs personnes à titre privé ou confidentiel, dans des lieux ou véhicules privés ou publics, ou de l'image d'une ou de plusieurs personnes se trouvant dans un lieu privé » (C. pr. pén., art. 706-96).

Enfin, la captation des données informatiques constitue un moyen pour les enquêteurs d'accéder, « en tous lieux, à des données informatiques, de les enregistrer, de les conserver et de les transmettre, telles qu'elles sont stockées dans un système informatique, telles qu'elles s'affichent sur un écran pour l'utilisateur d'un système de traitement automatisé de données, telles qu'il les y introduit par saisie de caractères ou telles qu'elles sont reçues et émises par des périphériques » (C. pr. pén., art. 706-102-1).

B • Les actes d'investigation propres au terrorisme et aux violences sexuelles

Il existe des actes d'investigation dérogatoires propres aux violences sexuelles.

En premier lieu, l'article 706-47-2 du Code de procédure pénale offre à l'OPJ la faculté de faire procéder « à un examen médical et à une prise de sang afin de déterminer si cette personne n'est pas atteinte d'une maladie sexuellement transmissible » s'il existe des indices graves ou concordants qu'elle a « commis un viol, une agression sexuelle ou une atteinte sexuelle prévus par les articles 222-23 à 222-26 et 227-25 à 227-27 du Code pénal ».

En second lieu, l'article 706-56, II, du Code de procédure pénale sanctionne le fait de refuser de se soumettre à ce test d'une peine d'un an d'emprisonnement et de 15 000 euros d'amende.

En matière de terrorisme, sous certaines conditions, les délais de la garde à vue sont étendus. En effet, l'article 706-88-1 du Code de procédure pénale permet au JLD de procéder, exceptionnellement, au renouvellement de la mesure pour une durée de vingt-quatre heures, deux fois. La mesure de garde à vue peut ainsi être portée, en matière de terrorisme, à cent quarante-quatre heures.

Outils de travail

Textes essentiels

Articles 26, 67 et 68-1 de la Constitution.
CJPM, L.413-1 s.
CJPM, L.413-6 s.
C. pr. pén., art. 56-1 s.
C. pr. pén., art. 706-47-2
C. pr. pén., art. 706-56
C. pr. pén., art. 706-73 s.
C. pr. pén., art. 706-80 s.
C. pr. pén., art. 706-88 s.
C. pr. pén., art. 706-91 s.
C. pr. pén., art. 706-95 s.

Jurisprudences essentielles

Cons. const. 21 nov. 2014, nº 2014-428 QPC.
Crim. 21 janv. 2020, nº 18-84.899.

Doctrine

R. Mesa, « La perquisition réalisée en l'absence de la personne suspectée de trafic de stupéfiants », note ss. Crim. 7 juin 2023, nº 22-84.442, *AJ pénal* 2023. 407.
A. Guillard, « Sonorisation et fixation d'images au croisement de la procédure pénale et du renseignement », *AJ pénal* 2023. 484.
L. Pignatel, « Pas de nullité de principe des opérations de captation d'images réalisées par drone », *D. actu.* 29 nov. 2022.

Les droits de la personne suspectée au stade de l'enquête

Truisme que de dire que la suspicion est la résultante d'une accusation, comme de constater le déséquilibre inhérent entre celui qui accuse, la société, et celui qui se défend, une personne (souvent simple particulier). Afin de ramener ce rapport à plus d'égalité, si ce n'est de justice, la personne « accusée », au sens de l'article 6 de la Conv. EDH, s'est vu doter d'un statut protecteur tiré de la présomption d'innocence duquel découle un certain nombre de droits au premier rang desquels les droits de la défense. D'un même statut devraient donc découler les mêmes droits. Pourtant, bien que la présomption d'innocence irrigue toutes les phases de la procédure pénale, elle ne va pas recevoir la même consécration selon le statut conféré à la personne suspectée. En tant que principe directeur, la présomption d'innocence ne trouve de traduction effective que dans un statut défini par la loi.
Loin d'être un statut juridique, le « suspect » est davantage un état de fait. Loin d'en unifier le régime sur la base d'une définition commune, le législateur en fait une application distributive selon les droits qu'il entend concéder au suspect, notamment au stade de l'enquête où il s'agit aussi de préserver la manifestation de la vérité. C'est précisément à ce stade que la protection des droits de la personne suspectée se pose avec acuité. Au-delà de l'acception stricte que d'aucuns peuvent avoir de « l'enquête » pour la réduire aux « enquêtes de police », il importe de l'entendre plus largement comme incluant « l'information judiciaire ». Si cette dernière est à la marge des affaires pénales, elle n'en concentre pas moins les plus graves et les plus complexes (v. son champ d'application : C. pr. pén., art. 79). Ainsi, tout l'intérêt du sujet est d'envisager la dissymétrie des droits de la personne selon qu'elle est suspectée au stade de l'instruction ou de l'enquête de police, puisque tantôt elle sera effectivement protégée (II), tantôt elle ne le sera qu'insuffisamment (I).

I • L'insuffisance des droits de la personne suspectée dans le cadre de l'enquête de police

Les droits de la personne suspectée n'ont connu qu'une évolution tardive (B) au stade de l'enquête de police sans pour autant suffire à pallier ses carences traditionnelles (A).

A • La carence traditionnelle des droits de la personne suspectée

Il apparaît que les droits de la défense ne trouvent guère à s'exprimer, tant les enquêtes de police répondent davantage au modèle inquisitoire, où l'absence traditionnelle de contradictoire ne trouve pas d'utile compensation dans la conduite d'une enquête par la police judiciaire ou dans sa direction – plus ou moins prégnante – par une autorité au statut contesté (CEDH, gr. ch., 29 mars 2010, *Medvedyev et a. c/ France*, n° 3394/03 et CEDH 23 nov. 2010, *Moulin c/ France*, n° 37104/06).

Il a fallu attendre la loi n° 93-2 du 4 janvier 1993 pour voir une première immixtion du contradictoire avec la possibilité donnée, pour la première fois, à un avocat d'intervenir dès le début de la garde à vue dans le cadre d'un entretien d'une demi-heure avec son client. Première consécration hésitante, puisque quelques mois plus tard la loi n° 93-1013 du 24 août 1993 revient sur la possibilité d'un entretien immédiat pour le fixer au terme de 20 heures de garde à vue. Valse hésitante que l'on retrouve encore avec la notification du droit de garder le silence, introduite par la loi n° 2000-516 du 15 juin 2000, supprimée par la loi n° 2003-239 du 18 mars 2003, avant d'être réaffirmée par la loi n° 2011-392 du 14 avril 2011 à la suite d'une condamnation de la France par les juges de Strasbourg (CEDH 14 oct. 2010, *Brusco c/ France*, n° 1466/07).

Aussitôt entend-on dépasser la carence traditionnelle des droits de la personne suspectée que d'autres pratiques y ramènent. Il en va ainsi de l'audition libre, ignorée du législateur jusqu'à une évolution récente (v. *infra*), qui permettait de contourner les dispositions protectrices de la garde à vue en opposition de laquelle elle s'est construite. Pratique contestable s'il en est, puisque les enquêteurs pouvaient ainsi entendre une personne suspectée, en dehors du cadre de la garde à vue, comme un simple témoin sans qu'elle ne bénéficie d'aucun droit. Lorsqu'elle était à l'initiative des policiers, cette pratique était d'autant plus contestable qu'elle échappait alors au contrôle du Parquet qui n'avait plus à être immédiatement informé à l'instar de la garde à vue, mesure privative de liberté. Lorsqu'elle était à l'initiative du Parquet, cette pratique avait ceci d'extraordinaire qu'elle laissait à la discrétion de l'accusation l'application des droits de la défense. Il en résultait une évidente précarisation du statut de la personne suspectée.

Passés les avant-projets de texte (art. 327-6 et 327-7 du futur Code de procédure pénale) et les projets de loi n° 2855 du 13 octobre 2010, l'audition libre prospérait *de facto*, jusqu'à ce que le Conseil constitutionnel en soit saisi et se prononce, au terme de deux décisions en date du 18 novembre 2011 (Cons. const. 18 nov. 2011, n° 2011-191/194/195/196/197 QPC) et du 18 juin 2012 (Cons. const. 18 juin 2012, n° 2012-257 QPC), tant sur l'article 62 que 78 du Code de procédure pénale respectivement applicables dans le cadre de l'enquête de flagrance et de l'enquête préliminaire.

Sous la double réserve imposant aux policiers de notifier à la personne suspectée d'une part, la nature et la date de l'infraction qu'elle est soupçonnée avoir commise et d'autre part, son droit de quitter les locaux de police ou de gendarmerie à tout moment, les décisions du Conseil constitutionnel pouvaient être perçues comme une avancée pour les droits de la personne suspectée. Il s'avère toutefois que celles-ci sont juridiquement perverses puisqu'elles constituent, en réalité, un frein à l'harmonisation du statut du suspect en conformité avec le droit européen.

Et pour cause, cette consécration de l'audition libre aboutit à faire dépendre les droits de la défense d'une privation de liberté. La chambre criminelle de la Cour de cassation considérait, en effet, que le droit à l'assistance d'un avocat ne s'imposait que si l'intéressé était soumis à une contrainte (Crim. 3 avr. 2013, *Bull. crim.* n° 74), ce qui avait pour conséquence de cantonner le bénéfice de ce droit aux seules auditions réalisées au cours d'une garde à vue. Même cause, même effet s'agissant du droit de se taire ou de ne pas s'auto-incriminer qui n'avait d'ailleurs pas à être notifié dans le cadre d'une audition libre (Crim. 13 avr. 2013, *Bull. crim.* n° 72).

Ainsi, il n'est pas sans paradoxe d'en venir à privilégier une mesure coercitive à l'aune d'une mesure non coercitive dès lors que cette dernière s'avère moins protectrice des droits de la personne suspectée. La CEDH considère pourtant que c'est le critère du soupçon et non celui de la contrainte qui doit justifier que le suspect auditionné bénéficie des droits de la défense et en particulier du droit à l'assistance d'un avocat dès l'enquête de police, peu important qu'il fasse l'objet d'une privation de liberté (CEDH 27 nov. 2011, *Stojkovic c/ France et Belgique*, n° 25303/08).

La carence des droits de la personne suspectée demeurait ainsi patente d'autant qu'il a fallu du temps, outre le renfort du droit européen et de l'Union européenne, pour déterminer les esprits encore rétifs à l'évolution contemporaine des droits du suspect.

B • Le renforcement contemporain des droits de la personne suspectée

Le renforcement des droits de la personne suspectée s'est fait sous l'influence de la CEDH qui a donné à l'article 6 de la Conv. EDH toute sa dimension en veillant à ce que le droit à un procès équitable soit applicable non seulement à la phase du jugement mais aussi dès la phase d'enquête partant du constat que cette première a nécessairement une incidence sur cette dernière (v. encore dernièrement : CEDH 12 nov. 2015, *Zahidov c/ Azerbaïdjan*, n° 51164/07, § 49). Aussi, la protection de la personne suspectée doit-elle dépasser les clivages procéduraux pour ne plus s'en tenir à des considérations formelles mais substantielles.

C'est ainsi que la CEDH a pu rappeler que l'accès à un avocat doit être consenti « dès le premier interrogatoire (ndlr : on parle plutôt d'audition à ce stade en droit interne) d'un suspect par la police, sauf à démontrer, à la lumière des circonstances particulières de l'espèce, qu'il existe des raisons impérieuses de restreindre ce droit » (CEDH 27 nov. 2008, *Saldüz c/ Turquie*, n° 36391/02 à nuancer toutefois à l'aune d'un arrêt récent : CEDH 9 nov. 2018, *Beuze c/ Belgique*, n° 71409/10). Si ce n'était suffisant pour se convaincre que les droits du suspect devaient être renforcés dans le cadre d'une garde à vue notamment, la CEDH précisait qu'un accusé doit, dès qu'il est privé de liberté, pouvoir bénéficier de la vaste gamme d'interventions qui sont propres aux avocats, à savoir la discussion de l'affaire, l'organisation de la défense, la recherche des preuves favorables à l'accusé, la préparation des interrogatoires, le soutien de l'accusé et le contrôle des conditions de détention (CEDH 13 oct. 2009, *Dayanan c/ Turquie*, n° 7377/03).

Condamnée par la CEDH (CEDH 14 oct. 2010, *Brusco c/ France, supra* et CEDH 27 nov. 2010, *Moulin c/ France*, n° 37104/06), avec effet immédiat (Cass., ass. plén., 15 avr. 2011, *Bull. ass. plén.* n° 1 à 4) et censurée par le Conseil constitutionnel, avec effet différé (Cons. const. 30 juill. 2010, n° 2010-14/22 QPC), la « garde à vue à la française » n'eut d'autres choix que d'évoluer vers un renforcement des droits de la personne suspectée.

Désormais, en même temps qu'elle se les voit notifier, la personne gardée à vue dispose notamment, en sus du droit de garder le silence (étant précisé que ce droit préexistait : v. CEDH 25 févr. 1993, *Fünke c/ France*, n° 10828/84), du droit à l'assistance d'un avocat pendant les auditions et/ou confrontations, du droit pour celui-ci de consulter certaines pièces du dossier (procès-verbaux d'auditions si celles-ci ont débutées avant que l'avocat n'arrive dans les locaux, après un délai de carence de deux heures, certificat médical si un médecin a été sollicité pour s'assurer de la compatibilité de la mesure et procès-verbaux de notification des droits). Aussi, depuis la loi du 3 juin 2016, le suspect bénéficie aussi de l'accès à un avocat pour une opération de reconstitution et une séance d'identification des suspects dont il fait partie (C. pr. pén., art. 61-3).

Timides avancées, en retrait de ce que d'aucuns escomptaient, notamment quant à l'accès au dossier, cette loi ne concernait que le suspect privé de liberté si bien qu'elle laissait persister la différence de traitement avec le suspect libre, voire l'aggravait.

Le droit de l'Union européenne a ensuite pris le relais du droit européen au soutien du renforcement des droits de la personne suspectée car, au moment de la transposition de la directive 2012/13/UE du Parlement européen et du Conseil, du 22 mai 2012, relative au droit à l'information dans le cadre des procédures pénales, la loi n° 2014-535 du 27 mai 2014 a anticipé, par une application ventilée dans le temps, la transposition de la directive 2013/48/UE du 22 octobre 2013 relative au droit d'accès à un avocat dans le cadre des procédures pénales. Les dispositions issues de cette loi prévoient désormais deux régimes distincts pour la personne auditionnée par la police judiciaire en qualité de suspect, à savoir celui de l'audition réalisée dans le cadre de la garde à vue et celui de l'audition libre – désormais officiellement consacrée –, tout en reconnaissant un certain nombre de droits, notamment procéduraux à la personne entendue.

L'exercice des droits du suspect n'est désormais plus subordonné à l'existence d'une privation de liberté puisque la loi du 27 mai 2014 a aligné les droits du suspect auditionné librement sur ceux du suspect gardé à vue, les seuls droits supplémentaires dont est titulaire le gardé à vue sont inhérents à la situation de contrainte et non de suspicion (ex : information immédiate du procureur de la République). La divergence entre les droits du mineur en garde à vue et en audition libre a conduit à l'inconstitutionnalité du régime gouvernant cette dernière mesure (Cons. const. 8 févr. 2019, nº 2019-762 QPC). Le nouveau Code de la justice pénale des mineurs a d'ailleurs tenu compte de cette censure en introduisant les articles L. 412-1 et L. 412-2 qui visaient à encadrer l'audition libre des mineurs. Par ailleurs, l'article L. 413-8 dudit code permet à l'avocat du mineur en garde à vue de demander que celui-ci fasse l'objet d'un examen médical. S'agissant de l'enregistrement audiovisuel de la garde à vue, en l'absence d'enregistrement, que cette absence ait fait ou non l'objet d'une mention dans le procès-verbal et d'un avis au magistrat compétent, aucune condamnation ne peut être prononcée sur le seul fondement des déclarations du mineur si celles-ci sont contestées.

La loi nº 2019-222 *de programmation 2018-2022 et de réforme pour la justice* du 23 mars 2019 a pris acte d'une autre décision d'inconstitutionnalité (Cons. const. 14 sept. 2018, nº 2018-730 QPC) en créant un nouvel article 706-112-1 du Code de procédure pénale, applicable à compter du 1er juin 2019, qui encadre désormais la garde à vue des personnes placées sous tutelle ou sous curatelle, pour permettre notamment au tuteur ou au curateur d'être avisé et d'exercer certains droits. Pour l'audition libre, il est prévu que lorsque les éléments recueillis au cours d'une procédure concernant un crime ou un délit puni d'une peine d'emprisonnement font apparaître qu'une personne devant être entendue librement en application de l'article 61-1 fait l'objet d'une mesure de protection juridique, l'officier ou l'agent de police judiciaire en avise par tout moyen le curateur ou le tuteur, qui peut désigner un avocat ou demander qu'un avocat soit désigné par le bâtonnier pour assister la personne lors de son audition. Si le tuteur ou le curateur n'a pu être avisé et si la personne entendue n'a pas été assistée par un avocat, les déclarations de cette personne ne peuvent servir de seul fondement à sa condamnation. Jusqu'à une décision du Conseil constitutionnel du 15 janvier 2021 (Cons. const. 15 janv. 2021, nº 2020-873 QPC), l'article 706-113 du Code de procédure pénale précisait que si le majeur protégé faisait l'objet de poursuites, le procureur de la République ou le juge d'instruction en avisait le curateur ou le tuteur et le juge des tutelles. Nonobstant, cette disposition ne permettait pas de s'assurer de la validité du consentement du majeur protégé qui faisait l'objet d'une perquisition dans le cadre d'une enquête préliminaire, de telle sorte qu'elle a été partiellement censurée.

Alors qu'il s'agit, dans le même temps, de renforcer le droit à l'information de la personne suspectée (notification des droits, notamment celui de garder le silence ou de l'assistance d'un avocat, de la qualification de l'infraction, de la date et du lieu présumés de l'infraction, du droit à l'assistance d'un interprète, etc.), il ne lui est pourtant pas donné accès à l'entier dossier y compris aux pièces limitativement énumérées dans le cadre de l'audition libre ce qui n'est du reste guère opérant en la matière si l'on songe à la nature des pièces. La seule concession a été faite au moment du déferement devant le procureur de la République, dans le cadre de la convocation par procès-verbal de la comparution immédiate, puisque « l'avocat ou la personne déférée lorsqu'elle n'est pas assistée par un avocat peut consulter sur-le-champ le dossier » (C. pr. pén., art. 393).

Reste que la consécration de l'accès au dossier n'est réservée qu'à cette hypothèse et à celle ressortant de la loi nº 2016-731 du 3 juin 2016 où elle est fonction de l'initiative ou de l'autorisation donnée par le Parquet (C. pr. pén., art. 77-2). C'est dire que la communication du dossier est tantôt partiale (même article), tantôt partielle (C. pr. pén., art. 63-4-1), tantôt tardive (C. pr. pén., art. 393).

C'est donc sur ce point que se cristallisent les critiques tenant à l'inconventionnalité persistante des dispositions relatives à la garde à vue et, *mutatis mutandis*, à l'audition libre là où la Cour de cassation considère, au terme d'une jurisprudence constante, que « l'absence de communication de l'ensemble

des pièces du dossier, à ce stade de la procédure, n'est pas de nature à priver la personne d'un droit effectif et concret à un procès équitable, dès lors que ces pièces peuvent ensuite être communiquées devant les juridictions d'instruction ou de jugement » (v. par ex., Crim. 11 juill. 2012, *Bull. crim.* nº 167).
Il est ainsi reconnu la dissymétrie dans la protection des droits de la personne suspectée entre les enquêtes de police et l'instruction qui tend parfois à s'estomper avec le renforcement du contradictoire au stade de l'enquête. Le nouvel article 802-2 du Code de procédure pénale, issue de la loi du 23 mars 2019, permet ainsi de demander au JLD l'annulation d'une perquisition ou d'une visite domiciliaire en l'absence de poursuite de la personne concernée six mois après l'accomplissement de l'acte, et ce dans le délai d'un an. Cela permettra de faire annuler un tel acte, ce qui ne pouvait avoir lieu auparavant en l'absence de poursuite devant une juridiction d'instruction ou de jugement. Le Conseil constitutionnel a validé cette disposition sous la réserve que, lorsque la décision contestée « a été ordonnée par un juge des libertés et de la détention, ce juge ne saurait, sans méconnaître le principe d'impartialité, statuer sur la demande tendant à l'annulation de sa décision » (Cons. const. 21 mars 2019, nº 2019-778 DC, cons. 198). L'article 802-2 dudit code ne sera applicable qu'aux perquisitions et visites domiciliaires intervenues à compter du 25 mars 2019.

II • L'effectivité des droits de la personne suspectée dans le cadre de l'instruction

Parce qu'elle ne saurait être plus exposée au vu des faits qui lui sont reprochés et des mesures coercitives qui peuvent être prises, nulle personne ne saurait trouver une meilleure protection de ses droits qu'au stade de l'instruction. Assurée statutairement, cette protection n'en est pas moins laissée à la discrétion de l'autorité publique.

A • Une protection statutaire des droits de la personne suspectée

Alors qu'elle se pose traditionnellement comme l'archétype du modèle inquisitoire, l'instruction est celle qui va se montrer pourtant la plus réceptive au contact du contradictoire. La porosité de ses frontières permettra ainsi une immixtion des droits de la défense à la faveur de la personne suspectée. La première des manifestations est symboliquement marquée par la loi *Constans* du 8 décembre 1897 qui a ouvert les portes du cabinet du juge d'instruction à l'avocat. Depuis, les droits de la défense n'ont cessé d'être renforcés au gré des interventions législatives participant ainsi de l'évolution du statut de la personne suspectée.
Loin des manifestations sporadiques au stade de l'enquête de police, le statut de la personne suspectée trouve pleinement à s'exprimer tout au long de l'instruction afin que la présomption d'innocence soit respectée nonobstant la gravité inhérente à ce cadre juridique d'enquête et aux mesures coercitives qui peuvent être prises.
Janus bifrons de l'instruction, la personne suspectée (double visage métonymie de Janus répétitif) emprunte soit les traits du témoin assisté soit celui du mis en examen. C'est au soutien de la personne suspectée et au secours de la présomption d'innocence que le statut de témoin assisté a été créé par la

loi du 30 décembre 1987 lorsque l'inculpé (ancienne dénomination du mis en examen) apparaissait – au-delà de la terminologie (racine latine *culpa* renvoyant à la faute) – comme le coupable aux yeux de l'opinion publique.

Deux statuts cohabitent ainsi avec pour dénominateur commun des « indices graves ou concordants laissant penser que la personne a commis ou tenté de commettre une infraction », lesquels seraient d'une évidence moins marquée pour le statut de témoin assisté, sans que cela ne renvoie nécessairement à une réalité juridique. Et pour cause, nonobstant les charges, le statut de mis en examen est présenté comme subsidiaire à celui de témoin assisté (v. C. pr. pén., art. 80-1 *in fine*). Ce sont davantage des impératifs coercitifs ou une volonté de renvoyer le suspect devant la juridiction de jugement qui devrait déterminer le juge d'instruction à verser dans l'exception (v. C. pr. pén., art. 113-5), la mise en examen, qui en pratique devient le principe.

À une accusation commune, il y est répondu communément en termes de droits de la défense si bien que le statut de la personne suspectée au stade de l'instruction repose sur un socle juridique commun : droit à un interprète, droit de se voir notifier les faits qui lui sont reprochés, droit au silence, droit à l'assistance d'un avocat, droit d'accès au dossier (étant précisé qu'il peut, depuis la loi du 27 mai 2014, être mis directement à la disposition des parties à l'instar de la notification des rapports d'expertise à la suite de l'abrogation différée au 1er septembre 2019 du 2e alinéa de l'article 167 du Code de procédure pénale : Cons. const. 15 févr. 2019, no 2018-765 QPC) modifié par la loi du 23 mars 2019. La distinction tient à la qualité de « partie à la procédure » reconnue à la personne mise en examen, déniée au témoin assisté, qui va se traduire par un déficit de droits pour celui-ci et une promotion pour celui-là. Reste que s'il ne craint pas l'ambivalence du statut de mis en examen, le témoin assisté peut toujours s'en prévaloir pour disposer d'une plénitude de droits (C. pr. pén., art. 113-6) ; l'intérêt étant notamment de pouvoir disposer du juge d'instruction aux fins d'effectuer tout acte utile à la manifestation de la vérité (ex : expertise, reconstitution, etc.). À défaut, le témoin assisté possède des droits limités dont l'énumération exhaustive n'aurait d'autre intérêt que de souligner leur remarquable évolution favorisant un rapprochement entre les deux statuts aux frontières de plus en plus ténues (ex : bien qu'il ne soit pas partie à la procédure, le témoin assisté peut présenter des requêtes en annulation devant la chambre de l'instruction et en contester la décision en formant un pourvoi en cassation, recevoir un « avis à partie » dans le cadre de la déclaration de fin d'information, etc.).

Cette protection statutaire reste précaire puisqu'elle est laissée à la discrétion de l'autorité publique.

B • Une protection discrétionnaire des droits de la personne suspectée

Les droits de la personne suspectée au stade de l'instruction sont conditionnés d'une part, par le choix de cette voie procédurale par le ministère public (ou la partie civile), d'autre part, par le choix du statut qui en découlera pour la personne suspectée par le juge d'instruction.

1 • Une discrétion dans le choix de l'ouverture d'une instruction

La dissymétrie dans la protection des droits de la personne suspectée au stade de la phase préalable, entre d'une part l'enquête de police et d'autre part l'information judiciaire, n'est plus à démontrer. Elle est d'ailleurs tenue pour acquise par la Cour de cassation. En déterminant le cadre juridique d'enquête, en usant du principe d'opportunité des poursuites (l'ouverture d'une instruction étant considérée comme un déclenchement de l'action publique), le procureur de la République va *de facto,* par sa décision, lier l'expression autant que l'exercice des droits de la défense. Constater que l'accusation dispose ainsi d'une telle emprise sur la procédure n'est pas sans interroger les principes d'égalité et d'équité.

Les juges du fond n'ont pas manqué de sanctionner les conséquences du choix procédural du Parquet à l'aune des principes directeurs en rappelant qu'il ne saurait y avoir pour une même personne dans une même situation délictuelle, ni dissymétrie de traitement ni application à géométrie variable des droits de la défense selon que l'on se trouve dans tel ou tel cadre procédural (TGI Draguignan, ch. corr., 16 janv. 2014, n° 86/2014). L'enquête préliminaire n'est pas le cadre procédural naturel pour mener des investigations respectueuses des droits de la personne suspectée dans des affaires correctionnelles complexes (TGI Nanterre, 14e ch. corr., 15 nov. 2012, n° 07141045445).
Reste que la Cour de cassation a refusé de renvoyer une question prioritaire de constitutionnalité portant sur les droits de la défense pendant l'enquête préliminaire. Elle considère ainsi que les articles du Code de procédure pénale, permettant au procureur de la République de décider en matière délictuelle – que la poursuite se fera après enquête préliminaire, par voie de citation directe devant le Tribunal, sans ouverture d'information –, ne modifient pas le déroulement du procès pénal et ne privent pas la personne d'un procès juste et équitable. En effet, eu égard aux droits de la défense, cette dernière possède devant la juridiction, des garanties équivalentes à celles dont elle aurait bénéficié si l'affaire avait fait l'objet d'une information (Crim. 6 mars 2013, n° 12-90.078).
La personne suspectée n'a donc guère d'emprise au stade de la phase préparatoire afin de veiller à ce que ses droits soient respectés car, de manière singulière, elle ne peut déterminer le choix procédural, contrairement au Parquet ou à la partie civile, qui déterminera pourtant l'étendue de ses droits. Ce n'est que trop tardivement au moment du déferrement (en ce sens, v. les nouvelles dispositions de C. pr. pén., l'art. 393 3, issues de la loi du 27 mai 2014 ou lors de la phase de jugement dans le cadre d'un supplément d'information ; en ce sens, v. encore les nouvelles dispositions de C. pr. pén., l'art. 388-5, issues de la loi du 27 mai 2014), que la personne suspectée pourra demander l'ouverture d'une information judiciaire. À la vérité, les investigations passées, la protection des droits de la personne suspectée sera d'un moindre intérêt tant il importe qu'ils puissent immédiatement s'exprimer afin de participer à une vision équilibrée du dossier.
L'ouverture d'une information judiciaire n'est pas pour autant une garantie de l'effectivité des droits de la personne suspectée tant ils sont tributaires du statut choisi par le juge d'instruction.

2 • Une discrétion dans le choix du statut de la personne suspectée

La mise en examen ou le placement sous le statut du témoin assisté relève de la compétence réservée du juge d'instruction tout comme il est libre de ne conférer aucun statut protecteur à la personne suspectée en ne l'entendant pas ou en la faisant entendre par voie de commission rogatoire dans le cadre d'une audition libre ou d'une garde à vue, là où les droits sont amoindris.
La limite tient toutefois à ce qu'il est tenu de conférer à la personne suspectée un statut protecteur s'il souhaite l'interroger alors qu'elle est nommément visée (v. C. pr. pén., art. 113-1 et 113-2) et notamment de la mettre en examen lorsqu'il existe des « indices graves et concordants » de culpabilité (C. pr. pén., art. 105 *a contrario*). C'est dire que le législateur veille à ce qu'il n'y ait pas de mises en examen tardives partant du constat qu'il importe que la personne suspectée puisse disposer d'un statut protecteur sur une période lui permettant de faire valoir ses droits utilement. Est-ce à dire que la même réflexion doit être menée dans le cadre d'une enquête de police ?

Outils de travail

Textes essentiels

C. pr. pén., art. préliminaire.
C. pr. pén., art. 61-1 et 62 : droits du suspect libre.
C. pr. pén., art. 63-1 à 63-5 : droits du gardé à vue.
C. pr. pén., art. 77-2 : droit d'accès au dossier en préliminaire.
C. pr. pén., art. 113-3 et 113-4 : droits de la personne placée sous le statut de témoin assisté.
C. pr. pén., art. 116 à 121 : droits de la personne mise en examen.
C. pr. pén., art. 802-2 : contestation d'une perquisition au stade de l'enquête.
Article 6 § 1 de la Conv. EDH.

Jurisprudences essentielles

CEDH 14 oct. 2010, *Brusco c/ France*, n° 1466/07 : la France a été condamnée pour violation des règles du procès équitable prévues par l'article 6 de la Conv. EDH. La Cour rappelle que la personne placée en garde à vue a le droit d'être assistée d'un avocat dès le début de cette mesure, ainsi que pendant les interrogatoires, *a fortiori* lorsqu'elle n'a pas été informée par les autorités de son droit de se taire. Elle ajoute que l'article 6 de la Conv. EDH exige que l'avocat soit mis en mesure d'informer son client de son droit de garder le silence et de ne pas s'auto-incriminer avant son premier interrogatoire, et qu'il l'assiste lors de toutes les dépositions.
CEDH 23 nov. 2010, *Moulin c/ France*, n° 37104/06 (à rappr. CEDH, gr. ch., 29 mars 2010, *Medvedyev et autres c/ France*, n° 3394/03) : la CEDH considère que le procureur de la République ne peut pas être considéré comme « magistrat habilité par la loi à exercer des fonctions judiciaires », au sens de l'article 5 § 3 de la Convention, dès lors que du fait de leur statut ils ne remplissent pas l'exigence d'indépendance à l'égard de l'exécutif et des parties.
Cass., ass. plén., 15 avr. 2011, *Bull. ass. plén.* n° 1 à 4 : l'Assemblée plénière s'est prononcée à la suite de la chambre criminelle (Crim. 19 oct. 2010, n°s 10-82.902, 10-82.306 et 10-85.051) pour confirmer que les dispositions relatives à la garde à vue (dans sa version antérieure à la loi du 14 avril 2011) ne respectent pas l'article 6 § 1 de la Conv. EDH (assistance de l'avocat pendant les auditions et notification du droit de garder le silence) et rappeler, en infirmant la position de la chambre criminelle, que le droit à un procès équitable est immédiatement et directement applicable en droit interne, si bien que l'on ne peut reporter ses effets dans le temps.
Cons. const. 18 nov. 2011, n° 2011-191/194/195/196/197 QPC et Cons. const. 18 juin 2012, n° 2012-257 QPC : le Conseil constitutionnel se prononce respectivement sur la conformité à la Constitution des articles 62 et 78 du Code de procédure pénale relatifs à l'audition libre dans le cadre d'une enquête de flagrance ou d'une enquête préliminaire. Le Conseil constitutionnel valide sous la réserve que soit respectée la double notification relative, d'une part, à la nature et la date de l'infraction qu'elle est soupçonnée avoir commise et, d'autre part, à son droit de quitter les locaux de police ou de gendarmerie à tout moment.
Crim. 19 sept. 2012, n° 11-88.111 : la Cour de cassation refuse à l'avocat de la personne gardée à vue d'avoir accès à l'entier dossier sans y voir une violation de l'article 6 § 3 de la Conv. EDH « dès lors que l'accès à ces pièces est garanti devant les juridictions d'instruction et de jugement ».
Crim. 6 mars 2013, n° 12-90.078 : dans le cadre d'une question prioritaire de constitutionnalité portant sur les articles 40, alinéa 1er, 40-1, 75, alinéa 1er, 79 et 80, alinéa 1er, du Code de procédure pénale, la chambre criminelle a été amenée à dire que lorsqu'il estime que les faits portés à sa connaissance constituent un délit, le procureur de la République peut décider que la poursuite se fera, après enquête préliminaire, par la voie de la citation directe devant le tribunal, sans ouverture d'information, ce qui ne modifie pas le déroulement du procès pénal, et ne prive pas la personne d'un procès juste et équitable, celle-ci, quant au respect des droits de la défense, ayant, devant la juridiction, des garanties équivalentes à celles dont elle aurait bénéficié si l'affaire avait fait l'objet d'une information.
Cons. const. 8 févr. 2019, n° 2019-762 QPC : inconstitutionnalité de l'article 61-1 du Code de procédure pénale relatif au régime de l'audition libre des mineurs.
Cons. const. 15 févr. 2019, n° 2018-765 QPC : inconstitutionnalité du 2e alinéa de l'article 167 du Code de procédure pénale avec une abrogation différée au 1er septembre 2019, afin que le suspect qui ne bénéficie pas de l'assistance d'un avocat au stade de l'instruction puisse avoir accès au rapport d'expertise.
Cons. const. 15 janv. 2021, n° 2020-873 QPC : inconstitutionnalité de l'alinéa 1 de l'article 706-113 du Code de procédure pénale relatif aux poursuites engagées à l'encontre du majeur protégé, avec une abrogation différée au 1er octobre 2021.

Pour aller plus loin

E. Verges, « Le statut juridique du suspect : un premier défi pour la transposition du droit de l'Union européenne en procédure pénale. À propos de la loi nº 2014-535 du 27 mai 2014 *portant transposition de la directive 2012/13/UE du Parlement européen et du Conseil, du 22 mai 2012, relative au droit à l'information dans le cadre des procédures pénales* », *Dr. pénal* nº 7-8, juill. 2014. Étude 15.

M. Touillier, « Le statut du suspect à l'ère de l'européanisation de la procédure pénale : entre "petite" et "grande" révolutions. (Loi nº 2014-535 du 27 mai 2014 *portant transposition de la directive 2012/13/UE du Parlement européen et du Conseil, du 22 mai 2012, relative au droit à l'information dans le cadre des procédures pénales*) », *RSC* 2015. 127.

J. Pradel, « L'enquête pénale aujourd'hui. Vers une stabilisation dans l'équilibre ? », *D.* 2014. 1647.

N. Le Coz, « L'audition des personnes soupçonnées dans les enquêtes pénales », *AJ pénal* 2014. 320.

Les mesures restrictives et privatives de liberté de la personne suspectée

Dans un État de droit, la présomption d'innocence est un principe cardinal de la procédure pénale. Elle a une valeur constitutionnelle (DDHC, art. 9) et est également garantie par la Convention européenne des droits de l'Homme (Conv. EDH, art. 6 § 2). Elle est également rappelée à l'article préliminaire du Code de procédure pénale selon lequel « toute personne suspectée ou poursuivie est présumée innocente tant que sa culpabilité n'a pas été établie ».

En principe, parce qu'elle est présumée innocente, la personne suspectée demeure libre.

Toutefois, certaines circonstances de fait et de droit peuvent justifier de déroger à ce principe. C'est pourquoi le législateur a prévu que des mesures restrictives et privatives de liberté de la personne suspectée puissent exister, afin de contraindre une personne à comparaître devant un magistrat instructeur ou devant une juridiction de jugement.

Cette fiche exclut d'office l'ensemble des mesures restrictives de liberté décidées dans le cadre d'une enquête de police, à l'instar des mesures de garde à vue et de rétentions policières ou douanières. Au demeurant, ces mesures ont d'ores et déjà été traitées dans le cadre d'autres fiches.

Une dichotomie s'impose naturellement lorsqu'il s'agit d'envisager les mesures restrictives et privatives de liberté des personnes suspectées : il conviendra donc d'envisager les mesures restrictives et privatives de liberté de la personne mise en examen (I), et celles qui existent à l'encontre des prévenus renvoyés à une audience de jugement (II).

I • Les mesures restrictives et privatives de liberté de la personne mise en examen

En cas de mise en examen d'une personne mise en cause, deux hypothèses dérogatoires au principe de liberté de la personne mise en examen sont envisagées (C. pr. pén., art. 137), c'est-à-dire le placement sous contrôle judiciaire (A) et la détention provisoire (B). Une troisième voie, hybride, émerge aux côtés de ces deux régimes avec le placement sous assignation à résidence avec surveillance électronique (C).

À titre liminaire, il convient toutefois de rappeler que seule la personne mise en examen peut être soumise à de tels régimes dérogatoires. Ils sont donc exclus pour les témoins assistés (C. pr. pén., art. 113-5).

A • Le placement sous contrôle judiciaire de la personne mise en examen

Le contrôle judiciaire est la première des deux exceptions au principe de maintien en liberté de la personne mise en examen (C. pr. pén., art. 137).

Le magistrat instructeur – ou le juge des libertés et de la détention saisi pour décider du placement en détention provisoire mais qui le refuserait – qui décide d'un placement sous contrôle judiciaire peut soumettre le mis en examen à diverses obligations énumérées de manière exhaustive par l'article 138 du Code de procédure pénale. À titre d'exemple, et pour citer les principales, le magistrat instructeur peut :

- interdire le mis en examen de quitter une limite territoriale fixée préalablement ;
- interdire d'entrer en contact avec d'autres mis en examen, des témoins ou les victimes, constituées partie civile ou non ;
- interdire d'exercer certaines professions en lien avec l'infraction reprochée ;
- obliger de se présenter périodiquement à un commissariat de police ;
- obliger à occuper un emploi ou d'en rechercher un ;
- obliger à se soumettre à des soins psychologiques et/ou psychiatriques ;
- interdire la conduite d'un véhicule ;
- obliger à répondre aux convocations de l'autorité judiciaire ;
- fournir un cautionnement.

Le magistrat instructeur peut décider, à tout moment de l'information judiciaire, de placer le mis en examen sous contrôle judiciaire, d'imposer ou de modifier les obligations du contrôle judiciaire (C. pr. pén., art. 139).

La personne mise en examen peut solliciter la mainlevée des obligations de son contrôle judiciaire à tout moment devant le juge d'instruction, qui dispose d'un délai de cinq jours pour y répondre (C. pr. pén., art. 140).

Le manquement aux obligations du contrôle judiciaire peut justifier la révocation de cette mesure, de sorte que le mis en examen pourrait, en dépit des éléments à charge à son encontre, être placé en détention provisoire (C. pr. pén., art. 141-2).

En cas de révocation du contrôle judiciaire d'une personne préalablement détenue pour les mêmes faits, la durée cumulée des détentions ne peut excéder les délais maximaux de détention provisoire, lesquels sont allongés de quatre mois (C. pr. pén., art. 141-3). À cet égard, la personne mise en examen placée sous contrôle judiciaire pour une infraction qui ne permettrait pas son placement en détention provisoire pourra tout de même faire l'objet d'un tel placement, pour une durée maximale de quatre mois (C. pr. pén., art. 143-1).

B • Le placement en détention provisoire de la personne mise en examen

Depuis la loi n° 2000-516 du 15 juin 2000 *renforçant la protection de la présomption d'innocence et les droits des victimes*, c'est le juge des libertés et de la détention qui, saisi par le magistrat instructeur, décide du placement en détention provisoire d'une personne mise en examen (C. pr. pén., art. 137-1).

La décision de placement en détention provisoire intervient à la suite d'un débat en audience au cours de laquelle assistent le représentant du ministère public et l'avocat de la personne mise en examen (C. pr. pén., art. 145).

Par exception, pour les crimes ou les délits punis d'une peine de dix ans d'emprisonnement, le procureur de la République peut saisir seul le juge des libertés et de la détention (C. pr. pén., art. 137-4). Différentes règles existent également pour déterminer le juge compétent en cas d'absence ou d'empêchement du juge des libertés et de la détention (C. pr. pén., art. 137-1-1).

Seules peuvent être placés en détention provisoire les personnes mises en examen pour des faits pour lesquelles ils encourent une peine criminelle ou une peine correctionnelle d'une durée égale ou supérieure à trois ans, sauf cas de révocation de contrôle judiciaire d'ores et déjà envisagé (C. pr. pén., art. 143-1).

Le placement en détention provisoire est toujours motivé au visa de l'article 144 du Code de procédure pénale, selon lequel :

« La détention provisoire ne peut être ordonnée ou prolongée que s'il est démontré, au regard des éléments précis et circonstanciés résultant de la procédure, qu'elle constitue l'unique moyen de parvenir à l'un ou plusieurs des objectifs suivants et que ceux-ci ne sauraient être atteints en cas de placement sous contrôle judiciaire ou d'assignation à résidence avec surveillance électronique :

1° Conserver les preuves ou les indices matériels qui sont nécessaires à la manifestation de la vérité ;

2° Empêcher une pression sur les témoins ou les victimes ainsi que sur leur famille ;

3° Empêcher une concertation frauduleuse entre la personne mise en examen et ses coauteurs ou complices ;

4° Protéger la personne mise en examen ;

5° Garantir le maintien de la personne mise en examen à la disposition de la justice ;

6° Mettre fin à l'infraction ou prévenir son renouvellement ;

7° Mettre fin au trouble exceptionnel et persistant à l'ordre public provoqué par la gravité de l'infraction, les circonstances de sa commission ou l'importance du préjudice qu'elle a causé. Ce trouble ne peut résulter du seul retentissement médiatique de l'affaire. Toutefois, le présent alinéa n'est pas applicable en matière correctionnelle ».

La chambre criminelle de la Cour de cassation a également rappelé que le juge des libertés et de la détention est tenu de s'assurer, à tous les stades de la procédure, de l'existence d'indices graves ou concordants rendant vraisemblable la participation de la personne mise en examen aux faits qui lui sont imputés (Crim. 15 déc. 2021, n° 21-85.816).

La durée de la détention provisoire doit être raisonnable au regard de la gravité des faits reprochés et de la complexité des investigations nécessaires à la manifestation de la vérité (C. pr. pén., art. 144-1).

En matière correctionnelle, le mandat de dépôt décerné par le juge des libertés et de la détention a une validité de quatre mois, qui peut être renouvelé par périodes de quatre mois jusqu'à un délai maximal de deux ans et quatre mois pour les infractions les plus graves, notamment lorsque les investigations sont empreintes d'une certaine complexité et que la remise en liberté présente un risque d'une particulière gravité pour la sécurité des personnes ou des biens (C. pr. pén., art. 145-1). Dans ce cas de figure, la dernière prolongation est décidée directement par la chambre de l'instruction (même art., al. 3).

En matière criminelle, le mandat de dépôt décerné par le juge des libertés et de la détention a une validité d'un an pour le placement et peut être renouvelé tous les six mois (C. pr. pén., art. 145-2). La durée maximale de détention provisoire en matière criminelle est de quatre ans et huit mois pour les crimes les plus graves. Dans ce cas de figure, les deux dernières prolongations sont de quatre mois et sont décidées par la chambre de l'instruction (même art., al. 3).

Chaque prolongation de la détention provisoire est précédée d'une audience semblable à celle du placement en détention provisoire (art. préc.). Le degré de motivation du renouvellement du mandat de dépôt augmente en imposant notamment au juge de préciser les indications particulières justifiant la poursuite de l'information judiciaire et le délai prévisible d'achèvement de la procédure (C. pr. pén., art. 145-3).

Par ailleurs, la personne mise en examen peut, à tout moment de l'information judiciaire, solliciter sa remise en liberté (C. pr. pén., art. 148). La procédure des demandes de mise en liberté est exclusivement écrite et n'implique donc aucune audience devant le juge des libertés et de la détention. Les parties pourront toutefois présenter oralement leurs observations en cas d'appel de l'ordonnance intervenu (C. pr. pén., art. 191 s.).
Enfin, en cas de relaxe ou d'acquittement définitif, la personne détenue provisoirement peut solliciter la réparation du dommage qui lui a été causé du fait de sa détention (C. pr. pén., art. 149 s.).

C • L'assignation à résidence avec surveillance électronique de la personne mise en examen

Prévue comme une alternative à la détention provisoire, l'assignation à résidence avec surveillance électronique (ARSE) a été créée par la loi n° 2009-1436 du 24 nov. 2009 pénitentiaire et codifiée aux articles 142-5 à 142-13 du Code de procédure pénale.
Contrairement au recours à la détention provisoire, l'assignation à résidence avec surveillance électronique est possible lorsque la personne mise en examen encourt une peine d'emprisonnement supérieure ou égale à deux ans (C. pr. pén., art. 142-5).
De même, elle peut être décidée tant par le juge d'instruction que par le juge des libertés et de la détention (C. pr. pén., art. 142-6).
La durée de la mesure d'ARSE est de six mois renouvelable dans la limite de deux ans au total (C. pr. pén., art. 142-7). De même, à l'inverse de la détention provisoire, la durée totale de la mesure d'ARSE comprend également la période postérieure au règlement de l'information judiciaire, de sorte qu'elle ne peut dépasser deux ans (même art.).
Durant son placement sous ARSE, le mis en examen peut être soumis aux mêmes obligations que les mis en examen placés sous contrôle judiciaire (C. pr. pén., art. 142-8).
L'ARSE, tout comme la détention provisoire mais à l'inverse du contrôle judiciaire, fait l'objet d'une indemnisation en cas de relaxe ou d'acquittement définitif (C. pr. pén., art. 142-10).

II • Les mesures restrictives et privatives de liberté de la personne renvoyée devant une juridiction de jugement

Les mesures restrictives et privatives de liberté des personnes renvoyées devant une juridiction de jugement diffèrent en fonction du mode de saisine du tribunal, qui peut l'être à la suite d'une ordonnance de règlement d'une information judiciaire (A) ou d'une autre procédure (B).

A • Les mesures restrictives et privatives de liberté postérieures à une ordonnance de règlement

1 • Dans le cadre d'une ordonnance de renvoi devant le tribunal correctionnel (ORTC)

En matière correctionnelle, l'ordonnance de règlement met fin en principe à l'ensemble des mesures restrictives ou privatives de liberté (C. pr. pén., art. 179). Toutefois, le magistrat instructeur peut décider seul et sans saisine du juge des libertés et de la détention du maintien des mesures restrictives ou privatives de liberté des mis en examen renvoyés devant une juridiction de jugement. Il prend alors une ordonnance séparée en cas de maintien en détention. Les prévenus détenus doivent alors être jugés dans un délai de deux mois à compter de l'ordonnance de renvoi devenue définitive. Le tribunal saisi du fond pourra néanmoins prolonger la détention de deux mois à deux reprises lorsqu'il n'est pas en mesure d'examiner le fond du dossier.

La mesure d'ARSE ne peut excéder deux ans, comme cela a d'ores et déjà été évoqué (C. pr. pén., art. 142-6).

Le contrôle judiciaire peut être maintenu sans condition de délai, tout en permettant toutefois au prévenu d'en solliciter la modification ou la mainlevée devant la juridiction de jugement (C. pr. pén., art. 148 s.). De même, le prévenu détenu ou sous ARSE peut également solliciter sa remise en liberté dans les mêmes conditions.

Enfin, le tribunal saisi ou le juge des libertés et de la détention, saisi par le procureur de la République, peuvent révoquer le contrôle judiciaire ou la mesure d'ARSE du prévenu qui a violé ses obligations (C. pr. pén., art. 135-2 et 141-2).

2 • Dans le cadre d'une ordonnance de mise en accusation (OMA)

En cas de renvoi devant une cour d'assises pour des délits connexes à des faits criminels, le régime qui s'attache aux mesures restrictives et privatives de liberté suivra principalement les règles issues de l'article 179 du Code de procédure pénale, à l'exception du fait que le délai de deux mois est porté à six mois (C. pr. pén., art. 180).

Les obligations de contrôle judiciaire ou d'ARSE sont maintenues en cas de renvoi de l'accusé devant une cour d'assises (C. pr. pén., art. 180).

Il en est de même s'agissant de l'accusé d'ores et déjà placé en détention provisoire, pour lequel le mandat de dépôt conserve sa force exécutoire jusqu'à sa comparution devant la cour d'assises. L'accusé doit alors être jugé dans un délai d'un an renouvelable deux fois par période de six mois sur décision de la chambre de l'instruction (C. pr. pén., art. 180).

À l'instar des prévenus renvoyés devant un tribunal correctionnel, les accusés peuvent solliciter la modification ou la mainlevée des mesures restrictives et privatives de liberté dont ils font l'objet, mais devant la chambre de l'instruction (C. pr. pén., art. 148 s.).

B • Les mesures restrictives et privatives de liberté hors ordonnance de règlement

En dehors des cas où les juridictions correctionnelles sont saisies sur ordonnance de renvoi, diverses procédures permettent de restreindre ou de priver la liberté des prévenus jusqu'à leur comparution devant le tribunal correctionnel.

Dans le cadre de la comparution immédiate, notamment lorsque le tribunal ne peut se réunir le jour du déferrement du prévenu, le juge des libertés et de la détention peut décerner un mandat de dépôt de trois jours maximum jusqu'à la réunion du tribunal, sans laquelle le prévenu est remis d'office en liberté (C. pr. pén., art. 396). Le tribunal peut également prendre la décision de placer en détention provisoire le prévenu qui lui est présenté dans le cadre de cette procédure, soit parce que le tribunal n'est pas en mesure de juger l'affaire, soit parce que le prévenu souhaite obtenir un délai pour la préparation de sa défense (C. pr. pén., art. 397-3). Contrairement au juge des libertés et de la détention, le tribunal saisi en la forme de la comparution immédiate peut placer en détention provisoire les prévenus de faits punis d'une peine d'emprisonnement inférieure à trois ans.

De même, lorsqu'il n'est pas possible de faire comparaître le prévenu dans le cadre d'une comparution immédiate en raison d'investigations incomplètes, le procureur de la République peut opter pour la comparution à effet différé et saisir le juge des libertés et de la détention pour statuer sur les mesures de sûreté. Dans cette hypothèse, le juge des libertés et de la détention ne peut placer en détention provisoire le prévenu que si les faits pour lesquels il est mis en cause sont punis d'une peine d'emprisonnement de trois ans. Le prévenu placé en détention provisoire doit alors être jugé dans un délai de deux mois. Le prévenu peut interjeter appel de l'ordonnance de placement en détention provisoire dans un délai de dix jours (C. pr. pén., art. 397-1-1).

Dans ces deux hypothèses, le placement en détention provisoire est toujours motivé en référence aux objectifs cités par l'article 144 du Code de procédure pénale.

Outils de travail

Textes essentiels

C. pr. pén., art. 137 s.
C. pr. pén., art. 179 s.
C. pr. pén., art. 396 s.

Jurisprudence essentielle

Crim. 15 déc. 2021, n° 21-85.816.

Doctrine

C. Guéry, « Détention provisoire », *Rép. Dr. Pén.*
P. Dourneau-Josette et C. Girault, « Contrôle judiciaire », *Rép. Dr. Pén.*

Le déclenchement de l'action publique par la partie civile

L'article 1er du Code de procédure pénale évoque l'action publique sans réellement la définir en énonçant que « l'action publique pour l'application des peines est mise en mouvement et exercée par les magistrats ou par les fonctionnaires auxquels elle est confiée par la loi » et en ajoutant que « cette action peut aussi être mise en mouvement par la partie lésée, dans les conditions déterminées par le présent code ». Il s'agit de l'action qui va conduire à l'application de la loi pénale et, le cas échéant, au prononcé d'une déclaration de culpabilité ainsi que d'une peine. Dès les premiers stades de l'enquête, la victime doit être informée par la police (C. pr. pén., art. 10-2, 2°) qu'elle peut agir par voie de citation directe (C. pr. pén., art. 385 et 389 s.) ou de plainte avec constitution de partie civile (C. pr. pén., art. 85), ce qui correspond aux deux modes disponibles de déclenchement de l'action publique. Il s'agit ici d'exposer les conditions dans lesquelles la victime peut déclencher elle-même l'action publique, « par voie d'action », cette action étant soumise à des conditions de fond (I) et à des conditions de forme (II), étant précisé que la loi n° 2019-222 du 23 mars 2019 y a apporté des modifications.

I • Les conditions de fond

L'auteur de l'action doit présenter un certain lien avec l'infraction, soit qu'il en ait été victime, soit qu'il se présente comme une association habilitée par la loi à exercer les droits reconnus à la partie civile (A) ; l'appréciation de ces conditions substantielles étant moins rigoureuse pendant la phase préparatoire du procès (B).

A • Des conditions liées au titulaire de l'action

1 • L'existence d'un préjudice direct et personnel en lien avec l'infraction

Selon l'article 2 du Code de procédure pénale, « l'action civile en réparation du dommage causé par un crime, un délit ou une contravention appartient à tous ceux qui ont personnellement souffert du dommage directement causé par l'infraction ». L'article 3 prévoit quant à lui que « l'action civile peut être exercée en même temps que l'action publique et devant la même juridiction », et qu'« elle sera recevable pour tous chefs de dommages, aussi bien matériels que corporels ou moraux, qui découleront des faits objets de la poursuite ». C'est par ce prisme que la recevabilité s'apprécie au fond, tant s'agissant des personnes physiques que des personnes morales. Pour avoir un intérêt à agir, il faut donc pouvoir justifier d'un préjudice direct et personnel résultant de l'infraction poursuivie.
Néanmoins, l'application rigoureuse des textes a fini par céder du terrain face à une volonté croissante d'indemniser, de plus en plus de particuliers se prétendant lésés par une infraction pénale et dont le

préjudice, du point de vue des juges, méritait un traitement de faveur particulier. Il s'agit des « proches de la victime » d'une infraction, lesquels devraient être considérés comme des victimes par ricochet, puisque leur souffrance ne résulte pas de l'infraction mais de celle de la victime proprement dite. La Cour de cassation considère pourtant qu'ils sont « recevables à rapporter la preuve d'un dommage dont ils ont personnellement souffert et découlant directement des faits objet de la poursuite » (Crim. 9 févr. 1989, n° 87-81.359 *contra* Cass., ass. plén., 12 janv. 1979, *Salva*, n° 77-90.911,).

C'est dire que l'appréciation des conditions de recevabilité a été assouplie pour accueillir plus largement la recevabilité, outre des victimes directes, de certaines victimes par ricochet au vu de leur qualité (v. dernièrement sur les proches de la victime : Crim. 2 avr. 2019, n° 18-81.917) et des héritiers (Crim. 22 janv. 2020, n° 19-82.173).

En revanche, la chambre criminelle de la Cour de cassation a eu l'occasion de rappeler que le seul fait que des infractions portant atteinte à des intérêts protégés par une association au regard de l'objet de sa mission ne permet pas de considérer qu'elle subit un préjudice direct et personnel (Crim. 31 janv. 2018, n° 17-80.659 ; Crim. 1er oct. 2017, n° 16-86.868 : pour une association de contribuables d'une commune jugée irrecevable à se constituer partie civile dans une information concernant des faits de blanchiment de fraude fiscale commis par son maire).

Ces arrêts sont à mettre en perspective avec un arrêt non publié mais remarqué de 2010, par lequel la chambre criminelle s'était montrée étonnamment compréhensive à l'égard d'une association de lutte contre la corruption qui avait agi par voie d'action dans l'affaire dite des « biens mal acquis ». Elle avait estimé qu'un préjudice direct et personnel était plausible du fait que « le recel et le blanchiment en France de biens financés par des détournements de fonds publics, eux-mêmes favorisés par des pratiques de corruption mais distincts de cette infraction, seraient de nature à causer à l'association *Transparence International France* un préjudice direct et personnel en raison de la spécificité du but et de l'objet de sa mission » (Crim. 9 nov. 2010, n° 09-88.272).

2 • L'existence d'une habilitation légale

Outre les personnes qui remplissent les conditions posées aux articles 2 et 3 du Code de procédure pénale, le législateur a spécialement habilité certaines associations pour exercer les droits reconnus à la partie civile. Le régime n'est pas uniforme. Si ces associations doivent en général être déclarées depuis au moins cinq ans avant la date des faits, certaines doivent avoir en plus été agréées. Alors que certaines peuvent agir par voie d'action, d'autres sont limitées à la voie de l'intervention. L'accord de la victime est parfois nécessaire à l'engagement de leur action.

Ces habilitations se multiplient au fil du temps. Elles sont listées aux articles 2-1 et suivants du Code de procédure pénale. Elles concernent par exemple des associations de lutte contre les discriminations et les exclusions, des associations de défense des résistants et anciens combattants, des associations de protection du consommateur, ou encore, depuis la loi n° 2013-1117 du 6 décembre 2013, des associations de lutte contre la corruption (C. pr. pén., art. 2-23). Selon leur objet, ces associations ne sont habilitées à agir que pour certains types d'infractions. Par exemple, pour les associations de lutte contre la corruption, il s'agit des infractions traduisant un manquement au devoir de probité, des infractions de corruption et trafic d'influence, ainsi que des infractions de recel ou de blanchiment. La Cour de cassation vérifie avec attention que l'association remplit les conditions exigées par la loi (Crim. 31 janv. 2018, n° 17-80.659 ; Crim. 1er oct. 2017, n° 16-86.868).

B • Une appréciation différenciée selon le stade de la procédure

La force du droit conféré à la partie civile réside notamment dans le fait que l'appréciation de la recevabilité de son action est assez superficielle dans le cadre de l'information judiciaire (A). Il en va néanmoins différemment lorsque la juridiction de jugement est saisie (B).

1 • Un examen assoupli au stade de l'instruction

Devant le juge d'instruction, l'irrecevabilité de la constitution de partie civile peut être soulevée dès l'origine de la constitution, et notamment, lorsqu'elle est faite par voie d'action, lors de la communication de la plainte faite au procureur de la République, par application de l'article 86 du Code de procédure pénale. Mais elle peut l'être également à tout moment de la procédure, par principe. La loi n° 2016-731 du 3 juin 2016 a toutefois ajouté une limite, visant à éviter les recours dilatoires, en posant que « la contestation d'une constitution de partie civile est formée après l'envoi de l'avis de fin d'information prévu à l'article 175, elle ne peut être examinée ni par le juge d'instruction, ni, en cas d'appel, par la chambre de l'instruction, sans préjudice de son examen, en cas de renvoi, par la juridiction de jugement » (C. pr. pén., art. 87). Pour la Cour de cassation, cette exception ne concerne pas le cas où le juge d'instruction a déjà rendu une ordonnance déclarant irrecevable la constitution de partie civile. En conséquence, un appel peut être interjeté devant la chambre de l'instruction (Crim. 25 avr. 2017, n° 16-87.328).

À ce stade de la procédure, une telle demande d'irrecevabilité voit ses chances d'aboutir limitées par la jurisprudence interprétant l'article 85 du Code de procédure pénale, selon lequel « toute personne qui se prétend lésée par un crime ou un délit peut en portant plainte se constituer partie civile devant le juge d'instruction compétent ». La chambre criminelle juge de manière constante, au visa de l'article 85 du Code de procédure pénale, que « pour qu'une constitution de partie civile soit recevable devant le juge d'instruction, il suffit que les circonstances sur lesquelles elle s'appuie permettent au juge d'admettre comme possibles l'existence du préjudice allégué et la relation directe de ce préjudice avec une infraction à la loi pénale » (Crim. 29 janv. 2019, n° 17-86.974). Elle a récemment cassé un arrêt qui avait confirmé l'irrecevabilité de l'action du fils de deux personnes décédées, prétendument victimes de détournements, qui n'avaient pas déposé plainte de leur vivant, en rappelant le principe précité, ainsi que celui selon lequel « les proches de la victime d'une infraction sont recevables à rapporter la preuve d'un dommage dont ils ont personnellement souffert et qui découle directement des faits, objet de la poursuite » (Crim. 22 janv. 2020, n° 19-82.173). Dans le même sens, et en invoquant les mêmes principes, elle a reproché à une chambre de l'instruction d'avoir confirmé une décision d'irrecevabilité à l'encontre de proches d'une personne présente lors des attentats du 13 novembre 2015, en énonçant : « ils n'étaient pas présents lors de la commission des faits et que les circonstances des faits excluaient l'existence d'un lien de causalité direct entre les crimes perpétrés au bar "La Belle Équipe" et les dommages psychiques dont ils font état » (Crim. 8 janv. 2020, n° 19-82.385). *A contrario*, elle a validé l'irrecevabilité de la constitution de partie civile de la ville de Nice qui invoquait un préjudice matériel ainsi qu'un préjudice résultant de l'atteinte à son image à la suite de la réalisation d'un attentat sur son territoire (Crim. 12 mars 2019, n° 18-80.911).

2 • Un examen plus rigoureux au stade du jugement

L'irrecevabilité peut être soulevée devant la juridiction de jugement. À ce stade et eu égard au fait qu'il s'agit pour la juridiction de se prononcer sur la culpabilité, l'examen de la recevabilité de la constitution

de partie civile est plus rigoureux. L'article 423 du Code de procédure pénale oblige le juge à répondre sur ce point, mais ne lui interdit pas de joindre l'incident au fond.
La partie civile ne peut mettre en mouvement l'action publique que si elle justifie d'un préjudice personnel trouvant directement sa source dans l'infraction poursuivie, et le moyen peut être relevé d'office, même pour la première fois devant la Cour de cassation. Si l'existence d'un tel préjudice n'est pas avérée, l'action civile n'ayant pas été régulièrement engagée, le juge doit constater qu'il n'a pas été valablement saisi de l'action publique (Crim. 13 juin 1991, nº 89-87.107 ; Crim. 9 mars 2004, nº 03-82.851).

II • Les conditions de forme

Par rapport aux effets radicaux qu'elle entraîne, les conditions de forme applicables à la mise en mouvement de l'action publique par la victime ne sont pas drastiques (A), l'exigence essentielle tenant au versement d'une consignation (B).

A • Les conditions formelles du déclenchement de l'action publique par la victime

1 • La forme de la plainte avec constitution de partie civile

Le législateur a tendance à vouloir canaliser ces plaintes, afin de réduire le nombre d'informations judiciaires, qui sont des procédures au formalisme lourd qui surchargent les magistrats. Elles ne sont possibles qu'en matière délictuelle et criminelle et, dans ce dernier cas, il s'agit d'un passage obligatoire (C. pr. pén., art. 79). L'auteur présumé peut être identifié ou non.
La condition principale tient, en matière délictuelle (sauf infractions spécifiques, par exemple à la législation sur la presse ou infractions électorales), au dépôt de plainte préalable devant le procureur de la République ayant donné lieu à un classement sans suite, ou à une absence de réponse donnée par le Parquet au terme d'un délai de trois mois (C. pr. pén., art. 85). La loi nº 2019-222 du 23 mars 2019 n'a pas modifié ce délai mais le projet de loi prévoyait, dans sa version initiale, de le porter à six mois. Sur amendement adopté à l'Assemblée nationale, le délai de trois mois a été rétabli. En contrepartie, le texte ouvre désormais au procureur de la République, la possibilité de solliciter du juge d'instruction un délai complémentaire de trois mois pour poursuivre les investigations en cours (C. pr. pén., art. 86). C'est donc au juge d'instruction qu'il revient d'apprécier l'opportunité de ce délai supplémentaire.
La règle *una via electa,* prévue par l'article 5 du Code de procédure pénale, interdit à la partie civile ayant décidé de saisir le juge civil de recourir ensuite au juge pénal. Mais la loi du 23 mars 2019 a complété l'article 85 du même Code, afin que le délai de trois mois entre le dépôt d'une plainte simple et la possibilité de saisir le juge d'instruction par une plainte avec constitution de partie civile ne constitue pas une entrave au droit de la victime de demander réparation de son préjudice devant une juridiction civile. Un nouvel alinéa prévoit que, par dérogation à la règle précitée, la victime qui a exercé son action devant une juridiction civile pendant le délai de trois mois peut se constituer partie civile devant le juge d'instruction après s'être désistée de l'instance civile.
Sauf en matière d'infractions à la loi sur la liberté de la presse, où la qualification juridique précise et la mention des textes applicables sont obligatoires à peine de nullité (L. 29 juill. 1881, art. 50), la forme

de la plainte avec constitution de partie civile est relativement libre, l'essentiel étant qu'elle contienne l'expression sans équivoque de la volonté du plaignant de se constituer partie civile (Crim. 15 mai 2002, nº 01-83.337).

La juridiction d'instruction régulièrement saisie d'une plainte avec constitution de partie civile a le devoir d'instruire, quelles que soient les réquisitions du ministère public, sauf si (C. pr. pén., art. 86, al. 4) pour des causes affectant l'action publique elle-même, les faits ne peuvent donner lieu légalement à une poursuite (Crim. 3 sept. 2014, nº 13-83.004), ou si à supposer les faits démontrés, ils ne peuvent admettre aucune qualification pénale (Crim. 28 mai 2015, nº 14-83.425).

Enfin, depuis l'entrée en vigueur de la loi du 23 mars 2019, un refus d'informer peut intervenir si une citation directe est possible (contre une personne majeure) et que l'action publique n'a pas été mise en mouvement par le procureur de la République. La partie civile est alors invitée à engager des poursuites par voie de citation directe (C. pr. pén., art. 86) et la consignation versée à la suite du dépôt de plainte avec constitution de partie civile vaut consignation dans le cadre de la citation directe (C. pr. pén., art. 88 et 392-1).

2 • La forme de la citation directe

Elle est possible en matière contraventionnelle ou délictuelle, mais pas en matière criminelle puisque la saisine d'un juge d'instruction est obligatoire en ce cas. L'auteur des faits poursuivis ne peut être mineur (ord. nº 45-174, 2 févr. 1945, art. 5).

La partie civile qui procède à une citation directe doit élire domicile dans le ressort du tribunal saisi (C. pr. pén., art. 392). Elle doit respecter les formalités propres à la citation, qui prend la forme d'un exploit d'huissier (C. pr. pén., art. 550 s.). Celle-ci doit notamment contenir le nom et l'adresse de la personne citée, la mention du fait poursuivi et du texte d'incrimination, l'indication du tribunal saisi, le lieu, la date et l'heure de l'audience.

Contrairement à la plainte avec constitution de partie civile, c'est à la date de l'acte de citation que le délai de prescription se trouve interrompu, et non à la date de versement de la consignation (Crim. 28 janv. 2014, nº 13-81.173). Mais une citation entachée de nullité n'a pas cet effet (Crim. 7 mai 1991, nº 90-84.122).

Elle peut se désister facilement de son action, notamment en ne versant pas la consignation. Mais la partie civile, qui est présumée s'être désistée de l'action qu'elle avait engagée devant la juridiction pénale en ne comparaissant pas à l'audience, ne peut exercer la même action devant cette juridiction sans avoir contesté, par la voie de l'appel ou de l'opposition, la décision ayant constaté le désistement (Crim. 28 nov. 2018, nº 18-80.469).

B • La condition commune : le dépôt d'une consignation

1 • La consignation devant le juge d'instruction

À la suite du dépôt de la plainte avec constitution de partie civile, le juge d'instruction fixe le montant de la consignation dont la partie civile doit s'acquitter. Cette somme vient garantir le paiement d'une éventuelle amende prononcée dans le cas où la plainte s'avérerait abusive. Elle est restituée en fin d'information par le juge d'instruction ou, lorsqu'elle est saisie en appel, par la chambre de l'instruction (C. pr. pén., art. 88, 88-1 et 177-2).

La consignation est une véritable condition de recevabilité de la plainte (Crim. 28 mai 2002, nº 02-80.275). Si elle n'est pas versée dans le délai imparti, la plainte avec constitution de partie civile est déclarée irrecevable. Le juge d'instruction a la possibilité de dispenser la partie civile de consignation

(C. pr. pén., art. 88). L'ordonnance fixant le montant de la consignation est notifiée à l'adresse déclarée par la partie civile et peut faire l'objet d'un recours devant la chambre de l'instruction.
Une fois la plainte déposée, la prescription de l'action publique est suspendue jusqu'au versement de la consignation, et ce quel que soit le délai nécessaire au magistrat instructeur pour fixer la consignation. Le versement de la consignation a ensuite pour effet d'interrompre le délai de prescription de l'action publique.

2 • La consignation devant la juridiction de jugement

Une audience de fixation va permettre à la juridiction de déterminer le montant de la consignation qui doit être versée à peine d'irrecevabilité de la citation directe, en vue de garantir le paiement de l'amende civile susceptible d'être prononcée en cas de relaxe (Crim. 18 sept. 2002, n° 01-87.464). Ainsi qu'il a été rappelé, la loi du 23 mars 2019 permet au juge d'instruction d'émettre une ordonnance de refus d'informer, en se conformant aux réquisitions du Parquet faisant état de faits susceptibles de poursuites, mais pour lesquels une citation directe est possible. Dans ce cas, il est permis à la partie civile qui recourt à la citation directe de ne pas procéder à une nouvelle consignation.
Refusant de transmettre une question prioritaire de constitutionnalité portant sur l'obligation de verser une consignation et sur la possibilité pour le juge pénal de prononcer des amendes civiles en cas de plaintes abusives ou dilatoires, la chambre criminelle de la Cour de cassation a jugé « que ces dispositions sont la contrepartie du droit accordé à la victime d'exercer l'action publique aux lieu et place du ministère public et tendent à limiter les abus de l'exercice de ce droit » (Crim. 11 déc. 2018, n° 18-86.210).

Outils de travail

Textes essentiels

C. pr. pén., art. 2 et 3.
C. pr. pén., art. 85.

Jurisprudences essentielles

Crim. 26 févr. 2020, nº 19-82.119 : Les parents d'enfants qui, durant leur minorité, ont été victimes de viol sont recevables à se constituer parties civiles pour la réparation de leur propre préjudice devant les juridictions pénales.
Crim. 8 sept. 2020 (deux arrêts), nºs 19-84.995 et 19-85.004 : Irrecevabilité de l'action civile des associations pour délit de mise en danger d'autrui causée par la pollution atmosphérique.
Crim. 21 avr 2022, nº 21-82.877 : Constitue une plainte, au sens de l'article 85 du Code de procédure pénale, une information portée, même sans formalisme particulier, à la connaissance de l'autorité judiciaire ou d'un service de police, ou d'une unité de gendarmerie, et relative à des faits susceptibles de revêtir une qualification pénale. Encourt la cassation l'arrêt de la chambre de l'instruction qui déclare irrecevable la plainte avec constitution de partie civile des demandeurs, au motif qu'ils n'ont pas déposé une plainte préalable, alors même qu'elle a constaté que ces derniers avaient sollicité, dans un courrier adressé au procureur de la République, des investigations complémentaires afin que soient déterminées les circonstances exactes de la mort de leur fille, et qu'ils avaient communiqué, dans un courrier postérieur, un rapport d'expertise réalisé à leur initiative, destiné à déterminer si le conducteur circulant sur la voie inverse utilisait son téléphone au moment de la collision.

Pour aller plus loin

R. Parizot, « Les spécificités de l'action civile en matière terroriste », *RSC* 2020. 699.
J. Hennebois, « Le parcours de la plainte avec constitution de partie civile », *AJ pénal* 2020. 11.
E. Monteiro, « Pollution atmosphérique et irrecevabilité de l'action civile des associations pour délit de mise en danger d'autrui », *RSC* 2021. 372.
A. Maron et M. Haas « Visés et manqués. Touchés quand même », *Dr. pénal* 2022. Comm. 75.
Y. Mayaud, « Une meilleure protection des victimes du terrorisme par une « conception plus large de la notion de partie civile » », *RSC* 2022. 332.

L'encadrement du droit d'agir en nullité

Qu'il s'exerce sous la forme d'une requête déposée auprès de la chambre de l'instruction au cours de l'information judiciaire ou d'une exception de nullité soulevée avant tout débat au fond devant la juridiction de jugement, le droit d'agir en nullité constitue une prérogative essentielle des parties à la procédure pénale, particulièrement importante pour les personnes poursuivies.
Le but de cette action est de voir constater une méconnaissance des règles de procédure pénale dans le déroulement des investigations et d'obtenir la sanction de cette violation par l'annulation, totale ou partielle, des actes concernés. Par une fiction juridique, ces actes sont en conséquence réputés ne jamais avoir existé, ce qui peut avoir des conséquences radicales sur la procédure, allant jusqu'à la disparition pure et simple de celle-ci. C'est précisément parce qu'une demande de nullité peut être lourde d'effets que le législateur a veillé à encadrer strictement cette action. Outre le fait qu'elle ne peut porter que sur des actes ou pièces de la procédure à proprement parler (C. pr. pén., art. 171), elle ne peut être portée par n'importe qui, ni à n'importe quel moment de la procédure. Il convient de s'intéresser à la façon dont le législateur et la jurisprudence – parfois sous l'influence de la CEDH – encadrent cette action, en fixant de strictes limites ayant trait à la personne (I), ainsi qu'à l'écoulement du temps (II).

I • Des limitations en lien avec l'auteur de l'action

L'auteur de la demande de nullité doit en principe avoir la qualité de partie à la procédure (A), mais également entretenir un certain lien avec l'acte dont l'annulation est sollicitée (B).

A • La recevabilité limitée par le statut de la personne

1 • Une action essentiellement réservée aux parties à la procédure

Pendant l'information judiciaire, outre le juge d'instruction et le procureur de la République, les parties à la procédure *stricto sensu*, comprenant le mis en examen et la partie civile, peuvent soumettre à la chambre de l'instruction une requête en nullité d'actes de la procédure (C. pr. pén., art. 170 et 173). C'est également un droit du témoin assisté depuis la loi n° 2004-204 du 9 mars 2004. Mais la simple délivrance d'un mandat d'arrêt au cours de l'information, avant tout interrogatoire, ne confère pas à ceux qui en sont l'objet la qualité de personne mise en examen et, par voie de conséquence, celle de partie au sens de l'article précité (Crim. 19 janv. 2010, n° 09-84.818 ; Crim. 5 mars 2014, n° 13-84.705). C'est la même notion de « partie » à la procédure qui se retrouve à l'article 385 du Code de procédure pénale, pour les nullités soulevées devant la juridiction de jugement.
Une nouveauté de taille a été introduite par la loi n° 2019-222 du 23 mars 2019 qui a créé l'article 802-2 du Code de procédure pénale. Rompant avec le principe selon lequel seules les parties peuvent exercer

un recours en nullité, le premier alinéa de ce texte dispose que « toute personne ayant fait l'objet d'une perquisition ou d'une visite domiciliaire en application des dispositions du présent code et qui n'a pas été poursuivie devant une juridiction d'instruction ou de jugement au plus tôt six mois après l'accomplissement de cet acte peut, dans un délai d'un an à compter de la date à laquelle elle a eu connaissance de cette mesure, saisir le juge des libertés et de la détention d'une demande tendant à son annulation ». Cette ouverture du recours en nullité à des tiers – pour l'instant réservée au cas de perquisitions – s'explique par le fait que des mesures d'investigation attentatoires à la vie privée peuvent concerner des personnes qui ne sont ni des victimes, ni des mis en cause. Or, dans une telle hypothèse, il serait critiquable qu'elles ne puissent disposer d'aucun recours, notamment du point de vue de l'article 8 de la Conv. EDH.

2 • Une indifférence à la procédure dans le cadre de laquelle les actes ont été ordonnés

Il se peut que des actes soient réalisés dans une procédure « A », puis finalement versés dans une procédure « B », s'il s'avère qu'ils peuvent être utiles à cette dernière. Il existait traditionnellement une interdiction d'agir en nullité contre de tels actes pour les parties à la procédure « B ». Mais dans l'arrêt *Mathéron*, la CEDH a conclu à une violation de l'article 8 de la Conv. EDH, faute pour le requérant d'avoir pu disposer d'un contrôle efficace sur des écoutes téléphoniques réalisées dans une autre information judiciaire que celle à laquelle il était partie. Elle estime, à propos de la jurisprudence de la chambre criminelle alors en vigueur, que son raisonnement « pourrait conduire à des décisions privant de la protection de la loi un certain nombre de personnes, à savoir toutes celles qui se verraient opposer le résultat d'écoutes téléphoniques réalisées dans des procédures étrangères à la leur, ce qui reviendrait, en pratique, à vider le mécanisme protecteur d'une large partie de sa substance » (CEDH 29 mars 2005, *Matheron c/ France*, n° 57752/00, § 41).
Cette condamnation a entraîné un revirement de jurisprudence de la part de la Cour de cassation (Crim. 7 déc. 2005, n° 05-85.876). Il est désormais acquis que « le demandeur à la nullité est recevable à proposer des moyens tirés de l'irrégularité d'actes accomplis dans une information à laquelle il n'est pas partie et qui ont été versés à la procédure lorsqu'il invoque une atteinte à l'un de ses droits qui aurait été commise dans la procédure distincte ou que les pièces versées sont susceptibles d'avoir été illégalement recueillies » (Crim. 20 juin 2018, n° 17-86.657 ; Crim. 16 févr. 2011, n° 10-82.865). En outre, l'autorité de chose jugée dans la procédure distincte ne peut lui être opposée (mêmes arrêts).

B • La recevabilité limitée par l'intérêt à agir de la personne

1 • Les restrictions de principe

La loi n'est guère explicite sur les conditions de recevabilité, puisque l'article 170 du Code de procédure pénale se borne à énoncer qu'« en toute matière, la chambre de l'instruction peut, au cours de l'information, être saisie aux fins d'annulation d'un acte ou d'une pièce de la procédure par le juge d'instruction, par le procureur de la République, par les parties ou par le témoin assisté ». Selon l'article 171 du même code, « il y a nullité lorsque la méconnaissance d'une formalité substantielle prévue par une disposition du présent code ou toute autre disposition de procédure pénale a porté atteinte aux intérêts de la partie qu'elle concerne ». Si ce texte ne semble pas concerner la recevabilité de l'action, il contient des notions sur lesquelles la chambre criminelle s'est appuyée pour en affiner les conditions.
S'agissant des règles d'intérêt privé qui visent à protéger des droits propres à chaque partie (droits de la défense par exemple), le seul fait d'être partie à la procédure dans laquelle ces règles ont été mises

en œuvre ne suffit pas. Il faut être concerné par l'acte et être atteint par l'absence ou l'irrégularité d'une formalité protectrice.

En matière de garde à vue, la chambre criminelle a jugé au visa des articles 171 et 802 du Code de procédure pénale que « la méconnaissance des formalités substantielles auxquelles est subordonnée la garde à vue ne peut être invoquée à l'appui d'une demande d'annulation d'acte ou pièce de la procédure que par la partie qu'elle concerne » (Crim. 14 févr. 2012, nº 11-84.694). Récemment en ce sens, la Cour de cassation a jugé que la méconnaissance d'une formalité substantielle de la rétention douanière tend à protéger des droits propres aux seules personnes retenues que des tiers n'ont pas qualité à invoquer (Crim. 30 janv. 2019, nº 17-86.618).

Mais les restrictions au droit d'agir ne peuvent aller au-delà. La CEDH a condamné la France pour n'avoir ouvert le droit de contester les écoutes téléphoniques qu'au titulaire de la ligne téléphonique, à l'exclusion des autres personnes dont les propos ont été captés (CEDH 24 août 1998, *Lambert c/ France*, nº 23618/94). De même, en matière de géolocalisation, le seul fait de voir ses mouvements surveillés, et donc de subir une atteinte à sa vie privée, suffit à justifier la recevabilité de la demande de nullité, sans qu'il soit nécessaire de disposer d'un droit sur le véhicule (Crim. 27 mars 2018, nº 17-85.603). La limite est celle dans laquelle la géolocalisation a été opérée sur un véhicule volé et faussement immatriculé (Crim. 9 mai 2018, nº 17-86.558).

En matière de perquisition, la jurisprudence tendait à accorder le droit de se prévaloir de la nullité à la seule personne qui détenait un droit sur le local perquisitionné (Crim. 6 févr. 2018, nº 17-84.380). La position de la chambre criminelle a toutefois évolué par un arrêt du 7 septembre 2021 (Crim. 7 sept. 2021, nº 21-80.642), considérant que toute partie a qualité pour invoquer la nullité de la perquisition. Au cas d'espèce, il en allait ainsi de la personne mise en examen qui invoquait la méconnaissance de la formalité prise de l'absence de signature du procès-verbal de perquisition et de saisie alors qu'il ne pouvait se prévaloir d'aucun droit sur la chambre d'hôtel perquisitionnée. Toutefois, la Cour de cassation a remis en cause cette dernière appréciation au terme d'un arrêt du 9 novembre 2021, rejetant l'ensemble des moyens de nullité pour défaut d'intérêt à agir (Crim. 9 nov. 2021, nº 21-83.095). Contrairement à ce qu'elle avait déjà pu juger, la haute juridiction a ainsi estimé que le requérant qui arguait de la méconnaissance des dispositions du premier alinéa de l'article 57 du Code de procédure pénale n'était pas recevable à invoquer la nullité dès lors qu'il ne disposait d'aucun droit sur le local perquisitionné.

2 • Les cas exceptionnels d'ouverture de la demande d'annulation à toutes les parties

Des exceptions sont toutefois à relever qui permettent d'ouvrir la recevabilité de l'action à toutes les personnes parties à la procédure.

Lorsque la règle, dont la violation est alléguée, est d'ordre public, toute partie y est intéressée et peut, en principe, l'invoquer. Il en va ainsi, par exemple, pour les moyens tirés de la violation des règles de compétence. Selon la chambre criminelle, « la personne mise en examen a qualité pour contester la régularité des actes accomplis par le juge d'instruction en méconnaissance des règles d'ordre public tenant à la souveraineté des États » (Crim. 20 juin 2018, nº 17-86.657). Elle a encore jugé, à propos d'une audition de témoin qui ne concernait pas le demandeur en nullité, que « la personne mise en examen a qualité pour contester la régularité des actes accomplis par le juge d'instruction en méconnaissance des limites de sa saisine » (Crim. 8 juin 2017, nº 17-80.709).

Une autre hypothèse mérite d'être signalée, qui correspond à la mise en œuvre déloyale des règles de la procédure pénale par les autorités. En effet, la Cour de cassation a jugé que, pour rejeter la requête du mis en examen tendant à l'annulation d'interrogatoires d'autres mis en examen, une chambre de l'instruction ne peut énoncer que celui-ci est sans qualité pour se prévaloir de la méconnaissance d'un droit appartenant en propre à une autre personne, « alors que le demandeur invoquait la déloyauté d'actes accomplis par le juge d'instruction » (Crim. 15 déc. 2015, n° 15-82.013). L'invocation du recours à un procédé déloyal par l'autorité publique fait même échec à l'irrecevabilité opposée à un moyen de nullité pris de l'irrégularité de la géolocalisation d'un véhicule volé et faussement immatriculé, présenté par une personne qui ne peut se prévaloir d'aucun droit sur ce dernier (Crim. 20 déc. 2017, n° 17-82.435). Dans cet arrêt, la chambre criminelle a considéré que cette règle, « en ce qu'elle opère une conciliation équilibrée entre, d'une part, le droit à un procès équitable et celui au respect de la vie privée, d'autre part, l'obligation pour les États d'assurer le droit à la sécurité des citoyens par la prévention des infractions et la recherche de leurs auteurs, n'est pas contraire aux articles 6 et 8 de la Convention européenne des droits de l'homme ». L'Assemblée plénière a toutefois dernièrement précisé qu'est seul proscrit « le stratagème qui, par un contournement ou un détournement d'une règle de procédure, a pour objet ou pour effet de vicier la recherche de la preuve en portant atteinte à l'un des droits essentiels ou à l'une des garanties fondamentales de la personne suspectée ou poursuivie » (Cass., ass. plén., 9 déc. 2019, n° 18-86.767). Cette précision relative à la nécessité d'une atteinte à un droit ou une garantie est ainsi essentielle pour délimiter le champ de la déloyauté : ne seront irréguliers que les procédés qui violent conjointement la recherche de la vérité et les droits de la défense.

II • Des limitations résultant de l'écoulement du temps

Que la demande de nullité soit formulée au cours d'une information judiciaire (A) ou durant la phase de jugement (B), elle est encadrée par de stricts délais afin d'éviter les recours dilatoires.

A • Les délais propres à l'information judiciaire

1 • Les délais de forclusion

S'agissant d'une action initiée par une partie et susceptible de remettre en question la régularité de la procédure, la loi l'a soumise à des délais très stricts, afin notamment d'éviter les demandes dilatoires. La forclusion peut – et même doit – être relevée d'office par la chambre de l'instruction (Crim. 6 mars 2013, n° 12-87.922).

Selon l'article 173-1 du Code de procédure pénale, « sous peine d'irrecevabilité, la personne mise en examen doit faire état des moyens pris de la nullité des actes accomplis avant son interrogatoire de première comparution ou de cet interrogatoire lui-même dans un délai de six mois à compter de la notification de sa mise en examen, sauf dans le cas où elle n'aurait pu les connaître. Il en est de même s'agissant des moyens pris de la nullité des actes accomplis avant chacun de ses interrogatoires ultérieurs ou des actes qui lui ont été notifiés en application du présent code ». C'est la loi n° 2016-731 du 3 juin 2016 qui a conduit à ce que « le toilettage des nullités de procédure » soit également « conditionné par tous les actes qui sont notifiés à la personne au cours de l'information » (C. Guéry). Selon cet auteur, seule la notification des conclusions d'expertise peut correspondre à la notion d'« actes notifiés », susceptible de faire courir un nouveau délai de forclusion de six mois. Selon ce mécanisme, la procédure d'information se voit ainsi « immunisée » au fur et à mesure de son écoulement, du seul fait

de l'inaction des parties à l'égard d'actes de la procédure qu'elles connaissent ou ne peuvent ignorer (*a contrario* : Crim. 5 mars 2019, nº 18-85.752 ; Crim. 7 août 2019, nº 18-86.418). La forclusion est non seulement strictement conçue par le législateur, mais strictement interprétée par la Cour de cassation. Par exemple, elle a jugé que la mise en examen d'un témoin assisté n'ouvre à ce dernier aucun nouveau délai pour agir en nullité (Crim. 6 mars 2013, nº 12-87.922).
La délivrance de l'avis de fin d'information fait courir un délai d'un mois ou de trois mois (selon que la personne mise en examen est détenue ou pas) pour déposer les dernières demandes, et notamment les demandes de nullité (C. pr. pén., art. 175). La loi nº 2019-222 du 23 mars 2019 a ajouté une obligation consistant en une déclaration d'intention : dans un délai de quinze jours à compter soit de chaque interrogatoire ou audition réalisé au cours de l'information, soit de l'envoi de précité, les parties doivent, le cas échéant, faire connaître au juge d'instruction qu'elles souhaitent exercer le droit d'agir en nullité.

2 • Les délais découlant du mécanisme de purge des nullités

S'ajoute à ces délais de forclusion un mécanisme de purge des nullités, applicable à chaque audience devant la chambre de l'instruction, ce qui revient de nouveau à contraindre les parties à agir rapidement. C'est l'alinéa 1er de l'article 174 du Code de procédure pénale qui prévoit que « Lorsque la chambre de l'instruction est saisie sur le fondement de l'article 173 ou de l'article 221-3, tous moyens pris de nullité de la procédure qui lui est transmise doivent, sans préjudice du droit qui lui appartient de les relever d'office, lui être proposés. À défaut, les parties ne sont plus recevables à en faire état, sauf le cas où elles n'auraient pu les connaître ». Cette règle s'applique à toutes les parties avisées de la date de l'audience où est examinée la régularité d'une procédure (Crim. 30 mai 1996, nº 95-85.954), de sorte qu'il convient, au besoin, par mémoire susceptible d'être déposé jusqu'à la veille de l'audience (Crim. 6 mai 2009, nº 08-88.467 ; Crim. 6 mars 2018, nº 17-84.832), de soulever tous les moyens utiles sur la procédure d'information.

B • Les délais applicables à la phase de jugement

1 • Les effets de la purge des nullités opérée par l'ordonnance de renvoi

Lorsque l'audience de jugement succède à une phase d'instruction, l'ordonnance de renvoi qui saisit la juridiction couvre, s'il en existe, les vices de la procédure antérieure (C. pr. pén., art. 179 et 385). Seules peuvent être dénoncées les imperfections de l'ordonnance elle-même, notamment lorsque celle-ci conduit au renvoi de personnes qui n'ont pas été mises en examen (Crim. 22 oct. 2003, nº 02-83.482).
La chambre criminelle a rejeté le caractère sérieux de la mise en cause constitutionnelle des dispositions précitées, en affirmant que cette purge des nullités « est seulement destinée à éviter une remise en cause tardive de la procédure, qu'elle est justifiée par l'objectif de valeur constitutionnelle de bonne administration de la justice », en ajoutant que « la personne mise en examen et, de façon générale toutes les personnes parties à l'information, disposent du droit de saisir la chambre de l'instruction de requêtes en annulation, cette juridiction ayant le pouvoir de relever d'office tout moyen de nullité à l'occasion de l'examen de la régularité des procédures qui lui sont soumises » (Crim. 27 sept. 2011, nº 11-90.082).
Ces justifications apparaissent discutables pour une personne ayant fait l'objet d'un mandat d'arrêt, faute d'avoir pu être mise en examen durant l'information. La CEDH a d'ailleurs prononcé une condamnation contre la France, pour violation de l'article 6 § 1 de la Conv. EDH, du fait de l'impossibilité, pour une personne mise en examen en fuite, de présenter une requête en nullité devant la juridiction correctionnelle, dès lors que l'intention de se soustraire à la justice n'a pas été établie (CEDH 17 oct. 2012, *A. c/ France*, nº 43353/07). Pour autant, la chambre criminelle n'a pas infléchi sa position

selon laquelle une personne contre qui a été délivré un mandat d'arrêt ne peut échapper à la purge des nullités, en veillant toutefois à évoquer son intention de se soustraire à la justice (Crim. 15 mai 2018, nº 17-82.866).

2 • La nécessité de soulever l'exception de nullité *in limine litis*

Le premier alinéa de l'article 385 du Code de procédure pénale pose la règle bien connue et fondamentale selon laquelle toutes les exceptions, qu'elles visent l'acte de renvoi ou la procédure antérieure, doivent être, à peine de forclusion, présentées avant toute défense au fond.

Selon la Cour de cassation, « la règle édictée par ce texte, selon laquelle les juridictions de jugement n'ont pas qualité pour statuer sur la nullité de la procédure dont elles sont saisies par le renvoi ordonné par le juge d'instruction ou la chambre d'accusation, s'applique à toutes les nullités, même substantielles touchant à l'ordre public, sauf celle affectant la compétence juridictionnelle » (Crim. 7 juin 2000, nº 99-82.788). L'incompétence de la juridiction saisie peut donc être soulevée, exceptionnellement, tout au long de la procédure.

Cette règle a une portée très large en ce qu'elle impose de soulever l'exception de nullité avant que s'engage le moindre débat sur le fond, et donc dès la première instance. Par exemple, cet article a été jugé applicable dans l'hypothèse d'un appel formé contre une ordonnance ayant homologué une peine dans le cadre d'une procédure de reconnaissance préalable de culpabilité, un débat au fond s'étant déjà instauré devant le président du tribunal correctionnel (Crim. 22 févr. 2012, nº 11-82.786).

Toutefois, lorsque n'ayant pas comparu et n'ayant pas fourni d'excuse reconnue valable, les prévenus ont été jugés contradictoirement dans les conditions prévues par l'article 410 du Code de procédure pénale, ils ne peuvent être considérés comme s'étant défendus devant le tribunal, et peuvent donc soulever des exceptions de nullité pour la première fois en cause d'appel (Crim. 30 sept. 2003, nº 03-80.365). Et dans une configuration très particulière, dans laquelle l'ouverture d'une information avait succédé à une décision de « criminalisation » rendue par une cour d'appel statuant en matière correctionnelle, la chambre criminelle a jugé que le mis en examen était recevable à présenter un moyen de nullité que la juridiction de jugement avait quant à elle déclaré irrecevable, faute d'avoir été présenté *in limine litis* (Crim. 4 juin 2014, nº 14-81.097).

Outils de travail

Textes essentiels

C. pr. pén., art. 170 : « En toute matière, la chambre de l'instruction peut, au cours de l'information, être saisie aux fins d'annulation d'un acte ou d'une pièce de la procédure par le juge d'instruction, par le procureur de la République, par les parties ou par le témoin assisté. »

C. pr. pén., art. 173, al. 3 : « Si l'une des parties ou le témoin assisté estime qu'une nullité a été commise, elle saisit la chambre de l'instruction par requête motivée, dont elle adresse copie au juge d'instruction qui transmet le dossier de la procédure au président de la chambre de l'instruction. La requête doit, à peine d'irrecevabilité, faire l'objet d'une déclaration au greffe de la chambre de l'instruction. Elle est constatée et datée par le greffier qui la signe ainsi que le demandeur ou son avocat. Si le demandeur ne peut signer, il en est fait mention par le greffier. Lorsque le demandeur ou son avocat ne réside pas dans le ressort de la juridiction compétente, la déclaration au greffe peut être faite au moyen d'une lettre recommandée avec demande d'avis de réception. Lorsque la personne mise en examen est détenue, la requête peut également être faite au moyen d'une déclaration auprès du chef de l'établissement pénitentiaire. Cette déclaration est constatée et datée par le chef de l'établissement pénitentiaire qui la signe, ainsi que le demandeur. Si celui-ci ne peut signer, il en est fait mention par le chef de l'établissement. Ce document est adressé sans délai, en original ou en copie et par tout moyen, au greffe de la chambre de l'instruction. »

C. pr. pén., art. 173-1 : « Sous peine d'irrecevabilité, la personne mise en examen doit faire état des moyens pris de la nullité des actes accomplis avant son interrogatoire de première comparution ou de cet interrogatoire lui-même dans un délai de six mois à compter de la notification de sa mise en examen, sauf dans le cas où elle n'aurait pu les connaître. Il en est de même s'agissant des moyens pris de la nullité des actes accomplis avant chacun de ses interrogatoires ultérieurs.

Il en est de même pour le témoin assisté à compter de sa première audition puis de ses auditions ultérieures.

Il en est de même pour la partie civile à compter de sa première audition puis de ses auditions ultérieures. »

C. pr. pén., art. 174, al. 1er : « Lorsque la chambre de l'instruction est saisie sur le fondement de l'article 173, tous moyens pris de nullité de la procédure qui lui est transmise doivent, sans préjudice du droit qui lui appartient de les relever d'office, lui être proposés. À défaut, les parties ne sont plus recevables à en faire état, sauf le cas où elles n'auraient pu les connaître. »

C. pr. pén., art. 175 : « III.- Dans un délai de quinze jours à compter soit de chaque interrogatoire ou audition réalisé au cours de l'information, soit de l'envoi de l'avis prévu au I du présent article, les parties peuvent faire connaître au juge d'instruction, selon les modalités prévues à l'avant-dernier alinéa de l'article 81, qu'elles souhaitent exercer l'un ou plusieurs des droits prévus aux IV et VI du présent article.

IV.- Si elles ont indiqué souhaiter exercer ces droits dans les conditions prévues au III, les parties disposent, selon les cas mentionnés au II, d'un même délai d'un mois ou de trois mois à compter de l'envoi de l'avis prévu au I pour :

1° Adresser des observations écrites au juge d'instruction, selon les mêmes modalités ; copie de ces observations est alors adressée en même temps au procureur de la République ;

2° Formuler des demandes ou présenter des requêtes, selon les mêmes modalités, sur le fondement du neuvième alinéa de l'article 81, des articles 82-1 et 82-3, du premier alinéa de l'article 156 et du troisième alinéa de l'article 173, sous réserve qu'elles ne soient pas irrecevables en application des articles 82-3 et 173-1.

À l'expiration du délai mentionné au II du présent article, les parties ne sont plus recevables à adresser de telles observations ou à formuler ou présenter de telles demandes ou requêtes.

V.- Si les parties ont adressé des observations en application du 1° du IV, le procureur de la République dispose d'un délai de dix jours si une personne mise en examen est détenue ou d'un mois dans les autres cas pour adresser au juge d'instruction des réquisitions complémentaires à compter de la date à laquelle ces observations lui ont été communiquées.

VI.- Si les parties ont indiqué qu'elles souhaitaient exercer ce droit conformément au III, elles disposent d'un délai de dix jours si une personne mise en examen est détenue ou d'un mois dans les autres cas pour adresser au juge d'instruction des observations complémentaires à compter de la date à laquelle les réquisitions leur ont été communiquées. »

C. pr. pén., art. 385 : « Le tribunal correctionnel a qualité pour constater les nullités des procédures qui lui sont soumises sauf lorsqu'il est saisi par le renvoi ordonné par le juge d'instruction ou la chambre de l'instruction.

Toutefois, dans le cas où l'ordonnance ou l'arrêt qui l'a saisi n'a pas été porté à la connaissance des parties dans les conditions prévues, selon le cas, par le quatrième alinéa de l'article 183 ou par l'article 217, ou si l'ordonnance n'a pas été rendue conformément aux dispositions de l'article 184, le tribunal renvoie la procédure au ministère public pour lui permettre de saisir à nouveau la juridiction d'instruction afin que la procédure soit régularisée.

Lorsque l'ordonnance de renvoi du juge d'instruction a été rendue sans que les conditions prévues par l'article 175 aient été respectées, les parties demeurent recevables, par dérogation aux dispositions du premier alinéa, à soulever devant le tribunal correctionnel les nullités de la procédure.

Lorsque la procédure dont il est saisi n'est pas renvoyée devant lui par la juridiction d'instruction, le tribunal statue sur les exceptions tirées de la nullité de la procédure antérieure.
La nullité de la citation ne peut être prononcée que dans les conditions prévues par l'article 565.
Dans tous les cas, les exceptions de nullité doivent être présentées avant toute défense au fond. »
C. pr. pén., art. 802 : « En cas de violation des formes prescrites par la loi à peine de nullité ou d'inobservation des formalités substantielles, toute juridiction, y compris la Cour de cassation, qui est saisie d'une demande d'annulation ou qui relève d'office une telle irrégularité ne peut prononcer la nullité que lorsque celle-ci a eu pour effet de porter atteinte aux intérêts de la partie qu'elle concerne. »
C. pr. pén., art. 802-2 : « Toute personne ayant fait l'objet d'une perquisition ou d'une visite domiciliaire en application des dispositions du présent code et qui n'a pas été poursuivie devant une juridiction d'instruction ou de jugement au plus tôt six mois après l'accomplissement de cet acte peut, dans un délai d'un an à compter de la date à laquelle elle a eu connaissance de cette mesure, saisir le juge des libertés et de la détention d'une demande tendant à son annulation.
La requête est formée par déclaration au greffe de la juridiction où la procédure a été menée ou, à défaut, de la juridiction dans le ressort de laquelle la mesure a été réalisée. Dans le second cas, elle est transmise sans délai à la juridiction ayant suivi la procédure. Elle n'a aucun effet suspensif sur l'enquête ou l'instruction en cours.
Le juge statue, dans le mois suivant la réception de la requête, après avoir recueilli les observations écrites du procureur de la République, du requérant et, le cas échéant, de son avocat. Si les nécessités de l'enquête le justifient, le procureur de la République peut, par réquisitions écrites, demander au juge des libertés et de la détention de se prononcer dans un délai de huit jours. Le juge statue par une ordonnance motivée susceptible d'appel, dans un délai de dix jours à compter de sa notification, devant le président de la chambre de l'instruction.
Si la perquisition est intervenue à l'occasion d'une procédure pour laquelle des poursuites ont été engagées à l'encontre d'autres personnes que celle ayant formé la demande d'annulation, celle-ci est transmise par le juge des libertés et de la détention soit au président de la chambre de l'instruction lorsqu'une instruction est en cours, soit au président de la juridiction de jugement lorsque celle-ci est saisie.
Dans le cadre des recours examinés conformément aux troisième et avant-dernier alinéas, le requérant ne peut prétendre qu'à la mise à disposition des seules pièces de la procédure se rapportant à la perquisition qu'il conteste. »

Jurisprudences essentielles

Crim. 27 sept. 2011, n° 11-90.082 : la question prioritaire de constitutionnalité mettant en cause la purge des nullités résultant de l'ordonnance de renvoi ne présente pas de caractère sérieux, dès lors qu'elle est seulement destinée à éviter une remise en cause tardive de la procédure, qu'elle est justifiée par l'objectif de valeur constitutionnelle de bonne administration de la justice, et que la personne mise en examen et, de façon générale toutes les personnes parties à l'information, disposent du droit de saisir la chambre de l'instruction de requêtes en annulation, cette juridiction ayant le pouvoir de relever d'office tout moyen de nullité à l'occasion de l'examen de la régularité des procédures qui lui sont soumises.
Crim. 12 févr. 2012, n° 11-84.694 : seul le gardé à vue peut soulever la nullité de sa garde à vue.
Crim. 15 déc. 2015, n° 15-82.013 : un mis en examen peut solliciter l'annulation d'interrogatoires d'autres mis en examen lorsqu'il invoque la déloyauté d'actes accomplis par le juge d'instruction.
Crim. 20 juin 2018, n° 17-86.657 : le demandeur à la nullité est recevable à proposer des moyens tirés de l'irrégularité d'actes accomplis dans une information à laquelle il n'est pas partie et qui ont été versés à la procédure, lorsqu'il invoque une atteinte à l'un de ses droits qui aurait été commise dans la procédure distincte ou que les pièces versées sont susceptibles d'avoir été illégalement recueillies.

Pour aller plus loin

H. Matsopoulou, « Un revirement jurisprudentiel défavorable à l'admission d'une demande d'annulation d'une audition en garde à vue », *D.* 2012. 779.
C. Guéry, « Nullité de procédure portant indirectement atteinte aux intérêts du requérant : état des lieux », *D.* 2014. 1460.
S. Fucini, « Nullités de procédure : état des lieux de la jurisprudence de la chambre criminelle », *AJ pénal* 2018. 359.

La célérité de la réponse pénale

« Plus le châtiment sera prompt, plus il suivra de près le crime qui a été commis et plus il sera juste et utile ». C'est en ces termes que Beccaria pose les impératifs de la réponse pénale. Le principe de célérité n'est jamais employé dans les dispositions procédurales, sauf à puiser dans les articles 5 § 3 et 6 § 1 de la Conv. EDH, ou encore dans l'article 14 § 3 du Pacte international relatif aux droits civils et politiques. Le terme vient du latin *celeritas*, de *celer* qui signifie rapidité à agir. Pradel affirme que cette notion donne au procès pénal « un rythme aussi rapide que possible, sans porter atteinte aux principes fondamentaux ». Ne se confondant ni avec l'urgence ni avec le délai raisonnable, la célérité serait la rapidité maîtrisée au service de l'efficacité et de la qualité de la justice. On la retrouve ainsi dans la loi n° 2016-731 du 3 juin 2016 qui entend à « améliorer l'efficacité et les garanties de la procédure pénale », et plus récemment dans la loi n° 2019-222 du 23 mars 2019. La célérité embrasse tout le procès pénal, tant la réponse pénale dont elle est le vecteur s'entend, dans une acception large, de l'ouverture d'une enquête, qu'au déclenchement des poursuites puisque la réponse pénale n'en constitue pas moins une réaction de la société devant une infraction commise.

Avec le développement des procédures accélérées, la phase de jugement apparaît comme un terrain privilégié où les droits de l'individu sont particulièrement exposés. L'objectif de célérité souffre ainsi d'un paradoxe selon qu'il est perçu comme un critère d'appréciation de la qualité de la justice ou comme un obstacle à son amélioration. Cette course effrénée « contre le temps » est telle qu'elle en vient à dévoyer la célérité de sa fonction protectrice originelle des droits et libertés individuels (II), pour privilégier la pleine expression de l'efficacité répressive (I).

I • La célérité, expression de l'efficacité répressive

L'efficacité répressive est portée par la célérité de la réponse pénale tant au stade de l'enquête (A) qu'au stade du jugement (B).

A • La célérité au stade de l'enquête

La célérité s'impose dès la phase préparatoire, en ce qu'elle permet d'apprécier la réponse pénale qu'il conviendra de donner en termes d'opportunité des poursuites. Pour ce faire, il importe de faire diligence dans la recherche des preuves car, avec le temps, les preuves dépérissent, les indices s'effacent, les témoins oublient ou leurs mémoires deviennent relatives, voire sélectives. À cet égard, la prescription de l'action publique veille, excluant par principe toute poursuite au-delà d'un certain délai.

Et il peut être procédé avec d'autant plus de rapidité que les faits sont d'une relative simplicité. À cet égard, et suivant la gravité de l'infraction, les enquêtes de police apparaissent comme le terrain privilégié de la célérité, là où l'instruction requiert, par hypothèse, plus de temps dans l'administration de la preuve compte tenu de la complexité et/ou de la gravité des faits.

Célérité imposée, l'urgence est relayée sur le terrain procédural par l'enquête de flagrance. Portée par la terminologie de cette enquête (du latin *flagrare*, brûler), comme par ses conditions d'ouverture (C. pr. pén., art. 53), l'urgence en gouverne le régime juridique en permettant une administration coercitive de la preuve. Elle est donc strictement encadrée temporellement en ne pouvant excéder huit jours renouvelables une fois sous conditions (C. pr. pén., art. 53, al. 2). Au-delà, sauf à ouvrir une information judiciaire, l'enquête de flagrance devra se poursuivre sous la forme préliminaire. Bien que celle-ci ne soit pas circonscrite temporellement, il n'en demeure pas moins que les policiers doivent faire état de son avancement, lorsqu'elle est commencée depuis plus de six mois (C. pr. pén., art. 75-2, al. 2), même s'il est vrai que cette obligation n'est pas sanctionnée.

Célérité recherchée, le traitement en temps réel (TTR) prend ensuite le relais afin de mettre en phase le « temps policier » et le « temps parquetier » pour une réponse pénale appropriée mais surtout instantanée.

En pratique, dès qu'une enquête paraît achevée, le service de police ou de gendarmerie joint par téléphone le représentant du Parquet et lui rend compte de l'affaire. S'il estime effectivement que l'affaire est en état, le magistrat du Parquet apprécie alors le traitement qui lui sera appliqué. Selon les circonstances, le Parquet choisira de :

- classer l'affaire ;
- mettre en œuvre une procédure alternative aux poursuites ;
- ou opter pour un mode de poursuites.

Le TTR raccourcit ainsi le délai entre la fin de l'enquête et la décision judiciaire. Quelquefois, comme dans les cas de déferrements aux fins de mise en œuvre d'une comparution immédiate, par procès-verbal ou de présentation devant le juge d'instruction, il y a une certaine rapidité dans l'enchaînement des phases en raison des délais imposés par la procédure.

La célérité peut toutefois être entravée par la complexité des faits, ou leur gravité, qui requièrent un traitement procédural dédié au sein d'une information judiciaire. La lourdeur structurelle inhérente à cette procédure, aggravée par la collégialité prochaine d'une instruction qui se fait à deux niveaux, ne vient qu'ajouter à cet état de fait. C'est pourquoi, l'instruction doit demeurer un domaine réservé, afin que le temps ne serve d'autres intérêts que la stricte manifestation de la vérité et la protection des droits de l'individu.

À cet égard, le législateur a entendu lutter contre les plaintes avec constitution de partie civile abusives en faisant de la saisine préalable du Parquet un passage obligé en matière délictuelle (C. pr. pén., art. 85) et du domaine contraventionnel, une zone d'exclusion. Ainsi, gagne-t-on du temps en ne laissant pas d'emprise à ceux qui veulent rechercher, dans le sursis à statuer fondé sur l'adage « le criminel tient le civil en l'état » (C. pr. pén., art. 4), une instrumentalisation de la procédure pénale à des fins dilatoires. Quintessence de la résistance devant les constitutions de parties civiles abusives, le juge d'instruction peut, sur réquisitions du ministère public, rendre une ordonnance de non-lieu *ab initio* (C. pr. pén., art. 86, al. 4). La célérité est ainsi préservée.

Elle l'est d'autant que la loi du 23 mars 2019 précise que le procureur de la République peut demander au juge d'instruction un délai supplémentaire de trois mois, pour permettre la poursuite des investigations avant de faire connaître ses réquisitions ; la décision du juge d'instruction constituant une mesure d'administration judiciaire insusceptible de recours (C. pr. pén., art. 86).

L'article 86 est également modifié en ce qui concerne le dépôt de plainte avec constitution de partie civile. Il est prévu que lorsque les investigations réalisées au cours de l'enquête effectuée, à la suite de la plainte déposée conformément au deuxième alinéa de l'article 85, ont permis d'établir qu'une personne majeure mise en cause pour les faits de nature délictuelle reprochés par la victime pourrait faire l'objet de poursuites, mais que l'action publique n'a pas été mise en mouvement par le procureur de la République, celui-ci peut également requérir du juge d'instruction de rendre une ordonnance de refus

d'informer, tout en invitant la partie civile à engager des poursuites par voie de citation directe. Dans ce cas, l'article 392-1 du Code de procédure pénale précise que la consignation versée par la partie civile, dans le cadre de son dépôt de plainte avec constitution de partie civile, vaut consignation dans le cadre de la citation directe.
La célérité peut se manifester aussi, au cours de l'instruction, dans la délivrance des commissions rogatoires que le juge d'instruction peut largement consentir pour s'adjoindre l'assistance des services de police ou de gendarmerie et s'affranchir ainsi de la réalisation des actes les plus chronophages. La célérité est surtout garantie par l'obligation faite au juge d'instruction de prévoir un délai prévisible d'achèvement de la procédure (v. notamment, C. pr. pén., art. 116). Elle est d'ailleurs à ce point recherchée par le juge d'instruction qu'il peut recourir à la correctionnalisation judiciaire, issue de la pratique avant d'être consacrée par la loi Perben II du 9 mars 2004 aux articles 186-3 et 469, alinéa 4, du Code de procédure pénale. De même, il peut décider du renvoi de l'affaire au procureur de la République aux fins de mise en œuvre soit d'une comparution sur reconnaissance préalable de culpabilité (C. pr. pén., art. 180-1), soit d'une convention judiciaire d'intérêt public (C. pr. pén., art. 180-2).

B • La célérité au stade du jugement

La célérité se poursuit au stade du jugement selon que l'on souhaite s'en affranchir ou le simplifier.
Par l'évitement du procès, nul ne saurait aller plus vite en apportant ainsi une réponse pénale par défaut qui, loin des *a priori* selon lesquels elle serait nécessairement subie, peut-être choisie par les parties. Évidemment, elle est subie lorsqu'elle procède d'un classement sans suite pur et simple, lequel avait largement cours, avant qu'il ne soit encadré par la loi du 9 mars 2004, pour des motifs d'opportunité (par ex. trouble ou préjudice peu important causé par l'infraction).
Le développement des mesures alternatives par les lois du 4 janvier 1993 et du 23 juin 1999 offre désormais au ministère public une palette de réponses judiciaires suffisamment large pour réduire considérablement le recours au classement sans suite « sec ». Aussi, dans cette perspective, elle peut être choisie dès lors que de telles mesures, alternatives-réparation (C. pr. pén., art. 41-1), convention judiciaire d'intérêt public (C. pr. pén., art. 41-1-2) ou alternatives-sanction (C. pr. pén., art. 41-2 et 41-3-1 A pour les personnes morales), requièrent l'accord de l'intéressé pour être menées à bien. Ces mesures peuvent, dans le cadre d'une médiation pénale, pleinement associer la victime, ce qui constitue un gain de temps évident puisque ces modes consensuels de règlement des conflits évitent le recours au juge.
Dans un objectif d'accélération de la procédure, la loi du 23 mars 2019 a souhaité étendre l'amende forfaitaire délictuelle. Elle sera désormais possible pour des délits tels que la vente non autorisée d'alcool, l'usage de produits stupéfiants, la vente à la sauvette, le transport routier avec une carte non conforme ou encore l'occupation en réunion des halls d'immeuble.
Le Conseil constitutionnel a approuvé les mesures relatives à l'amende forfaitaire délictuelle, qui mettent fin à l'action publique sans décision juridictionnelle, dès lors que la peine d'amende ne peut excéder le seuil des peines contraventionnelles, qu'elle ne s'applique pas aux délits punis d'une peine d'emprisonnement supérieure à trois ans (Cons. const. 21 mars 2019, nº 2019-778 DC, § 252) et que la peine minimale d'amende ne soit pas supérieure à la moitié du plafond de 3 000 euros (même décision, § 258).
Le consensualisme de la réponse pénale permet aussi la simplification du procès par la mise en œuvre de la comparution sur reconnaissance préalable de culpabilité (CRPC) qui permet inéluctablement de gagner en célérité, dès lors que l'accusation et la défense se sont entendues sur le principe de la culpabilité et de la pénalité conformément aux articles 495-7 et suivants du Code de procédure pénale. Aussi,

le législateur entend-il promouvoir cette contractualisation du procès pénal en l'étendant, depuis la loi du 13 décembre 2011, à tous les délits et non plus seulement aux infractions d'une durée inférieure ou égale à cinq ans d'emprisonnement.

Dès lors, le traitement rapide des affaires correctionnelles devient le principe, nonobstant la gravité de l'infraction, étant précisé qu'il peut désormais être proposé une peine allant jusqu'à trois ans d'emprisonnement, sans pouvoir toutefois excéder la moitié de la peine encourue (loi du 23 mars 2019). En ce qu'elle est choisie, si ce n'est négociée, cette célérité échapperait à la critique, puisqu'elle deviendrait alors l'affaire des parties.

Il n'en va pas autrement s'agissant du «TGV de la procédure pénale», la comparution immédiate, permettant un jugement instantané, pour ne pas dire expéditif, de certains délits. Alors qu'elle devait être réservée au jugement « des flagrants délits », ainsi qu'en atteste sa dénomination originelle issue de la loi du 20 mai 1863, cette procédure a été plus largement ouverte par la loi du 9 septembre 1986 à l'ensemble des affaires délictuelles en état d'être jugées, conformément aux articles 395 et suivants du Code de procédure pénale. Le procureur de la République peut désormais décider de fixer à la même audience les précédentes poursuites dont est saisi le tribunal correctionnel. En tout état de cause, le prévenu est retenu jusqu'à sa comparution qui doit intervenir « le jour même » de son déferement, la Cour de cassation ayant précisé que cette comparution ne saurait être comprise comme la nécessité de juger impérativement avant minuit, mais comme celle de comparaître au cours de l'audience considérée, quand bien même celle-ci se terminerait après minuit en raison de contraintes diverses (Crim. 12 janv. 2021, nº 20-80.259).

Le Conseil constitutionnel a précisé que, dans un tel cas, le tribunal correctionnel doit avoir la possibilité de « renvoyer les seules affaires pour lesquelles le prévenu ne consent pas à être jugé séance tenante ou qui n'apparaissent pas au tribunal en l'état d'être jugées » (Cons. const. 21 mars 2019, nº 2019-778 DC, § 284). La critique tient toutefois à ce que la célérité se fait ici au détriment de la préparation du dossier et donc de l'exercice des droits de la défense qui supposent un temps pour pleinement s'exprimer. Certes, nul ne peut être jugé dans de telles conditions s'il n'y consent expressément, mais ce consentement peut être entravé par des menaces de la part des enquêteurs de prendre des mesures restrictives, voire privatives de liberté, si un délai était sollicité (contrôle judiciaire, placement sous surveillance électronique mobile, détention provisoire).

Il est plus encore une procédure permettant de s'affranchir du consentement de la personne pour la juger dans un bref délai : l'ordonnance pénale. Sur l'autel de la célérité, le principe du contradictoire sera sacrifié, même s'il pourra être rétabli par la voie de l'opposition. Initialement circonscrite aux infractions routières, en sus de l'amende forfaitaire, cette procédure a été considérablement étendue, depuis les lois du 13 décembre 2011 et du 23 mars 2019, à nombre de délits parmi lesquels les plus courants (v. C. pr. pén., art. 495). Là encore, la célérité semble primer sur des principes pourtant directeurs de la matière.

La matière criminelle n'échappe pas à la dynamique avec la création d'une cour criminelle permettant un jugement simplifié, par un président et quatre assesseurs, des crimes punis de quinze ou de vingt ans de réclusion criminelle, lorsque l'accusé n'est pas en état de récidive légale. Pour l'heure, cette cour n'existera à titre expérimental que dans deux à dix départements pour une durée de trois ans (v. dernièrement arrêté du 2 mars 2020 *portant extension de l'expérimentation de la cour criminelle*).

Paradoxalement, la célérité asservit bien plus les droits et libertés individuels qu'elle ne les sert, alors qu'elle avait été initialement envisagée pour ses vertus protectrices. Il faut dire qu'en devenant une fin plus qu'un moyen, cette notion a été considérablement dévoyée de ses perspectives initiales.

II • La célérité, fonction de protection des droits et libertés individuels

La célérité traduit les droits et libertés individuels qu'il convient de porter juridiquement au premier plan pour les protéger, tant au stade de l'enquête (A) qu'au stade du jugement (B).

A • La célérité au stade de l'enquête

Afin de veiller à ce que les droits et libertés individuels ne soient pas trop éprouvés, le législateur fixe, tantôt l'intervalle de temps pendant lequel ces mesures peuvent être effectuées (en ce sens, v. C. pr. pén., art. 59), tantôt le temps pour modérer les atteintes aux libertés individuelles résultant inévitablement des investigations diligentées (pour le dernier ex., v. C. pr. pén., art. 230-33 à 230-35). La célérité s'impose d'autant plus que ces mesures sont attentatoires aux libertés individuelles, notamment lorsqu'elles engagent la liberté d'aller et venir.

À cet égard, il a été posé, en matière de détention provisoire, une exigence de « délai raisonnable » au regard de la gravité des faits reprochés à la personne mise en examen et de la complexité des affaires nécessaire à la manifestation de la vérité (C. pr. pén., art. 144-1) étant précisé que l'attitude de la personne poursuivie est aussi prise en compte. Si le juge dispose de la faculté de mettre d'office fin à la détention provisoire, dès lors que les conditions résultant de cet article ne sont plus remplies, la personne privée de liberté dispose de moyens juridiques tout aussi efficaces en termes de célérité.

Ainsi, en est-il de la procédure de référé-liberté, prévue aux articles 187-1 et suivants du Code de procédure pénale, qui permet que l'appel soit interjeté au plus tard le jour suivant la décision de placement devant le président de la chambre de l'instruction, afin qu'il examine « immédiatement » l'appel, sans attendre l'audience de la chambre de l'instruction.

En tout état de cause, la durée de placement en détention provisoire est strictement encadrée, étant précisé que si le JLD entend la prolonger, il devra préciser, outre les conditions posées par l'article 144 du Code de procédure pénale, « les indications particulières qui justifient en l'espèce la poursuite de l'information et le délai prévisible d'achèvement de la procédure » (C. pr. pén., art. 145-3). L'exigence de célérité porte donc aussi sur la durée de la procédure à laquelle les parties peuvent veiller en demandant, à l'expiration du délai prévisible d'achèvement de l'information, la clôture de la procédure dans les conditions posées par l'article 175-1 du Code de procédure pénale.

Comme toute mesure de contrainte, la garde à vue doit aussi respecter cette exigence de nécessité et de proportionnalité (C. pr. pén., art. préliminaire). Aussi, ses délais sont-ils strictement encadrés par la loi en ne pouvant excéder par principe 24 heures renouvelables une fois sous conditions, étant précisé qu'en matière dérogatoire la mesure peut être régulièrement prolongée jusqu'à 144 heures.

En tout état de cause, conformément aux exigences européennes, dès lors qu'une personne est privée de liberté, elle doit être « aussitôt » présentée devant un juge ou un magistrat habilité à exercer des fonctions judiciaires (Conv. EDH, art. 5 § 3). Autant dire que cette exigence de célérité a fait trembler le Parquet en soufflant sur son statut et, plus largement, sur la procédure pénale française dont on peut douter de la conventionnalité à certains égards (v. CEDH, gr. ch., 29 mars 2010, *Medvedyev et autres c/ France*, n° 3394/03 et CEDH 23 nov. 2010, *Moulin c/ France*, n° 37104/06).

Si le temps contribue à protéger les libertés individuelles, il veille également à rendre effectif les droits de la défense qui ne présentent d'intérêts que s'ils sont aménagés dans le temps. Ainsi, en va-t-il pêle-mêle de :

– la notification « immédiate » des droits de la personne gardée à vue (C. pr. pén., art. 63-1) et nouvellement de ceux du « suspect libre » (C. pr. pén., art. 61-1) ;

– du droit d'être assisté par un avocat « dès le début de la garde à vue » (C. pr. pén., art. 63-3-1) ;
– de faire prévenir un proche ou son employeur dans un « délai de trois heures » (C. pr. pén., art. 63-2) ;
– ou d'être examiné par un médecin dans le même délai (C. pr. pén., art. 63-3), etc.

Nombreuses sont ainsi les expressions de la célérité garantissant une protection effective des droits laquelle ne saurait se limiter à la phase préalable, pour gouverner également la phase de jugement.

B • La célérité au stade du jugement

Toute personne, à l'encontre de laquelle une accusation pénale est portée, a droit à ce que sa cause soit jugée dans un délai raisonnable (art. 14 du Pacte international relatif aux droits civils et politiques, art. 6 § 1 Conv. EDH et art. 47, al. 2, de la Charte des droits fondamentaux de l'Union européenne). C'est la traduction juridique de l'adage anglais, « *justice delayed, justice denied* », ou français, « justice rétive, justice fautive ». Cela profite à tous et notamment à la personne poursuivie qui ne demeure pas trop longtemps dans l'incertitude de la solution qui sera réservée à l'accusation pénale portée contre lui.

D'ailleurs, c'est précisément à ce stade que la défense trouvera pleinement à s'exprimer, après avoir été cantonnée dans un rôle relativement passif au stade de la phase préalable (notamment lorsqu'elle consiste, comme dans la majorité des cas, en une enquête de police).

Le comportement des parties ne sera donc pas sans incidence sur la célérité de la phase de jugement, selon qu'elles sollicitent un renvoi de l'affaire à une date ultérieure (v. par ex. C. pr. pén., art. 388-4) ou un supplément d'information si ce n'est un renvoi de l'affaire au procureur de la République afin que celui-ci requiert l'ouverture d'une information (v. par ex. C. pr. pén., art. 394).

Aussi dans le cadre de sa stratégie de défense, la personne poursuivie peut être amenée à déposer une question prioritaire de constitutionnalité aboutissant, si elle devait être transmise, à un sursis à statuer dans l'attente du retour de la décision de la Cour de cassation ou du Conseil constitutionnel.

En revanche, depuis l'entrée en vigueur du Code pénal de 1994, point n'est désormais besoin pour le juge pénal de solliciter son homologue pour l'interprétation d'un acte administratif, dès lors que le juge de l'action est le juge de l'exception. Afin de ne pas perturber le déroulement du procès, les exceptions de procédure, en ce compris les nullités, sont examinées *in limine litis*, libre au tribunal de « joindre l'incident au fond ».

L'affaire ainsi plaidée, vient le temps du délibéré qui ne peut qu'être perçu comme insupportable pour les parties, un temps d'oubli pour les avocats, mais un temps de réflexion pour le juge car rares sont les jugements rendus sur le siège. À ce temps vient encore s'ajouter celui de la motivation pour laquelle il n'est désormais plus posé d'exception. Quant aux délais de transmission des documents, ils apparaissent en pratique comme des temps inutiles, combattus grâce aux nouveaux modes de communication électroniques (v. par ex., le réseau privé virtuel des avocats).

Ce n'est qu'ensuite qu'il peut être utilement fait usage des voies de recours, lesquelles allongent d'autant la phase de jugement, quoique la voie de l'appel demeure par principe exclue en matière contraventionnelle et le pourvoi peut être déclaré non-admis s'il fait l'objet d'un filtrage par la Cour de cassation ou, inversement, examiné en urgence.

Force est de constater que la célérité est plus relative à un stade où l'expression des droits doit équivaloir à la recherche de la manifestation de la vérité afin que la justice se place dans un juste équilibre entre la promptitude du châtiment et celle du jugement.

Conscient de ces enjeux, l'accélération du procès pénal ralentit là où la temporisation du procès pénal s'accélère par la consécration, à l'instar des mineurs (ord. n° 45-174 du 2 févr., 1945, art. 24-5 s.), de la césure pénale aux termes de la loi n° 2014-896 du 15 août 2014 *relative à l'individualisation des peines et renforçant l'efficacité des sanctions pénales* (C. pr. pén., art. 132-70-1 s.).

Outils de travail

Textes essentiels

C. pr. pén., art. préliminaire et 144-1.
Conv. EDH, art. 5 § 3 et 6 § 1.

Jurisprudences essentielles

CEDH 23 nov. 2010, *Moulin c/ France,* nº 37104/06 : la CEDH condamne la France pour violation de l'article 5 § 3 de la Convention, la requérante ayant été présentée à un « juge ou un autre magistrat habilité par la loi à exercer des fonctions judiciaires » plus de cinq jours après son arrestation et son placement en garde à vue.

Crim. 24 avr. 2013, nº 12-82.863 : il se déduit des articles préliminaires du Code de procédure pénale et 6 § 1 de la Conv. EDH que, si la méconnaissance du délai raisonnable peut ouvrir droit à réparation, elle est sans incidence sur la validité des procédures.

Pour aller plus loin

F. Debove, « La justice pénale instantanée, entre miracles et mirages », *Dr. pénal* 2006, nº 11, Étude 19.
J. Danet, R. Brizais et S. Lorvellec, « La célérité de la réponse pénale », *AJ pénal* 2013. 576.
H. Vlamynck, « La procédure de comparution immédiate, vitesse ou précipitation », *AJ pénal* 2011. 10.
C. Miansoni, « La nature juridique du traitement en temps réel des procédures pénales », *AJ pénal* 2012. 152.

Le point de départ du délai de prescription de l'action publique

La prescription de l'action publique correspond à l'impossibilité d'exercer des poursuites au terme de l'écoulement d'un certain temps suivant la commission d'une infraction (C. pr. pén., art. 6, al. 1er). Or, ce principe fondamental de notre procédure pénale repose sur des fondements traditionnels dont on a pu constater le déclin. D'une part, le principe du « droit à l'oubli » est ébranlé par le degré de gravité de certaines infractions. D'autre part, les évolutions relatives à l'utilisation des nouvelles technologies et de la science, dans les procédures judiciaires, qui permettent une identification plus tardive des suspects, interrogent le fondement prétendu du dépérissement des preuves.

La tendance est donc au retardement de la réalisation de cette cause d'extinction de l'action publique. Elle prend une double forme : un rallongement des délais et un report du point de départ de ces délais. En principe, le délai de prescription de l'action publique court « à compter du jour où l'infraction a été commise » (C. pr. pén., art. 7). Mais face aux limites répressives inévitables de cette règle posée par la loi, un régime jurisprudentiel *contra legem* s'est installé. Sont ainsi, au fil du temps, apparues de nombreuses exceptions attachées à telle ou telle infraction et justifiées de manière plus ou moins convaincante par leurs spécificités matérielles. Selon le rapport du Sénat n° 2778 du 20 mai 2015 sur la prescription en matière pénale, « simple à l'origine, le droit de la prescription a progressivement perdu de sa clarté en raison du foisonnement des dispositions dérogatoires au droit commun et de l'instabilité du cadre juridique applicable à la détermination du point de départ du délai ». Le législateur est intervenu avec la loi n° 2017-242 du 27 février 2017 *portant réforme de la prescription en matière pénale*. Outre le doublement général des délais de prescription (à l'exception des contraventions), il a consacré les exceptions prétoriennes au principe de fixation du point de départ du délai de prescription au jour de la commission de l'infraction, de sorte que les principales règles se trouvent désormais définies aux articles 7 et suivants du Code de procédure pénale. La matérialité de l'infraction demeure l'élément de référence pour la détermination de ce point de départ du délai (I). Toutefois, à des fins de pragmatisme, des considérations extérieures à celle-ci sont prises en compte (II).

I • Le point de départ du délai de prescription de l'action publique classiquement déterminé par référence à la matérialisation de l'infraction

Le point de départ du délai de prescription de l'action publique s'entend du jour où les éléments constitutifs de l'infraction sont tous réunis. Eu égard à la spécificité de l'intention qui n'est, faute de concrétisation autonome, pas utile sur ce terrain, c'est à l'élément matériel qu'il convient de s'intéresser. La nature de l'infraction (instantanée, complexe, d'habitude et de résultat) doit être prise en compte (A). C'est parfois en jouant sur cette matérialité, et grâce à des constructions juridiques inédites, que le juge parvient à repousser le point de départ du délai de prescription (B).

A • Une application à géométrie variable dépendant de la nature de l'infraction

On peut principalement distinguer selon que l'infraction s'exécute en un trait de temps (1) ou s'inscrit dans la durée (2), la Cour de cassation étant généralement respectueuse de cette circonstance lorsqu'il s'agit de fixer le point de départ du délai de prescription.

1 • L'application du principe aux infractions s'exécutant en un trait de temps

Les infractions instantanées sont constituées par une exécution matérielle en un trait de temps unique par lequel la volonté de l'auteur s'éteint dès lors que l'infraction est consommée. Le principe est *a priori* mis en œuvre aisément pour ce type d'infractions. C'est le cas de nombreuses infractions simples telles que :

– le délit de faux (C. pén., art. 441-1 ; Crim. 19 mai 2004, n° 03-82.329) ;

– le faux témoignage (C. pén., art. 434-13) dont le délai « commence à courir du jour où la déposition a été faite » (Crim. 17 déc. 2002, n° 02-81.424) ;

– ou encore le vol (C. pén., art. 311-1 ; Crim. 19 déc. 1956, n° 53-01.024).

Sont aussi concernées certaines infractions d'omission telles que :

– la non-assistance à personne en danger (C. pén., art. 223-6 ; Crim. 17 sept. 1997, n° 96-84.972) ;

– ou la non-notification de changement de domicile dans le cadre d'une garde partagée (C. pén., art. 227-6 ; Crim. 11 sept. 2002, n° 01-85.659).

Il convient de faire entrer dans le champ des infractions instantanées la sous-catégorie des infractions dites permanentes, constituées par l'exécution d'un seul acte matériel, mais dont les effets perdurent. En effet, le point de départ du délai de prescription des infractions permanentes est également fixé au jour de la commission de l'infraction, malgré la persistance de ses effets. L'exemple typique est celui du délit de bigamie (C. pén., art. 433-20), dont le point de départ du délai de prescription est fixé au jour où l'acte du second mariage est contracté, alors que la situation délictueuse se prolonge tant que le divorce n'est pas prononcé pour l'un des deux mariages (Crim. 5 févr. 1963, n° 59-94.033 ; Crim. 12 avr. 1983, n° 82-91.088).

D'autres infractions entrent dans le champ de cette qualification, telles que :

– la diffamation en matière de presse écrite conformément à l'article 65 de la loi du 29 juillet 1881 *sur la liberté de la presse* ;

– mais aussi les infractions en matière de presse numérique (Crim. 30 janv. 2001, n° 00-83.004 ; Crim. 16 oct. 2001, n° 00-85.728) pour lesquelles le délai est fixé à la date de la première publication en ligne.

En présence d'une infraction qui n'est pas « simple », en ce que sa matérialité se compose de plusieurs éléments (soit identiques dans le cas d'une infraction d'habitude, soit différents dans le cas d'une infraction complexe), le délai de prescription de l'action publique ne commence à courir qu'à partir du dernier acte, quelle que soit la date à laquelle ont été commis les actes précédents. Il en va ainsi, par exemple :

– du harcèlement moral (C. pén., art. 222-33-2) qui suppose des agissements répétés (Crim. 19 juin 2019, n° 18-85.725) ;

– ou de l'extorsion (C. pén., art. 312-1) qui suppose un acte violent ou l'exercice de la contrainte, d'une part, et la remise de la chose extorquée, d'autre part.

Enfin, lorsque le dommage causé fait partie de la matérialité de l'infraction, il faut attendre la réalisation de celui-ci pour faire courir le délai de prescription ; quand bien même le comportement de l'auteur aurait été réalisé plusieurs semaines ou mois auparavant. C'est notamment le cas en matière d'homicide involontaire, le délai courant seulement à partir du décès de la victime (Crim. 4 nov. 1985, nº 84-90.634 ; Crim. 4 nov. 1999, nº 99-81.279).

2 • L'application du principe aux infractions continues

S'agissant des infractions continues, la Cour de cassation a considéré que le point de départ du délai de prescription correspond au jour où la situation illicite prend fin. Sont classiquement concernés :

– le recel de choses, infraction pour laquelle le juge fait démarrer le délai de prescription au jour où le délinquant ne détient plus la chose recelée, alors même que l'infraction d'origine constituée par le vol serait prescrite (Crim. 16 juill. 1964, nº 63-91.919 ; Crim. 28 mars 1996, nº 95-80.395) ;

– le délit de participation à une association de malfaiteurs, le point de départ de la prescription étant fixé au jour de la dissolution de l'entente, caractérisée, par exemple, par le décès d'un des membres (Crim. 16 oct. 1979, nº 79-90.762).

En matière de séquestration, dans le cadre d'une demande d'extradition, la Cour de cassation a pu juger que dès lors que le sort de la victime disparue demeure inconnu, le point de départ n'avait pu être déterminé, et le délai de prescription n'avait pu commencer à courir (Crim. 24 mai 2018, nº 17-86.340).

Par une décision récente du 24 mai 2019 (nº 2019-785 QPC), le Conseil constitutionnel a validé cette adaptation du juge à la matérialité des infractions continues. Alors qu'il lui était demandé de statuer sur la constitutionnalité des dispositions de l'article 7 du Code de procédure pénale, le Conseil a établi un nouveau principe constitutionnel, selon lequel il appartient au législateur, en vertu des principes protégés par la Déclaration des droits de l'homme et du citoyen de 1789 de nécessité des peines et de la garantie des droits (DDHC, art. 8 et 16) de fixer des règles de prescription de l'action publique qui ne « soient pas manifestement inadaptées à la nature ou à la gravité des infractions » (§ 7). Le Conseil considère qu'« en prévoyant que ces infractions ne peuvent commencer à se prescrire tant qu'elles sont en train de se commettre, les dispositions contestées fixent des règles qui ne sont pas manifestement inadaptées à la nature de ces infractions » (§ 8).

B • Un principe contourné grâce à des artifices de matérialité

L'infraction continuée est « une opération délictueuse unique mise en œuvre sous la forme de plusieurs infractions instantanées à exécution successive » (Rapp. Sénat, nº 3540, sur la proposition de loi *portant réforme de la prescription en matière pénale*, 2 mars 2016, p. 89).

Le juge considère que le point de départ en matière de prescription de l'action publique court en principe au jour où l'opération prend fin (1), allant jusqu'à étendre la fiction juridique à des infractions distinctes commises par différents auteurs (2).

1 • Les infractions continuées

Elles sont caractérisées par une intention unique qui se matérialise sous la forme d'une série d'infractions instantanées distinctes s'inscrivant dans une certaine durée et formant, *in fine*, du point de vue de la prescription, une seule infraction. Chaque acte infractionnel succédant au précédent fait se renouveler l'infraction et courir un nouveau délai de prescription. La Cour de cassation a adopté une jurisprudence audacieuse, mais constante, consistant à fixer le point de départ du délai de prescription, pour l'ensemble des infractions en cause, au jour du dernier acte délictueux.

Un exemple important d'infractions continuées est celui du délit d'escroquerie, lorsque les manœuvres frauduleuses entraînent des actes de remise successifs de « fond, de valeur, ou de bien quelconque » (C. pén., art. 313-1), la jurisprudence affirme que ces remises forment un tout indivisible. La prescription court donc à partir de la dernière remise (Crim. 26 sept. 1995, n° 94-84.008 ; Crim. 23 oct. 1978, n° 74-90.336).

La Cour a aussi fait entrer dans cette catégorie :

– la fraude aux prestations sociales, le point de départ étant fixé à la dernière perception des prestations (Crim. 23 févr. 1994, n° 93-81.171) ;

– le délit de corruption (Crim. 6 févr. 1969, n° 67-93.492 ; Crim. 27 oct. 1997, n° 96-83.698 ; Crim. 8 oct. 2003, n° 03-82.589) ;

– le délit de concussion (Crim. 31 janv. 2007, n° 05-87.096) ;

– le délit de prise illégale d'intérêts, dans la mesure où les actes successifs répondaient à seul objectif frauduleux (Crim. 4 oct. 2000, n° 99-85.404 ; Crim. 4 avr. 2001, n° 00-82.534).

2 • Les infractions collectives

Confrontée à l'hypothèse d'une pluralité d'auteurs d'infractions distinctes, s'inscrivant dans une même durée et répondant au même dessein, la Cour a poursuivi son raisonnement concernant les infractions continuées.

En effet, dans un arrêt du 20 mars 1985 (Crim. 20 mars 1985, n° 84-92.631) portant sur le délit de recel de choses, la Cour a affirmé que des receleurs indirects devaient être tenus solidairement responsables, avec l'auteur principal et les autres receleurs, de la totalité des dommages et intérêts, reconnaissant implicitement une infraction continuée aux éléments indivisibles.

Plus récemment, la Cour de cassation a appliqué cette théorie à des abus de faiblesse commis par deux époux sur un membre âgé de leur famille. Alors que les époux avaient procédé à la soustraction de sommes tour à tour, la Cour a retenu que l'objectif commun qu'ils partageaient permettait d'en conclure à l'unicité des abus successifs (Crim. 27 mai 2004, n° 03-82.738). Dans ces circonstances, le délai de prescription du délit d'abus de faiblesse, retenu à l'encontre des deux époux, ne courait qu'au jour de la dernière soustraction de la somme par l'un des deux époux.

II • Le point de départ du délai de prescription de l'action publique exceptionnellement déterminé par référence à des considérations extérieures à la matérialité de l'infraction

Deux régimes principaux d'exception existent : d'une part, un régime spécifique s'appliquant aux infractions occultes ou dissimulées, dont le délai de prescription ne court qu'à partir du moment où elles apparaissent dans des conditions permettant l'exercice de l'action publique (A) et, d'autre part, un régime dérogatoire en raison de la gravité de l'atteinte engendrée par l'infraction, dont le point de départ du délai de prescription est reporté (B).

A • Les exceptions érigées au regard des difficultés de manifestation de la matérialité

Au regard d'actes clandestins par nature (1) ou accomplis de manière dilatoire (2), la Cour de cassation a adopté une jurisprudence constante consistant à faire courir le délai de prescription au jour où les faits apparaissent et peuvent être portés à la connaissance du ministère public. Loin d'y mettre un terme, le législateur l'a consacrée avec la loi nº 2017-242 du 27 février 2017 *portant réforme de la prescription en matière pénale.*

1 • Les infractions occultes

Les juges ont pris en compte, depuis très longtemps, la difficulté de détecter l'infraction malgré la réalisation de tous ses éléments constitutifs. Ainsi, la Cour de cassation avait-elle déjà affirmé, dans un arrêt de 1934 relatif au délit d'abus de confiance, que le délai ne court qu'à partir du moment où « les faits ont pu être constatés dans des conditions permettant l'exercice de l'action publique » (Crim. 13 janv. 1934, *Gaz. Pal.* 1934, 1, p. 447). Le juge a donc d'abord reculé le point de départ du délai de prescription au jour où a pu être constaté le détournement que le coupable avait dissimulé. Mais progressivement, le juge a décidé d'étendre la solution à tous les abus de confiance, sans condition d'intention initiale de dissimulation de la part de l'auteur (Crim. 11 févr. 1981, nº 80-92.059 ; Crim. 13 mai 1991, nº 90-83.866 ; Crim. 8 févr. 2006, nº 05-80.301), faisant de l'abus de confiance une infraction occulte par nature.

Le domaine d'application de ce régime dérogatoire n'a cessé de s'étendre, notamment aux abus de biens sociaux. Le juge a d'abord considéré que le délai courrait à compter du jour où les faits apparaissent dans des conditions permettant l'exercice des poursuites (Crim. 7 déc. 1967, nº 66-91.972). Puis il a décidé que ce délai débuterait « à compter de la présentation des comptes annuels par lesquels les dépenses litigieuses sont mises à la charge de la société » (Crim. 5 mai 1997, nº 96-81.482).

En outre, en matière de recel, la Cour de cassation a affirmé que le point de départ du délai de prescription de l'action publique ne peut être fixé sans que l'infraction, dont procède le recel, d'un abus de confiance ou d'un abus de biens sociaux ait pu apparaître dans des conditions permettant l'exercice de l'action publique, quand bien même la détention du produit aurait pris fin (Crim. 6 févr. 1997, nº 96-80.615 ; Crim. 7 mai 2002, nº 02-80.797 ; Crim. 7 juill. 2005, nº 05-81.119).

Dans ces circonstances, et quelques années après un refus de la Cour de cassation, par plusieurs décisions du 20 mai 2011 (Cass., ass. plén., 20 mai 2011, nºs 11-90.025, 11-90.032 et 11-90.033), de transmettre des questions prioritaires de constitutionnalité mettant en cause sa propre jurisprudence, le législateur a introduit au sein du Code de procédure pénale un article 9-1, dont l'alinéa 4 dispose qu'« est occulte l'infraction qui, en raison de ses éléments constitutifs, ne peut être connue ni de la victime ni des autorités judiciaires » (loi nº 2017-242, 27 févr. 2017, art. 1, 2º).

Dans un arrêt du 11 septembre 2019, portant sur la nature du délit de blanchiment d'argent et sur le point de départ du délai de prescription qui en découlait, la Cour a retenu que, bien que de nature instantanée – et non continue, comme l'avaient suggéré les juges du fond – le blanchiment est par définition une infraction de nature occulte permettant de fixer le délai au jour où « elle est apparue et a pu être constatée dans des conditions permettant la mise en mouvement ou l'exercice de l'action publique » (Crim. 11 sept. 2019, nº 18-83.484).

En dehors du droit pénal des affaires, la Cour a pu appliquer ce raisonnement à des infractions qu'elle considère comme étant « par nature » clandestines, telles que le délit d'atteinte à la vie privée (Crim. 4 mars 1997, nº 96-84.773), ou encore la tromperie (Crim. 7 juill. 2005, nº 05-81.119).

2 • Les infractions dissimulées

La Cour de cassation a également procédé au report du point de départ du délai de prescription de l'action publique pour « les infractions dont la nature même n'est pas occulte ou clandestine mais qui font l'objet de manœuvres de dissimulation par leurs auteurs ou de l'accomplissement clandestin d'actes irréguliers » (Rapp. Sénat n° 2778, 20 mai 2015, préc., p. 55). Pour cette catégorie d'infractions, dont la clandestinité n'est pas intégrée dans la matérialité, c'est l'auteur qui fait en sorte d'en dissimuler la réalisation.

Sont notamment concernés :

– les abus de biens sociaux, dès lors que les dépenses litigieuses ne sont pas inscrites au sein de la publication annuelle des comptes du fait de la volonté de l'auteur (Crim. 25 févr. 2004, n° 03-81.673 et dernièrement en matière de complicité et de recel d'abus de biens sociaux : Cass., ass. plén., 13 mars 2020, n° 19-86.609) ;

– les délits de trafic d'influence dont la nature instantanée échoue face à la manœuvre de dissimulation qui commande de faire débuter le point de départ du délai de prescription au jour où les actes « sont apparus et ont pu être constatés dans des conditions permettant l'exercice des poursuites » (Crim. 19 mars 2008, n° 07-82.124) ;

– et les délits de fraude fiscale (Crim. 13 déc. 1982, n° 80-95.151 ; Crim. 20 févr. 1989, n° 87-90.806).

La loi n° 2017-242 du 27 février 2017 *portant réforme de la prescription en matière pénale* a également consacré le régime jurisprudentiel des infractions dissimulées en précisant au dernier alinéa de l'article 9-1 du Code de procédure pénale qu'« est dissimulée l'infraction dont l'auteur accomplit délibérément toute manœuvre caractérisée tendant à en empêcher la découverte », le point de départ du délai étant le même que pour les infractions occultes.

B • Les exceptions en raison de l'atteinte engendrée par l'infraction

Des exceptions tendant au report du point de départ ont été fixées par le législateur à de nombreuses reprises concernant principalement, d'une part, l'objet de l'infraction (1), et, d'autre part, la personnalité de la victime (2).

1 • La dérogation en fonction de l'objet de l'infraction

Désireux de prendre en compte l'objet particulier de l'infraction, le législateur a eu l'occasion de fixer des points de départ spécifiques du délai de prescription de l'action publique. Il en va ainsi pour certaines infractions prévues par le Code de justice militaire, tels que les crimes et délits d'insoumission ou de désertion, le délai courant à partir du jour où l'auteur a « atteint l'âge le dispensant de satisfaire à toute obligation militaire », fixé à cinquante ans par l'article L. 211-13 du Code de justice militaire.

En matière d'infractions électorales, le délai de prescription de l'action publique ne court qu'« à partir du jour de la proclamation du résultat de l'élection », en vertu de l'article L. 114 du Code électoral.

Dans le même sens, le Code du commerce précise qu'en matière de banqueroute et de ses infractions connexes, « la prescription de l'action publique ne court que du jour du jugement ouvrant la procédure de sauvegarde, de redressement judiciaire ou de liquidation judiciaire lorsque les faits incriminés sont apparus avant cette date » (art. L. 654-16).

En outre, en vertu de l'article 6-1 du Code de procédure pénale, le point de départ de la prescription de l'action publique des crimes et délits commis dans le cadre d'une enquête judiciaire, et impliquant la violation d'une règle de procédure pénale, est fixé à partir du jour où une décision définitive d'une juridiction répressive a constaté le caractère illégal de l'acte de procédure.

2 • La dérogation en fonction de la vulnérabilité particulière de la victime

L'article 8 du Code de procédure pénale, dans sa rédaction antérieure à la loi n° 2017-242 du 27 février 2017 *portant réforme de la prescription en matière pénale*, disposait que : « Le délai de prescription de l'action publique des délits mentionnés aux articles 223-15-2, 311-3, 311-4, 313-1, 313-2, 314-1, 314-2, 314-3, 314-6 et 321-1 du Code pénal, commis à l'encontre d'une personne vulnérable du fait de son âge, d'une maladie, d'une infirmité, d'une déficience physique ou psychique ou de son état de grossesse, court à compter du jour où l'infraction apparaît à la victime dans des conditions permettant l'exercice de l'action publique. » Or, à l'exception des mineurs, la loi du 27 février 2017 vient supprimer le régime dérogatoire relatif aux personnes vulnérables, le juge considérant ce critère de vulnérabilité trop vague.

Le report du point de départ du délai de prescription de l'action publique s'agissant des victimes mineures a été sujet à plusieurs évolutions. Dans un premier temps, le report à la majorité ne concernait que les crimes commis par une personne ayant autorité sur le mineur, en vertu de la loi n° 89-487 du 10 juillet 1989 *relative à la prévention des mauvais traitements à l'égard des mineurs et à la protection de l'enfance* (C. pr. pén., art. 7, en vigueur à l'époque). Dans un deuxième temps, la loi n° 95-116 du 4 février 1995 *portant diverses dispositions d'ordre social* a étendu le report du point de départ en matière de délits commis à l'encontre de mineurs par des personnes ayant un ascendant ou une autorité légitime, afin de pouvoir poursuivre les infractions sexuelles (C. pr. pén., art. 8). Il faudra ensuite attendre la loi n° 98-468 du 17 juin 1998 *relative à la prévention et à la répression des infractions sexuelles ainsi qu'à la protection des mineurs* pour que soient étendues les conditions de report à la majorité à l'égard de toute personne poursuivie pour les crimes et délits soumis à une prescription allongée, telles que les violences sexuelles, les violences volontaires, la corruption d'un mineur ou le recours à la prostitution d'un mineur. Enfin, alors que la loi n° 2018-703 du 3 août 2018 *renforçant la lutte contre les violences sexuelles et sexistes* vient porter le délai de prescription des crimes sexuels contre mineurs de vingt à trente ans, le point de départ du délai de prescription de l'action publique n'a pas subi d'autres modifications. Dernièrement, la loi n° 2021-478 du 22 avril 2021 *visant à protéger les mineurs des crimes et délits sexuels et de l'inceste* a modifié les articles 7 et 9-2 du Code de procédure pénale ajoutant une nouvelle cause d'interruption de la prescription de l'action publique en matière de crimes sexuels commis sur mineurs. En effet, le délai de prescription du viol sur mineur est désormais prolongé – si l'auteur de l'infraction a commis par la suite un viol ou une agression/atteinte sexuelle sur un autre mineur – jusqu'à la date de prescription de cette nouvelle infraction.

D'autres situations encore plus spécifiques sont traitées par le législateur. Par exemple, en matière de clonage ayant donné lieu à la naissance d'un enfant (C. pr. pén., art. 9-1, al. 1er), le délai de prescription court à partir de la majorité de l'enfant né du clonage.

Outils de travail

Textes essentiels

C. pr. pén., art. 6 : causes d'extinction de l'action publique.
C. pr. pén., art. 7 : prescription en matière criminelle.
C. pr. pén., art. 8 : prescription en matière délictuelle.
C. pr. pén., art. 9 : prescription en matière contraventionnelle.
C. pr. pén., art. 9-1 : report du point de départ de la prescription.

Jurisprudences essentielles

Crim. 27 mai 2004, n° 03-82.738 : en l'espèce, un couple avait procédé pendant plusieurs années à des abus de faiblesse matérialisés par la soustraction tour à tour de sommes sur le compte bancaire d'une parente âgée. La Cour indique qu'alors même que les infractions étaient réalisées individuellement, les deux époux partageaient le même dessein, ce qui permet d'en déduire que le point de départ de la prescription de l'action publique à l'encontre des deux prévenus ne court qu'à compter du jour où le dernier prélèvement sur le compte est réalisé par l'un des deux époux. La Cour étend donc le principe de fixation du point de départ de la prescription des infractions continuées à des infractions collectives.

Cass., ass. plén., 20 mai 2011, n°s 11-90.025, 11-90.032 et 11-90.033 : dans le cadre de plusieurs affaires concernant des abus de biens sociaux, la Cour de cassation a refusé de transmettre des QPC relatives à son interprétation des articles 7 et 8 du Code de procédure pénale pour motif non sérieux. En effet, la Cour considère que fixer le point de départ de la prescription de l'action publique des infractions dissimulées au jour où l'infraction est apparue à la victime, dans des conditions permettant l'exercice de l'action publique, est conforme aux garanties constitutionnelles de l'article 8 de la DDHC.

Cons. const. 24 mai 2019, n° 2019-785 QPC : en s'appuyant sur les articles 8 et 16 de la Déclaration des droits de l'homme et du citoyen (DDHC) de 1789, le Conseil constitutionnel établit un nouveau principe constitutionnel selon lequel il appartient au législateur de fixer des règles relatives à la prescription de l'action publique, en matière pénale, qui ne soient pas manifestement inadaptées à la nature ou à la gravité des infractions. En l'espèce, la détermination du point de départ de l'infraction continue à la date où cessent ses actes constitutifs et ses effets n'est pas contraire à ce principe.

Crim. 11 sept. 2019, n° 18-83.484 : en l'espèce, le prévenu était poursuivi pour avoir participé à une opération de dissimulation de fonds issus d'une fraude fiscale. Alors que le blanchiment est certes par nature une infraction instantanée, il constitue également une infraction occulte lorsqu'il a pour objet de « masquer le bénéficiaire ou le caractère illicite des fonds ou des biens sur lesquels il porte, notamment aux yeux de la victime et de l'autorité judiciaire ». Dès lors, la prescription ne court qu'à partir du jour où l'infraction a pu être constatée dans des conditions permettant l'exercice de l'action publique.

Pour aller plus loin

C. Courtin, « Prescription de l'action publique », *Rép. dr. pén.*, 2019.
Y. Mayaud, « Le délit d'abus de faiblesse, une infraction "continuée" », *RSC* 2004. 881.
E. Vergès, « La prescription de l'action publique rénovée », *RSC* 2017. 91.

L'exécution des peines

« Celui qui veut punir judicieusement ne punit pas à cause de l'injustice, qui est chose passée, il ne saurait faire que ce qui est fait ne soit pas fait ; mais il punit en vue de l'avenir, afin que le coupable ne retombe plus dans l'injustice et que son châtiment retienne ceux qui en sont les témoins »
Cette citation du *Protagoras* de Platon illustre la philosophie poursuivie par l'exécution des peines en l'état du droit positif ; punir avec mesure et retenue, mais aussi envisager l'avenir avec comme objectif poursuivi l'amendement de l'infracteur et sa réinsertion dans la société.
Il s'agit néanmoins d'une conception moderne du droit de la peine qui n'a pas toujours été, pour cause : « le châtiment n'est que le reflet d'une société et de son histoire ». Ainsi, après que les civilisations primitives ont eu recours à la vengeance privée, l'État s'est progressivement attribué le monopole de la pénalité en réponse aux actes anti-sociaux, et ce corrélativement à la coloration religieuse du droit répressif, lequel est venu s'étoffer d'un corpus de dispositions substantielles et processuelles.
La finalité des peines a elle aussi évolué ; après les peines spectaculaires et même cruelles infligées sur la place publique dans le dessein de frapper l'esprit du peuple y assistant, le siècle des Lumières a insufflé une conception humaniste de la pénalité outre l'instauration de dispositions procédurales destinées à assurer l'équité du procès pénal. C'est Napoléon Bonaparte qui, en suivant, systématisera le recours aux prisons comme lieu d'expiation pour les condamnés échappant alors à la peine de mort, cette évolution caractérisant le passage « d'un régime spécialisé dans l'art des sensations insupportables à un régime fondé plus spécifiquement sur une économie des droits suspendus ». C'est *in fine* que l'incarcération est devenue la plus haute expression répressive depuis la loi du 9 octobre 1981 *portant abolition de la peine de mort.*
Bien qu'elles s'entrecroisent, l'exécution des peines se distingue de celle des mesures de sûreté en cela que la première poursuit une finalité inflictive, de châtiment, alors que la seconde recherche *stricto sensu* la neutralisation d'un état dangereux. De même, si une peine constitue nécessairement une sanction, toutes les sanctions ne constituent pas pour autant des peines, ces dernières recevant une définition plus restrictive. Ainsi, si l'avertissement pénal probatoire est une sanction, il ne relève pas pour autant d'une peine puisqu'étant une alternative aux poursuites.
Sujet de débats passionnés de société, l'exécution des peines reçoit de nombreuses déclinaisons (II) et rencontre différents acteurs, qu'ils appartiennent au corps judiciaire ou administratif (I).

I • Les acteurs de l'exécution des peines

De nombreux acteurs participent à l'exécution des peines dans un cadre juridictionnel (A) mais également quasi-juridictionnel (B).

A • Les acteurs juridictionnels

1 • Les juridictions régulières

Le **juge d'application des peines** (JAP) est chargé d'assurer, en cause de première instance, l'exécution des peines arbitrées par les juridictions de jugement. Dans ce cadre, il lui incombe de procéder à l'instruction des mesures lui étant confiées aux côtés, entre autres, du service pénitentiaire d'insertion et de probation qui l'assiste dans cette tâche (*v. infra*). Le JAP peut prendre des mesures provisoires et conservatoires telle qu'une ordonnance d'incarcération provisoire en cas de non-respect, par le condamné, des obligations et interdictions lui ayant été imposées (C. pr. pén., art. 712-19). Son champ d'action juridictionnel est particulièrement large puisqu'il lui appartient de statuer sur les aménagements, conversion, ou encore novation des mesures restrictives et privatives de liberté. Ses modalités de saisine dépendent de la procédure initialement conduite : ainsi peut-il être chargé de fixer les modalités d'exécution d'une peine décidée par la juridiction correctionnelle (C. pr. pén., art. 723-15) ou encore être saisi par requête du ministère public ou du condamné lui-même, étant précisé que le JAP peut également s'autosaisir (C. pr. pén., art. 712-4).

Le **tribunal de l'application des peines** (TAP), issu de la loi n° 2004-204 du 9 mars 2004, est, contrairement au JAP, une juridiction collégiale. Elle est chargée de statuer en première instance sur les demandes de libérations conditionnelles et demandes de suspensions médicales de peine à propos d'individus condamnés à une peine privative de liberté supérieure à dix ans ou dont la détention restant à subir est supérieure à trois ans (C. pr. pén., art. 712-1 et 730). En outre, le TAP tranche également des demandes de réduction exceptionnelle de peine (C. pr. pén., art. 721-3), des requêtes aux fins de relèvement de période de sûreté (C. pr. pén., art. 712-7) et de la question du prononcé de la surveillance judiciaire.

Enfin, les décisions juridictionnelles rendues en première instance par le JAP ou le TAP peuvent être portées devant la **chambre d'application des peines** (CHAP) de la cour d'appel. Cette juridiction statue sur les ordonnances ou jugements lui étant déférés, sur appel du condamné ou du ministère public, en formation collégiale.

2 • Les juridictions spécialisées

S'agissant ensuite du **condamné mineur**, et dans le souci de rechercher une continuité dans le contrôle et la protection, le juge des enfants exerce à son égard les fonctions dévolues au JAP et ce jusqu'à ce que l'intéressé ait atteint l'âge de 21 ans (CJPM, art. L. 611-2). Le tribunal pour enfants exerce quant à lui les fonctions normalement attribuées au TAP (CJPM, art. L. 611-3). Toutefois, le juge des enfants peut se dessaisir au profit du JAP sitôt que le mineur condamné atteint l'âge de 18 ans. De même, si le mineur auteur a 18 ans au jour de son jugement, c'est le JAP qui est compétent pour assurer son suivi, sauf décision contraire (CJPM, art. L. 611-5 et L. 611-7). L'appel des décisions de ces juridictions pour mineurs est alors porté devant la Chambre spéciale des mineurs de la cour d'appel (CJPM, art. L. 611-4).

S'agissant ensuite des **condamnés pour des infractions à caractère terroriste**, à savoir celles listées par l'article 706-16 du Code de procédure pénale, seules les juridictions de l'application des peines de Paris reçoivent compétence. Ainsi, le JAP, le TAP et la CHAP siégeant près le tribunal judiciaire ou la Cour d'appel de Paris, tranchent du contentieux relatif à l'exécution des peines des individus condamnés pour terrorisme (C. pr. pén., art. 706-22-1). En pareil cas, le JAP territorialement compétent pour le suivi de condamnations relevant du droit commun doit toutefois être consulté pour avis. En outre, et lorsque les circonstances le justifient, les juridictions d'application des peines parisiennes peuvent déléguer le suivi des condamnés pour terrorisme aux juridictions habituellement territorialement compétentes.

B • Les acteurs quasi juridictionnels

1 • Le rôle du ministère public

Représentant des intérêts de la société, le Parquet a vu son rôle accru dans l'exécution des peines. Sa mission première, qu'il s'agisse du procureur de la République ou du procureur général selon leurs compétences respectives, relève de la mise à exécution des sentences pénales, des sanctions pécuniaires à la privation de liberté (C. pr. pén., art. 707-1, 708 et 709). L'exécution ne peut naturellement intervenir que lorsque la décision de condamnation est définitive, sauf exceptions, lorsqu'entre autres la juridiction de jugement a ordonné l'exécution provisoire ou encore a prononcé un mandat de dépôt, de dépôt différé ou d'arrêt. Si aucun délai n'est imparti au ministère public pour mettre à exécution les sanctions, il demeure néanmoins tenu aux délais de prescription de la peine (C. pr. pén., art. 133-2 à 133-6). Dans le cadre de cette mission, le ministère public peut notifier au condamné la mise à écrou et même faire obstacle à la procédure d'aménagement de peine prescrit par l'article 723-15 du Code de procédure pénale (v. *infra*).

Parallèlement à son rôle d'exécution des peines, le ministère public donne son avis dans le cadre des procédures d'application des peines diligentées devant les juridictions mentionnées *supra*. Ainsi prend-il ses réquisitions à l'audience, sauf lorsqu'il accepte que la décision soit rendue sans débat contradictoire en certaines manières (C. pr. pén., art. 712-6). Il peut en outre former des recours à l'encontre des décisions rendues entre autres par la voie de l'appel (C. pr. pén., art. 712-11).

2 • Les autorités extrajudiciaires

Le **Service pénitentiaire d'insertion et de probation** (SPIP) joue un rôle substantiel dans le cadre de l'exécution des peines. Existant dans chaque département, il se compose de Conseillers Pénitentiaire d'Insertion et de Probation (CPIP) placés sous l'autorité de la direction régionale de l'administration pénitentiaire. Ces derniers sont chargés d'exécuter les décisions de l'autorité judiciaire le tout sous l'égide d'un magistrat mandant à qui ils rendent compte de la mesure leur ayant été confiée. De façon plus pratique, le SPIP se charge du suivi des condamnés en milieu ouvert ou fermé en vérifiant la bonne exécution de leur sanction (C. pénit., art. D. 113-25) mais également en œuvrant au mieux à leur réinsertion. Intervient parallèlement la **Protection judiciaire de la jeunesse** dont la mission, relativement similaire à celle du SPIP, consiste à assurer le suivi des mineurs condamnés tout en concourant à leur accompagnement éducatif (CJPM, art. D. 611-6 s.). Par ailleurs, **l'administration pénitentiaire** est chargée, dans le cadre de sa mission de service public, de la garde des personnes détenues tout en participant, aux côtés des autres acteurs, à leur réinsertion (C. pénit., art. L. 111-1). La **Commission de l'application des peines** est quant à elle une instance collégiale, ne présentant pas un caractère juridictionnel, par laquelle le JAP consulte principalement les avis des membres de l'administration pénitentiaire ainsi que du procureur de la République. Ladite commission est chargée essentiellement de se prononcer quant aux demandes de libération sous contrainte (C. pr. pén., art. 720), de retrait de réduction de peine et d'octroi de réduction supplémentaire de peine (avant réforme) ou encore de permission de sortir formulées par les condamnés (v. entre autres : C. pr. pén., art. 712-5).

II • Les modalités d'exécution des peines

S'agissant de la matière correctionnelle à propos de laquelle nous nous focaliserons, le législateur a prévu, outre l'exécution sous écrou des peines privatives de liberté, un certain nombre d'alternatives et de modulation d'exécution (A) parallèlement aux perspectives d'aménagement (B).

A • Les peines restrictives de liberté et pécuniaires

1 • Les peines et mesures alternatives ou complémentaires à l'emprisonnement

À titre liminaire, et conformément au principe de personnalisation des peines, érigé à valeur constitutionnelle (Cons. const. 22 juill. 2015, nº 2005-520 DC), le juge pénal conserve toujours la possibilité de dispenser le coupable de peine (C. pén., art. 132-19) ou d'ajourner le prononcé de celle-ci en provoquant une césure (C. pén., art. 132-60 à 132-62) pouvant être assortie d'une probation (C. pén., art. 132-63 à 132-65) ou encore d'une injonction (C. pén., art. 132-66 à 132-70). La juridiction peut en outre ajourner le prononcé de la peine dans l'attente que soient diligentées les investigations nécessaires à la détermination de la sanction la plus adaptée (C. pén., art. 132-70-1 à 132-70-2).
Si aux termes de l'article 131-3 du Code pénal l'emprisonnement demeure, en matière délictuelle, la peine de référence, le législateur est venu par la loi nº 2019-22 du 23 mars 2019 étendre davantage les peines alternatives. L'on retrouve ainsi l'amende délictuelle – pouvant depuis peu être appliquée de façon forfaitaire (C. pén., art. 495-17 s.) – les jours-amende (C. pén., art. 131-5), la peine de stage (C. pén., art. 131-6-1) – pouvant être prononcée à titre autonome et portant sur différents thèmes (citoyenneté, stupéfiants, violences intrafamiliales…) – la sanction réparation (C. pén., art. 131-8-1), le travail d'intérêt général d'une durée de 20 à 400 heures (C. pén., art. 131-8), les peines privatives ou restrictives de droits (C. pén., art. 131-6) – pouvant être prononcées cumulativement ou complémentairement à l'emprisonnement telles que la suspension ou annulation judiciaire du permis de conduire, l'inéligibilité, l'interdiction de paraître, l'interdiction de contact ou encore des peines de confiscation – mais également une peine de détention à domicile sous surveillance électronique (DDSE) (C. pén., art. 131-4-1), véritable sanction-probation pouvant être prononcée non plus comme simple aménagement mais à titre de peine principale, d'une durée comprise entre 15 jours et six mois et dont les modalités d'exécution sont fixées par la juridiction de jugement.
La juridiction peut en outre prononcer des peines complémentaires à la sanction principale lorsque les textes de prévention en disposent spécifiquement (C. pén., art. 131-10). Toutefois, l'alinéa 1er de l'article 131-11 du Code pénal ajoute que ces peines complémentaires peuvent être prononcées à titre principal à la discrétion des juges du fond.
Parfois considéré comme une mesure de sûreté – parce qu'entre autres destiné à neutraliser un état dangereux – le suivi socio-judiciaire, lorsqu'il est spécialement prévu par le texte d'incrimination, trouve à l'appliquer comme peine complémentaire ou même alternative, puisque pouvant être prononcé à titre de peine principale (C. pén., art. 131-36-7). Il consiste à soumettre le condamné à des mesures de « surveillance et d'assistance destinées à prévenir la récidive » pour une durée de 10 ans en matière correctionnelle et 20 ans en matière criminelle, sauf exceptions. Ce dispositif, souvent appliqué aux auteurs d'infractions sexuelles, permet la fixation d'une injonction de soins – plus contraignante qu'une simple obligation – mais également, dans certains cas, d'un placement sous surveillance électronique mobile (C. pr. pén., art. 131-36-1 à 131-36-13).

L'objectif est assumé, offrir toujours plus d'alternatives à un emprisonnement devant demeurer, en matière délictuelle, le « dernier recours » lorsqu'il n'est pas assorti d'un sursis (v. *infra*), alors surtout que les statistiques criminologiques démontrent l'inefficacité patente des courtes incarcérations dans la prévention de la récidive.

2 • Les modalités d'exécution alternatives à l'emprisonnement

Le juge pénal qui prononce une peine d'emprisonnement peut moduler ses effets en ordonnant qu'il soit sursis total ou partiel à son exécution. S'agissant d'abord du **sursis simple**, il ne peut être décidé qu'en présence d'un infracteur n'ayant pas été condamné au cours des cinq précédentes années pour un crime ou délit, et se trouve être applicable aux condamnations à un emprisonnement d'une durée de cinq ans au plus, mais aussi à d'autres peines telles que l'amende, le jours-amende ou des sanctions restrictives de liberté (C. pén., art. 132-30 à 132-34). La condamnation devient non-avenue si le condamné ne réitère pas de comportement infractionnel dans un délai de cinq ans (C. pén. art. 132-35) – deux ans en matière contraventionnelle – à défaut de quoi le sursis peut être totalement ou partiellement révoqué (C. pén., art. 132-36).
La juridiction peut en outre assortir totalement ou partiellement l'emprisonnement d'un **sursis probatoire** – anciennement appelé sursis avec mise à l'épreuve – applicable aux peines d'emprisonnement d'une durée de cinq ans ou dix ans en cas de récidive légale et s'agissant de condamnés n'étant pas visés aux exclusions prévues à l'alinéa 3 de l'article 132-41 du Code pénal. Durant une période de probation comprise entre douze mois et trois ans – pouvant être portée à cinq ou sept ans en cas récidivent ou double récidive légale (C. pén., art. 132-42) – la personne condamnée doit satisfaire à des mesures de contrôle destinées à favoriser son reclassement social, listées aux articles 132-44 et suivants du Code pénal, comprenant possiblement l'obligation d'accomplir un travail d'intérêt général, étant précisé que l'article 132-45-1 du Code pénal prévoit la possibilité de soumettre le condamné au port d'un bracelet antirapprochement en matière de violences intrafamiliales. En lieu et place de l'ancienne contrainte pénale, le législateur a par ailleurs créé le sursis probatoire renforcé afin d'aménager un suivi plus efficace et régulier de condamnés au passé judiciaire souvent chargé dans un objectif de prévention de la récidive. Le sursis probatoire peut être totalement ou partiellement révoqué tant par la juridiction de jugement saisie en cas de nouvelle condamnation, que par le JAP, lorsque le condamné a réitéré un comportement infractionnel ou n'a pas satisfait aux mesures et obligations lui ayant été imposées (C. pén., art. 132-47 à 132-51). *A contrario*, en cas de respect de la mesure par le condamné, le sursis devient non-avenu à l'expiration du délai de probation (C. pén., art. 132-52 à 132-53).

B • Les aménagements des peines privatives de liberté

1 • Les restrictions et compléments à l'aménagement des peines

Le législateur a fait le choix d'interdire au condamné le bénéfice d'un aménagement de sa peine privative de liberté durant une **période de sûreté** en cas de condamnation à un emprisonnement ou réclusion criminelle d'une durée égale ou supérieure à dix ans pour des infractions spécialement prévues par la loi. La juridiction peut en outre, à titre facultatif, fixer une telle mesure de sûreté pour une condamnation à une peine supérieure à cinq ans non assortie du sursis. La période concernée est alors de la moitié de la peine ou, s'il s'agit d'une condamnation à la réclusion criminelle à perpétuité, de 18 ans. Toutefois, la juridiction peut, par décision spéciale, porter cette durée aux deux-tiers de la peine ou, en cas de réclusion criminelle à perpétuité prononcée, à 22 ans (C. pén., art. 132-23) ou, dans certains cas, 30 ans, et même rendre cette période de sûreté incompressible (C. pén., art. 221-3

al. 2), sans préjudice de la possibilité de solliciter *a posteriori* un relèvement de cette durée devant le TAP (C. pr. pén., art. 720-4).
En sus, différentes mesures de sûreté trouvent à s'appliquer pour venir entraver ou compléter les perspectives d'aménagement de peine en ce compris la **surveillance judiciaire** (C. pr. pén., art. 723-29 à 723-39) pouvant comporter un placement sous surveillance électronique mobile ainsi qu'une injonction de soins. Par ailleurs, la **rétention de sûreté**, permet de retenir sans limitation de durée, par périodes d'un an renouvelables, en un « centre socio-médico-judiciaire » le condamné *a posteriori* de l'exécution de sa peine, lorsque ce dernier présente une « particulière dangerosité caractérisée par une probabilité très élevée de récidive [...] » en cas de condamnation à une peine de réclusion criminelle d'une durée égale ou supérieure à 15 ans pour des crimes limitativement énoncés par la loi, et ce sur décision spéciale de la Cour d'assises ou Cour criminelle (C. pr. pén., art. 706-53-13 à 706-53-18). En cas de non-prolongation de la rétention de sûreté ou s'il y a été mis fin, la juridiction régionale de rétention de sûreté peut en suivant astreindre le condamné à une **surveillance de sûreté** comportant les mêmes obligations et interdictions que la surveillance judiciaire. En cas de violation des mesures imposées, la surveillance peut être révoquée au profit d'une reprise de la rétention de sûreté (C. pr. pén., art. 706-53-19).

2 • Les différents aménagements disponibles

Outre la procédure de conversion de peine, permettant au JAP de convertir une peine d'emprisonnement ferme d'un *quantum* inférieur ou égal à six mois en une DDSE, un travail d'intérêt général, des jours-amendes ou un sursis probatoire renforcé (C. pr. pén., art. 747-1 et 747-1-1), tant la juridiction de jugement que le JAP peuvent prononcer des aménagements de peine dans le dessein de « préparer l'insertion ou la réinsertion de la personne condamnée afin de lui permettre d'agir en personne responsable [...] et d'éviter la commission de nouvelles infractions » (C. pr. pén., art. 707 II).
La réforme du 23 mars 2019 a insufflé un changement de paradigme en chargeant la juridiction, statuant sur la sanction, le soin de se prononcer immédiatement sur l'opportunité d'aménager la peine privative de liberté ferme, alors que jusqu'ici cette fonction incombait quasi exclusivement au JAP, devant lequel le condamné était ultérieurement convoqué. Désormais, lorsque la peine ferme prononcée est comprise entre un et six mois, elle doit être aménagée selon les modalités prévues à l'article 132-25 du Code pénal sauf impossibilité matérielle résultant de la personnalité ou de la situation du condamné. Si la peine est comprise entre six mois et un an, elle peut être aménagée, sans obligation spécialement prescrite. Enfin, si la peine excède un an d'emprisonnement, aucun aménagement n'est possible (C. pén., art. 132-19 et 132-25 ; C. pr. pén., art. 464-2)
En tout état de cause, si l'aménagement à l'audience n'est pas déterminé, une convocation peut être remise au condamné d'avoir à comparaître devant le JAP qui tranchera ultérieurement (C. pr. pén., art. 474) selon la procédure prescrite à l'article 723-15 du Code de procédure pénale. Le condamné ou son avocat peuvent également saisir le juge d'une requête aux fins d'aménagement ; si celle-ci est présentée à l'expiration d'un délai d'un an passé la condamnation définitive, le Parquet se trouvera empêché de mettre à exécution la peine (C. pr. pén., art. 723-17).
Au titre des aménagements, l'on retrouve le **fractionnement et suspension de la peine**. La première mesure permet au condamné d'exécuter par fractions minimales de deux jours sa peine correctionnelle ou contraventionnelle et ce en raison de motifs médicaux, familiaux, professionnels ou sociaux (C. pén., art. 132-27 et 132-28). La seconde mesure permet, en raison des mêmes motifs, la suspension de la peine et ainsi son report d'exécution (C. pr. pén., art. 720-1) étant précisé que la loi aménage en outre une suspension de peine médicale lorsque le pronostic vital du condamné est engagé ou si son état de santé est durablement incompatible avec la détention, sous réserve d'un risque grave de renouvellement de l'infraction (C. pr. pén., art. 720-1-1).

Le juge peut en outre décider d'une mesure de **semi-liberté** dans le cadre de laquelle le condamné pourra réaliser des activités d'insertion le jour et devra regagner le centre la nuit (C. pén., art. 132-26) ou un **placement à l'extérieur** consistant à exercer des activités en dehors d'un établissement pour peine avec ou sans surveillance de l'administration pénitentiaire (C. pr. pén., art. 723). Ces aménagements peuvent être décidés *ab initio* lorsque la peine à exécuter est inférieure ou égale à un an d'emprisonnement ou en cours d'exécution de peine lorsque le reliquat à effectuer n'excède pas deux ans (C. pén., art. 132-25 ; C. pr. pén., art. 723-1).

La **détention à domicile sous surveillance électronique**, dans sa version aménagement de peine, consiste en l'installation au domicile du condamné d'un dispositif permettant de s'assurer de sa présence lors des heures fixées. La mesure peut être décidée *ab initio* lorsque la peine à effectuer est inférieure ou égale à un an d'emprisonnement ou lorsque le reliquat à exécuter n'excède pas deux ans (C. pén., art. 132-25 ; C. pr. pén., art. 723-7).

Les aménagements susvisés peuvent être retirés au condamné après débat contradictoire en cas de non-respect des obligations et interdictions imposées, mauvaise conduite ou demande de l'intéressé en ce sens (C. pr. pén., art. 723-2 et 723-7-1). Ils peuvent en outre être substitués à un autre aménagement jugé plus adapté.

En parallèle s'inscrit le dispositif de **libération conditionnelle** consistant à offrir au condamné une remise en liberté « conditionnelle » puisque soumise à un certain nombre de mesures de contrôle. Par principe, le condamné n'est éligible à cet aménagement qu'à mi-peine, étant précisé que le temps d'épreuve ne peut excéder 15 ans ou 20 ans en cas de récidive légale. Lorsque la réclusion criminelle à perpétuité a été prononcée, la durée d'épreuve est de 18 ans et de 22 ans en cas de récidive légale. Ces durées ne sont toutefois pas applicables aux condamnés âgés de plus de 70 ans ainsi qu'à ceux bénéficiant d'une suspension de peine pour motif médical sous certaines conditions (C. pr. pén., art. 729).

Si par principe les crédits de réduction de peine (CRP) et réductions supplémentaires de peine (RSP) octroyés devaient être pris en considération dans le calcul, il s'agit de noter que par la loi n° 2021-1729 du 22 décembre 2021, ces dispositifs ont été supprimés au profit de réduction de peine sur justification de bonne conduite par décision du JAP.

La libération conditionnelle nécessite pour être octroyée la démonstration d'« efforts sérieux de réinsertion » par le condamné, lequel doit également justifier de garanties en milieu ouvert (activité professionnelle, vie de famille…) sous réserve qu'il s'agisse d'une libération conditionnelle dite « expulsion » (Crim. 6 mars 2002, n° 01-85.914). Préalablement à son octroi, le condamné peut être soumis à une DDSE ou semi-liberté probatoire destinées à observer son comportement en milieu ouvert pour une durée n'excédant pas un an (C. pr. pén., art. 723-1 et 723-7).

Un mécanisme « spécial » de libération conditionnelle existe s'agissant de condamnés à une peine privative de liberté inférieure ou égale à quatre ans, ou dont le reliquat à exécuter est de même durée, exerçant l'autorité parentale sur un enfant mineur de 10 ans ayant chez ce parent sa résidence habituelle. Le même dispositif existe s'agissant d'une femme enceinte de plus de douze semaines (C. pr. pén., art. 729-3).

Le condamné bénéficiant d'une libération conditionnelle se voit astreint à respecter un certain nombre d'obligations et interdictions sous la surveillance du JAP ainsi que du SPIP (C. pr. pén., art. 731). En cas de violation, inconduite notoire ou nouvelle condamnation, la mesure peut être révoquée, entraînant alors la réincarcération du condamné (C. pr. pén., art. 733).

En dernier lieu sera abordée la **libération sous contrainte** (LSC), voulue pour permettre un examen systématique de la situation pénale des condamnés incarcérés purgeant une peine privative de liberté d'une durée inférieure ou égale à cinq ans ou dont le reliquat à effectuer est de mêmes durées, afin d'examiner pour chacun d'eux les perspectives d'aménagement de peine aux deux tiers de son exécution. Dans ce cadre, le JAP peut décider de l'aménagement du reliquat sous la forme d'une DDSE, d'un placement à l'extérieur ou d'une semi-liberté (C. pr. pén., art. 720 I).

Sur ce sujet, la loi nº 2021-1729 du 22 décembre 2021 a récemment renforcé ce dispositif dans l'objectif assumé de supprimer sinon réduire les « sorties sèches », c'est-à-dire sans aménagement, en suite desquelles les taux de récidive sont particulièrement importants. Désormais, et sauf exceptions énoncées au III du texte, lorsque le condamné exécutant une peine privative de liberté inférieure ou égale à deux ans dispose d'un reliquat à purger inférieur ou égal à trois mois, la libération sous contrainte s'applique de plein droit et l'aménagement s'en trouve ainsi automatisé, sauf impossibilité matérielle résultant de l'absence d'hébergement proposé (C. pr. pén., art. 720 II).

Outils de travail

Textes essentiels

C. pén., art. 132-19 : la dispense de peine peut être accordée lorsqu'il apparaît que le reclassement du coupable est acquis, que le dommage causé est réparé et que le trouble résultant de l'infraction a cessé.

C. pén., art. 132-25 et C. pr. pén., art. 723-15 : aménagement de peine *ab initio*.
C. pén., art. 132-60 s. : ajournement de peine.
C. pén., art. 132-3 s. : sursis simple.
C. pén., art. 132-41 s. : sursis probatoire.

Pour aller plus loin

F. Johannès, « La prison à la peine », *Le Monde*, 14 févr. 2013.
J. Pradel, « Des dispositions de la loi du 23 mars 2019 sur le renforcement de l'efficacité et du sens de la peine : texte fondateur ou texte d'ajustement ? », *D.* 2019. 1002.
A. Cappello, « La détention à domicile sous surveillance électronique : une peine en trompe-l'œil », Lexbase Pénal 2019, nº N8805BXE.
F. Ludwiczak et Jean Motte dit Falisse (dir.), *Du sens de la peine*, coll. « Criminologie », 2017, L'Harmattan.
M. Foucault, *Surveiller et punir : Naissance de la prison*, Gallimard, 1993, p. 18.

Le rôle du juge des libertés et de la détention

Créé par la loi nº 2000-516 du 15 juin 2000 *renforçant la protection de la présomption d'innocence et les droits des victimes*, le JLD, magistrat du siège spécialisé, a été initialement conçu afin de mettre un terme au monopole du juge d'instruction sur les décisions de placement en détention provisoire. Cette première loi restreignait donc assez strictement son champ d'action. Mais ce nouveau magistrat du siège a vu ses pouvoirs élargis au contrôle de nombreuses autres mesures, allant même bien au-delà de la procédure pénale, depuis qu'il s'est substitué au président du tribunal pour contrôler les atteintes à la liberté (garde à vue, visites domiciliaires, rétention des étrangers, etc.). Afin de renforcer définitivement son assise, la loi organique nº 2016-1090 du 8 août 2016 a consacré le principe de la nomination du JLD par décret du président de la République. Il convient de s'intéresser aux fonctions sans cesse enrichies du JLD, qui joue désormais un rôle clé dans la fixation des garanties que doivent offrir les personnes mises en cause au cours de la procédure pénale (I), tout en exerçant des prérogatives importantes concernant de nombreuses mesures d'investigation (II).

I • Les mesures d'encadrement de l'individu au cours de la procédure

S'il est un rôle traditionnel du JLD, c'est bien celui de décider de la détention provisoire, et plus généralement du contrôle judiciaire, en permettant d'assurer le maintien de l'individu à la disposition de la justice (A). Depuis 2010, ce magistrat joue également un rôle de taille en matière de saisies pénales spéciales, agissant ainsi sur le patrimoine de la personne mise en cause dans la phase préparatoire du procès (B).

A • Les mesures conservatoires visant la personne mise en cause

1 • La détention provisoire

La prise de décision concernant la détention provisoire correspond au rôle originel du JLD (C. pr. pén., art. 137-1). Dans le cadre de l'information judiciaire, il revient en effet au JLD, saisi par le juge de l'instruction, de statuer sur le placement ou la prolongation de la détention provisoire. Cette décision prend la forme d'une ordonnance motivée, rendue à l'issue d'un débat contradictoire tenu en audience publique où comparaît le mis en examen et son conseil, étant précisé que l'absence de ce dernier ne constitue pas une cause de nullité de l'ordonnance dès lors qu'il avait été valablement convoqué et qu'un renvoi de l'audience n'était plus possible (Crim. 16 déc. 2020, nº 20-85.580). D'ailleurs,

la personne mise en examen peut solliciter un délai pour préparer sa défense conformément à l'article 145 alinéa 4 du Code de procédure pénale, l'absence de cette information étant sanctionnée par la nullité à condition toutefois de rapporter la preuve d'un grief (Crim. 28 juill. 2021, n° 21-83.005).
Le JLD peut en outre, en vertu de l'article 122 du Code de procédure pénale, décerner un mandat de dépôt, à l'exception de tous autres mandats qui sont de la compétence du juge d'instruction. Il est également en charge des différentes prolongations de la détention provisoire, dont le nombre et la durée varient selon la gravité des infractions en cause, et statue sur les demandes de mise en liberté.
Le JLD intervient également pour décider de la détention provisoire en dehors de l'information judiciaire. Ainsi en va-t-il, sur réquisitions du procureur de la République, en matière de comparution immédiate, si la réunion du tribunal est impossible le jour même (C. pr. pén., art. 396), ou encore dans le cadre de la nouvelle comparution différée créée par la loi du 23 mars 2019, si la peine encourue est égale ou supérieure à trois ans d'emprisonnement (C. pr. pén., art. 397-1-1). Dans ce dernier cas, l'ordonnance rendue est susceptible d'appel dans un délai de dix jours devant la chambre de l'instruction.
Se fondant sur un récent arrêt de la CEDH, ayant condamné la France pour l'ineffectivité des recours préventifs offerts aux détenus (CEDH 30 janv. 2020, n° 9671/15), la Cour de cassation a affirmé qu'en cas d'atteinte à la dignité liée aux conditions de détention, le juge judiciaire doit procéder aux vérifications nécessaires et, le cas échéant, ordonner la mise en liberté de la personne concernée (Crim. 8 juill. 2020, n° 20-81.739). Par ce spectaculaire revirement de jurisprudence, la Cour de cassation attribue au JLD sa lettre de noblesse en l'érigeant en JLD (D) : « Juge des Libertés (de la Dignité) et de la Détention ».
Cela est d'ailleurs corroboré par le fait que la loi n° 2021-403 du 8 avril 2021 a introduit un article 803-8 dans le Code de procédure pénale qui instaure un recours autonome et exclusif devant le JLD pour qu'un détenu puisse dénoncer ses conditions indignes de détention.

2 • Les autres mesures de contrôle

Le contrôle judiciaire relève de la compétence du juge d'instruction, mais il peut également être ordonné par le JLD lorsque celui-ci est saisi (C. pr. pén., art. 137-2), étant rappelé que la logique est celle de la subsidiarité du recours à la détention provisoire (C. pr. pén., art. 137). Le JLD exerce également une compétence concurrente à celle du juge d'instruction s'agissant du placement sous assignation à résidence avec surveillance électronique (ARSE) (C. pr. pén., art. 142-5). L'article 142-6 du Code de procédure pénale a été modifié par la loi du 23 mars 2019, afin de prévoir que l'ARSE peut être décidée par ordonnance motivée du juge d'instruction ou du JLD « au vu des réquisitions écrites du procureur de la République, dont il est donné lecture à la personne mise en examen, et après avoir entendu ses observations et celles de son avocat », réduisant ainsi les cas où le débat contradictoire est obligatoire.
En dehors de l'instruction, le JLD est également en charge du placement sous contrôle judiciaire ou sous assignation à résidence avec surveillance électronique dans le cadre de la comparution par procès-verbal (C. pr. pén., art. 394). À cette audience, le JLD doit informer le prévenu qui comparait devant lui de son droit de se taire (Cons. const. 30 sept. 2021, n° 2021-394 QPC) à l'instar de ce que le Conseil constitutionnel avait déjà pu par ailleurs préciser en censurant partiellement l'article 396 du Code de procédure pénale (Cons. const. 4 mars 2021, n° 2020-886 QPC).

B • Les mesures conservatoires visant les biens de la personne mise en cause

1 • Les saisies pénales spéciales

La loi n° 2010-768 du 9 juillet 2010 *visant à faciliter la saisie et la confiscation en matière pénale* a créé le régime des « saisies pénales spéciales », aux articles 706-141 et suivants du Code de procédure pénale. Ces saisies, nées il y a seulement dix ans, sont très utilisées en pratique, et font l'objet d'une jurisprudence abondante de la part de la Cour de cassation.

Elles permettent de bloquer provisoirement la libre disposition d'un bien, en considération du fait que celui-ci est susceptible d'être confisqué à titre de peine dans l'hypothèse d'une déclaration de culpabilité. L'objectif est d'éviter la dissipation des biens de la personne mise en cause, dans l'attente du jugement.

La liste des saisies spéciales est précisément définie par le Code de procédure pénale. Il s'agit :

- des saisies de patrimoine (C. pr. pén., art. 706-148) ;
- des saisies immobilières (C. pr. pén., art. 706-150) ;
- des saisies portant sur certains biens ou droits mobiliers incorporels (C. pr. pén., art. 706-153) ;
- et des saisies sans dépossession (C. pr. pén., art. 706-158).

Si le juge d'instruction est compétent pour prononcer de telles mesures au cours de l'instruction, c'est le JLD qui s'impose comme autorité judiciaire équivalente dans le cadre de l'enquête, qu'elle soit préliminaire ou de flagrance. Ce magistrat doit être saisi par requête du procureur de la République, et se prononcer par ordonnance motivée. Ici, l'intervention du magistrat indépendant, que constitue le JLD, permet au législateur d'instituer le recours à des mesures conservatoires attentatoires au droit de propriété avant même le déclenchement des poursuites.

2 • Les saisies conservatoires

La loi du 9 juillet 2010 a recentré le champ d'application des mesures conservatoires de l'article 706-103 du Code de procédure pénale, qui ne concerne plus que les mesures destinées à garantir les seules créances de l'État et des victimes au titre des amendes et des dommages-intérêts, et non plus l'exécution des confiscations, dont la garantie est désormais assurée par la procédure de saisie pénale.

Ces mesures conservatoires peuvent être prises, en matière de criminalité et de délinquance organisées, par le JLD, « sur les biens, meubles ou immeubles, divis ou indivis, de la personne mise en examen afin de garantir le paiement des amendes encourues ainsi que, le cas échéant, l'indemnisation des victimes » (C. pr. pén., art. 706-103). Depuis cette même loi, le JLD peut également les prononcer en matière d'infractions contre les biens, lorsque l'infraction est punie d'une peine égale ou supérieure à trois ans d'emprisonnement (C. pr. pén., art. 706-166).

Saisie d'une question prioritaire de constitutionnalité portant sur cette possibilité de porter atteinte au droit de propriété, avant toute déclaration de culpabilité, la Cour de cassation n'a pas manqué de souligner l'intervention du JLD dans la prise de décision pour refuser de prêter à la question un caractère sérieux (Crim. 18 juin 2010, n° 10-81.165).

II • Les mesures d'investigation attentatoires aux libertés individuelles

Outre le rôle crucial qu'il joue dans le cadre de la garde à vue (A), le JLD s'impose comme un acteur incontournable concernant de nombreuses mesures d'enquêtes attentatoires aux libertés individuelles (B).

A • La garde à vue

1 • La prolongation de la garde à vue

Lorsque la garde à vue, dont le délai de droit commun est fixé à 24 heures, doit faire l'objet d'une prolongation pour les besoins de l'enquête ou par impératif de sécurité (C. pr. pén., art. 62-3), il revient au procureur de la République d'autoriser une prolongation de 24 heures (C. pr. pén., art. 63).
En revanche, au-delà de 48 heures, l'article 62-3 du Code de procédure pénale fait du JLD l'autorité compétente pour statuer sur la prolongation, possible en matière de criminalité et de délinquance organisées (C. pr. pén., art. 706-88). Sur requête du procureur de la République, le JLD peut décider de prolonger deux fois la garde à vue de 24 heures, ou exceptionnellement une seule fois pour 48 heures, par une ordonnance écrite et motivée.
En outre, la loi nº 2006-64 du 23 janvier 2006 *relative à la lutte contre le terrorisme et portant dispositions diverses relatives à la sécurité et aux contrôles frontaliers* a introduit à l'article 706-88 du Code de procédure pénale un paragraphe permettant au JLD de prolonger la garde à vue pour une nouvelle période de 24 heures « s'il ressort des premiers éléments de l'enquête ou de la garde à vue elle-même qu'il existe un risque sérieux de l'imminence d'une action terroriste en France ou à l'étranger ou que les nécessités de la coopération internationale le requièrent impérativement ». Le Conseil constitutionnel a validé cette possibilité, en soulignant qu'elle est « décidée par le juge des libertés à qui il appartient de vérifier que les circonstances précises fixées par ces dispositions sont réunies » (Cons. const. 22 sept. 2010, nº 2010-31 QPC, cons. 5). La loi du 14 avril 2011 a transféré cette disposition à l'article 706-88-1 du Code de procédure pénale, spécialement consacré à la matière terroriste.

2 • Le report de la présence de l'avocat

Si la loi nº 2011-392 du 14 avril 2011 *relative à la garde à vue* a consacré le droit à la présence d'un avocat dès le début de la garde à vue, elle a établi certaines règles dérogatoires.
Il résulte de l'article 63-4-2 du Code de procédure pénale qu'un report exceptionnel de la présence de l'avocat est possible, « si cette mesure apparaît indispensable pour des raisons impérieuses tenant aux circonstances particulières de l'enquête, soit pour permettre le bon déroulement d'investigations urgentes tendant au recueil ou à la conservation des preuves, soit pour prévenir une atteinte grave et imminente à la vie, à la liberté ou à l'intégrité physique d'une personne ». Il est décidé par le procureur de la République pour les premières douze heures, et par le JLD sur requête de ce dernier pour les douze heures suivantes, mais seulement, pour cette seconde période, si la personne est gardée à vue pour un crime ou un délit puni d'une peine d'emprisonnement supérieure ou égale à cinq ans. Dans les mêmes conditions, ces magistrats peuvent décider que l'avocat ne peut, pour une durée identique, consulter les procès-verbaux d'audition de la personne gardée à vue. Des dispositions prévoyant un

rôle similaire du JLD sont prévues en matière de criminalité et de délinquance organisées (C. pr. pén., art. 706-88).
En revanche, le pouvoir qui avait été accordé au JLD par l'ancien article 706-88-2 du Code de procédure pénale, en matière de terrorisme, lui permettant de décider, au cours de l'enquête, l'assistance de la personne par un avocat figurant sur une liste d'avocats habilités, établie par le bureau du Conseil national des barreaux, a été abrogé, car déclaré inconstitutionnel par le Conseil constitutionnel. Ce dernier a en effet relevé que ces dispositions n'obligeaient pas le magistrat à motiver la décision, ni ne définissaient les circonstances particulières de l'enquête ou de l'instruction, et les raisons permettant d'imposer une telle restriction aux droits de la défense (Cons. const. 17 févr. 2012, n° 2011-223 QPC, cons. 7).

B • Le contrôle des mesures intrusives

Le JLD est omniprésent s'agissant des mesures qui conduisent à l'introduction des autorités dans des lieux privés, notamment dans le domicile, sans l'accord de la personne concernée (1), ainsi que des mesures de surveillance (2). C'est ici l'atteinte portée au droit au respect de la vie privée, laquelle doit être encadrée, notamment en application de l'article 8 de la Conv. EDH, qui justifie le contrôle confié à ce magistrat.

1 • Les mesures d'intrusion dans un lieu privé

La loi n° 2004-204 du 9 mars 2004 *portant adaptation de la justice aux évolutions de la criminalité* a marqué une évolution importante en autorisant, pendant l'enquête préliminaire – dont on sait qu'elle est en principe caractérisée par une absence de coercition –, des perquisitions sans le consentement de l'individu chez qui elles sont conduites. C'est au JLD, saisi par le procureur de la République, qu'il est revenu de rendre une décision écrite et motivée en ce sens (C. pr. pén., art. 76, al. 4). Les exigences relatives à la motivation de cette décision sont importantes. Le texte prévoit en effet qu'« [...] À peine de nullité, la décision du juge des libertés et de la détention précise la qualification de l'infraction dont la preuve est recherchée ainsi que l'adresse des lieux dans lesquels ces opérations peuvent être effectuées ; cette décision est motivée par référence aux éléments de fait et de droit justifiant que ces opérations sont nécessaires. »
La Cour de cassation se montre soucieuse du respect de ce texte, considérant « que l'ordonnance du juge des libertés et de la détention, qui se borne à se référer à la requête présentée par le procureur de la République aux fins de perquisition, en application de l'article 76, alinéa 4, du Code de procédure pénale, n'est pas conforme aux exigences de ce texte » (Crim. 23 nov. 2016, n° 15-83.649). D'ailleurs, la loi n° 2019-222 du 23 mars 2019 a doté l'article préliminaire du Code de procédure pénale d'un nouvel alinéa, selon lequel « au cours de la procédure pénale, les mesures portant atteinte à la vie privée d'une personne ne peuvent être prises, sur décision ou sous le contrôle effectif de l'autorité judiciaire, que si elles sont, au regard des circonstances de l'espèce, nécessaires à la manifestation de la vérité et proportionnées à la gravité de l'infraction ».
C'est encore ce magistrat qui, en enquête de flagrance (C. pr. pén., art. 706-89) ou en enquête préliminaire (art. 706-90), peut autoriser que des perquisitions soient réalisées en dehors des heures prévues par l'article 59 (entre 6 h et 21 h).
Concernant les perquisitions réalisées dans des lieux spéciaux, tels que le domicile d'un avocat (C. pr. pén., art. 56-1), les bureaux d'une entreprise de presse ou de communication (C. pr. pén., art. 56-2) ou les locaux d'une juridiction ou du domicile d'une personne exerçant des fonctions

juridictionnelles (C. pr. pén., art. 56-5), c'est le JLD qui est chargé de statuer, par ordonnance motivée et écrite non susceptible d'appel, sur les oppositions éventuellement formulées. Il apparaît ainsi comme le garant des différents secrets protégés par la loi.
C'est naturellement vers le JLD que le législateur s'est tourné pour instituer un droit de recours des tiers à la procédure en matière de perquisition. La loi du 23 mars 2019 a inséré un article 802-2 au sein du Code de procédure pénale, selon lequel toute personne ayant fait l'objet d'une perquisition ou d'une visite domiciliaire et qui n'a pas été poursuivie devant une juridiction d'instruction ou de jugement au plus tôt six mois après l'accomplissement de cet acte peut, dans un délai d'un an à compter de la date à laquelle elle a eu connaissance de cette mesure, saisir le JLD d'une demande tendant à son annulation. Si des poursuites ont été engagées contre d'autres personnes, le JLD transmet sa décision, selon le cas, soit au président de la chambre de l'instruction, soit au président de la juridiction de jugement. Le Conseil constitutionnel a validé cette disposition sous la réserve que, lorsque la décision contestée « a été ordonnée par un juge des libertés et de la détention, ce juge ne saurait, sans méconnaître le principe d'impartialité, statuer sur la demande tendant à l'annulation de sa décision » (Cons. const. 21 mars 2019, nº 2019-778 DC, cons. 198).

2 • Les mesures de surveillance

C'est enfin dans le cadre des mesures de surveillance, également très attentatoires à la vie privée, que le législateur a fréquemment instauré l'intervention du JLD.
À l'instar du juge d'instruction durant l'information judiciaire, il constitue parfois l'autorité judiciaire indépendante en charge du contrôle de la mesure au cours de l'enquête, où il est saisi sur requête du procureur de la République, en matière de criminalité ou délinquance organisée, ainsi que parfois en matière criminelle.
Il en va ainsi des écoutes téléphoniques, qui peuvent être ordonnées en matière de délinquance ou de criminalité organisée (C. pr. pén., art. 706-95), et de l'accès à distance aux correspondances stockées dans une messagerie électronique (C. pr. pén., art. 706-95-1). Depuis l'entrée en vigueur de la loi du 23 mars 2019, le régime des techniques spéciales d'enquête (l'*IMSI-catcher*, les sonorisations et fixations d'images et la captation de données informatiques) a été uniformisé aux articles 706-95-11 et suivants du Code de procédure pénale, et il est expressément prévu qu'elles sont autorisées, « au cours de l'enquête, par le juge des libertés et de la détention à la requête du procureur de la République » (C. pr. pén., art. 706-95-12).
Il faut ici signaler que les dispositions de la loi du 23 mars 2019 qui permettaient au JLD d'autoriser l'interception des correspondances pour des infractions de droit commun, en enquête de flagrance et en enquête préliminaire, ont été censurées par le Conseil constitutionnel. En autorisant le recours à ces mesures, d'une part, pour des infractions ne présentant pas nécessairement un caractère de particulière gravité et complexité et, d'autre part, sans assortir ce recours des garanties permettant un contrôle suffisant par le JLD du maintien du caractère nécessaire et proportionné desdites mesures durant leur déroulé, le législateur n'a pas opéré une conciliation équilibrée entre l'objectif de valeur constitutionnelle de recherche des auteurs d'infractions et le droit au respect de la vie privée et le secret des correspondances (Cons. const. 21 mars 2019, préc., cons. 138-147).
En matière de géolocalisation, dont le régime a été retouché par la loi précitée, le JLD prend le relais du procureur de la République pour autoriser la mesure, au bout de 8 jours, ou de 15 jours pour les infractions en matière de délinquance ou de criminalité organisée, et en cas de découverte de cadavre ou de disparition suspecte.
Mais le JLD peut également intervenir sur saisine du juge d'instruction lui-même, notamment lorsqu'il s'agit d'autoriser l'introduction dans un véhicule ou un lieu privé, sans le consentement du propriétaire ou de l'occupant pour mettre en place un dispositif de captation des données informatiques (C. pr. pén., art. 706-96).

Outils de travail

Textes essentiels

C. pr. pén., art. 62-3 : le JLD statue sur la prolongation de la garde à vue au-delà de la 48e heure (criminalité et délinquance organisée).
C. pr. pén., art. 63-4-2 : le JLD peut reporter la présence de l'avocat en garde à vue au-delà de la 12e heure si la personne est gardée à vue pour un crime ou un délit puni d'une peine d'emprisonnement supérieure ou égale à cinq ans.
C. pr. pén., art. 76, al. 4 : le JLD, saisi par le procureur, peut décider qu'une perquisition sera effectuée sans l'assentiment de la personne chez qui elle a lieu. L'ordonnance du JLD doit être particulièrement motivée et doit satisfaire aux conditions fixées par l'alinéa 4 du présent article.
C. pr. pén., art. 137-1, 396 et 397-1-1 : la détention provisoire est ordonnée ou prolongée par le JLD.
C. pr. pén., art. 137-2, 142-5 s. et 394 : le JLD est également en charge du placement sous contrôle judiciaire ou encore du placement sous assignation à résidence avec surveillance électronique.
C. pr. pén., art. 803-8 : mise en place d'un recours autonome et exclusif devant le JLD pour dénoncer des conditions de détention indignes.

Jurisprudence essentielle

Crim. 23 nov. 2016, n° 15-83.649 : l'ordonnance du JLD qui autorise une perquisition en vertu de l'article 76, alinéa 4, du Code de procédure pénale doit être motivée par référence aux éléments de fait et de droit justifiant que ces opérations sont nécessaires.

Pour aller plus loin

C. Lacroix, « Juge des libertés et de la détention », *Rep. dr. pén. pr. pén.*, mars 2014.
A. Pütz, « Le juge des libertés et de la détention et la loi du 26 novembre 2003 », *AJ pénal* 2004. 100.
M.-E. Oppelt-Reveneau, « L'appel des ordonnances du JLD en matière de visite et de saisie : une réforme procédurale décisive », *RCL* 2009, n° 21, p. 169.

LA PROCÉDURE PÉNALE

Annales et exercices corrigés

Consultation

Sujet de l'examen national 2023

SUJET

Alertés par la conduite dangereuse d'un véhicule, deux OPJ fouillent le véhicule et interpellent Vincent et Frédéric, qui transportaient une cargaison importante de résine de cannabis. Placés aussitôt en garde à vue le 2 août 2023, à 19 h, ils sont informés de l'infraction reprochée, leurs différents droits leur sont notifiés et le procureur est informé de la mesure. Les OPJ saisissent ensuite la marchandise litigieuse.

À leur arrivée dans les locaux du commissariat, les auditions débutent à 23 h ; ni Vincent, ni Frédéric ne sollicitent l'assistance d'un avocat, décidés l'un comme l'autre à ne rien dire. Les auditions ne donnent rien, les deux compagnons gardant en effet le silence. Toutefois, alors qu'un policier le ramenait dans sa cellule, Vincent lui fait des confidences et lui révèle le nom du chef du réseau, Christophe, bien connu des services de police.

Fort de ces éléments, le 3 août 2023, le procureur prolonge les mesures de garde à vue en cours, après présentation des deux intéressés par un moyen de visioconférence à 22 h. Les auditions suivantes sont alors plus utiles, dans la mesure où Frédéric reconnaît l'infraction et sa participation à un trafic de stupéfiants de grande ampleur (les marchandises sont importées depuis l'Espagne). À la suite de cette révélation, le procureur décide d'ouvrir une information judiciaire le 4 août et il prend un réquisitoire introductif, visant les faits commis par Vincent, Frédéric et Christophe d'importation de stupéfiants en bande organisée, crime prévu par l'article 222-36 du Code pénal, précisant ensuite la date et le lieu du trafic.

Le 5 août, le juge d'instruction ainsi saisi décide de faire perquisitionner sans attendre le domicile de Christophe, rendant une décision motivée en ce sens. Les OPJ se présentent au domicile de ce dernier à 23 h et procèdent à la perquisition, malgré les protestations de Christophe qui est menotté sur place. À l'occasion de cette perquisition, ils trouvent des stupéfiants, mais aussi une arme de poing qu'ils saisissent immédiatement, dans le cadre d'une enquête de flagrance et après en avoir informé le procureur.

À la suite de cette perquisition et à son arrivée au commissariat à 2 h du matin le 6 août 2023, Christophe est placé en garde à vue : il est informé de l'infraction d'importation de stupéfiants en bande organisée qui lui est reprochée ; le juge d'instruction est informé et ses différents droits lui sont notifiés. Au cours de l'audition qui est enregistrée, les enquêteurs informent également Christophe des soupçons relatifs à la détention d'arme de catégorie B sans autorisation, délit prévu par l'article 222-52 du Code pénal. En présence de son avocat, Christophe reconnaît l'ensemble des infractions, tant s'agissant du trafic international de stupéfiants que la détention d'arme.

Il vous est demandé d'examiner la régularité de la procédure, tout particulièrement la fouille du véhicule, les gardes à vue de Vincent et Frédéric et les déclarations faites par ces derniers **(10 points)**, ainsi que la perquisition et la garde à vue de Christophe **(10 points)**.

ENJEUX DU SUJET

En dépit de son apparente facilité, ce sujet requiert une lecture particulièrement attentive ainsi qu'une bonne gestion du temps au regard du grand nombre d'actes dont il convient d'analyser la régularité. Dès lors que certaines investigations ont été diligentées durant l'enquête, et d'autres pendant l'instruction, il est fondamental de les examiner selon le régime idoine. Par ailleurs, il est nécessaire de tirer les conséquences des irrégularités relevées en distinguant les actes qui encourent la nullité – en ce compris les actes subséquents – de ceux qui peuvent être maintenus.

CORRIGÉ

Deux OPJ étaient alertés par la conduite dangereuse d'un véhicule. Ils décidaient de le fouiller, et découvraient une cargaison importante de produits stupéfiants qu'ils saisissaient. Ils interpellaient aussitôt Vincent et Frédéric qui se trouvaient à bord, et les plaçaient en garde à vue. À l'occasion de cette garde à vue, les enquêteurs apprenaient par l'intermédiaire de Vincent que Christophe est le chef du réseau de stupéfiants. Consécutivement, une information judiciaire était ouverte. Le juge d'instruction désigné donnait pour instructions aux enquêteurs de perquisitionner le domicile de Christophe. C'est ainsi qu'étaient appréhendés des stupéfiants ainsi qu'une arme de poing avant que Christophe ne soit finalement placé à son tour en garde à vue.
Il convient d'examiner la régularité des actes d'enquête (I), puis d'instruction (II), avant d'envisager les conséquences des irrégularités identifiées sur la procédure (III).

I • La régularité des actes d'enquête

Après avoir déterminé si l'enquête avait été diligentée sous la forme préliminaire ou en flagrance (A), il s'agira d'examiner la régularité de la fouille du véhicule (B), l'interpellation de Vincent et Frédéric (C) ainsi que leur garde à vue (D).

A • La détermination du cadre juridique d'enquête

L'enquête peut se dérouler en la forme préliminaire ou en flagrance. Si l'ouverture d'une enquête préliminaire ne répond à aucune condition particulière, l'enquête de flagrance est soumise à des conditions strictes.
En premier lieu, ne peuvent être recherchés sous le régime de la flagrance que des crimes ou des délits punis de l'emprisonnement (C. pr. pén., art. 67), ce qui exclut *a contrario* les contraventions et les délits seulement passibles d'une amende (Crim. 7 janv. 2020, nº 19-83.774).
Au cas présent, les faits présentés pourraient caractériser les délits de détention et transport de stupéfiants prévus à l'article 222-37 du Code pénal, lequel y associe un emprisonnement de dix ans.
La seconde condition de la flagrance tient à la temporalité. Aux termes de l'article 53 du Code de procédure pénale, il importe que le délit se commette actuellement ou vienne de se commettre.
Cette condition est assurément réunie dans la mesure où le délit défini à l'article 222-37 du Code pénal est une infraction continue.

Enfin, la flagrance suppose la caractérisation d'un élément matériel. À cet égard, la Cour de cassation juge de manière constante que « pour pouvoir agir en enquête de flagrance, les officiers de police judiciaire doivent avoir eu connaissance au préalable, d'indices apparents d'un comportement révélant l'existence d'une infraction en train de se commettre ou qui vient d'être commise » (Crim. 12 mai 1992, *Bull. crim.* n° 187). C'est dire que la flagrance exige la réunion « d'indices apparents et objectifs d'un comportement délictueux » selon l'expression consacrée (Crim. 4 janv. 1982, n° 80-95.198).
Ici, cette condition est satisfaite compte tenu de la conduite dangereuse de leur véhicule, laquelle pouvait légitimement laisser penser qu'une infraction était en train de se commettre.
Les conditions de la flagrance sont donc remplies ; par voie de conséquence, l'ensemble des actes procéduraux accomplis seront examinés sous le régime de la flagrance, et les dispositions propres à l'enquête préliminaire seront exclues.

B • La fouille du véhicule

Il convient de s'interroger sur la régularité de la fouille du véhicule proprement dite (1), puis sur la saisie qui en a résulté (2).

1 • La fouille *stricto sensu*

À titre préalable, il convient de rappeler que les recherches qui sont menées dans un véhicule automobile, en dehors du domicile du conducteur, ne sont pas soumises au régime des perquisitions domiciliaires (Crim. 5 janv. 2021, n° 20-80.569) mais à celui des constatations de l'article 54 du Code de procédure pénale (Crim. 18 oct. 2006, n° 06-85.823).
Par voie de conséquence, une fouille peut être réalisée de manière coercitive, sans l'accord du conducteur ou du propriétaire du véhicule, à condition toutefois de caractériser la flagrance.
Il sera alors opéré par renvoi à la démonstration tenue *supra* (I, A) pour conclure à la régularité de la fouille du véhicule dans lequel se trouvaient Vincent et Frédéric.
NB : La doctrine considère que l'article 78-2-3 du Code de procédure pénale qui habilite les officiers de police judiciaire à « procéder à la visite des véhicules circulant ou arrêtés sur la voie publique ou dans des lieux accessibles au public lorsqu'il existe à l'égard du conducteur ou d'un passager une ou plusieurs raisons plausibles de soupçonner qu'il a commis, comme auteur ou comme complice, un crime ou un délit flagrant » ne doit pas s'appliquer aux fouilles de véhicules réalisées dans le cadre d'une enquête de flagrance (S. Fucini, « Enquête de flagrance » *Rép dr. pén.*, juin 2023, spéc. § 152, Fouilles de véhicules). La doctrine estime en effet que la visite de véhicule prévue par l'article 78-2-3 du Code de procédure pénale ne suppose pas l'ouverture d'une enquête de flagrance dès lors qu'elle exige uniquement qu'il existe des raisons plausibles qui laisseraient à penser que le conducteur/propriétaire ait commis un crime ou un délit flagrant. Si l'on en suit la doctrine, l'article 78-2-3 du Code de procédure pénale ne serait donc pas applicable à notre cas d'espèce dès lors que les enquêteurs ont procédé à la fouille du véhicule alors qu'une enquête de flagrance était déjà ouverte.

2 • La saisie de la résine de cannabis

La Cour de cassation donne le pouvoir aux OPJ de saisir toute pièce à conviction se rapportant à l'infraction flagrante indépendamment de la procédure dans laquelle ils ont été commis (Crim. 11 juin 1985, n° 84-95.005). Par cette formule, il faut comprendre que la haute juridiction subordonne la régularité de la saisie à l'existence d'un rapport entre les biens saisis et l'infraction.

Cette condition ne pose aucune difficulté en l'espèce dans la mesure où l'enquête de flagrance a été ouverte pour transport et détention de produits stupéfiants, et que le bien saisi constitue une cargaison de cannabis.
En somme, aussi bien la fouille que la saisie qui en a résulté sont valables.

C • L'interpellation de Vincent et Frédéric

En cas de crime ou de délit flagrant, le législateur donne qualité à toute personne pour appréhender l'auteur et le conduire à l'OPJ le plus proche (C. pr. pén., art. 73), étant entendu que la flagrance s'apprécie au moment de l'intervention de l'OPJ (Crim. 11 mars 1992, n° 91-84.175).
En l'espèce, en qualité d'OPJ, les deux policiers avaient nécessairement la qualité requise pour procéder à l'arrestation de Vincent et Frédéric, étant précisé que la flagrance a d'ores et déjà été établie (I, A).
Il s'en évince que leur interpellation est régulière. Vincent et Frédéric ayant été placés en garde à vue à l'issue de leur interpellation, il convient de s'assurer que les enquêteurs ont procédé conformément aux articles 62-2 et suivants du Code de procédure pénale.

D • La garde à vue de Vincent et Frédéric

Placés en garde à vue le 2 août 2023 à 19 h consécutivement à leur interpellation, Vincent et Frédéric sont informés de l'infraction reprochée et de leurs droits. Le procureur de la République est également avisé de la mesure. Leur garde à vue va toutefois être prolongée le 3 août 2023 à 22 h, à la suite des révélations de Vincent qui expliquait, hors audition, que Christophe était le chef du réseau. Lors de la deuxième partie de la garde à vue, Frédéric reconnaîtra sa participation à un trafic de stupéfiants de grande ampleur dont la marchandise était importée depuis l'Espagne.
Il convient alors d'envisager successivement la validité de la décision de placement en garde à vue de Frédéric et Vincent (1), des révélations de Vincent recueillies hors audition (2) et de la prolongation de la garde à vue des intéressés (3).

1 • La décision de placement en garde à vue

La garde à vue est une mesure de contrainte visant à interroger une personne en la retenant dans les locaux du commissariat de police pendant une période déterminée. Son caractère attentatoire à la liberté individuelle a amené le législateur à se doter d'un cadre procédural strict.
À titre liminaire, la régularité du placement est subordonnée à la notification d'une série de droits prévus par les textes, ainsi qu'à l'information de la mesure au procureur de la République. Il ressort des faits présentés que ces exigences ont été observées, si bien qu'elles ne nécessitent pas de développements supplémentaires.
Tout d'abord, le placement en garde à vue ne peut être décidé que par un OPJ, s'il existe une ou plusieurs raisons plausibles de soupçonner que l'intéressé a commis ou tenté de commettre un crime ou un délit puni d'une peine d'emprisonnement (C. pr. pén., art. 63 I).
Il a été démontré au préalable que ces conditions étaient remplies.
S'agissant d'une mesure de contrainte, il importe que la garde à vue réponde à une condition de stricte nécessité et de proportionnalité, comme le prévoit l'article préliminaire du Code de procédure pénale. C'est pour cela que l'article 62-2 impose que la garde à vue constitue l'unique moyen de parvenir à l'un des objectifs limitativement listés, et notamment permettre l'exécution des investigations qui

nécessitent la présence de l'intéressé (1°), garantir sa présentation devant le magistrat du Parquet (2°), ou encore éviter une concertation avec les coauteurs ou les complices (5°).

En l'espèce, il semble cohérent que les auditions n'auraient pas pu se tenir hors la présence de Vincent et Frédéric et qu'ils ne s'y seraient pas présentés s'ils y avaient été simplement convoqués ; il en est de même pour leur présentation devant le procureur de la République ; enfin, le fait de les maintenir dans deux cellules séparées permettait d'éviter toute collusion entre eux ainsi qu'avec d'éventuels complices. En conséquence, le placement des deux protagonistes en garde à vue est régulier. La question qui se pose est désormais de savoir si les déclarations de Vincent intervenues en dehors du cadre de la garde à vue peuvent être utilisées par les enquêteurs.

Ajoutons que Frédéric et Vincent n'ont pas sollicité l'assistance d'un avocat.

Or, l'article préliminaire du Code de procédure pénale prévoit qu'« en matière criminelle et correctionnelle, aucune condamnation ne peut être prononcée contre une personne sur le seul fondement de déclarations qu'elle a faites sans avoir pu s'entretenir avec un avocat et être assistée par lui » (v. en ce sens Crim. 11 mai 2011, n° 10-84.251). En revanche, la Cour de cassation approuve la cour d'appel qui retient la culpabilité des prévenus au motif que les juges ne se sont fondés ni exclusivement ni même essentiellement sur les déclarations recueillies au cours des gardes à vue sans l'assistance d'un avocat (Crim. 6 déc. 2011, n° 11-80.326).

En l'espèce, il semble que le problème n'est pas de savoir si les deux intéressés ont pu bénéficier de l'assistance d'un avocat, mais plutôt de savoir s'ils l'ont demandé. Or, il est ici mentionné qu'ils n'ont pas sollicité l'assistance d'un avocat, ce dont il peut être déduit qu'il s'agissait d'un choix de leur part. Par voie de conséquence, leur placement en garde à vue est régulier.

2 • Les révélations de Vincent

L'article 427 du Code de procédure pénale pose le principe de la liberté de la preuve, ce qui implique que la preuve d'une infraction peut s'établir par tous moyens. Toutefois, la Cour de cassation a tempéré ce principe en imposant aux autorités publiques une exigence de loyauté de la preuve (Cass., ch. réun., 31 janv. 1888, *Wilson* ; Crim. 12 juin 1952, *Imbert*). Ainsi, la Cour de cassation déclare irrecevable la preuve obtenue grâce à un stratagème qui procède d'un contournement ou d'un détournement de procédure qui a eu pour objet ou pour effet de vicier la recherche de la preuve en portant atteinte aux droits de la défense (Cass., ass. plén., 9 déc. 2019, n° 18-86-767).

Partant, la chambre criminelle juge de manière constante que « la transcription effectuée, contre le gré de l'intéressé, par un officier de police judiciaire, des propos qui lui sont tenus, officieusement, par une personne suspecte, élude les règles de procédure et compromet les droits de la défense ; que la validité d'un tel procédé ne peut être admise » (Crim. 3 avr. 2007, n° 07-80.807). Elle conclut également à l'irrégularité du recueil par un OPJ des propos incriminants d'un mis en examen en dehors de tout interrogatoire mené dans les formes légales (Crim. 5 mars 2013, n° 12-87.087).

En l'espèce, les confidences de Vincent ont eu lieu alors qu'un policier le ramenait en cellule, soit en dehors du cadre des auditions de garde à vue. Cet élément est inutilisable par les enquêteurs. Pourtant, ses révélations serviront de base à la prolongation de la garde à vue. Il faut assurément y voir un contournement de procédure, constitutif d'une irrégularité.

3 • La prolongation de la garde à vue

Conformément à l'article 63 du Code de procédure pénale, la durée de la garde à vue ne peut excéder 24 heures. Elle peut toutefois être prolongée de 24 heures supplémentaires sur autorisation écrite et motivée du procureur de la République. Le procureur de la République peut naturellement subordonner son autorisation à la présentation de la personne devant lui, étant précisé qu'elle peut être réalisée par visioconférence. Cette prolongation sera conditionnée d'une part, au fait que l'infraction que la personne est soupçonnée d'avoir commise ou tentée de commettre est un crime ou un délit puni d'une peine d'emprisonnement supérieure ou égale à un an et d'autre part, que la prolongation est l'unique moyen pour satisfaire aux objectifs visés à l'article 62-2 du Code de procédure pénale.

En l'espèce, force est de constater que Frédéric et Vincent ont été placés en garde à vue le 2 août 2023 à 19 h. Le 3 août 2023 à 22 h, le procureur de la République a prolongé la garde à vue de 24 heures supplémentaires après s'être vu présenter les deux intéressés par un moyen de visioconférence. Frédéric et Vincent ont donc été retenus 27 heures dans les locaux du commissariat avant d'être présentés à un magistrat. C'est dire que pendant près de 3 heures Frédéric et Vincent ont été gardés arbitrairement, la prolongation successive de leur garde à vue ne pouvant pallier une telle irrégularité.

Par voie de conséquence, la prolongation de la garde à vue de Frédéric et Vincent est irrégulière sans qu'il soit nécessaire d'analyser les conditions de validité de celle-ci.

N.B. : L'article 706-88 du Code de procédure pénale trouve à s'appliquer en matière de garde à vue pour les infractions listées à l'article 706-73 du Code de procédure pénale, parmi lesquelles figure le trafic de stupéfiants (3°). Cet article permet notamment de prolonger, de manière exceptionnelle, la garde à vue pour atteindre la durée totale de 72 heures (ou 99 et 144 heures en cas de trafic de drogue ou encore de terrorisme). Cet article permet également de reporter l'intervention de l'avocat sur le temps de la garde à vue, par dérogation aux articles 63-4 à 63-4-2 du Code de procédure pénale.

II • Les actes d'information judiciaire

Le 4 août 2023, le procureur de la République a sollicité par réquisitoire introductif l'ouverture d'une information judiciaire visant les faits commis par Frédéric, Vincent et Christophe du chef d'importation de stupéfiants en bande organisée, crime prévu par l'article 222-36 du Code pénal. Dès les prémices de cette instruction, le magistrat instructeur a demandé aux enquêteurs, par décision motivée, de perquisitionner le domicile de Christophe (A) avant qu'il ne soit placé en garde à vue (B). Dès lors, il est opportun de vérifier la régularité des actes précités.

A • La perquisition du domicile de Christophe

Les OPJ ont organisé une perquisition au domicile de Christophe à 23 h, en dépit ses protestations, sur décision motivée du juge d'instruction. Le mis en examen a été menotté sur place. Cette opération a permis aux enquêteurs de saisir des stupéfiants et une arme de catégorie B.

Avant d'envisager la régularité de la perquisition *stricto sensu* (1), puis de la saisie qui en découle (2), il convient d'évacuer la problématique liée au menottage (C. pr. pén., art. 803, al. 1 : « nul ne peut être soumis au port des menottes ou des entraves que s'il est considéré soit comme dangereux pour autrui ou pour lui-même, soit comme susceptible de tenter de prendre la fuite ») dans la mesure où il peut être déduit des protestations de Christophe que ce dernier était particulièrement exalté, ce qui implique qu'il aurait pu se montrer dangereux à l'égard des enquêteurs en charge des opérations ou aurait pu tenter de s'enfuir.

1 • La perquisition proprement dite

Une perquisition domiciliaire est un acte d'investigation visant à visiter un domicile afin de rechercher des preuves de faits délictueux. Lorsque la visite domiciliaire est diligentée pendant une instruction, les articles 94 et 95 du Code de procédure pénale autorisent le juge d'instruction ou l'OPJ investi d'une commission rogatoire à perquisitionner dans un domicile, à condition que la personne soit présente sur les lieux (C. pr. pén., art. 57 ; et Crim. 3 avr. 2007, n° 07-80.807). En revanche, l'assentiment exprès de la personne n'est pas requis pour la validité des opérations.

En l'espèce, les OPJ ont visité le domicile de Christophe sur commission rogatoire du juge d'instruction, en présence de Christophe, ses protestations étant ici indifférentes.

Par principe, la perquisition ne peut être menée qu'entre 6 h et 21 h (C. pr. pén., art. 59). Néanmoins, l'article 706-91, alinéa 1 du Code de procédure pénale, applicable aux perquisitions réalisées dans le cadre de la poursuite des infractions listées à l'article 706-73 du Code de procédure pénale – parmi lesquelles figure le trafic de stupéfiants – autorise les OPJ agissant sur commission rogatoire à perquisitionner en dehors des horaires légaux lorsque les opérations ne concernent pas des locaux d'habitation.

Or, en l'espèce, les OPJ ont procédé à la perquisition du domicile de Christophe à compter de 23 h. Quand bien même l'infraction recherchée était visée par l'article 706-73 du Code de procédure pénale, les dispositions visées par l'article 706-91 du même code ne peuvent s'appliquer dans la mesure où il s'agissait ici du local d'habitation de Christophe.

Par voie de conséquence, les OPJ ne pouvaient à première vue procéder à la perquisition de son logement à 23 h.

Cependant, une perquisition en dehors des horaires légaux pourrait encore être autorisée en cas d'urgence dans trois cas alternatifs énumérés par l'article 706-91, alinéa 2, tout particulièrement lorsque le crime ou le délit recherché est flagrant (1°), lorsqu'il existe un risque immédiat de disparition de preuves ou d'indices matériels (2°), ou lorsqu'il existe une ou plusieurs raisons plausibles de soupçonner qu'une ou plusieurs personnes se trouvant dans les locaux où la perquisition doit avoir lieu sont en train de commettre des crimes ou des délits entrant dans le champ d'application des articles 706-73 et 706-73-1 (3°). Lorsque le juge d'instruction recourt à cette procédure, il doit prendre une ordonnance qui l'autorise et qui soit spécialement motivée, en fait et en droit, au vu de l'urgence et au regard des trois conditions alternatives évoquées (C. pr. pén., art. 706-92, al. 1). L'absence de motivation fait nécessairement grief aux intérêts de la personne concernée (Crim. 8 juill. 2015, n° 15-81.731).

En l'espèce, il semble que les opérations de perquisition se soient réalisées dans un contexte d'urgence dans la mesure où elle représentait une chance de trouver des stupéfiants au siège de la tête de réseau avant que Christophe les fasse disparaître. La flagrance est caractérisée dès lors qu'il existe contre Christophe des indices apparents et objectifs laissant penser qu'il importe des produits stupéfiants, en l'espèce les confidences de Vincent sur sa qualité de chef de réseau. L'élément temporel de la flagrance ne pose pas davantage de difficulté dans la mesure où la durée légale de huit jours n'a pas été dépassée et qu'un acte d'enquête est bien intervenu tous les jours, au sens de l'article 53 du Code de procédure pénale. De la même manière, il pourrait être raisonnablement défendu que Christophe tenterait de dissimuler les marchandises à partir du moment où il comprendrait qu'il n'a plus de nouvelles de ses deux comparses, ce qui pourrait signifier qu'ils ont été placés en garde à vue. Enfin, il est vraisemblable que les OPJ aient pu penser que Christophe était en possession de stupéfiants importés, et partant, soit toujours en train de commettre le crime d'importation de stupéfiants, et à tout le moins, le délit de détention de stupéfiants. La condition prescrite à l'article 706-92 tenant à l'ordonnance motivée du juge d'instruction est satisfaite dans la mesure où une décision motivée de sa part est évoquée.

En conséquence, la perquisition de nuit au domicile de Christophe est régulière.

2 • La saisie des stupéfiants et de l'arme de poing

L'article 97 du Code de procédure pénale autorise le juge d'instruction ou l'OPJ commis par lui à saisir tout bien utile à la manifestation de la vérité lors des perquisitions. Comme évoqué précédemment, il convient d'établir un lien entre l'infraction recherchée et les biens saisis. En revanche, les enquêteurs peuvent procéder à une saisie incidente d'éléments en lien avec une autre infraction si ces autres éléments apparaissent dans une situation de flagrance (Crim. 11 juin 1985, n° 84-95.005).
En l'espèce, le rapport entre les stupéfiants saisis et le crime d'importation de stupéfiants est établi sans difficulté. Il en va différemment de l'arme de poing, laquelle ne semble entretenir aucun lien avec le crime recherché. Toutefois, au moment de la perquisition, la découverte de cet objet peut constituer un indice objectif et apparent de commission d'une autre infraction, à savoir la détention illicite d'une arme. Il en ressort qu'une nouvelle enquête de flagrance est ouverte pour ces nouveaux faits.
Or, l'article 706-93 du Code de procédure pénale dispose que la saisie incidente qui a lieu pendant la nuit doit être autorisée par le JLD durant la phase des enquêtes.
Or, ici, les OPJ ont saisi immédiatement l'arme de poing, sans autorisation du JLD.
En conclusion, la saisie incidente de l'arme de poing est irrégulière.
N.B. : Précisons que le juge d'instruction est soumis à une obligation de pesée des stupéfiants saisis avant leur destruction, et de consigner les opérations de pesée dans un procès-verbal (C. pr. pén., art. 706-30-1, al. 2 et 3).

B • La garde à vue de Christophe

Christophe est placé en garde à vue le 6 août 2023 à 2 h du matin. Au cours de l'audition qui est enregistrée, il est interrogé sur des faits d'importation de stupéfiants et de détention d'une arme de catégorie B sans autorisation, qu'il reconnaît.
Tout d'abord, les articles 64-1 et 154 dernier alinéa du Code de procédure pénale prévoient que les auditions de garde à vue en matière criminelle sont enregistrées sauf impossibilité matérielle. Il n'y a donc aucune difficulté à relever sur l'enregistrement dans la mesure où les faits visés au réquisitoire introductif ont une nature criminelle. Le débat se situe plutôt au niveau de l'audition proprement dite, et tout particulièrement sur la partie qui portait sur la détention d'une arme de catégorie B sans autorisation.
Notons également que l'article 65 du même code permet aux OPJ d'auditionner une personne non seulement sur les faits pour lesquels elle a été placée en garde à vue, mais aussi pour des faits relevant d'une autre infraction.
La question qui se pose est de savoir quand a débuté la garde à vue pour déterminer si les formalités inhérentes à la mesure ont été accomplies dans un délai raisonnable.
Pour la computation de la durée de 24 heures de la garde à vue, le début de l'acte est fixé au moment où la personne est appréhendée ou a fait l'objet de mesures de contrainte pour les faits qui justifient la garde à vue (C. pr. pén., art. 63 III). Il n'en demeure pas moins que pour apprécier le délai dans lequel les formalités inhérentes à la garde à vue ont été observées, il faut faire débuter la mesure au moment de l'arrivée au poste de police.
En l'espèce, Christophe a été menotté au moment de la perquisition à son domicile, de sorte que le point de départ de la mesure de garde à vue doit être fixé à ce moment-là. Il n'est formellement placé en garde à vue qu'à son arrivée au commissariat et est immédiatement informé de ses droits. Il s'en évince que les formalités inhérentes à la garde à vue ont été mises en œuvre dans un délai raisonnable.

III • Les conséquences des irrégularités

Dans le silence de l'énoncé, il sera présumé que Vincent, Frédéric et Christophe ont été mis en examen par le juge d'instruction dans le cadre de l'information judiciaire ouverte par le parquet, en application de l'article 81-1 du Code de procédure pénale.
Les irrégularités relevées peuvent fonder une requête en annulation qui devra être portée dans un délai de six mois suivant la mise en examen, par déclaration au greffe de la chambre de l'instruction (ou par déclaration auprès du chef de l'établissement pénitentiaire qui la transmet au greffe), conformément à l'article 173 du Code de procédure pénale. La chambre de l'instruction est en effet compétente pour apprécier la régularité des actes accomplis durant l'enquête qui a précédé l'ouverture d'une instruction. Depuis la loi du 23 mars 2019, il importe de rappeler que les parties doivent dans un délai de quinze jours, à compter de chaque interrogatoire, « faire connaître au juge d'instruction, selon les modalités prévues à l'avant-dernier alinéa de l'article 81 » qu'elles souhaitent exercer un tel recours, conformément à l'alinéa 3 de l'article 175 du Code de procédure pénale.
Lorsque l'acte est annulé, il est retiré du dossier et ne peut avoir aucun effet sur la procédure en cours (C. pr. pén., art. 174, al. 3). La nullité est opposable à toutes les parties à la procédure.
Une personne ne peut demander la nullité d'un acte d'investigation que si elle fait la démonstration d'un grief et d'une qualité à agir. En premier lieu, le principe qui gouverne la matière est que le recours en nullité peut être dirigé contre tous les actes de procédure, y compris lorsque ces actes proviennent d'une procédure distincte ou concernent une personne autre que le mis en examen dès lors que cet acte porte atteinte à ses intérêts (Crim. 31 mai 2007, *Bull. crim.* n° 146). Ceci étant, en application de l'adage « pas de nullité sans grief », la nullité n'est encourue que si l'irrégularité « a eu pour effet de porter atteinte aux intérêts de la partie qu'elle concerne » (C. pr. pén., art. 802). À ce sujet, la Cour de cassation estime que le moyen pris de l'irrégularité de l'audition de tiers qui auraient dû, selon les demandeurs, être placés en garde à vue est inopérant dès lors que cette irrégularité ne peut être invoquée que par les personnes qu'elle concerne (Crim. 11 déc. 2013, n° 12-83.296). En toute hypothèse, la Cour de cassation semble opérer une distinction selon que le motif de nullité concerne un droit personnel à un tiers ou non (Crim. 15 déc. 2015, *Bull. crim.* n° 289).
Partant, il convient d'apprécier, pour la nullité des révélations de Vincent obtenues hors audition (A), la prolongation de la garde à vue de Frédéric et Vincent (B) ainsi que pour la nullité partielle de l'audition de garde à vue de Christophe (C), leurs conséquences sur la présente procédure.

A • La nullité du procès-verbal relatif aux révélations de Vincent

Les confidences obtenues hors audition procèdent d'un contournement de procédure, lequel vicie la procédure au point de constituer une nullité d'ordre public. En conséquence, tout intéressé peut s'en prévaloir, y compris Christophe compte tenu du caractère incriminant des propos de Vincent à son égard.

B • La nullité de la prolongation de garde à vue de Frédéric et Vincent

Conformément à la jurisprudence de la chambre criminelle de la Cour de cassation (Crim. 17 mars 2004, n° 03-87.739), la personne gardée à vue ne peut être retenue de manière continue à la disposition des officiers de police judiciaire pendant une période totale excédant la durée maximale de garde à vue autorisée par la loi, étant précisé que le dépassement de ce délai porte nécessairement atteinte aux intérêts de la personne concernée.
Autrement dit, la nullité tenant au fait que Frédéric et Vincent aient été retenus par les officiers de police judiciaire en garde à vue sans que ces derniers n'aient été présentés au procureur à la fin de la 24e heure fait nécessairement grief à ces derniers. Il sera également précisé que seuls Frédéric et Vincent peuvent se prévaloir de cette nullité conformément à la jurisprudence constante en la matière (Crim. 14 févr. 2012, n° 11-84.694, Crim. 10 mai 2012, n° 11-87.328).
La nullité d'un acte de procédure affecte tous les actes subséquents dont l'acte irrégulier est le support nécessaire et exclusif (C. pr. pén., art. 174, al. 2 et Crim. 19 mai 2020, n° 19-83.339). *A contrario*, la nullité ne saurait s'étendre aux actes qui ne procèdent pas des actes annulés (Crim. 26 mars 2006, *Bull. crim.* n° 76).
La nullité précitée fait donc tomber l'ensemble des actes d'investigation qui ont été réalisés au-delà de la 24e heure de garde à vue à l'instar de l'audition de Frédéric qui a reconnu avoir participé à un trafic de stupéfiants de grande ampleur expliquant par ailleurs que les marchandises étaient importées depuis l'Espagne. Si ce n'était assez, cette nullité s'étend également au réquisitoire introductif qui a été pris sur la base des aveux de Frédéric dans la mesure où ce réquisitoire vise uniquement des faits d'importation de trafic de stupéfiants.
La question d'une nullité partielle du réquisitoire pourrait ici se poser dans la mesure où Vincent a régulièrement expliqué aux enquêteurs, avant la prolongation de sa garde à vue, que Christophe était le chef de réseau du trafic de stupéfiants. Il n'en reste pas moins que Vincent n'a pas fait état d'une composante d'extranéité qui laisserait à penser que les produits avaient été importés depuis un autre pays. Par voie de conséquence, le réquisitoire devrait être annulé en intégralité dès lors qu'il ne poursuit que l'importation de trafic de produits stupéfiants (et non le transport, la détention, l'acquisition, l'offre ou encore la cession de ces produits) sur la base des révélations de Frédéric qui sont irrégulières.
La nullité s'étend encore aux actes qui ont été réalisés sur la base de ce réquisitoire, en ce compris la perquisition qui a été réalisée au domicile de Christophe ainsi que la garde à vue subséquente.

C • La nullité de la saisie incidente au domicile de Christophe

Pour saisir des biens dans le cadre d'une perquisition nocturne, il aurait fallu obtenir du JLD une ordonnance autorisant la saisie, ce qui n'a pas été le cas en l'espèce. Cette exigence est prévue à peine de nullité (C. pr. pén., art. 706-93), et seul Christophe peut s'en prévaloir.
Suivant la théorie des actes subséquents, cette nullité affecte la partie de l'audition de Christophe qui porte sur la détention illicite d'arme de catégorie B.

Consultation

Sujet de l'examen national 2022

SUJET

I – Vous venez de recevoir un dossier transmis par l'un de vos confrères. Son client, Jimmy Ledur, mis en examen pour production illicite de stupéfiants, lui a retiré sa confiance en raison du rejet, par la chambre de l'instruction, de la requête en annulation qu'il a présentée en son nom.

Une enquête préliminaire a été ouverte à la suite d'un renseignement selon lequel l'habitation de Ledur abriterait une plantation d'herbe de cannabis d'environ mille plants devant être récoltée à court terme. En accord avec le magistrat du parquet compétent, les policiers ont mis en place une surveillance physique de la maison et fait installer un dispositif de vidéosurveillance de la voie publique. Les observations effectuées et les images enregistrées ont conduit à l'interpellation de plusieurs personnes, dont Jimmy Ledur. Les investigations ont confirmé qu'une culture de produits stupéfiants avait bien eu lieu dans la maison dans laquelle 5 kg d'herbe de cannabis séchée ont été retrouvés. Une instruction a été ouverte, menant à la mise en examen de Ledur. La requête soumise à la chambre de l'instruction contestait la légalité des mesures de vidéosurveillance mises en place sur la voie publique et ayant permis de capter l'image de Jimmy Ledur. L'argument avancé par le confrère était que ces vidéosurveillances avaient été mises en œuvre sans l'accord d'un magistrat indépendant « alors que tout dispositif de captage et d'enregistrement d'une image, d'une personne, fût-ce dans un lieu public, suppose nécessairement une ingérence dans sa vie privée et ne peut être mis en place que sous le contrôle effectif d'un juge, et selon les modalités qu'il a au préalable autorisées ». La chambre de l'instruction a rejeté la requête en considérant que « l'installation de vidéosurveillance enregistrant l'image d'une ou plusieurs personnes présentes dans un lieu public (était) étrangère aux dispositions de l'article 706-96 du Code de procédure pénale, le législateur ayant estimé que la présence d'un individu, dans un tel lieu, étant par nature susceptible d'être vue par quiconque, il n'y avait pas lieu de prévoir un dispositif légal spécifique pour en capter et fixer l'image ». Elle a en outre relevé que « la mise en œuvre d'un tel dispositif n'impliqu[ait] pas d'acte de contrainte, ni d'atteinte à l'intégrité des personnes dont l'image est ainsi recueillie, ni de saisie, d'interception ou d'enregistrement des paroles de ces personnes ».

Votre (nouveau) client n'est pas d'accord. Il souhaite savoir s'il est possible de former un recours contre cet arrêt et s'il a des chances d'obtenir l'annulation des procès-verbaux relatifs aux images de vidéosurveillance le concernant (**6 points**).

II – La société *Firma*, qui exploite un restaurant au bord de l'eau, est une cliente de longue date de votre cabinet. Ce restaurant a fait l'objet d'un contrôle par des inspecteurs de la direction départementale de la protection des populations (DDPP) qui ont constaté que les cartes et menus mentionnaient, pour des spécialités de la mer et des fromages, une origine inexacte (les articles L. 512-1 et suivants du Code de la consommation autorisent ces agents à rechercher et constater par procès-verbal les infractions aux dispositions de ce code). Le contrôle a été filmé par une équipe de télévision qui, comme chaque été, réalisait un reportage sur la protection des consommateurs sur leurs lieux de vacances. À la suite de cette visite, une enquête préliminaire a été ouverte par le procureur et la société *Firma* a été poursuivie pour délit de pratique commerciale trompeuse. Confirmant le jugement rendu en première instance, la cour d'appel l'a déclarée coupable, rejetant l'exception de nullité tirée de la présence de journalistes de la télévision lors du contrôle. Le représentant légal de la société *Firma* vous demande si un pourvoi en cassation peut utilement être envisagé (**4 points**).

III – Anthony Vital est également un client que vous défendez depuis plusieurs années. Il comparaît prochainement devant le tribunal correctionnel pour infractions à la législation sur les stupéfiants.

Le 28 mars dernier, les services de police ont découvert, dans des conditions régulières, un sachet contenant 8,7 g de résine de cannabis dans le coffre d'un véhicule stationné sur le parking de sa résidence. Le 13 mai, les agents, en possession d'une autorisation permanente du bailleur, ont effectué une patrouille dans les parties communes, accompagnés d'un chien spécialisé dans la recherche de produits stupéfiants, et ont observé le marquage du chien au niveau de la porte de son appartement. L'OPJ présent a, après avoir frappé à la porte et constaté que personne ne répondait, fait ouvrir celle-ci à l'aide d'un bélier. Les policiers ont pénétré dans l'appartement et découvert Anthony Vital dormant sur le canapé. La perquisition effectuée en sa présence a permis la saisie de 179,6 g de résine de cannabis. Vital a reconnu consommer ce produit stupéfiant et être le propriétaire de 0,7 g de cannabis. Il a indiqué qu'il gardait les autres sachets pour le compte d'une tierce personne qui, en contrepartie, lui fournissait sa consommation.

Prévoyez-vous de contester devant le tribunal correctionnel la régularité de la procédure ? (**5 points**).

IV – Adrien Lajaunisse vous a demandé d'assurer sa défense, ce que vous venez d'accepter.

Mis en examen pour vol à main armée en réunion, il se trouve actuellement en détention provisoire. Lors d'un « parloir avocat », il évoque avec vous ses mauvaises conditions de détention. Il partage avec trois autres détenus une cellule de 14 m² qui ne comporte que deux chaises et dont deux murs sont couverts de moisissures. La cour de promenade étant sous-dimensionnée par rapport au taux d'occupation de la maison d'arrêt, il ne sort que deux fois par semaine et passe ainsi, cinq jours sur sept, 24 heures en cellule. Lui et ses codétenus consacrent une partie de leur temps à chasser les cafards qui courent le long des murs. Ils dorment mal car leurs matelas sont infestés de punaises de lit et les démangeaisons les réveillent.

M. Lajaunisse souhaite savoir s'il peut demander sa mise en liberté pour ce motif (**5 points**).

ENJEUX DU SUJET

Le présent sujet n'échappe pas à l'actualité juridique dès lors qu'il aborde tout à la fois les prérogatives dévolues aux directions départementales de la protection des populations, la possibilité pour le procureur d'enregistrer, à l'aide d'une caméra de vidéosurveillance, l'image d'une personne présente sur la voie publique, voire encore le recours autonome contre les conditions de détention indignes mis en place par la loi nº 2021-403 du 8 avril 2021. Qui plus est, les faits ci-avant rapportés sont directement empruntés à des jurisprudences récentes qu'il était nécessaire de mobiliser.

L'intérêt du sujet réside dans sa diversité mais aussi dans sa complexité et sa subtilité : loin d'emprunter un chemin tout tracé, le cas pratique emprunte des chemins de traverse (absence de texte légal encadrant la vidéosurveillance sur la voie publique ; contrôle effectué dans une entreprise par la DDPP…) qui pouvaient avoir comme effet de déstabiliser les candidats. Ici plus qu'ailleurs, le candidat se devait d'être réactif, vigilant et particulièrement rigoureux.

CORRIGÉ

Il convient de s'interroger successivement sur l'opportunité du recours de Jimmy Ledur à l'encontre de l'arrêt de la chambre d'instruction (I), la régularité du contrôle de la société *Firma* par des inspecteurs de la DDPP (II), la régularité de la perquisition effectuée au domicile d'Anthony Vital (III) ainsi que les conditions de détention d'Adrien Lajaunisse (IV).

I • L'opportunité du recours de Jimmy Ledur à l'encontre de l'arrêt de la chambre de l'instruction (6 points)

Mis en examen pour production illicite de produits stupéfiants, Jimmy Ledur a formé avec son précédent Conseil une requête en annulation des procès-verbaux relatifs aux images de vidéosurveillance enregistrées sur la voie publique sur lesquelles il apparaissait. Sa requête a toutefois été rejetée. Il souhaite donc savoir s'il est opportun de former un recours à l'encontre de l'arrêt de la chambre de l'instruction. Se pose alors une double question : celle de la recevabilité d'un pourvoi en cassation à l'encontre de l'arrêt de la chambre de l'instruction qui a rejeté sa requête (A) et celle de la conformité du dispositif de vidéosurveillance mis en place sur la voie publique (B).

A • La recevabilité du pourvoi en cassation

Aux termes de l'article 567 du Code de procédure pénale, les arrêts de la chambre de l'instruction peuvent faire l'objet d'un pourvoi en cassation.

Pour être recevable, le pourvoi en cassation doit être formé par « la partie à laquelle il est fait grief » (C. pr. pén., art. 567) et ce dans un délai de cinq jours francs (C. pr. pén., art. 568, al 1.) ce qui exclut *de facto* le jour du prononcé de la décision ainsi que celui de l'échéance. Dès lors, le délai de cinq jours commence à courir à compter du lendemain du jour de la décision jusqu'au lendemain du cinquième jour.

De même, l'article 801 précise que tout délai procédural qui devrait expirer un samedi, un dimanche ou un jour férié ou chômé sera prorogé jusqu'au premier jour ouvrable suivant.

En l'espèce, nul doute que Jimmy Ledur a qualité pour former un pourvoi contre l'arrêt de la chambre de l'instruction puisque la captation et l'enregistrement de son image ont conduit à son interpellation et à sa mise en examen. Autrement dit, les procès-verbaux litigieux font grief à Jimmy Ledur.

Ainsi, sous réserve du respect du délai légal précité, Jimmy Ledur pourra naturellement former un pourvoi en cassation à l'encontre de l'arrêt de la chambre de l'instruction.

Il convient toutefois de s'assurer des chances de succès d'un tel recours.

B • La conformité du dispositif de vidéosurveillance

En l'absence de fondement textuel lié à la captation d'images sur la voie publique dans le cadre d'une procédure pénale (à l'instar de la géolocalisation avant la loi n° 2014-372 du 28 mars 2014), il convient de s'interroger sur sa compatibilité avec l'article 8 de la Conv. EDH qui garantit le droit au respect de la vie privée. L'alinéa 2 de ce même article précise qu'est admise l'« ingérence d'une autorité publique dans l'exercice de ce droit que pour autant que cette ingérence est prévue par la loi et qu'elle constitue une mesure qui, dans une société démocratique, est nécessaire » à la réalisation de certains objectifs dont font partie « la sûreté publique », « la défense de l'ordre et [...] la prévention des infractions pénales » ainsi que « la protection de la santé ».

En premier lieu, si la mise en œuvre d'une vidéosurveillance sur la voie publique n'est pas prévue à proprement parler par le Code de procédure pénale, il n'en demeure pas moins que la jurisprudence est considérée par la CEDH comme une source de légalité. Et à cet égard, force est de constater que la Cour de cassation a rendu un arrêt le 8 décembre 2020 au terme duquel elle considère que « le procureur de la République tient des articles 39-3 et 41 du Code de procédure pénale le pouvoir de faire procéder, sous son contrôle effectif et selon les modalités qu'il autorise s'agissant de sa durée et de son périmètre, à une vidéosurveillance sur la voie publique, aux fins de rechercher la preuve des infractions à la loi pénale » (Crim. 8 déc. 2020, nº 20-83.885). Par conséquent la jurisprudence susmentionnée constitue une base légale au sens de la jurisprudence de la CEDH à l'ingérence de l'autorité publique dans l'exercice du droit au respect de la vie privée.

En second lieu, il importe de savoir si la vidéosurveillance mise en œuvre constituait en l'espèce une mesure nécessaire et proportionnée à la réalisation des objectifs fixés par l'article 8.

Ici, l'enregistrement des images permettait aux policiers de connaître les horaires d'entrée et de sortie de Jimmy Ledur de sa résidence, d'identifier d'éventuels produits stupéfiants/outils pour fabriquer ou vendre des stupéfiants voire d'identifier les différents protagonistes du trafic. C'est dire que la vidéo surveillance permettait *in fine* d'interpeller les auteurs du trafic de stupéfiants qui est une infraction portant atteinte à l'ordre ainsi qu'à la santé publique. D'ailleurs, la décision précitée ajoutait qu'une vidéosurveillance autorisée par le procureur de la République aux fins de rechercher la preuve des infractions à la loi pénale représente une ingérence limitée et proportionnée, compte tenu de l'objectif poursuivi, dans la vie privée des personnes concernées et n'est pas contraire à l'article 8 de la Conv. EDH.

Partant, la vidéosurveillance mise en place dans notre cas d'espèce est une mesure nécessaire et proportionnée à la réalisation de l'objectif poursuivi.

Reste à vérifier, dans le silence de l'énoncé, si le procureur ayant autorisé cette mesure a exercé un contrôle effectif de la mesure selon des modalités tenant à la durée et au périmètre de cette dernière, ainsi que le précise la jurisprudence précitée.

Dans l'affirmative, la mesure de vidéosurveillance serait régulière et conforme au droit et ne pourrait pas faire l'objet d'une annulation. Il serait donc opportun de déconseiller à Jimmy Ledur de former un pourvoi.

À l'inverse, si le procureur n'a pas exercé un contrôle effectif sur la vidéosurveillance, ni précisé les modalités précises de sa mise en place (durée et périmètre), il pourra être opportun de former un pourvoi en cassation à l'encontre de l'arrêt de la chambre de l'instruction afin que les actes d'enregistrement et les procès-verbaux y faisant référence soient annulés. L'arrêt pourra ainsi être cassé pour manque de base légale.

II • La régularité du contrôle de la société *Firma* (4 points)

La société *Firma*, qui exploite un restaurant, a été déclarée coupable de l'infraction de pratique commerciale trompeuse à la suite d'un contrôle effectué par les agents de la DDPP en présence de journalistes. Du fait de la présence des journalistes, la société *Firma* a soulevé en première instance ainsi qu'en appel la nullité du contrôle de la DDPP. Le tribunal correctionnel ainsi que la Cour d'appel ont toutefois jugé la procédure régulière. Est-il opportun de former ici un pourvoi en cassation ?

Sans revenir sur les conditions de recevabilité d'un tel pourvoi (I, A), il sera d'abord permis de souligner en vertu de l'article 11 du Code de procédure pénale que « la procédure au cours de l'enquête et de l'instruction est secrète ». Le secret de l'enquête et de l'instruction s'applique à « toute personne qui concourt à cette procédure » (art. 11, al. 2). Il en va également ainsi des inspecteurs de la DDPP qui bénéficient, conformément aux articles L. 512-1 et suivants du Code de la consommation, des pouvoirs de police judiciaire. À cet égard, la chambre criminelle, dans un arrêt du 9 mars 2021, a considéré que les agents de la DDPP, à qui la loi attribue des pouvoirs de police judiciaire, sont soumis au secret de l'enquête.

Partant, les inspecteurs de la DDPP qui ont procédé au contrôle de la société *Firma* étaient soumis au secret de l'enquête.

Par ailleurs, la chambre criminelle de la Cour de cassation retenait traditionnellement que la violation du secret de l'instruction postérieure à l'accomplissement d'un acte n'encourait pas la nullité (Crim. 23 mai 2011, n° 01-81.567), seule une violation du secret de l'instruction concomitante aux actes procéduraux pouvait être sanctionné par la nullité, sous réserve d'établir qu'elle avait porté atteinte aux intérêts de la personne concernée (Crim. 19 juin 1995, n° 94-85.915).

Désormais, outre les sanctions pénales et civiles qui sont attachées à la violation du secret de l'instruction, la chambre criminelle de la Cour de cassation sanctionne de nullité toute violation du secret de l'enquête concomitante à l'accomplissement d'un acte de procédure ; « l'atteinte aux intérêts de la partie qu'elle concerne » étant alors présumée (Crim. 10 janv. 2017, n° 16-84.740). Plus encore, dans un arrêt du 9 janvier 2019, la chambre criminelle a réaffirmé l'interdiction de toute captation d'images et de sons pendant une perquisition, et ce même si le but des journalistes était d'informer le public, et a précisé que la seule présence d'un tiers suffit à vicier la perquisition même en l'absence de captation d'images ou de sons.

En l'espèce, le contrôle de la DDPP a été le point de départ de l'enquête et a conduit à la condamnation de la société *Firma*. Un tel contrôle était donc couvert par le secret de l'enquête. Ce secret a toutefois été rompu par la présence des journalistes, de manière concomitante au contrôle.

Partant, le contrôle réalisé par la DDPP est vicié.

La société *Firma* pourra alors former un pourvoi en cassation à l'encontre de l'arrêt de la cour d'appel afin de contester la régularité du contrôle réalisé par la DDPP. Il sera permis de rappeler que l'irrégularité touche également les actes réalisés ultérieurement dont le contrôle irrégulier est le support nécessaire (Crim. 23 juin 1999, n° 99-82.186 et Crim. 14 nov. 2019, n° 19-83.285), à savoir toute l'enquête diligentée pour pratique commerciale trompeuse ainsi que la condamnation de la société *Firma* par les juges du fond.

III • La régularité de la perquisition effectuée au domicile d'Anthony Vital (5 points)

Anthony Vital a été renvoyé devant le Tribunal correctionnel pour infractions à la législation sur les stupéfiants. Ces poursuites font suite à la perquisition de son domicile au terme de laquelle 179,6 g de cannabis ont été saisis. Il convenait ici de s'interroger sur la régularité de la perquisition.

La détermination du cadre juridique d'enquête est un préalable indispensable à l'examen de la régularité des actes d'investigation puisqu'il détermine les dispositions juridiques applicables et conséquemment leur régime.

Avant l'entrée dans l'immeuble, les policiers agissaient nécessairement en enquête préliminaire puisque la découverte du sachet de cannabis remontait au mois de mars dernier – soit deux mois avant la perquisition – de telle sorte que les conditions de l'enquête de flagrance ne pouvaient être réunies (en effet, la durée de l'enquête de flagrance ne peut être supérieure à 16 jours).

Néanmoins, une enquête commencée en la forme préliminaire peut se poursuivre en flagrance si les conditions de la flagrance sont réunies.

Tout d'abord, en vertu des articles 53 et 67 du Code de procédure pénale, l'enquête de flagrance n'a lieu que pour les crimes flagrants et les délits flagrants punis d'emprisonnement, ce qui est le cas en l'espèce, puisqu'il est question d'une infraction relative au trafic de stupéfiant, punie au minimum de cinq ans d'emprisonnement (C. pén., art. 222-39).

Ensuite, la loi faisant référence à un crime ou un délit « qui se commet actuellement, ou qui vient de se commettre », ou se plaçant « dans un temps très voisin de l'action », il convient de s'assurer que le critère temporel est rempli afin de caractériser la flagrance. Il est couramment admis que les infractions continues sont des infractions flagrantes puisqu'elles sont par définition en train de se produire (Paris, 14 juin 1996).

En l'espèce, Anthony Vital est soupçonné de détenir des stupéfiants. La détention étant une infraction continue, elle est par définition toujours en train de se commettre lorsqu'interviennent les policiers.

Enfin, pour qu'ils puissent agir en flagrance, les OPJ doivent avoir eu connaissance d'indices objectifs apparents révélant l'existence d'une infraction flagrante. À cet égard, il a été jugé que le seul marquage du chien spécialisé devant la porte d'un appartement constitue l'indice objectif et apparent d'un comportement suspect, caractérisant la flagrance (Crim. 11 déc.2019, n° 19-82.457).

Cela n'est pas sans faire écho à notre cas d'espèce dans la mesure où la perquisition a fait suite au marquage d'un chien spécialisé dans la recherche de produits stupéfiants au niveau de la porte de l'appartement d'Anthony Vital.

Partant, les conditions de l'enquête de flagrance sont réunies.

Il n'était donc pas nécessaire que les enquêteurs obtiennent le consentement de la personne concernée pour procéder à la perquisition et pouvaient ainsi entrer de manière coercitive.

Par ailleurs, les conditions tenant à la réalisation de la perquisition par un OPJ (C. pr. pén., art. 56), à la présence de l'intéressé (C. pr. pén., art. 57) ainsi qu'aux horaires de la perquisition (C. pr. pén., art. 59) sont respectées.

Ainsi, il n'apparaît pas opportun de contester la régularité de la procédure devant le tribunal correctionnel.

IV • Les conditions de détention d'Adrien Lajaunisse (5 points)

Adrien Lajaunisse se trouve en détention provisoire. Il partage avec trois autres détenus une cellule de 14 m^2 dont les murs sont couverts de moisissures, étant précisé que leur cellule est infestée de punaises de lit et de cafards. La cour de promenade étant sous-dimensionnée, il ne sort presque jamais de sa cellule. Adrien Lajaunisse peut-il solliciter une remise en liberté en raison de ses conditions indignes de détention ?

Le 30 janvier 2020, la CEDH a condamné la France pour violation des articles 3 et 13 de la Conv. EDH au regard des conditions indignes de détention de plusieurs établissements pénitentiaires (CEDH,

30 janv. 2020, nº 9671/15, *JMB c/ France*). Par la même occasion, la Cour européenne a pointé du doigt l'absence d'un recours effectif contre ces mesures de détention (Crim. 8 juill. 2020, n° 20-81.739).
S'alignant sur la jurisprudence de la Conv. EDH, le Conseil constitutionnel a rendu une décision d'inconstitutionnalité de l'article 144-1, alinéa 2, du Code de procédure pénale en considérant qu'« il incombe au législateur de garantir aux personnes placées en détention provisoire la possibilité de saisir le juge de conditions de détention contraires à la dignité de la personne humaine, afin qu'il y soit mis fin » (Cons. const. 2 oct. 2020, nº 2020-858/859 QPC).
C'est dans ce contexte que la loi nº 2021-403 du 8 avril 2021 a été adoptée. Cette loi a notamment inséré un article 803-8 dans le Code de procédure pénale qui instaurait un recours autonome et exclusif contre les conditions indignes de détention au profit de toute personne détenue.
Précisément, cet article indique que « sans préjudice de sa possibilité de saisir le juge administratif [...], toute personne détenue dans un établissement pénitentiaire en application du présent code qui considère que ses conditions de détention sont contraires à la dignité de la personne humaine peut saisir le juge des libertés et de la détention, si elle est en détention provisoire, [...] afin qu'il soit mis fin à ces conditions de détention indignes » (I, al. 1er). « Si les allégations figurant dans la requête sont circonstanciées, personnelles et actuelles, de sorte qu'elles constituent un commencement de preuve que les conditions de détention [...] ne respectent pas la dignité de la personne », le juge déclare la requête recevable dans un délai de dix jours suivant la réception de celle-ci et informe le magistrat instructeur (I, al. 2). Il procède alors aux vérifications nécessaires (I, al. 4). S'il estime la requête fondée, il le fait savoir à l'administration pénitentiaire et fixe un délai (compris entre dix jours et un mois) pour permettre à celle-ci de mettre fin aux conditions de détention indignes (I, al. 5). Si le juge constate, à l'issue de ce délai, qu'elles perdurent, il peut ordonner le transfèrement du mis en examen dans un autre établissement pénitentiaire ou prononcer sa mise en liberté immédiate, assortie le cas échéant d'un contrôle judiciaire ou d'une assignation à résidence sous surveillance électronique (II, al. 1er, 1° et 2°). Ces décisions sont motivées et prises à l'issue d'une procédure contradictoire au cours de laquelle les observations de la personne poursuivie ou de son avocat et les observations et avis écrits de l'administration pénitentiaire et du parquet sont recueillis (III, al. 1er). Elles sont susceptibles d'appel devant le président de la chambre de l'instruction (III, al. 2).
En l'espèce, les conditions de détention dont se plaint Adrien Lajaunisse sont circonstanciées, personnelles et actuelles et constituent un commencement de preuve de conditions indignes de détention. Les faits décrits sont d'ailleurs similaires à ceux examinés par la CEDH et pour lesquels la France a été condamnée le 30 janvier 2020 (surpopulation carcérale, manque d'espace personnel, enfermement 24 heures par jour, présence de nuisibles).
Les conditions semblent réunies pour conseiller à notre client d'effectuer une requête devant le JLD. Le juge aura dix jours maximum à compter de la réception de la requête pour statuer sur sa recevabilité. S'il estime que les conditions de détention d'Adrien Lajaunisse sont indignes, il en informera l'administration pénitentiaire et fixera le délai (entre dix jours et un mois) dans lequel celle-ci devra y mettre fin.
Si, à l'expiration de ce délai, le juge constate que les conditions de détention sont toujours indignes, il ordonnera soit le transfert d'Adrien Lajaunisse vers un autre établissement ou sa mise en liberté immédiate avec le cas échéant son placement sous contrôle judiciaire ou son assignation à résidence sous surveillance électronique.
Partant, il pourra être opportun d'attirer la vigilance de notre client sur le fait qu'il peut former un recours auprès du JLD afin de remédier à ses conditions de détention tout en le prévenant qu'il y a peu de chance qu'en pratique le recours aboutisse à sa remise en liberté.

Cela est d'ailleurs corroboré par la décision de la chambre criminelle de la Cour de cassation du 20 octobre 2021 (Crim. 20 oct. 2021, n° 21-84.498) au terme de laquelle la haute juridiction a jugé que les conditions indignes de détention ne pouvaient plus être invoquées dans le cadre du contentieux de la détention postérieurement au 1er octobre 2021, en raison de l'instauration d'un recours autonome et exclusif pour y remédier (C. pr. pén., art. 803-8).

Consultation

Sujet de l'examen national 2021

SUJET

I – Vous venez d'arriver à votre cabinet lorsque vous recevez un appel de la gendarmerie : l'un de vos clients, Jules Angelot, vient d'être placé en garde à vue pour usage de stupéfiants et réclame votre présence. Vous vous rendez sur place où le responsable de l'enquête vous informe que l'intéressé, bien connu pour ses multiples larcins, a été contrôlé par les gendarmes alors qu'il « traînait, comme d'habitude » avec une connaissance. Il a remis aux agents spontanément (mais en soupirant fortement, précise le gendarme) les deux barrettes de cannabis qu'il avait dans la poche. Lors de l'entretien que vous avez avec lui, Jules Angelot vous confirme que les gendarmes lui ont demandé ses papiers alors qu'il déambulait avec un ami. Il leur a remis sa carte d'identité et les deux « barres de shit » qu'il avait sur lui afin qu'ils le laissent tranquille. Il est furieux d'avoir été conduit à la brigade et placé en garde à vue pour cela, avec toutes les formalités qui accompagnent cette mesure.
Comment réagissez-vous ? (**4 points**)
II – À votre retour au cabinet, vous prenez connaissance des arrêts que la cour d'appel vient de rendre à l'encontre de deux de vos clients. Vous vous interrogez sur l'opportunité de former un pourvoi en cassation contre ces deux arrêts. 1. Dylan Martin est condamné à deux mois d'emprisonnement avec sursis et 500 euros d'amende pour avoir conduit un véhicule après avoir fait usage de stupéfiants (C. route, art. L. 235-1 I : « Toute personne qui conduit un véhicule [...] alors qu'il résulte d'une analyse sanguine ou salivaire qu'elle a fait usage de substances ou plantes classées comme stupéfiants est punie de deux ans d'emprisonnement et de 4 500 euros d'amende »). En raison d'irrégularités commises au moment de la constatation de l'infraction, les résultats de la prise de sang effectuée sur le conducteur ne peuvent être pris en compte. Aussi la condamnation est-elle fondée sur l'aveu de Dylan Martin qui a reconnu avoir fumé un joint la veille du jour où il a été contrôlé. (**3 points**)
2. Ronan Teusch est condamné à trois mois d'emprisonnement pour escroquerie. Comme les juges de première instance, les magistrats de la cour d'appel ont rejeté la requête en nullité de la rétention qui a suivi sa garde à vue. Pris en flagrant délit d'organisation dans la rue d'un jeu de « bonneteau » (il s'agit d'inciter les passants, après les avoir mis en confiance, à verser une somme d'argent, dans l'espoir d'un gain qu'ils n'obtiennent jamais), Ronan Teusch a en effet été placé en garde à vue le 7 mars 2020 à 17 h. La mesure a été levée le lendemain à 15 h 45. Il a alors été conduit au tribunal où il a été présenté au procureur le 9 mars à 11 h 15. Les juges ont considéré la rétention comme valable au motif que la durée de celle-ci n'avait pas dépassé les 20 heures prévues par la loi. (**4 points**)
III – Votre prochain rendez-vous a été pris le matin même. Une femme vient chercher conseil. Sa sœur a été victime la veille au soir d'un viol particulièrement barbare : un homme masqué l'a suivie jusqu'à son appartement puis l'a menacée avec un couteau et a simulé son étranglement pendant qu'il lui imposait des rapports sexuels. La jeune femme, prostrée, ne veut ni aller porter plainte ni se rendre chez un médecin et refuse l'entrée chez elle de tout inconnu. Votre cliente vous demande si elle peut porter plainte pour sa sœur et se constituer partie civile pour le viol. Elle est absolument bouleversée par ce qui est arrivé à sa cadette (**5 points**).
Elle vous raconte également que ce choc a ravivé des souvenirs qu'elle avait occultés depuis près de 30 ans (29 ans exactement). Elle se revoit, l'été de ses 10 ans, pendant des vacances passées avec sa

sœur chez leur oncle maternel. Cet homme si charmant en société profitait des moments où il était seul avec elle pour la forcer à s'allonger, introduire son sexe dans sa culotte et la pénétrer. Elle voudrait savoir si elle a des chances d'obtenir sa condamnation si longtemps après les faits (**4 points**).
N.B. : Le/la candidat/e fera abstraction des différentes modifications apportées à l'article 7 du Code de procédure pénale au fil du temps et des questions liées à l'application dans le temps des lois de prescription.
Avertissement : La Commission nationale de l'examen d'accès au CRFPA indique que, pour la session 2021, les sujets devront être traités en faisant abstraction des dispositions contenues dans les lois nº 2020-290 du 23 mars 2020 « d'urgence pour faire face à l'épidémie de Covid-19 » et nº 2020-1379 du 14 novembre 2020 « autorisant la prorogation de l'état d'urgence sanitaire et portant diverses mesures de gestion de la crise sanitaire », des dispositions prises sur le fondement de ces lois ainsi que, plus généralement, de toutes dispositions légales ou règlementaires temporaires adoptées depuis le mois de mars 2020 en réaction à l'épidémie de Covid-19.

ENJEUX DU SUJET

Le sujet emprunte à divers thèmes du programme de procédure pénale dont certains rejoignent une actualité prégnante (cf. III). Il place le candidat à la fois dans la situation de l'avocat assistant une personne mise en cause lors de l'enquête et du jugement, et dans celle de l'avocat assistant des victimes d'infractions sexuelles. Il exige une grande attention dans la lecture de l'énoncé et une rigueur dans le raisonnement juridique.

CORRIGÉ

Il convient d'analyser successivement la régularité du contrôle d'identité de Jules Angelot (I), l'opportunité du pourvoi en cassation à l'encontre de deux arrêts d'appel (II) ainsi que la mise en œuvre de l'action civile en matière de crimes sexuels (III).

I • La régularité du contrôle d'identité de Jules Angelot (4 points)

En vertu de l'article 78-1 alinéa 2 du Code de procédure pénale, la régularité d'un contrôle d'identité réalisé sur le territoire national est conditionnée au respect des exigences prévues par les articles 78-2 et suivants dudit code. Ces mêmes dispositions différencient les contrôles d'identité à finalité judiciaire (C. pr. pén., art. 78-2, al. 1 à 7, art. 78-2-1, 78-2-2 I et 78-7) de ceux à finalité administrative qui englobent notamment les contrôles frontaliers ultramarins et Schengen (C. pr. pén., art. 78-2, al. 8 s., art. 78-2-4). Tandis que le premier de ces contrôles suppose que l'agent ait une ou plusieurs raisons plausibles de soupçonner que la personne contrôlée est un lien avec une infraction, le second est effectué à titre préventif pour éviter toute atteinte grave à l'ordre public, notamment à la sécurité des personnes et des biens.
En tout état de cause, qu'il soit à finalité judiciaire ou administrative, ce contrôle doit être réalisé par un OPJ ou, sur l'ordre et sous la responsabilité de ceux-ci, par des agents de police judiciaire et agents de police judiciaire adjoints mentionnés aux articles 20 et 21-1° du Code de procédure pénale.

La chambre criminelle de la Cour de cassation est particulièrement rigoureuse vis-à-vis des conditions de mise en œuvre du contrôle d'identité, n'hésitant pas à faire droit à son annulation dès lors que le procès-verbal retranscrivant le contrôle ne permettait pas au juge de vérifier le respect des règles applicables (Crim. 8 mars 2017, n° 15-86.160).

En l'espèce, Jules Angelot a semble-t-il été contrôlé par les gendarmes en France métropolitaine en dehors de toute réquisition judiciaire, aux seuls motifs qu'il était connu des services de gendarmerie et qu'il se promenait comme d'habitude avec une connaissance à lui. Partant de ce postulat et en l'absence de précisions supplémentaires, le contrôle réalisé s'apparentait à un contrôle de police judiciaire dont la régularité était conditionnée au respect des prescriptions de l'article 78-2 du Code de procédure pénale. À cet égard, la jurisprudence est venue préciser que ce type de contrôle devait être motivé par des éléments objectifs qui sont déduits de circonstances extérieures à la personne même de l'intéressé (Crim. 25 avril 1985, n° 84-92.916). Nonobstant, les enquêteurs vont contrôler Jules Angelot sur la base de larcins commis antérieurement à la présente affaire sans qu'aucun élément ne leur laisse à penser qu'il détenait alors des produits stupéfiants. Ce n'est d'ailleurs qu'à l'issue de ce contrôle que Jules Angelot remettra aux enquêteurs deux barrettes de cannabis. Dans ces conditions, le contrôle dont a fait l'objet Jules Angelot est irrégulier.

L'irrégularité touche également les actes réalisés ultérieurement dont le contrôle est le support nécessaire (Crim. 23 juin 1999, n° 99-82.186 et Crim. 14 nov. 2019, n° 19-83.285), à savoir l'interpellation et la garde à vue qui s'en sont suivies. Le Conseil de Jules Angelot devra – en l'absence d'ouverture d'information judiciaire – en faire état *in limine litis* devant le tribunal correctionnel, conformément à l'article 385 du Code de procédure pénale, étant précisé qu'il peut aussi conformément à l'article 63-4-3, alinéa 3, dudit code les rapporter « à l'issue de chaque entretien avec la personne gardée à vue » dans le cadre d'observations écrites qui sont jointes à la procédure.

II • L'opportunité du pourvoi en cassation à l'encontre de deux arrêts d'appel (7 points)

Après avoir examiné la légalité de la condamnation de Dylan Martin prononcée sur la base de ses seuls aveux (A), il s'agira dans un second temps d'étudier la régularité de la rétention de Ronan Teusch à l'issue de sa garde à vue (B) pour apprécier l'opportunité d'un pourvoi en cassation dans chacun de ces dossiers.

A • La légalité de la condamnation de Dylan Martin sur la base de ses propres aveux (3 points)

La matière pénale est gouvernée par le principe de liberté de la preuve qui trouve son fondement dans l'article 427 du Code de procédure pénale selon lequel « les infractions peuvent être établies par tout mode de preuve » étant précisé que le juge décide d'après son intime conviction. L'aveu est admis au rang des éléments de preuve, étant toutefois précisé qu'il est laissé à la libre appréciation des juges du fond conformément à l'article 428 du Code de procédure pénale (Crim. 21 oct. 1965, n° 65-90.318). Cependant, ce même article 427 prévoit que la loi peut déroger au principe général de liberté de la preuve. Il en va ainsi en matière d'infractions routières et notamment en matière de conduite après

usage de substances ou plantes classées comme stupéfiants (C. route, art. L. 235-1 I). D'interprétation stricte, cet article exige que la preuve de l'usage de produits stupéfiants soit rapportée par une analyse sanguine ou salivaire (Crim. 15 fév. 2012, n° 11-84607).
Partant, les seuls aveux de Dylan Martin ne pouvaient motiver une décision de condamnation dès lors que la loi précisait la manière dont la preuve devait être rapportée. En l'état de cette erreur de droit, le Conseil de Dylan Martin recommandera à son client de se pourvoir en cassation en lui précisant que le pourvoi doit être réalisé dans le délai de « cinq jours francs après celui où la décision attaquée a été prononcée » (C. pr. pén., art. 568).

B • La régularité de la rétention de Ronan Teusch à l'issue de sa garde à vue (4 points)

À l'instar des mesures de contraintes prévues par le Code de procédure pénale, le défèrement fait l'objet de règles strictes prévues par les articles 803-2 et 803-3 dudit code. Depuis l'entrée en vigueur de la loi Perben II, il est désormais constant que toute personne ayant fait l'objet d'un défèrement à l'issue de sa garde à vue à la demande du procureur de la République comparait le jour même devant ce magistrat (C. pr. pén., art. 803-2).
Toutefois et par dérogation au principe ci-dessus rappelé, l'intéressé peut comparaître le jour suivant à condition que cette comparution intervienne au plus tard dans un délai de 20 heures à compter de l'heure à laquelle la garde à vue a été levée, étant précisé que « le magistrat devant lequel l'intéressé est appelé à comparaître doit être informé sans délai de l'arrivée de la personne déférée dans les locaux de la juridiction » (C. pr. pén., art. 803-3 al. 1 et 2). Cette dérogation a été jugée conforme par le Conseil constitutionnel dans la mesure où cette comparution différée était soumise à une condition de temporalité (Cons. const. 17 déc. 2010, n° 2010-80 QPC, et Cons. const. 6 mai 2011, n° 2011-125 QPC).
Ronan Teusch a ici été présenté au procureur de la République le 9 mars 2021 à 11 h 15, soit 19 h 30 après la levée de sa garde à vue qui est intervenue le 8 mars 2021 à 15 h 45. Bien que cette rétention semble satisfaire à la condition de temporalité ci-dessus rappelée, la jurisprudence ajoute toutefois que les juges du fond doivent s'assurer de la nécessité d'une rétention aussi longue (Crim. 13 juin 2018, n° 17-85.940 et Crim. 27 juin 2018, n° 17-86.881). Les juges de la cour d'appel ne pouvaient donc rejeter la demande en nullité sans vérifier la nécessité d'une rétention aussi longue. Partant, le Conseil de Ronan Teusch conseillera à son client de se pourvoir en cassation à l'encontre de la décision attaquée et, le cas échéant, effectuera le pourvoi en respectant les conditions fixées par les articles 568 et suivants du Code de procédure pénale.

III • La mise en œuvre de l'action civile en matière de crimes sexuels (9 points)

À l'aune des faits rapportés, seront examinés, d'une part, le déclenchement des poursuites par la sœur d'une victime de viol (A) et, d'autre part, la prescription des faits de viol sur mineur (B).

A • Le déclenchement des poursuites par la sœur d'une victime de viol (5 points)

Les problématiques abordées nous conduisent à nous interroger sur les alternatives qui s'offrent à la sœur d'une victime de viol qui se refuse à porter plainte. Ainsi, nous vérifierons si cette dernière peut porter plainte pour le compte de sœur malgré son refus (1) et, le cas échéant, se constituer partie civile devant le juge d'instruction (2).

1 • S'agissant de la recevabilité de sa plainte

À la différence de la dénonciation, la plainte peut seulement être déposée par la victime de l'infraction. À l'évidence, lorsque la victime est mineure ou est une personne morale, la plainte est effectuée par son représentant légal (parents de l'enfant mineur ou dirigeant de la société). En tout état de cause, cette plainte peut être envoyée directement au procureur de la République compétent par courrier ou être déposée sur place au sein des locaux de police. À cet égard, l'article 15-3 du Code de procédure pénale précise que « les officiers et agents de police judiciaire sont tenus de recevoir les plaintes déposées par les victimes d'infractions à la loi pénale » à charge pour eux de la transmettre à l'unité territorialement compétente si besoin. L'agent doit alors dresser procès-verbal du dépôt de plainte et délivrer un récépissé à la victime qui la renseigne sur les délais de prescription de l'action publique.
Partant, la sœur d'une victime de viol ne peut porter plainte pour le compte de celle-ci mais peut dénoncer les faits infractionnels au procureur de la République en vertu de l'article 40 du Code de procédure pénale. Cette dénonciation a les mêmes effets que la plainte dans la mesure où le procureur de la République peut soit engager des poursuites à l'encontre de l'auteur de l'infraction, soit mettre en œuvre une procédure alternative aux poursuites, soit classer sans suite la procédure (C. pr. pén., art. 40-1).
Considérant toutefois que l'action civile de la sœur de la victime du viol est admise en jurisprudence, il pourrait être discuté de sa qualité de victime pour soutenir la recevabilité de sa plainte.

2 • S'agissant de la recevabilité de sa constitution de partie civile

Aux termes de l'article 85 du Code de procédure pénale, toute personne qui se prétend lésée par un crime ou un délit peut en portant plainte se constituer partie civile devant le juge d'instruction compétent. Sauf exceptions prévues par ce texte, la plainte n'est recevable qu'à condition que la personne justifie soit que le procureur de la République lui a fait connaître, à la suite d'une plainte déposée devant lui ou un service de police judiciaire, qu'il n'engagera pas lui-même des poursuites, soit qu'un délai de trois mois s'est écoulé depuis qu'elle a déposé plainte devant ce magistrat, contre récépissé ou par lettre recommandée avec demande d'avis de réception, ou depuis qu'elle a adressé, selon les mêmes modalités, copie à ce magistrat de sa plainte déposée devant un service de police judiciaire. La condition tenant à l'inertie du parquet n'est pas requise en matière criminelle, l'instruction étant obligatoire.
Pour être recevable, la constitution de partie civile doit en outre répondre aux conditions fixées par les articles 2 et 3 du Code de procédure pénale. Le premier de ces textes dispose en son premier alinéa que « l'action civile en réparation du dommage causé par un crime, un délit ou une contravention appartient à tous ceux qui ont personnellement souffert du dommage directement causé par l'infraction ». L'article 3 précise en son second alinéa que cette action « sera recevable pour tous chefs de dommages, aussi bien matériels que corporels ou moraux, qui découleront des faits objets de la poursuite ». Il se déduit de ces textes qu'en principe, sauf dérogation législative, l'action civile ne peut être exercée devant les juridictions pénales que par celui qui a subi un préjudice personnel prenant

directement sa source dans l'infraction poursuivie (Crim. 6 mars 1990, n° 88-81.385 ; Crim. 16 mars 1994, n° 93-80.226).

Au stade de l'instruction, il n'est pas exigé que la preuve du préjudice soit rapportée. La Cour de cassation juge en effet qu'« il suffit pour qu'une constitution de partie civile soit recevable devant le juge d'instruction que les circonstances sur lesquelles elle s'appuie permettent au juge d'admettre comme possible l'existence du préjudice allégué et la relation directe de celui-ci avec une infraction à la loi pénale » (Crim. 25 juin 2019, n° 18-84.653.). Le préjudice allégué doit néanmoins être un préjudice direct. En effet, « la constitution de partie civile au cours de l'information n'est recevable que si les circonstances sur lesquelles elle s'appuie permettent à la juridiction d'instruction d'admettre comme possibles, non seulement l'existence du préjudice allégué, mais aussi la relation directe de celui-ci avec l'infraction poursuivie » (Crim. 24 nov. 2015, n° 14-86.302).

Traditionnellement, la notion de préjudice personnel et direct renvoie au préjudice que le législateur a voulu éviter par l'incrimination (v. par ex. en matière d'escroquerie : Crim. 10 sept. 2008, n° 07-83.457). Appliquée au viol, cette approche conduit à considérer que seule la personne violée est la victime directe et personnelle (v. par ex. pour l'application de C. pr. pén., art. 469 : Crim. 21 juin 2011, n° 10-85.671).

L'application stricte de cette condition a d'abord conduit la Cour de cassation à refuser la constitution de partie civile des proches de la victime immédiate (Cass., ass. plén., 12 janv. 1979, n° 77-90.911 ; Crim. 18 janv. 1982, n° 81-90.315). Mais la chambre criminelle a ensuite opéré un revirement de jurisprudence, en jugeant que les proches de la victime sont recevables à rapporter la preuve d'un dommage dont ils ont personnellement souffert et découlant directement des faits, objet de la poursuite (Crim. 9 févr. 1989, n° 87-81.359 ; Crim. 22 janv. 2020, n° 19-82.173). Il en va notamment ainsi des parents de victimes de viol agissant tant par voie d'intervention (Crim. 19 oct. 1994, n° 93-85.900 ; Crim. 27 févr. 2001, n° 00-84.532) que par voie d'action (Crim. 26 févr. 2020, n° 19-82.119) et de ses frères et sœurs (Crim. 27 mai 2009, n° 09-80.023).

En l'espèce, la sœur de la victime explique avoir été bouleversée par ce qui est arrivé à sa sœur cadette de telle sorte qu'elle souffre d'un préjudice moral qui résulte directement du crime commis sur cette dernière. Par conséquent, il lui sera conseillé de se constituer partie civile devant le doyen des juges d'instruction pour mettre en mouvement l'action publique, étant précisé qu'elle n'aura pas à attendre l'inertie du parquet dans la mesure où l'infraction est criminelle. Par ailleurs, elle devra – sauf dispense – consigner une certaine somme d'argent auprès du greffe du juge d'instruction afin que sa constitution de partie civile soit recevable (C. pr. pén., art. 88) et déclarer une adresse pour les notifications qui interviendront au cours de la procédure (C. pr. pén., art. 89).

B • La prescription des faits de viol sur mineur (4 points)

Depuis l'entrée en vigueur du Code de procédure pénale le 2 mars 1959, les dispositions sur la prescription de l'action publique des crimes sexuels ont connu de multiples modifications. Alors que l'article 7 du Code de procédure pénale prescrivait en 1989 les crimes par 10 ans à compter de la majorité de la victime dès lors qu'ils étaient commis par un ascendant légitime, naturel ou adoptif ou par une personne ayant autorité sur elle, la loi du 18 juin 1998 a supprimé la condition d'ascendance avant que la loi du 10 mars 2004 étende la prescription à 20 ans pour les crimes prévus par l'article 706-47 du Code de procédure pénale, en ce compris les crimes sexuels à l'instar du viol. Enfin, la loi du 3 août 2018 portait la prescription de l'action publique des crimes sexuels à 30 ans à compter de la majorité de la victime. Ces modifications législatives permettent ainsi à des victimes mineures de porter plainte plusieurs années après leur majorité, rendant toutefois nécessaire une analyse approfondie en matière de prescription.

Dans les faits, la cliente explique qu'elle a été violée par son oncle 29 ans auparavant alors qu'elle était âgée de 10 ans, soit au cours de l'année 1992. Le viol dénoncé a ainsi été commis sous l'empire des lois du 14 juillet 1989 et du 17 juin 1998 qui prescrivaient alors les crimes par 10 ans à compter de la majorité de la victime. Reste que le délai de prescription a par la suite été porté à 20 ans en 2004 puis à 30 ans en 2018 ce qui interroge sur l'acquisition de la prescription des faits dénoncés avant l'entrée en vigueur de ces différentes lois (C. pén., art. 112-2, 4°).

En l'espèce, notre cliente a acquis sa majorité en 2000 de telle sorte que la prescription de l'action publique sous l'empire des lois de 1989 et de 1998 ne pouvait être acquise qu'à compter de l'année 2010. La loi de 2004 étendant la prescription à 20 ans à compter de la majorité de la victime était donc nécessairement applicable aux faits dénoncés.

De même, la prescription de l'action publique sous l'empire de la loi de 2004 ne pouvait être acquise qu'à compter de l'année 2020 de telle sorte que la loi de 2018 qui étendait la prescription à 30 ans à compter de la majorité de la victime était applicable aux faits d'espèce.

Par suite, les faits dénoncés par la cliente se prescrivent par 30 ans à compter de sa majorité, soit en 2030. Elle pourra ainsi déclencher les poursuites et espérer voir son oncle condamné, du moins si la preuve de l'infraction peut être rapportée.

Consultation

Sujet de l'examen national 2020

SUJET

I – À la suite du « braquage » d'une bijouterie dans le centre-ville de Colmar le 14 août au soir, une enquête a été ouverte pour vol avec usage ou menace d'une arme (C. pén., art. 311-8). Les soupçons se sont assez vite portés sur Étienne Martin, connu pour divers vols commis dans la région.

Par ailleurs, celui-ci a été contrôlé par la police le 19 août à 16 h 05 alors qu'il se trouvait à bord du train Strasbourg-Colmar, à 10 km de la frontière franco-allemande. Après avoir constaté qu'il figurait sur le fichier des personnes recherchées, les agents ont averti l'OPJ chargé de l'enquête et ont conduit Étienne Martin au commissariat de Colmar. Il a été présenté à l'OPJ dès son arrivée à 16 h 35. Son placement en garde à vue lui a été notifié, ainsi que ses droits, conformément à la loi. Cette notification a eu lieu à 17 h 20, le procureur ayant été avisé de la mesure à 17 h 15.

La garde à vue a été levée le 20 août à 15 h 35. Étienne Martin a été emmené au tribunal judiciaire où il est arrivé au dépôt à 16 h. Déféré au parquet à 18 h, il a été informé de l'ouverture d'une instruction. Présenté au juge d'instruction (qui l'a mis en examen) à 19 h puis au JLD à 20 h, il a été placé en détention provisoire.

Étienne Martin vient de vous choisir comme avocat. Il vous demande de lui dire :

1. si la procédure est régulière et, dans le cas contraire, comment il peut en obtenir l'annulation ; (**12 points**)
2. combien de temps peut durer sa détention provisoire et si une remise en liberté avant le jugement est envisageable. (**2 points**)

14 points

II – Agissant sur commission rogatoire du juge d'instruction, les policiers se sont rendus sur les lieux du « braquage » et ont observé les alentours. Ils ont alors constaté que le voleur avait pu fuir en traversant le jardin de Paul Muller, pourtant surveillé par une caméra installée par le propriétaire. Les policiers ont demandé à celui-ci de leur remettre les enregistrements du 14 août. Paul Muller refusant, il a été placé en garde à vue pour défaut de réponse à une réquisition judiciaire aux fins de remise de documents intéressant l'enquête (C. pr. pén., art. 99-3).

La défense de Paul Muller a été confiée à l'un de vos amis avocat, qui, peu versé en droit pénal, vous demande conseil : la procédure suivie est-elle régulière ?

2 points

III – Jordan Durand, le meilleur ami d'Étienne Martin (ils ont grandi dans le même quartier), a été condamné aux assises, il y a deux jours à neuf ans d'emprisonnement pour violences avec arme ayant entraîné une infirmité permanente (C. pén., art. 222-10 10°). Lors d'une rixe, il a blessé au visage l'un de ses adversaires qui a perdu l'usage d'un œil.

Estimant la peine trop sévère, Jordan Durand a renvoyé son avocat après l'avoir traité de « bouffon ». Il vous demande d'assurer sa défense et souhaite savoir s'il lui est possible de faire appel pour contester sa peine. Dans le cas où l'appel serait impossible ou la peine confirmée, il souhaite savoir quel temps il passera effectivement en détention, sachant qu'il a déjà effectué douze mois de détention provisoire.

4 points

Précision

La Commission nationale de l'examen d'accès au CRFPA avait précisé, le 6 avril 2020, les informations suivantes concernant le programme :
« Afin de respecter l'égalité entre les candidats, compte tenu de la fermeture des universités depuis le 16 mars 2020, et afin de parer au risque que de nouvelles dispositions modifient le droit français entre les dates de dépôt des sujets et les dates d'examen, la Commission nationale de l'examen d'accès au CRFPA indique que **les sujets, pour la session 2020, devront être traités en faisant abstraction des dispositions d'urgence prises par le Gouvernement sur le fondement de la loi n° 2020-290 du 23 mars 2020 "d'urgence pour faire face à l'épidémie de covid-19" et plus généralement de toutes dispositions légales ou réglementaires prises depuis le mois de mars 2020 en réaction à la crise sanitaire provoquée par le virus Covid-19. »**

ENJEUX DU SUJET

Le sujet porte essentiellement, à l'instar des années précédentes, sur l'examen de la régularité de la phase préalable (enquête). À la marge, l'étudiant devra toutefois répondre à une question d'actualité sur la phase de jugement et une, plus classique, sur la phase d'exécution des peines qui – ne l'oublions pas – fait aussi partie du programme de l'examen d'entrée au CRFPA. La première partie qui concentre la majorité des points, sous la forme d'une question ouverte, doit être abordée en veillant au respect de la chronologie des actes d'investigation, pour n'en oublier aucun et tirer les conséquences de la nullité d'un acte sur ceux qui lui sont subséquents. La gestion du temps s'avère primordiale pour ne pas négliger les questions suivantes.

CORRIGÉ

Il est autant de procédures diligentées que de protagonistes concernés à savoir, d'une part, Étienne Martin (I), d'autre part, Paul Muller (II) et, enfin, Jordan Durand (III), qu'il s'agira de conseiller dans le cadre de la présente consultation.

I • La procédure pénale relative à Étienne Martin (14 points)

Étienne Martin interroge la régularité de la procédure d'enquête (A), avant la durée de la détention provisoire (B) dont il fait l'objet.

A • L'examen de la régularité de la procédure (12 points)

La détermination du cadre juridique d'enquête (1) doit présider à l'examen de la régularité du contrôle d'identité (2), de l'interpellation (3), de la garde à vue (4) et du déferement (5) d'Étienne Martin.

1 • Le cadre juridique d'enquête

Si au terme des investigations qu'il nous est donné à connaître Étienne Martin est informé de l'ouverture d'une information judiciaire, conformément à l'article 79 du Code de procédure pénale (l'instruction étant obligatoire en l'espèce compte tenu de la nature criminelle des faits rapportés : C. pén., art. 311-8), reste à savoir si l'enquête a été initialement ouverte en la forme préliminaire ou en flagrance. Le cadre juridique d'enquête va déterminer le régime juridique des actes d'investigations, ainsi que les dispositions applicables. Il faut dire que les enquêteurs vont souvent chercher à agir dans le cadre de la flagrance, afin de pouvoir recourir à la contrainte. Encore faut-il qu'ils puissent justifier des conditions pour ce faire.

Outre le fait que ce cadre d'enquête est réservé aux crimes et aux délits punis d'une peine d'emprisonnement (C. pr. pén., art. 67), il doit relever d'un des quatre cas visés à l'article 53 du Code de procédure pénale : est notamment qualifié de « crime ou délit flagrant, le crime ou le délit qui se commet actuellement, ou qui vient de se commettre. [...] ».

Ces derniers cas de flagrance doivent être caractérisés par un « indice apparent d'un comportement délictueux » selon la formule jurisprudentielle consacrée (Crim. 22 janv. 1953, *Isnard, Cinque et Dumont*), étant précisé que la durée entre le moment de la commission de l'infraction et celui où elle est constatée est de 24 heures dans l'un des deux premiers cas de flagrance (la jurisprudence ayant pu aller jusqu'à retenir 28 heures) et de 48 heures dans l'un des deux derniers.

Si l'enquête de flagrance peut se poursuivre pendant huit jours, il importe toutefois qu'il y ait une continuité des actes d'enquête, faute de quoi ladite enquête se poursuit en la forme préliminaire.

En l'espèce, compte tenu de la nature de l'infraction rapportée (un crime de « vol à main armée » conformément à C. pén., art. 311-8) qui vient de se commettre, elle tombe sous le coup de la flagrance. S'il n'est pas rapporté la teneur des « indices apparents », ils semblent s'imposer avec la force de l'évidence requise en flagrance.

L'énoncé ne mentionne toutefois aucun acte particulier d'enquête accompli entre le 14 août (date d'ouverture de l'enquête) et le 19 août (date de l'arrestation d'Étienne Martin par les policiers contrôlant les voyageurs du train Strasbourg-Colmar).

Dans ces conditions :

– soit l'enquête s'est poursuivie entre ces deux dates, l'arrestation d'Étienne (cf. *infra*) intervenant de manière fortuite (ce que tend à indiquer l'emploi de l'expression « par ailleurs » et le fait qu'il ait été interpellé par des policiers qui n'étaient pas chargés des investigations) ;

– soit les enquêteurs n'ont rien fait entre ces deux dates. Dans ce dernier cas, il faudrait considérer, en se fondant sur l'exigence de continuité de l'enquête de flagrance, que celle-ci est devenue, au 19 août, une enquête préliminaire, avec toutes les conséquences qui s'attachent à ce régime.

La première hypothèse étant plus vraisemblable que la seconde, l'enquête ouverte d'initiative par la police ou sur instruction du procureur de la République sera considérée comme une enquête de flagrance qui permettra aux enquêteurs de recourir à la coercition pendant une durée de 8 jours renouvelable. Aucune précision n'est toutefois donnée pour apprécier si les faits sont susceptibles de tomber sous le coup de la procédure pénale dérogatoire prévue aux articles 706-73 et suivants du Code de procédure pénale (criminalité organisée notamment).

2 • Le contrôle d'identité

Au lendemain des accords de Schengen (signés le 14 juin 1985), il est vite apparu que ce nouvel espace européen de libre circulation devait impérativement s'accompagner de mesures compensatoires pour pallier le déficit sécuritaire résultant de la suppression des contrôles systématiques aux frontières intérieures des États signataires. Aussi, le législateur français est-il intervenu (lois des 10 août 1993,

24 août 1993 et 23 janv. 2006) en organisant de nouveaux types de contrôles d'identité dans les zones particulièrement perméables à l'immigration clandestine et aux trafics illégaux.
Ces zones sensibles sont, d'une part, celles comprises entre les frontières terrestres de la France avec les États parties à la Convention de Schengen et une ligne tracée à 20 km en deçà, et d'autre part, les espaces accessibles au public des ports, aéroports, gares ferroviaires ou routières ouverts au trafic international et désignés par arrêté (C. pr. pén., art. 78-2, al. 4). Dans toutes ces zones auxquelles il faut rajouter certaines sections autoroutières et certaines lignes ferroviaires effectuant une liaison internationale, les conditions du contrôle d'identité ont été davantage encadrées sous l'influence de la CJUE.
Ainsi, en réponse à deux questions préjudicielles posées par la Cour de cassation (Cass., QPC, 16 avr. 2010, n°s 10-40.001 et 10-40.002), la CJUE devait-elle estimer que l'article 78-2, alinéa 4, instituant le contrôle « Schengen », méconnaissait le principe de libre circulation des personnes inscrit à l'article 67 § 2 du Traité sur le fonctionnement de l'Union européenne (CJUE 22 juin 2010, *Melki*, aff. C-188/10 et *Abdeli*, aff. C-189/10).
Le législateur s'est donc efforcé d'en redessiner les contours par une loi du 14 mars 2011, dite « LOPPSI II », ratifiée par le Conseil constitutionnel (Cons. const. 10 mars 2011, n° 2011-625 DC). Dorénavant, le contrôle « Schengen » obéit à une finalité particulière qui dépasse la seule lutte contre l'immigration clandestine : il s'agit de « prévenir et de rechercher les infractions liées à la criminalité transfrontière », étant toutefois observé que la découverte d'une infraction, autre que celle recherchée, ne constitue pas une cause de nullité des procédures incidentes. Le contrôle est par ailleurs encadré dans le temps : sa pratique ne peut excéder une amplitude horaire de « douze » heures consécutives – « six » avant la modification apportée par la loi du 30 octobre 2017 – dans un même lieu. Enfin, pour éviter tout effet équivalent à celui des vérifications aux frontières (prohibées dans l'espace Schengen), le contrôle ne peut consister en un « contrôle systématique des personnes présentes ou circulant dans les zones susmentionnées ». Il doit s'agir, en d'autres termes, d'un contrôle aléatoire et non d'un contrôle généralisé.
En l'espèce, Étienne Martin a fait l'objet d'un contrôle d'identité alors qu'il se trouvait à bord du train Strasbourg-Colmar, à 10 km de la frontière franco-allemande, de sorte qu'il est conforme à l'article 78-2, alinéa 8, du Code de procédure pénale.
Au surplus, le contrôle d'identité peut aussi être justifié par la ressemblance entre Étienne Martin et la description figurant sur le fichier (ou diffusée par la police ou le procureur dans le cadre de l'enquête), puisque l'article 78-2, al. 1er et 6, du Code de procédure pénale autorise le contrôle d'identité de « toute personne à l'égard de laquelle existe une ou plusieurs raisons plausibles de soupçonner [...] qu'elle fait l'objet de recherches ordonnées par une autorité judiciaire ».
De quelque manière que soit envisagé le contrôle d'identité, il est régulier.

3 • L'interpellation

L'article 73 du Code de procédure pénale dispose qu'en cas de crime flagrant ou de délit flagrant puni d'une peine d'emprisonnement, toute personne a qualité pour en appréhender l'auteur et le conduire devant l'OPJ le plus proche.
En outre, l'usage de la force n'est pas exclu pour procéder à une arrestation, à condition qu'il soit nécessaire et proportionné aux conditions de l'arrestation (Crim. 13 avr. 2005). L'article préliminaire du Code de procédure pénale prévoit que toute mesure de contrainte « doit être strictement limitée aux nécessités de la procédure, proportionnée à la gravité de l'infraction reprochée et ne pas porter atteinte à la dignité humaine ».
En l'espèce, l'arrestation d'Étienne Martin par la police est régulière, dès lors que les enquêteurs disposent d'un pouvoir d'arrestation dans les termes des articles précités.
L'interpellation d'Étienne Martin est donc conforme à la loi.

4 • La garde à vue

Si le placement en garde à vue d'Étienne Martin est régulier (a), il en va autrement de l'exécution de cette mesure (b) qui devra être sanctionnée (c).

a) Sur le placement en garde à vue

Prévue à l'article 62-2 du Code de procédure pénale, la garde à vue est une mesure de contrainte par laquelle une personne est maintenue à la disposition des enquêteurs pendant une durée de 24 heures renouvelable. Elle ne peut être ordonnée que par un OPJ, s'il existe « une ou plusieurs raisons plausibles de soupçonner [que la personne concernée] a commis ou tenté de commettre un crime ou un délit puni d'une peine d'emprisonnement ». Dans une logique de subsidiarité, la mesure doit être l'« unique moyen » de parvenir à l'un des objectifs prévus par la loi.

Lorsque la personne gardée à vue a été appréhendée ou a fait l'objet d'une autre mesure de contrainte, le délai de garde à vue court à partir de l'heure à laquelle elle a été privée de liberté, conformément à l'article 63, III, du Code de procédure pénale.

En l'espèce, contrôlé le 19 août à 16 h 05 et aussitôt conduit au commissariat, Étienne Martin a été placé en garde à vue cet instant, sachant que la mesure n'a pas excédé 24 heures pour se terminer le lendemain à 15 h 35.

Au-delà de la faculté laissée à l'OPJ de le placer en garde à vue en raison des suspicions de commission d'un crime, la mesure s'impose ici puisque « la personne a été conduite, sous contrainte, par la force publique devant l'officier de police judiciaire », conformément à l'article 73 du Code de procédure pénale. Au demeurant, une telle mesure paraît justifiée afin de « permettre l'exécution des investigations impliquant (sa) présence ou (sa) participation », ou de « garantir (sa) présentation devant le procureur de la République afin que ce magistrat puisse apprécier la suite à donner à l'enquête » et d'empêcher qu'il fasse pression sur les témoins ou victimes du vol, conformément à l'article 62-2 précité.

Le placement en garde à vue d'Étienne Martin est donc régulier.

b) Sur l'exécution de la garde à vue

Il faut ensuite s'interroger sur la notification des droits au gardé à vue qui, au-delà du contenu pris « conformément à la loi » selon l'énoncé, doit être « immédiate » (C. pr. pén., art. 63-1). Cette information doit être donnée dès le placement et ne saurait être différée (la jurisprudence est à cet égard abondante : v. par ex., Civ. 1re, 12 janv. 2011, n° 09-15.791).

En revanche, le report est concevable si la personne est incapable de comprendre et d'apprécier la portée et l'utilité des droits qui lui sont octroyés, parce qu'elle est en état d'ivresse manifeste ou bien en raison des délais de route entre le lieu de rétention et les locaux de police (Crim. 26 nov. 2008, n° 08-86.060) ou, plus généralement, parce que l'officier de police se trouve devant une « circonstance insurmontable ». Pour la chambre criminelle, tout retard injustifiée dans cette notification porte nécessairement atteinte aux intérêts de la partie qu'elle concerne (Crim. 3 déc. 1996, n° 96-84.503 et Crim. 17 mai 2000, n° 00-80.090).

Dans la mesure où le placement en garde à vue débute dès le placement sous contrainte par les forces de l'ordre, il y a lieu de considérer que cette mesure a débuté dès 16 h 05, si bien que ses droits auraient dû lui être notifiés à cet instant et non à 17 h 20, soit 1 h 15 plus tard.

Sauf à ce que les enquêteurs puissent utilement faire valoir des « circonstances insurmontables », une telle notification doit être vue comme tardive et causant nécessairement grief à l'intéressé.

La nullité de la garde à vue est donc encourue.

Il faut encore s'interroger sur l'information du procureur de la République, qui est intervenue dans le même délai, sachant qu'elle répond à la même exigence d'immédiateté. Conformément à l'article 63, I, alinéa 2, du Code de procédure pénale, l'OPJ doit informer le procureur de la République « dès le début de la mesure » et lui indiquer les motifs de celle-ci et la qualification des faits.

La Cour de cassation considère de manière constante que tout retard dans l'information du parquet, non justifié par des circonstances insurmontables, porte nécessairement atteinte aux intérêts de la personne concernée et justifie par conséquent l'annulation de la mesure (v. par ex., pour un retard de 45 minutes : Crim. 24 mai 2016).

En l'espèce, cette notification est intervenue à 17 h 15, soit 1 h 10 après le début de la garde à vue, sans qu'aucune circonstance insurmontable ne puisse davantage justifier de ce retard.

La nullité de la garde à vue est de plus fort encourue.

Le silence gardé de l'énoncé sur l'enregistrement audiovisuel des auditions d'Étienne Martin pourrait encore interroger la régularité de la garde à vue, dès lors que l'article 64-1 du Code de procédure pénale prévoit que « les auditions des personnes placées en garde à vue pour crime, réalisées dans les locaux d'un service ou d'une unité de police ou de gendarmerie exerçant une mission de police judiciaire font l'objet d'un enregistrement audiovisuel » et que la jurisprudence considère, de manière constante, que tout manquement cause nécessairement grief à l'intéressé.

Reste à tirer toutes les conséquences des nullités constatées.

c) Sur la sanction de l'irrégularité de la garde à vue

Conformément à l'article 174 du Code de procédure pénale, la nullité s'étendra aux actes subséquents, c'est-à-dire ceux qui ont pour support la mesure annulée (v. dernièrement : Crim. 14 nov. 2019, n° 19-83.285). L'annulation de la garde à vue entraînera celle de la rétention dans les locaux du tribunal qui l'a suivie, même si cette dernière ne recèle en soi aucune violation de la loi. Elle ne portera toutefois pas à conséquence sur le déferement devant le procureur et l'ouverture consécutive de l'information, la mesure illégale n'en étant pas le « support nécessaire » (sur ce point, v. par ex., Crim. 26 mars 2008, n° 07-83.814). Elle n'aura pas plus d'incidence sur la mise en examen et le placement en détention provisoire d'Étienne Martin ; il n'est d'ailleurs pas indiqué que celui-ci a fait des déclarations à charge lors de sa retenue par la police.

Les irrégularités relevées peuvent fonder une requête en annulation qui devra être portée dans un délai de six mois suivant la mise en examen d'Étienne Martin, par déclaration au greffe de la chambre de l'instruction (ou par déclaration auprès du chef de l'établissement pénitentiaire qui la transmet au greffe), conformément à l'article 173 du Code de procédure pénale. La chambre de l'instruction est en effet compétente pour apprécier la régularité des actes accomplis durant l'enquête qui a précédé l'ouverture d'une instruction.

Depuis la loi du 23 mars 2019, il importe de rappeler que les parties doivent dans un délai de quinze jours, à compter de chaque interrogatoire, « faire connaître au juge d'instruction, selon les modalités prévues à l'avant-dernier alinéa de l'article 81 » qu'elles souhaitent exercer un tel recours, conformément à l'alinéa 3 de l'article 175 du Code de procédure pénale.

5 • Le déferement

La période entre la fin de la garde à vue et la présentation de la personne au procureur de la République ou, pour ce qui nous intéresse, au juge d'instruction n'était, jusqu'à l'entrée en vigueur de la loi du 9 mars 2004, pas réglementée par le Code de procédure pénale. Tout au plus, l'article 5 § 3, de la Conv. EDH, selon lequel « toute personne arrêtée ou détenue doit être aussitôt traduite devant un juge ou un autre magistrat habilité par la loi à exercer des fonctions judiciaires », trouvait à s'appliquer. Désormais, l'article 803-2 du Code de procédure pénale prévoit que toute personne ayant fait l'objet d'un déferement à l'issue de sa garde à vue comparaît le jour même devant le juge d'instruction saisi de la procédure.

Tel a bien été le cas en l'espèce : arrivé au tribunal le 20 août à 16 h, Étienne Martin a été déféré devant le magistrat du parquet à 18 h, avant d'être présenté au juge d'instruction et au JLD.

B • La durée de la détention provisoire

Compte tenu de la nature criminelle des faits reprochés et de la peine encourue (20 ans), Étienne Martin peut être maintenu en détention pendant une durée d'un an renouvelable de six mois, tous les six mois, étant précisé que la durée ne peut ici excéder trois ans, conformément à l'article 145-1, alinéa 2, du Code de procédure pénale. En matière de détention provisoire, la décision appartient au JLD qui doit, en toute hypothèse, veiller à ce que la détention ne puisse « excéder une durée raisonnable, au regard de la gravité des faits reprochés […] et de la complexité des investigations nécessaires », ainsi que le rappelle l'article 144-1 du Code de procédure pénale.
Étienne Martin peut être remis en liberté à tout moment par le juge d'instruction ou le JLD statuant d'office, à la demande du parquet ou à sa demande conformément aux articles 147 et suivants du Code de procédure pénale.
Plusieurs leviers peuvent être actionnés pour obtenir la remise en liberté d'une personne détenue provisoirement. Évidemment, la décision de placement en détention provisoire peut être contestée (appel des ordonnances du JLD : C. pr. pén., art. 186 ; outre le référé-liberté : C. pr. pén., art. 187-1), des demandes de mise en liberté peuvent être subséquemment déposées (C. pr. pén., art. 148-1) mais, ce que l'on tend parfois à oublier, la remise en liberté peut être aussi obtenue si l'on parvient à faire annuler le support du placement en détention provisoire, à savoir la mise en examen.

II • La procédure pénale relative à Paul Muller (2 points)

L'article 99-3 du Code de procédure pénale permet aux enquêteurs, agissant sur commission rogatoire du juge d'instruction, de requérir, « par tout moyen », « toute personne […] susceptible […] de détenir des documents intéressant l'instruction, y compris ceux issus d'un système informatique ou d'un traitement de données nominatives, de (leur) remettre ces documents, notamment sous la forme numérique, sans que puisse (leur) être opposé, sans motif légitime, l'obligation au secret professionnel ».
Le fait de ne pas répondre à cette réquisition « dans les meilleurs délais et s'il y a lieu selon les normes exigées » est puni d'une amende de 3 750 euros. Seules les personnes mentionnées aux articles 56-1 à 56-5 du Code de procédure pénale (à savoir les personnes tenues au secret des sources journalistiques ou à un secret professionnel dit général et absolu : médecin, notaire, huissier, avocat, magistrat, etc.) échappent à cette sanction, la remise ne pouvant alors intervenir qu'avec leur accord.
Reste que ce délit étant seul passible d'une peine pécuniaire, il n'autorise pas le recours à la garde à vue qui, depuis la loi du 14 avril 2011 consécutive à la censure du Conseil constitutionnel, n'est applicable qu'aux personnes soupçonnées d'avoir commis « un crime ou un délit puni d'une peine d'emprisonnement », selon l'article 62-2 du Code de procédure pénale.
Peu important que Paul Muller ne soit tenu par aucun secret professionnel et qu'il soit, tout au contraire, tenu de déférer à la réquisition que lui avait adressée la police, il ne pouvait pas être placé en garde à vue pour l'infraction reprochée.

La garde à vue est donc entachée d'une nullité d'ordre public qui affectera, le cas échéant, les actes subséquents et qu'il pourra soulever devant le tribunal correctionnel *in limine litis*, conformément à l'article 385 *in fine* dudit code ou devant la chambre de l'instruction (en cas d'élargissement de l'instruction à ces faits), conformément à l'article 170 du même code.

III • La procédure pénale relative à Jordan Durand (4 points)

Condamné par la cour d'assises à une peine de neuf ans d'emprisonnement pour violences avec arme ayant entraîné une infirmité permanente, Jordan Durand entend contester cette peine (A) et savoir, le cas échéant, combien de temps il passerait en détention si cette peine n'était pas réformée (B).

A • La contestation de la peine

Si l'appel est ouvert dans un délai de dix jours en matière criminelle depuis la loi du 15 juin 2000 (C. pr. pén., art. 380-1, al. 1er, et 380-9, al. 1er), l'accusé dispose depuis la loi du 23 mars 2019 de la faculté de limiter cet appel à la décision sur la peine. Dans une telle hypothèse, la cour d'assises statuant en appel n'entend plus que les témoins et experts dont la déposition est nécessaire pour éclairer la cour sur les faits et la personnalité de l'accusé. Celle-ci ne délibère alors que sur la peine, conformément à l'article 380-2-1, A, du Code de procédure pénale.
Le délai d'appel n'étant pas expiré au 4 septembre 2020 (jour de l'examen), Jordan Durand peut interjeter appel de sa condamnation en le circonscrivant, s'il le souhaite, à la peine.

B • La durée de la détention

Conformément à l'article 720-4 du Code de procédure pénale, la durée de la détention provisoire s'impute sur la peine qui pourrait être *in fine* prononcée de sorte que, si la peine de neuf ans d'emprisonnement devait être maintenue, la durée de la détention restant à subir serait de huit ans d'emprisonnement, puisque Jordan Durand a déjà effectué un an de détention provisoire.
Le condamné bénéficie en outre d'un crédit de réduction de peine (calculé « sur la durée de la condamnation prononcée » en application du C. pr. pén., art. 721-1, al. 1er) à hauteur de trois mois pour la première année et de deux mois pour les années suivantes.
La peine de Jordan Durand sera donc diminuée de trois mois la première année et de seize mois (2 x 8) pour les années suivantes, jusqu'à épuiser sa peine de huit ans, soit un total de dix-neuf mois (3 + 16).
Le reste à exécuter sera donc de huit ans, déduction faite de ces dix-neuf mois, soit six ans et cinq mois.
En outre, le condamné qui manifeste « des efforts sérieux de réadaptation sociale » peut bénéficier de réductions de peine supplémentaires (C. pr. pén., art. 721-1).
Toutefois, ce crédit de réduction de peine peut être retiré ou diminué en cas de mauvaise conduite en détention ou de commission d'une nouvelle infraction suivie d'une condamnation à une peine privative de liberté après sa libération (C. pr. pén., art. 721, al. 2 et 3).

Enfin, la sortie de détention peut être anticipée par l'octroi d'un aménagement de peine (semi-liberté, placement à l'extérieur, détention à domicile sous surveillance électronique) ou d'une libération conditionnelle.
Si ce n'est ces précisions, il ne peut être donné à Jordan Durand une date certaine de sortie de détention.

Consultation

SUJET

En 2020, Pauline, âgée de 20 ans, révèle à ses parents que l'un de leurs plus proches amis, le célèbre philosophe Martin D., l'a violée quand elle avait douze ans, lors d'un séjour qu'ils avaient passé dans sa somptueuse villa. Redoutant un scandale public en raison de la notoriété de Martin qui intervient fréquemment sur les plateaux télévisés, Pauline est réticente à engager une procédure à l'encontre de celui-ci. Ses parents considèrent toutefois qu'il est inacceptable que la notoriété puisse être une cause d'impunité. Profondément attristés par ces révélations, et se sentant trahis par cet ami de longue date, ils décident d'agir eux-mêmes. Après avoir déposé une plainte simple, à laquelle il n'a toujours pas été donné suite quatre mois après, ils déposent une plainte avec constitution de partie civile du chef de viol sur mineur, en invoquant un préjudice moral. Une information judiciaire est ouverte. Au cours de cette information, l'association *SOS Mineurs*, association d'aide aux mineurs victimes d'agressions sexuelles, régulièrement déclarée le 24 novembre 2014, se constitue partie civile par voie d'intervention.

D'abord entendu en qualité de témoin assisté au cours d'une audition régulière, Martin est finalement mis en examen du chef de viol sur mineur à l'issue d'un interrogatoire qui n'a pu être enregistré, le cabinet du magistrat instructeur n'étant pas doté de caméra. Bien que le juge d'instruction ne lui ait pas notifié son droit de se taire à l'occasion de cet interrogatoire, Martin a préféré ne faire aucune déclaration.

Au cours de l'instruction, espérant trouver des données utiles à la manifestation de la vérité, le magistrat instructeur a délivré une commission rogatoire à des officiers de police judiciaire, afin qu'ils perquisitionnent la villa de Martin. Cette perquisition s'est déroulée en présence de celui-ci, mais en l'absence de son avocat qui n'avait pas été avisé de cette mesure. En revanche, les journalistes, eux, en avaient été informés par les enquêteurs, qui les ont autorisés à assister au déroulement de la mesure, ce qui n'a pas manqué d'étonner Martin.

Martin vous consulte sur la recevabilité des constitutions de parties civiles (**8 points**) et sur la régularité de la procédure (**12 points**).

ENJEUX DU SUJET

Le sujet place le candidat dans la situation de l'avocat assistant une personne mise en examen dans le cadre d'une instruction criminelle. Portant sur des thèmes classiques de procédure pénale, il demande de maîtriser la jurisprudence récente de la Cour de cassation. Il exige par ailleurs une grande attention dans la lecture de l'énoncé et une rigueur dans le raisonnement juridique.

CORRIGÉ

Il convient d'analyser la recevabilité des constitutions de parties civiles (I) et la régularité des actes de la procédure (II).

I • La recevabilité des constitutions de parties civiles (8 points)

Doivent être successivement examinées la recevabilité de la constitution de partie civile des parents de Pauline (A) et celle de la constitution de partie civile de l'association *SOS Mineurs* (B).

A • La recevabilité de la constitution de partie civile des parents de Pauline

Aux termes de l'article 85 du Code de procédure pénale, toute personne qui se prétend lésée par un crime ou un délit peut, en portant plainte, se constituer partie civile devant le juge d'instruction compétent. Sauf exceptions prévues par ce texte, la plainte n'est recevable qu'à condition que la personne justifie soit que le procureur de la République lui a fait connaître, à la suite d'une plainte déposée devant lui ou un service de police judiciaire, qu'il n'engagera pas lui-même des poursuites, soit qu'un délai de trois mois s'est écoulé depuis qu'elle a déposé plainte devant ce magistrat, contre récépissé ou par lettre recommandée avec demande d'avis de réception, ou depuis qu'elle a adressé, selon les mêmes modalités, copie à ce magistrat de sa plainte déposée devant un service de police judiciaire. En matière criminelle – l'instruction étant obligatoire – cette condition n'est pas requise.
Pour être recevable, la constitution de partie civile doit en outre répondre aux conditions fixées par les articles 2 et 3 du Code de procédure pénale. Le premier de ces textes dispose en son premier alinéa que « l'action civile en réparation du dommage causé par un crime, un délit ou une contravention appartient à tous ceux qui ont personnellement souffert du dommage directement causé par l'infraction ». L'article 3 précise en son second alinéa que cette action « sera recevable pour tous chefs de dommages, aussi bien matériels que corporels ou moraux, qui découleront des faits objets de la poursuite ». Il se déduit de ces textes qu'en principe, sauf dérogation législative, l'action civile ne peut être exercée devant les juridictions pénales que par celui qui a subi un préjudice personnel prenant directement sa source dans l'infraction poursuivie (Crim. 6 mars 1990, nº 88-81.385 ; Crim. 16 mars 1994, nº 93-80.226).
Au stade de l'instruction, il n'est pas exigé que la preuve du préjudice soit rapportée. La Cour de cassation juge en effet qu'« il suffit pour qu'une constitution de partie civile soit recevable devant le juge d'instruction que les circonstances sur lesquelles elle s'appuie permettent au juge d'admettre comme possible l'existence du préjudice allégué et la relation directe de celui-ci avec une infraction à la loi pénale » (Crim. 25 juin 2019, nº 18-84.653.). Le préjudice allégué doit néanmoins être un préjudice direct. En effet, « la constitution de partie civile au cours de l'information n'est recevable que si les circonstances sur lesquelles elle s'appuie permettent à la juridiction d'instruction d'admettre comme possibles, non seulement l'existence du préjudice allégué, mais aussi la relation directe de celui-ci avec l'infraction poursuivie » (Crim. 24 nov. 2015, nº 14-86.302).
Traditionnellement, la notion de préjudice personnel et direct renvoie au préjudice que le législateur a voulu éviter par l'incrimination (v. par ex., en matière d'escroquerie : Crim. 10 sept. 2008, nº 07-83.457). Appliquée au viol, cette approche conduit à considérer que seule la personne violée est la victime directe et personnelle (v. par ex., pour l'application de l'article 469 du Code de procédure pénale : Crim. 21 juin 2011, nº 10-85.671).
L'application stricte de cette condition a d'abord conduit la Cour de cassation à refuser la constitution de partie civile des proches de la victime immédiate (Cass., ass. plén., 12 janv. 1979, nº 77-90.911 ;

Crim. 18 janv. 1982, nº 81-90.315). Mais la chambre criminelle a ensuite opéré un revirement de jurisprudence, en jugeant que les proches de la victime sont recevables à rapporter la preuve d'un dommage dont ils ont personnellement souffert et découlant directement des faits, objet de la poursuite (Crim. 9 févr. 1989, nº 87-81.359 ; Crim. 22 janv. 2020, nº 19-82.173).

Il en va notamment ainsi des parents de victimes de viol (Crim. 19 oct. 1994, nº 93-85.900 ; Crim. 27 févr. 2001, nº 00-84.532) et de ses frères et sœurs (Crim. 27 mai 2009, nº 09-80.023). Mais dans ces espèces, les proches de la victime s'étaient constitués parties civiles par voie d'intervention (C. pr. pén., art. 87), et non par voie d'action (C. pr. pén., art. 85). Ainsi, ce n'étaient pas elles qui avaient mis en mouvement l'action publique, mais le procureur de la République.

Dans un récent arrêt publié, la Cour de cassation a précisé que cette circonstance était indifférente. En effet, après avoir rappelé les termes des articles 2, 3 et 85 du Code de procédure pénale, elle a jugé que l'infraction de viol « était de nature à causer directement préjudice non seulement au mineur mais également à ses parents », de sorte que doit être cassé l'arrêt d'une chambre de l'instruction déclarant irrecevable la constitution de partie civile, à titre principal, de parents agissant en leur nom personnel en réparation du préjudice moral subi en raison d'infractions supposées commises sur leurs enfants, devenus majeurs, au motif que le droit de la partie civile de mettre en mouvement l'action publique est une prérogative de la victime qui a personnellement souffert de l'infraction (Crim. 26 févr. 2020, nº 19-82.119). Ainsi, les parents d'une victime de viol disposent d'un droit d'action pour l'infraction commise à l'encontre de leur enfant et leur préjudice est réparable indépendamment de la demande de réparation de la victime.

En l'espèce, et en matière criminelle, il est parfaitement indifférent à la recevabilité de leur action que les parents de Pauline aient déposé une plainte simple, restée sans réponse pendant plus de trois mois, avant de saisir le doyen des juges d'instruction de leur plainte avec constitution de partie civile. Par ailleurs, ils allèguent avoir personnellement subi un préjudice moral résultant directement de l'infraction de viol commise sur leur fille, conformément à l'article 85 du Code de procédure pénale. Ce préjudice est un préjudice direct et personnel leur ouvrant le droit de mettre en mouvement l'action publique, en se constituant partie civile par voie d'action, bien que leur fille n'ait pas elle-même agi.

B • La recevabilité de la constitution de partie civile de *SOS Mineurs*

L'article 87 du Code de procédure pénale prévoit que la constitution de partie civile peut avoir lieu à tout moment au cours de l'instruction. Pour être recevable, la constitution de partie civile par voie d'intervention doit satisfaire aux conditions de recevabilité propres à toutes les constitutions de partie civile.

Il s'ensuit que la constitution de partie civile d'une association n'est recevable qu'à la condition qu'elle justifie d'un préjudice direct et personnel (Crim. 9 nov. 2010, nº 09-88.272) résultant des faits dont le magistrat instructeur est saisi ou de faits indivisibles de ceux-ci (Crim. 24 mars 2020, nº 19-80.005), ou qu'un texte législatif les habilite à se constituer partie civile.

L'article 2-3 du Code de procédure pénale prévoit ainsi que « toute association régulièrement déclarée depuis au moins cinq ans à la date des faits et dont l'objet statutaire comporte la défense ou l'assistance de l'enfant en danger et victime de toutes formes de maltraitance peut exercer les droits reconnus à la partie civile en ce qui concerne les atteintes volontaires à la vie et à l'intégrité, les agressions et autres atteintes sexuelles commises sur la personne d'un mineur et les infractions de mise en péril des mineurs réprimées par les articles 221-1 à 221-5, 222-1 à 222-18-1, 222-23 à 222-33-1, 223-1 à 223-10, 223-13, 224-1 à 224-5, 225-7 à 225-9, 225-12-1 à 225-12-4, 227-1, 227-2, 227-15 à 227-27-1

du Code pénal, lorsque l'action publique a été mise en mouvement par le ministère public ou la partie lésée ». Contrairement à l'article 2-2 du Code de procédure pénale, gouvernant la recevabilité de la constitution de partie civile d'une association dont l'objet statutaire comporte la « lutte contre les violences sexuelles », il n'est pas ici exigé de justifier d'avoir préalablement reçu – avant son action – l'accord de la victime.
En l'espèce, il est mentionné que Pauline, âgée de 20 ans en 2020, a été victime d'un viol quand elle avait douze ans, c'est-à-dire en 2012. Or, l'association *SOS Mineurs* a été déclarée le 24 novembre 2014, c'est-à-dire postérieurement aux faits de viol. Elle ne remplit donc pas la condition d'ancienneté prévue par l'article 2-3 du Code de procédure pénale.
Sa constitution de partie civile est donc irrecevable. Martin pourra ainsi saisir le juge d'instruction qui statuera par voie d'ordonnance – susceptible d'appel – sur l'irrecevabilité de ladite constitution de partie civile.

II • L'examen de la régularité de la procédure (12 points)

Seront successivement analysées la régularité de la mise en examen de Martin (A) et celle de la perquisition de la villa (B).

A • L'examen de la régularité de la mise en examen

Pour déterminer si la mise en examen de Martin est régulière, il est nécessaire de s'interroger sur les conséquences du défaut de notification du droit de se taire à l'occasion de son interrogatoire (1) et sur le défaut d'enregistrement de celui-ci (2).

1 • Le défaut de notification du droit de se taire

L'énoncé précise que Martin a d'abord été entendu en qualité de témoin assisté au cours d'une audition régulière. Il s'ensuit que le droit de se taire lui a été notifié à cette occasion. En effet, l'article 113-4 du Code de procédure pénale dispose en son premier alinéa, dans sa rédaction issue de la loi du 27 mai 2014, que « lors de la première audition du témoin assisté, le juge d'instruction constate son identité, lui donne connaissance du réquisitoire introductif, de la plainte ou de la dénonciation, l'informe de son droit de faire des déclarations, de répondre aux questions qui lui sont posées ou de se taire ainsi que des droits mentionnés à l'article 113-3 et procède aux formalités prévues aux deux derniers alinéas de l'article 116. Mention de cette information est faite au procès-verbal ».
La question soulevée est donc celle de savoir si la notification de ce droit doit être renouvelée à l'occasion de l'interrogatoire à l'issue duquel le témoin assisté est finalement placé sous le statut de mis en examen. Or, par un arrêt publié du 4 novembre 2020 (nº 20-84.046), la Cour de cassation a rappelé que si ce droit devait être porté à la connaissance de toute personne qui comparait, pour la première fois, devant le juge d'instruction afin d'être interrogée sur les faits dont elle est soupçonnée, « aucun texte ne fait obligation au magistrat instructeur, de renouveler, à l'occasion de chaque acte, l'avertissement du droit de se taire » (§ 17). Ainsi, lorsque la personne ayant le statut de témoin assisté est mise en

examen, la notification n'est pas nécessaire puisqu'elle a été effectuée lors de l'interrogatoire précédent. L'interrogatoire de Martin ne peut donc être annulé sur ce fondement.

2 • Le défaut d'enregistrement de l'interrogatoire

Il résulte de l'article 116-1 du Code de procédure pénale, qu'en matière criminelle, les interrogatoires des personnes mises en examen réalisés dans le cabinet du juge d'instruction, y compris l'interrogatoire de première comparution et les confrontations, font l'objet d'un enregistrement audiovisuel, sauf impossibilité technique dont il est fait mention dans le procès-verbal (Crim. 4 oct. 2016, nº 16-81.867 ; Crim. 5 mai 2015, nº 14-88.157). Cette impossibilité technique est notamment caractérisée en présence d'une panne du matériel d'enregistrement vidéo (Crim. 20 juin 2018, nº 17-87.545 ; Crim. 23 mai 2017, nº 16-86.837), à moins que cette panne ait été connue la veille et qu'il était possible d'y remédier (Crim. 23 mai 2017, nº 16-86.837). En revanche, ne caractérisent pas une telle impossibilité technique la désinstallation du matériel audiovisuel des bureaux des juges d'instruction et l'impossibilité matérielle de se procurer une caméra, un dimanche, dans un autre bureau (Crim. 5 mai 2015, nº 14-88.157), ni la nécessité que la confrontation se tienne dans une salle d'audience, dans laquelle n'existe pas de dispositif d'enregistrement des auditions (Crim. 4 oct. 2016, nº 16-81.867). De même, le fait que le cabinet d'instruction du magistrat ne soit pas doté d'une caméra n'est pas constitutif d'une impossibilité matérielle (Crim. 29 oct. 2019, nº 19-82.801).
Selon la Cour de cassation, l'omission d'enregistrement audiovisuel, hors les cas où l'article 116-1 l'autorise, porte nécessairement atteinte aux intérêts de la personne concernée, que celle-ci ait déclaré vouloir faire des déclarations, répondre aux questions posées ou se taire (Crim. 21 mars 2017, nº 16-84.877 ; Crim. 11 avr. 2018, nº 17-86.711).
En l'espèce, Martin est mis en examen du chef de viol aggravé, faits de nature criminelle. L'absence de dotation du cabinet d'instruction en caméra ne caractérisant pas une impossibilité technique, son interrogatoire aurait dû être enregistré. Bien que Martin ait fait usage de son droit de se taire, cette absence d'enregistrement audiovisuel lui a nécessairement fait grief.
L'interrogatoire encourt donc l'annulation, conformément aux articles 170 et suivants du Code de procédure pénale, étant précisé qu'il dispose d'un délai de six mois pour saisir la chambre de l'instruction à compter de sa mise en examen.

B • L'examen de la régularité de la perquisition

L'examen de la régularité de la perquisition suppose de s'interroger sur l'absence d'avis à l'avocat de Martin (1) et sur la présence des journalistes (2).

1 • Le défaut d'avis à l'avocat de Martin

En vertu de l'article 94 du Code de procédure pénale, en l'absence de dispositions contraires, le juge d'instruction peut procéder à des perquisitions dans tous les lieux où peuvent se trouver des objets ou des données informatiques dont la découverte serait utile à la manifestation de la vérité, ou des biens dont la confiscation est prévue à l'article 131-21 du Code pénal. Il peut, par commission rogatoire, déléguer cet acte notamment à tout OPJ (C. pr. pén., art. 151), sauf dans les cas où le secret professionnel doit être préservé (C. pr. pén., art. 56-1 s.). Si le procureur de la République doit être avisé de la mesure de perquisition projetée (C. pr. pén., art. 92 et 151), aucun texte n'impose d'aviser l'avocat de la personne mise en examen. Toutefois, afin de préserver les droits de la défense, la Cour de cassation a considéré que, dans certains cas, l'avocat devait être informé de la mesure. Dans un premier

temps, elle a jugé que « le respect des droits de la défense impose au magistrat instructeur, qui envisage de se transporter sur les lieux en vue de procéder à des vérifications matérielles ou à une reconstitution du crime ou du délit, en présence de l'inculpé, d'en donner préalablement avis au Conseil de ce dernier, dans les conditions prévues par l'article 92 du Code de procédure pénale pour le procureur de la République, sauf impossibilité dûment constatée » (Crim. 15 févr. 1990, nº 89-86.566). Puis, dans un second temps, atténuant la portée de ce principe, elle a estimé que le juge d'instruction qui entend effectuer une perquisition au domicile de la personne mise en examen, sans la soumettre à aucun interrogatoire, confrontation ou reconstitution n'est pas tenu de prévenir l'avocat de l'intéressé préalablement au transport (Crim. 20 févr. 2002, nº 01-88.335). Dans la lignée de ce dernier arrêt, elle a jugé que l'article 6 § 3, de la Conv. EDH « n'exige pas que la personne ayant reçu notification officielle du fait qu'elle est suspectée d'avoir commis une infraction soit assistée d'un avocat lorsqu'elle est présente à des actes au cours desquels elle n'est ni privée de liberté ni entendue sur les faits qui lui sont reprochés », en l'espèce une perquisition (Crim. 3 avr. 2013, nº 12-88.428).
En l'espèce, dans la mesure où Martin n'a été ni privé de liberté, ni interrogé sur les faits qui lui étaient reprochés au cours de la mesure de perquisition, le fait que son avocat n'ait pas été avisé de la mesure et qu'il n'y ait pas assisté n'est pas une cause de nullité de la perquisition.

2 • La présence des journalistes

L'article 11 du Code de procédure pénale dispose en son premier alinéa que « sauf dans le cas où la loi en dispose autrement et sans préjudice des droits de la défense, la procédure au cours de l'enquête et de l'instruction est secrète ». Les enquêteurs, qui sont tenus au secret de l'enquête et de l'instruction, violent ce secret lorsqu'ils autorisent des tiers à la procédure, par exemple des journalistes, à assister à une mesure de perquisition.
La question est donc de savoir si cette violation du secret de l'instruction, concomitante à la réalisation de la perquisition, a une incidence sur la régularité de la mesure.
La jurisprudence de la Cour de cassation a évolué sur cette question.
Après avoir longtemps considéré que la violation du secret de l'instruction n'avait pas d'incidence sur la procédure (Crim. 22 déc. 1948, *Bull. crim.* nº 295), la chambre criminelle a admis, progressivement, que la présence de journalistes au cours d'une mesure d'investigation était une cause de nullité de la mesure.
Elle a d'abord jugé que cette violation du secret pouvait avoir une incidence sur la nullité de l'acte dès lors que la violation concomitante causait grief à celui qui l'invoquait (Crim. 19 juin 1995, nº 94-85.915), conformément à l'article 802 du Code de procédure pénale. Il était donc nécessaire que l'intéressé démontre que la présence des journalistes lors de la mesure de perquisition avait porté atteinte à ses intérêts.
Puis, par un arrêt remarqué du 10 janvier 2017 (nº 16-84.740), elle a fait évoluer sa jurisprudence en jugeant que « constitue une violation du secret de l'enquête ou de l'instruction concomitante à l'accomplissement d'une perquisition, portant nécessairement atteinte aux intérêts de la personne qu'elle concerne, l'exécution d'un tel acte par un juge d'instruction ou un officier de police judiciaire en présence d'un tiers qui, ayant obtenu d'une autorité publique une autorisation à cette fin, en capte le déroulement par le son ou l'image ». Ce faisant, elle dispense le demandeur à la nullité de faire la démonstration d'un grief, estimant que la violation du secret de l'instruction concomitante à la réalisation de la perquisition porte nécessairement atteinte aux intérêts de la personne qu'elle concerne. Mais cet arrêt concernait uniquement l'hypothèse dans laquelle le tiers – en l'espèce le journaliste – avait capté le déroulement de la mesure par le son ou l'image.
Ce revirement de jurisprudence a été validé par le Conseil constitutionnel. En effet, saisi d'une QPC transmise par le Conseil d'État, les Sages ont jugé que cette interdiction pour les journalistes était

conforme à la Constitution dans la mesure où elle ne les privait pas « de la possibilité de rendre compte d'une procédure pénale et de relater les différentes étapes d'une enquête et d'une instruction ». Dès lors, l'atteinte à l'exercice de la liberté d'expression et de communication, qui résulte des dispositions contestées, est nécessaire, adaptée et proportionnée à l'objectif poursuivi (Cons. const. 2 mars 2018, nº 2017-693 QPC).

Puis, par un arrêt largement diffusé du 9 janvier 2019 (nº 17-84.026), la chambre criminelle a franchi une étape supplémentaire en jugeant que « constitue une violation du secret de l'enquête ou de l'instruction concomitante à l'accomplissement d'une perquisition, portant nécessairement atteinte aux intérêts de la personne qu'elle concerne, la présence au cours de l'exécution de cet acte, d'un tiers étranger à la procédure, ayant obtenu d'une autorité publique une autorisation à cette fin, fût-ce pour en relater le déroulement dans le but d'une information du public ». Elle a également précisé qu'« à peine de nullité, l'officier de police judiciaire a seul le droit, lors d'une perquisition, de prendre connaissance des papiers, documents ou données trouvés sur place, avant de procéder à leur saisie ». Ainsi, la captation ou l'enregistrement de la perquisition ne sont pas des conditions nécessaires pour que la violation du secret de l'instruction soit constituée. La simple présence d'un tiers étranger à l'enquête est suffisante pour l'établir et à entraîner la nullité de l'acte, le grief étant présumé.

En l'espèce, il est donc indifférent que les journalistes aient été autorisés à assister à la mesure par les enquêteurs et qu'ils n'aient procédé à aucune captation de son ou d'image. Leur seule présence au cours du déroulement de la mesure de perquisition a nécessairement porté atteinte aux intérêts de Martin et suffit à entraîner la nullité de cette mesure dans les conditions précitées.

TABLE DES MATIÈRES

FSC
www.fsc.org
MIXTE
Papier | Pour une gestion forestière responsable
FSC® C108412

Composé par Nord-Compo
722537 (I) - OSB AH 90g - NC (LC)
Achevé d'imprimer par CPI Bussière en mars 2024
Numéro d'impression : 2077284
Dépôt légal : avril 2024

Imprimé en France